國學導讀

（一）

邱燮友
周　何　編著
田博元

三民書局

國家圖書館出版品預行編目資料

國學導讀(一) / 邱燮友,周何,田博元編著. ——二版三刷. ——臺北市: 三民, 2019
冊; 公分

ISBN 978-957-14-3989-1 (第一冊: 平裝)

1. 漢學

030 93002953

© 國學導讀(一)

編著者	邱燮友 周 何 田博元
發行人	劉振強
著作財產權人	三民書局股份有限公司
發行所	三民書局股份有限公司
	地址 臺北市復興北路386號
	電話 (02)25006600
	郵撥帳號 0009998-5
門市部	(復北店) 臺北市復興北路386號
	(重南店) 臺北市重慶南路一段61號
出版日期	初版一刷 1993年6月
	初版三刷 2000年8月
	二版一刷 2004年11月
	二版三刷 2019年5月
編號	S 030010

行政院新聞局登記證局版臺業字第〇二〇〇號

ISBN 978-957-14-3989-1 (第一冊:平裝)

http://www.sanmin.com.tw 三民網路書店

※本書如有缺頁、破損或裝訂錯誤,請寄回本公司更換。

國學導讀　總目錄

第一冊

第二冊

第三冊

第四冊

第五冊

再版序

「國學」是中國固有的學術，是先賢數千年來所流傳的智慧結晶。倘若以現代學術的分類論之，其內容幾乎無所不包；舉凡考據、義理、文章、經世，都是國學所涉及的範疇。在二十一世紀的今天，科技進展雖如江河奔流，但國學仍具有其不可磨滅的價值，因為它不僅是探究中華文化最重要的源頭活水，更是國人安身立命的唯一所在。

然而國學典籍，既多且雜，想要以有限的時間、精力，在浩瀚的書海中找到正確的方向，進而達到事半功倍的效果，就必須採用有系統、有效率的方法。所以三民書局特邀集國學界各領域優秀出眾的人才，將他們多年的研究與教學經驗整理歸納，以淺近而流暢的文字，編寫出這一套《國學導讀》，以供中文系學生及愛好國學的人士作為入門的書籍。

向來研究國學者無不皓首窮經。儘管已將典籍爛熟於胸，然於引論之際，仍不敢單憑記憶，惟恐一字之誤而貽笑大方。於是逐頁翻索，尋章摘句，雖嫌費時費力，甚至阻斷思緒，但苦無捷徑，只好勉力為之。所幸近年來資訊科技一日千里，電腦網路發展迅速，可供檢索古籍全文的網站日益增加，且漸趨完善。這不但讓檢索省時省力，而且相關論述也可以一目了然，十分方便統計、比較與分析，作全方位的思考。此外，電腦字體工整、清晰，而且修改方便，具有簡單的編輯排版功能，其取代筆墨而成為最便利、普遍的書寫工具，已是時勢所趨。

電腦雖然方便，網路資訊雖然發達，但是因為其所收錄的中文字庫有限，古籍資料常見缺字，若欲引用，則字句不完整；而繁簡字編碼不同，無法對應，亦是使用網路資料時常遇到的問題。適值本書再版，特聘請漢學資料處理專家陳郁夫教授，撰寫「數位中文」一篇，增列於第一冊中，針對中文字庫編碼情形、缺字造字常用方法，以及中文數位化之影響與發展，作詳細的說明和深入的討論，讓《國學導讀》一書能與時俱進，更期盼學者在運用此一現代化的工具時，能受其利而防其弊，藉著數位化的優勢，讓國學研究在資訊時代裡再創新道。

邱燮友　民國九十三年二月二十日

原序

一

「國學」一詞，涵義甚廣，它包涵中國學問或中國學術而言。中國是個古老的國家，也是個古老的民族，它屹立於東亞，如今依然保持繁榮蓬勃的氣象。

由於這個國家，這個民族，具有一種隨時自我調適的本能，兼融並蓄的特性，建立了「天行健，君子以自強不息」（《易經・乾卦》）的哲學，效法自然界運轉不息、日新又新的精神，以達歲月常新的境界。這種本能和特性，就如同西方哲學家黑格爾所說的「揚棄」哲學，把好的保留發揚，把壞的改革拋棄，做到新陳代謝的作用。因此，中國能世代更替而不衰竭，中國雖是一個古老的國家，但也是一個現代化的國家；而國學是一項古老的學術，也是一項現代化的學術。

中國早期對學術的分類，大半採用四部的分法，即經、史、子、集四部。清代古文家姚鼐將天下的學問分為義理之學、考據之學和詞章之學，而曾國藩更增益以經世之學。晚清以來，西學東漸，中西學術交流頻繁，而國學一詞，於是流行，並與西學相對待。國學又有中學、國故、國粹之稱，張之洞曾有「中學為體，西學為用」的名言，被當時人所重視；章太炎著有《國故論衡》，並發行《國粹學報》，表揚國學的精華。西方研究中國學術，又有漢學、華學、中國學之稱。儘管當時對國學一詞有許多異稱，如今國內的稱謂大致約定俗成，一概稱之為國學。

中國學術，涵蓋古今，縱橫三萬里，上下五千年，舉凡中國的一切學問，都包羅其間。無論經學、子學、史學、文學、語言學、文字學等著述，都在中國學術的領域，可說是體大而思微，博大而精深，凝聚了先民生活的經驗、民族的特質，表現了東方文化的智慧和異彩。

二

今日各大學的中國文學系（簡稱為中文系）或國文系，便繼承了中國學術的傳統領域，並兼具現代文學的領域，使中文系或國文系的課程，豐富而博大，除了兼備傳統文學與現代文學外，有關社會、歷史、文化的課程，也在陶融之列。所以中文系或國文系的課程，以語言文學為主體，從傳統到現代，並兼具中國學術中的經學、史學和哲學等領域，達到德、智、體、群、美五育並重的效果。

如今各大學中文系或國文系已成為培育中國學術與現代語言文學人才的場所，儘管各大學中文系或國文系發展的重點各有差異，表現的特色各有不同，但在課程上大致有其共同之處。例如各所師範院校，除了培養學生具有高深的學問外，還負有培養優良教師的使命；又如有的大學中文系加強語言文字的應用，有的強調文藝創作的特色，有的強調中文應用的重要，使其畢業後，能適應時代或社會的需要，而對中文系或國文系同學畢業後，有更大的就業空間，有更開闊的前程。

三

《國學導讀》不是一部教科書，它是一部實用性極高的參考書，也是一部工具書，它如同中文系或國文系課程的檢索，國文學科入門的手冊。

我們編撰《國學導讀》的用意，在使中文系或國文系的同學，或有志報考該學系的青年，以及有志進修是項學術領域的人士，可以通盤了解當前中文系或國文系課程的內涵，進而引導他們進入中國學術或現代漢學的領域。尤其近四十多年來，漢學資料的驟增，研究方法的新穎，科際整合的開拓，已不是停留在就文學研究文學的時代。然而中文界既能掌握新知識的資源，更能以新觀念、新方法、新批評來研究中國學術，開展漢學研究的新里程碑。

我們為了編纂這一部書籍，曾將臺灣地區各大學中文系或國文系的課程加以收集調查，開列出各大學中文系、國文系現行所開列的課程，但以專業課程為主，不包括共同必修課程、教育課程，以及通識課程。然後每一科目聘請名家學者執筆，就該科目的內涵加以報導，寫成導讀。導讀的方向，包括學習該科目的目的，研究的方法，應用的資料，前人研究的成果，未來開展的空間和前瞻性，以及主要參考書等。相信這些導讀的文章，能得到學習者的喜愛，引發後起之秀學習中國學術的興趣，進而進入高深學術的研究，成為未來研究中國學術的新秀。

四

本書的結構，共收六十四篇導讀，依科目的性質分成七大類，共五冊：

第一冊　總　論　語言文字類

第二冊　經學類　史學類
第三冊　哲學類（學術思想類）
第四冊　古典文學類
第五冊　現代文學類以及書法、應用文

總論部分包括國學概論、治學方法、西方漢學和日本漢學、文獻學。國學概論，各校開課的名稱不一，或稱古籍導讀、讀書指導、國學導讀等。文獻學即文史資料討論。語言文字部分包括文字學、聲韻學、訓詁學、修辭學、國文文法、國語語音學、語言學等，國語語音學，又稱國音及語言運用。經學部分包括《周易》、《詩經》、《尚書》、《禮記》、《左傳》、《論語》、《孟子》、《學》《庸》、《爾雅》、經學概論、經學史等科目。史學部分包括《史記》、《漢書》、《資治通鑑》、中國史學概論等科目。哲學部分包括《老子》、《莊子》、《墨子》、《荀子》、《韓非子》、《呂氏春秋》、《淮南子》、佛學概論、宋明理學概論、中國哲學概論、中國思想史等課程，而經學類的科目，其實也是哲學類的範圍，只因歷代圖書分類經、子分為二部，經學是儒家思想的經典為主。古典文學部分包括中國文學概論、中國文學史、歷代散文、詩學、詞學、曲學、古典小說、敦煌學、吐魯蕃學、樂府詩、《昭明文選》、歷代駢文、《楚辭》、《文心雕龍》等科目。現代文學包括比較文學、中國民間戲曲，現代文學導學、現代文學理論、現代詩、現代散文、現代小說、現代戲劇、文藝美學等科目。而書法及應用文，列於第五冊中。

五

今人做學問，應具有多元化的功能和遼闊宏觀的胸襟，否則容易成為井底之蛙，所見褊狹。《莊子·秋水》篇有一則寓言：敘述一個河神叫河伯的，當秋天水漲時，百川之水注入河中，河面遼闊，因而自滿，以為「天下之美，為盡在己」。等他到了北海，海面遼闊，不見水端，這時才對北海之神——北海若說：「如果我不到你這邊來，那我就危險了，我將貽笑於大方之家。」其實，任何學問都是極具內涵和深度的，就是窮畢生之力，也難以窮盡；但是一得之愚，只在取捨之間。希望讀者，讀此書時，也有一得之愚，有所啟悟。

邱燮友　民國八十二年三月於國立臺灣師範大學

國學導讀　第一冊　目次

日本漢學研究　戴瑞坤

西方漢學　馬幼垣

語言學　姚榮松

文字學　許錟輝

聲韻學　應裕康

訓詁學　周　何

國文文法　張文彬

國學概論

賴炎元

壹、導言

一、國學的名稱

「國學」就是指中國的學術，它是針對西洋的學術稱為「西學」而言。早在明代末年，歐洲的傳教士來中國傳教，同時介紹西洋的學術文化，翻譯了不少西洋有關曆法數學的著作，通稱為「西學」。西學這個名詞，當時一般人並不知道，直到清道光二十年（西元一八四〇年）鴉片戰爭，西洋強大的武力入侵中國，震撼了全國人民，他們從西洋的堅甲利兵，進而注意到西洋的學術。同治年間，若干比較開明的大臣如張之洞（西元一八三三～一九〇九年）等認為要使國家富強，必須把中國傳統的學術與西洋學術相結合，於是提出「中學為體，西學為用」的口號。章太炎（西元一八六九～一九三六年）鑑於中國的學術有日漸衰微的趨勢，於是發行《國粹學報》，又著《國故論衡》，以闡明中國學術的精粹，發揚中國傳統的學術，又在日本設立「國學講習會」，著作《國學略說》宣揚中華文化；而劉師培（西元一八八四～一九一九年）也在國內創立「國學保存會」，著作《國學發微》，共同為振興中國的學術文化而努力。於是遂有「國故」、「國粹」和「國學」等名詞，其中「國學」這個名詞逐漸普遍地被大眾所採用。

從以上所說可知，「國學」這個名詞是近一百多年來才產生的新名詞，民國五十七年張其昀先生召開國際華學會議，提出「華學」這個名詞，意思是中華民族的學術，但不太為一般人所接受。至於日本學者稱中國的學術為「漢學」或「支那學」，韓國學者則稱之為「中國學」。總之，近代外國一般學者大都稱中國的學術為「漢學」，而國人則稱之為「國學」。

二、國學的範圍

國學的範圍非常廣博，它包括中國一切的學術。清乾隆年間，姚鼐（西元一七三一～一八一五年）將中國的學術分為義理之學、考據之學和詞章之學。嘉慶光緒間，朱次琦（西元一八〇七～一八八一年）更主張增加經濟之學（又名經世之學）。朱次琦把中國學術分為義理、考據、詞章、經世四大類，為現代一般學者所接受，高師仲華先生在〈中華學術的體系〉一文中，就這四大類再分別為若干類別，茲節錄如下：

考據之學，又稱考證之學，是一種考求真象的學術，可歸納為三類：一是考求文字真象的學術，包括文字學、聲韻學、訓詁學等。二是考求文籍真象的學術，包括目錄學、版本學、校勘學、辨偽學、輯佚學等。三是考求文物真象的學術，包括考古學、金石學、甲骨學、簡策學、敦煌學、庫檔學等。

義理之學是以思想的理論為主的學術，大別為六類：一是經學，包括《周易》學、《尚書》學、《詩經》學、三禮學、《春秋》學等。二是子學，包括儒、道、墨、法、名、陰陽等家之學。三是玄學。四是佛學。五是理學。六是新儒學。

經世之學，是以實際的施行為主的學術，大別分為三類：一是自然科學，包括天文學、地理學、曆算學、博物學等。二是社會科學，包括氏族學、史學、兵學、政治學、刑法學、財用學、縱橫學、教育學、禮俗學、食貨學等。三是應用科學，包括農桑學、水利學、醫藥學、工藝學、術數學等。

詞章之學，實在應該稱為文藝之學，大別分為兩類：一是文學，包括文章學、文法學、修辭學、詩學、詞學、散曲學、戲劇學、小說學、文學批評等。二是藝術，包括音樂學、書畫學、舞蹈學、雕塑學等。

從以上的分類可知中國學術涵蓋的範圍非常廣闊，章太炎先生《國學略說》把國學分為經學、史學、諸子學、文學、小學（語言文字學）五大類。本篇以篇幅所限制，小學一類從略。

三、國學典籍的分類

中國的幅員廣大，歷史悠久，自古流傳下來的典籍，浩如瀚海，歷代學者曾把這些典籍分門別類，編為圖書目錄，讀者從這些圖書目錄，不但可以瞭解典籍的分類，進而辨明國學的流別與發展，更可從此體悟到研讀國學的途徑。今把中國重要圖書目錄的分類，略述如下：

(一)《漢書·藝文志》的七分法

依《漢書·藝文志》的記載，漢成帝以圖書散佚，曾經派遣謁者陳農求遺書於天下，又詔令劉向等校訂經傳、諸子、詩賦等書，工作未完成，劉向卒，哀帝又令劉歆繼承其父親的事業，完成《七略》一書，這部書是中國最早的一部圖書目錄。其後《七略》失傳，而班固作《漢書·藝文志》，還保留了《七略》的分類：

〈輯略〉：綜述學術源流的緒論。

〈六藝略〉：包括《易》、《書》、《詩》、《禮》、《樂》、《春秋》、《論語》、小學等類的書。

〈諸子略〉：包括儒、道、陰陽、法、名、墨、縱橫、雜、農、小說等十家的著作。

〈詩賦略〉：包括屈原等賦、陸賈等賦、孫卿等賦、雜賦、歌詩等。

〈兵書略〉：包括兵權謀、兵形勢、兵陰陽、兵技巧等類。

〈術數略〉：包括曆譜、五行、蓍龜、雜占等類的書。

〈方技略〉：包括醫經、經方、房中、神仙等類的書。

班固《漢書·藝文志》以後，南朝宋王儉作《七志》、梁阮孝緒作《七錄》，都是沿襲劉歆《七略》的分類而略有增減。

(二)唐代《隋書·經籍志》的四分法

三國魏鄭默編《中經》，到西晉荀勖加以整理，編成《中經新簿》，分為四部，荀勖所定甲、乙、丙、丁四部次序是經、子、史、集，後經東晉李充改定，使甲、乙、丙、丁成為經、史、子、集的順序。唐初修《隋書・經籍志》，不用甲、乙、丙、丁部目，而直接標明經、史、子、集。其四分法為：

經籍一・經：包括《易》、《書》、《詩》、《禮》、《樂》、《春秋》、《孝經》、《論語》、圖緯、小學等類的書。

經籍二・史：包括正史、雜史、霸史、起居注、舊事、職官、儀注、刑法、雜傳、地志、譜系、簿錄等類的書。

經籍三・子：包括儒、道、法、名、墨、縱橫、雜、農、小說、兵、天文、曆數、五行、醫方等類的書。

經籍四・集：包括楚辭、別集、總集、道經、佛經等類的書。

唐代以後，不論正史中的藝文志或經籍志、官府或私人的圖書目錄，大都沿用《隋書・經籍志》的四部分類，只是增加或更動各部中的類目。

㈢清代《四庫全書》的四分法

清乾隆三十七年（西元一七七二年）設館編修《四庫全書》，分經、史、子、集四部，故名「四庫」。全書共抄寫七部，分別收藏在清宮的文淵閣、奉天行宮的文溯閣、圓明園的文源閣、熱河承德行宮的文津閣、揚州的文匯閣、鎮江的文宗閣，以及杭州的文瀾閣。英法聯軍和洪楊之亂，文源閣、文宗閣、文匯閣相繼被毀，今存文淵、文溯、文瀾、文津四部。文淵閣所藏為正文，現存臺北故宮博物院，有商務印書館的影印本，其餘存放大陸。四庫的分法為：

經部：包括《易》、《書》、《詩》、《禮》、《春秋》、《孝經》、五經總義、《四書》、樂類、小學等書。

史部：包括正史、編年、紀事本末、別史、雜史、詔令、奏議、傳記、史鈔、載記、時令、地理、職官、政書、目錄、史評等書。

子部：包括儒家、兵家、法家、農家、天文、算法、術數、藝術、譜錄、雜家、類書、小說家、釋家、道家等書。

集部：包括楚辭、別集、總集、詩文評、詞曲等書。

《四庫全書總目》在各部下分若干類，每類下又分若干屬，比以前的圖書目錄更加完備。

(四)清代朱次琦的新四分法

清代姚鼐將中國的學術分為義理之學、考據之學、詞章之學，曾國藩更增列經世之學，其後朱次琦沿用曾國藩的說法，成立新四分法，其分類大略如下：

考據之學：包括文字、目錄、校讎、辨偽、考證等。

義理之學：包括經學、子學、理學、哲學、玄學、佛學等。

經世之學：包括史地、政書、兵、農、醫學、博物、曆算、藝術等。

詞章之學：包括文章、詩學、詞曲、小說等。

朱次琦的分類法，與近代圖書分類，頗為相近。

以上對中國重要圖書目錄的分類，作概要的敘述，從此可以瞭解圖書分類的演變。中國圖書大致可分為七分法和四分法兩大類，七分法有《七略》、《漢書・藝文志》、《七志》、《七錄》等，四分法有《中經新簿》、《隋書・經籍志》、《四庫全書》等的分類，與朱次琦的新四分法。

貳、經學

一、經的意義

《說文解字》說：「經，織從絲也。」織布的縱絲為經，這是經字的本義。古人以竹簡為書，用絲繩把竹簡聯貫起來，因此把裝訂起來的書籍也叫做經，這是經字的引伸義。把書籍稱為經的，最早見於《莊子》，《莊子・天運》篇稱《詩》、《書》、《禮》、《樂》、《易》、《春秋》為六經，〈天下〉篇又說墨子的門徒俱誦《墨經》，《荀子・解蔽篇》也引《道經》，由此可見，在戰國末年，凡是書籍都可以稱為經，不只是《詩》、《書》、《禮》、《樂》、《易》、《春秋》六種而已。

《詩》、《書》、《禮》、《樂》、《易》、《春秋》六經本是先王的舊典，孔子加以整理，作為教導學生的教材，經孔門弟子的傳述，逐漸普遍為學者所誦習。漢代學者尊崇孔子而推重五經，賦予「經」一種新的意義，他們認為經是聖人的著作，其中包含永恆不變的道理，從此「經」也成為儒家專有的典籍。

二、經書的範圍

經書的範圍，因歷代儒家學者看法的不同而逐漸擴張，在前代的記載上，有六經、五經、七經、九經、十二經、十三經、十四經和二十一經等名稱。

六經：《莊子・天運》篇始以《詩》、《書》、《禮》、《樂》、《易》、《春秋》六者為六經，《禮記・經解》篇的說法與《莊子》相同。《史記・滑稽列傳》稱六經為六藝，其後班固《漢書・藝文志》沿用劉歆《七略》，編列儒家的經典於〈六藝略〉中，所謂六藝，也就是《易》、《書》、《詩》、《禮》、《樂》、《春秋》六經，六經之外，附有《論語》、《孝經》、《爾雅》三種，經的領域已見擴大。

五經：漢武帝立《易》、《書》、《詩》、《禮》、《春秋》五經博士，而無《樂經》，《漢書・藝文志・六藝略》只著錄《樂記》而無《樂經》，《釋名・典藝》篇和東漢「熹平石經」亦無《樂經》。依古文學家的說法，《樂經》因秦代焚書而亡佚，今文學家卻以為本無《樂經》，《樂》即在《詩》與《禮》當中，至今還沒有定論。

七經：七經的名稱始見於《後漢書・張純傳》，再見於《三國志・蜀志・秦宓傳》，但都沒有舉出七經是那幾種，後人有三種不同的解說：一以《詩》、《書》、《禮》、《樂》、《易》、《春秋》、《論語》為七經。二以《尚書》、《毛詩》、《周禮》、《儀禮》、《禮記》、《春秋公羊傳》、《論語》為七經。三以《易》、《書》、《詩》、《春秋》、《周禮》、《儀禮》、《禮記》為七經。

九經：唐代所立學官以《周易》、《尚書》、《毛詩》、《周禮》、《儀禮》、《禮記》、《春秋左氏傳》、《公羊傳》、《穀梁傳》為九經。陸德明《經典釋文》則以《易》、《書》、《詩》、《儀禮》、《周禮》、《禮記》、《春秋》、《論語》、《孝經》為九經。宋巾箱本九經書目則以《易》、《書》、《詩》、《春秋左氏傳》、《周禮》、《禮記》、《孝經》、《論語》、《孟子》為九經。宋以後的人所采輯的九經又與唐宋人不同。

十二經：唐文宗開成二年，石刻十二經，立於大學，即《周易》、《尚書》、《毛詩》、《禮記》、《周禮》、《儀禮》、《春秋左氏傳》、《公羊傳》、《穀梁傳》、《論語》、《孝經》、《爾雅》。

十三經：南宋朱熹把《孟子》這部書的地位，從子部提升到經部。南宋光宗紹熙間合刻《易》、《書》、《詩》、《周禮》、《儀禮》、《禮記》、《春秋左氏傳》、《公羊傳》、《穀梁傳》、《論語》、《孝經》、《爾雅》、《孟子》為《十三經注疏》。

此外宋史繩祖在十三經外，增加《大戴禮記》為十四經；清段玉裁主張在十三經外，增加《大戴禮記》、《國語》、《史記》、《漢書》、《資治通鑑》、《說文解字》、《周髀算經》、《九章算術》八書，為二十一經。總而言之，經書的範圍，隨著時代逐漸擴大，現在為一般學者所習用的是五經和十三經；而十三經中，《漢書・藝文志・六藝略》已著錄了其中的九經，而《孟子》一書還著錄在〈諸子略〉儒家下，宋以後始納入十三經中。

三、經書概述

經書是中國最古的書籍，它蘊藏著古人的倫理、政治、哲學思想，和個人立身處世的道理。它是古人所遺留下來智慧的結晶，也保留了一些最珍貴的史料。現依據十三經排列的次第，介紹每部經書的大要：

(一)《易》

《易》本來是一部卜筮的書，本於八卦，相傳伏羲畫八卦。八卦是由陽（—）爻和陰（--）爻兩個符號交互重疊組合而成的：

☰ 乾卦　☷ 坤卦

☳ 震卦　☶ 艮卦

☲ 離卦　☵ 坎卦

☱ 兌卦　☴ 巽卦

八卦代表著八種不同的物象，乾卦代表天，坤卦代表地，震卦代表雷，艮卦代表山，離卦代表火，坎卦代表水，兌卦代表澤，巽卦代表風。天地山澤水火雷風八種，是八卦所代表原始的物象，由此引伸，每卦所代表的物象就更複雜了。八卦的變化少，於是把兩卦相重疊，增加變化的機率，相傳文王重卦，由八卦交互重疊，就成為六十四卦。這六十四卦，每一卦都有卦辭，說明一卦的意義；每一卦有六爻，每一爻有爻辭，說明這一爻的意義。相傳文王作卦辭，周公作爻辭。六十四卦的卦形都不相同，一卦中有一爻發生變化，卦形即變，而成為另一卦，如乾卦☰☰的最下一爻變為陰爻，成為☰☴形，就成姤卦。古人占卜後，就根據卦辭和爻辭來論斷吉凶。卦辭和爻辭是《易》的經文，相傳到了孔子，他把讀《易》的心得，寫成「十翼」，「十翼」是《易》的傳，用來解釋經文的涵義，附在《易》中，於是《易》由卜筮的書，而成為哲理的書了。「十翼」又名「易傳」，包括〈彖傳〉上下、〈象傳〉上下、〈繫辭〉上下、〈文言〉、〈序卦〉、〈說卦〉、〈雜卦〉，計七種十篇，所以叫做「十翼」。至於《易》這部書命名的意義，鄭玄在〈六藝論〉上說：

易，一名而含三義：易簡，一也；變易，二也；不易，三也。

《易》以六十四卦象萬事萬物，解說宇宙間一切事物的道理，以簡馭繁，這就是「易簡」；每卦六爻，變動不居，所得結果不同，這就是「變易」；宇宙萬物，變化無窮，而所說的道理卻永恆不移，這就是「不易」；所以就把這部書叫做「易」。《易》又名「周易」，孔穎達以為這部書是周文王推演的，所以叫做「周易」。明代以後，通稱為「易經」。今傳《十三經注疏》本，《周易正義》十卷，魏王弼、晉韓康伯注，唐孔穎達正義。

(二)《書》

《書》是中國最早的一部史書，大部分為古代的公文檔案，相傳凡三千餘篇，經孔子刪定為百篇，用來教導學生。漢代初年，以其為上古的書，故又稱為「尚書」；元代以後，通稱為「書經」。

據史書記載，秦始皇焚書時，秦博士伏生藏《書》百篇於屋壁中；漢代初年，伏生取出藏書，僅存二十九篇。漢文帝時，派鼂錯從伏生學《書》，伏生也以《書》傳授學生，於是這二十九篇的《尚書》流傳於世，因為是用當時通行的隸書寫的，便被稱為「今文尚書」。漢武帝時，魯恭王拆孔子的住宅，在夾壁中得到古文書寫的《尚書》，比伏生所傳的《尚書》多十六篇，由孔安國獻給朝廷。西晉永嘉之亂，今、古文《尚書》都散佚。東晉豫章內史梅賾獻上《古文尚書》五十八篇，另有孔安國作的〈傳〉和〈序〉，同時流傳下來。唐代學者開始懷疑這部書的真偽，宋代吳棫等人加以考辨，直到清代閻若璩作《尚書古文疏證》，才確定其中二十五篇與孔安國〈傳〉和〈序〉是後人偽作的，其餘三十三篇，是把伏生所傳《今文尚書》二十九篇分錄而成，從〈堯典〉分出〈舜典〉，從〈皋陶謨〉分出〈益稷〉，〈盤庚〉一篇分為三篇，除去分出來的四篇，實為二十九篇。這二十九篇是中國虞夏商周等幾個王朝的歷史文獻彙編，這些篇名，部分是作《書》的史官自題，大部分是由傳述或編纂的人所題。孔安國《尚書・序》歸納《尚書》各篇為典、謨、訓、誥、誓、命六種體式。

總而言之，《尚書》是一部記載上古政事的史書，是今日研究古史珍貴的史料，其中聖君賢臣的嘉言懿行可以作為後人立身、行事、治國的典範，儒家憑藉這部書建立的道統，成為兩千年來中國人民的主導思想。今傳《十三經注疏》本，《尚書正義》二十卷，漢孔安國傳，唐孔穎達正義。

(三)《詩》

《詩》是中國最早的一部詩歌總集，所收的作品上從西周初年（西元前十一世紀），下至春秋中期（西元前六世紀），前後經歷約五百年，保存到現在的作品有三百零五篇，另有六篇是僅存篇目而無歌詞的笙詩。內容包括民間的歌謠、士大夫的歌詠和廟堂的樂歌。《詩》，古時也叫做「詩三百」，南宋以後才叫做「詩經」。

《詩經》這部書大別可分為「風」、「雅」、「頌」三部分。「風」，也稱「國風」，包括周南、召南、邶、鄘、衛、王、鄭、齊、魏、唐、秦、陳、檜、曹、豳十五國的民間歌謠，共一百六十篇，這些歌謠所詠唱的都是各地民間風土人情，樂調都是各地流行的腔調，傳唱於各鄉里間，所以叫做「風」。「雅」和「夏」古音相近，互相通用。「夏」，是指黃河流域一帶文化較高的地方。「風」既然是各諸侯國民間流行的樂調，那麼「雅」應該是流行中原一帶而為王朝所崇尚的正聲。「雅」分為「大雅」和「小雅」，共一百零五篇，

「大雅」和「小雅」的區分，大概是依據它的內容和音節分別的，〈小雅〉七十四篇，大多是士大夫宴饗的樂歌，〈大雅〉三十一篇，大多是士大夫會朝的樂歌。「頌」，就是容，「頌」詩用於宗廟祭祀，故歌唱而兼有舞容，與「風」、「雅」不同。「頌」分為〈周頌〉、〈魯頌〉和〈商頌〉，共四十篇，其中〈周頌〉三十一篇，大致都是西周初年的詩篇；〈魯頌〉四篇，是魯僖公時的作品；〈商頌〉五篇，大約是宋襄公時所作的。這些「頌」詩，大多是祭祀神明，或頌讚祖先的樂歌。

「詩三百篇」產生的地區，在今黃河流域的陝西、山西、河北、河南、山東等地，以及長江流域的湖北北部。

《詩經》是中國最早的一部詩歌總集，它同時也記錄了周王室興衰的歷史和當時人們實際生活的情況，因此我們除了欣賞它優美的文辭外，更可利用它作為研究周代政治、社會的史料。詩中字詞的音義，也是研究古代語言極有價值的材料。今傳《十三經注疏》本，《毛詩正義》七十卷，漢毛亨傳，鄭玄箋，唐孔穎達正義。

(四)三禮

三禮，是《周禮》、《儀禮》、《禮記》的總稱，自從東漢鄭玄分別給這三部禮書作注解後，才有「三禮」這個名稱。《周禮》記載國家的政治制度，《儀禮》記載世俗的禮儀，《禮記》側重闡述禮的意義和作用。西漢時，《儀禮》已經取得了經的地位；王莽執政，《周禮》列為官學，才被視為經典；漢末《禮記》獨立成書，此後講習的人漸多，到了唐代，才取得經典的地位。三禮當中，《周禮》、《儀禮》的體例比較完整，而《禮記》是一部儒學雜編，但從漢末到明、清，越來越受到學者的重視，從對社會和一般人們思想的影響來說，《禮記》遠比《周禮》、《儀禮》為大，這是一個值得注意的現象。

《周禮》是一部記載政治制度的書，原來稱為「周官」，西漢末年劉歆改稱為「周禮」，自從鄭玄為《周禮》作注，於是《周禮》就成為世人習慣的稱呼。《周禮》相傳是周公所作的，據近代學者考證，可能是戰國末期，不知名的作者參考各國的政治制度而寫成的理想官制。秦始皇焚書後，漢初學者並沒有見到這部書，到了武帝時，河間獻王劉德從民間得到這部書的古文本。今傳《十三經注疏》本，《周禮注疏》四十二卷，漢鄭玄注，唐賈公彥疏。

《儀禮》在漢代只稱為「禮」或「士禮」，對《禮記》而言，又稱「禮經」，到了晉代才稱為「儀禮」。《儀禮》有今古文的分別，古文本《儀禮》已經亡佚，現在流傳的是今文本《儀禮》十七篇，這十七篇的內容，不外乎記述古代冠、婚、喪、祭、鄉、射、朝、聘等八種禮節的儀式。這些儀式雖然隨著時代的改變而有所因革損益，但是社會上有許多禮俗，可以從這部書中找出它們的根源來，所以《儀禮》這部書是研究中國古代社會文化所必讀的一部書。今傳《十三經注疏》本，《儀禮注疏》五十卷，漢鄭玄注，唐賈公彥疏。

《禮記》在漢代有時稱為「記」，有時稱為「禮記」。西漢時立於學官的五經中的「禮」，就是《儀禮》。先秦禮學家傳述《儀禮》時，對經文加以解釋、說明和補充，這些文字叫做「記」，《漢書・藝文志》著錄《禮記》一百三十一篇，漢代禮學家戴德選輯八十五篇，名為《大戴禮記》；戴聖選輯四十九篇，名為《小戴禮記》，就是現在流傳的《禮記》。今傳《十三經注疏》疏本，《禮記正義》六十三卷，漢鄭玄注，唐孔穎達正義。

(五)《春秋》三傳

「春秋」本來是魯國史書的名稱。孔子看到當時世道衰微，邪說暴行盛行，臣弒其君，子弒其父，於是依據魯國史書的記載，從魯隱公元年（西元前七二二年）至魯哀公十四年（西元前四八一年），計十二公，二百四十二年的歷史事實，以禮義為準則，明辨是非，分別善惡，讓人從具體事實中得到教訓；同時尊崇周室，排斥夷狄，以實現大一統的理想。孔子寫成了這部《春秋》，只有一萬八千多字，他把其中的大義傳授給學生，經學生的轉述而說法不同，到了漢代，就有左氏、公羊、穀梁、鄒氏、夾氏五家，其中「鄒氏無師，夾氏未有書」，流傳到後世的，只有左氏、公羊、穀梁三家。

《春秋》三傳中，《左氏傳》作者左丘明，是用西漢以前的古文字寫的，所以叫「古文」；《公羊傳》的作者公羊高，《穀梁傳》的作者穀梁赤，先是口耳相傳，到了漢代，才用當時通用的隸書寫成，所以叫「今文」。今傳《十三經注疏》本，《春秋左傳正義》六十卷，晉杜預集解，唐孔穎達正義。《春秋公羊傳注疏》二十八卷，漢何休解詁，唐徐彥疏。《春秋穀梁傳注疏》二十卷，晉范甯集解，唐楊士勛疏。

(六)《論語》

「論語」的名稱，最早見於《禮記・坊記》，可見這個名稱在漢武帝以前便有了。漢時或單稱為「論」，或單稱為「語」，或稱為「記」。《論語》是孔子回答學生或當時人的話，他的學生記錄下來，其中也記載孔子日常生活的言語行事，大概到戰國初期，由孔子的再傳弟子編纂成書。西漢流行《論語》的本子是《齊論語》和《魯論語》，《齊論語》有二十二篇，是齊人所傳，《魯論語》有二十篇，是魯人所傳，都是用今文寫成的；還有《古文論語》，出自孔壁，有二十一篇。漢成帝時，張禹以《魯論語》為底本，參合

《齊論語》，重新編定，世人稱為「張侯論」，有二十篇。現在通行的本子是「張侯論」，不過其中少數文字，曾經漢末鄭玄改定過。

《論語》是研究孔子學說最重要的文獻，全書共分二十篇，每篇取該篇首句中兩個或三個字作為篇名，並沒有特殊的意義，而且篇章之間也沒有任何關聯，因此研讀這部書時，最好分類研讀，才能深入探討孔子的學說。孔子的學說是以「仁」為中心，從「仁」擴展為義、孝、悌、忠、信、智、勇、敬、寬、敏、惠等，而建立道德學說的體系，漢代以後，逐漸發展成為中國的傳統學術文化，因此要瞭解中國的傳統學術文化，《論語》是一部必須研讀的經典。今傳《十三經注疏》本，《論語注疏》二十卷，魏何晏集解，宋邢昺疏。

(七)《孝經》

《孝經》是一部討論孝道的書。前人都認為是孔子作的，近代學者考證，大概是戰國末年儒家學者所作的。《孝經》也有古文本和今文本的分別，相傳古文本也是在孔子住宅的屋壁中發現的，分二十二章，一說二十章，孔安國注，到南朝梁末已亡佚。現在流傳的是今文本《孝經》，唐玄宗注，全書共分十八章，第一章〈開宗明義章〉是全書的綱領，論孝的根本意義和孝行的終始，其他十七章是闡述與補充這章的意義。全書不過一千七百九十九字，是十三經中字數最少的經典。今傳《十三經注疏》本，《孝經注疏》九卷，唐玄宗注，宋邢昺疏。

(八)《爾雅》

《爾雅》原來只是一部解釋詞義的書，也可說是中國最早的一部詞典。相傳這部書是周公作的，但就其內容看來，當是戰國到西漢之間一些學者採集經傳諸書中詞語的解釋，經過多次增補編輯而成，所以把它放在群經的後面。《爾雅》現存十九篇，它的內容大概可分為五大類：〈釋詁〉、〈釋言〉、〈釋訓〉是解釋古代的詞語；〈釋親〉是解釋古代親屬間的稱謂；〈釋宮〉、〈釋器〉、〈釋樂〉三篇是解釋宮室和器物的名稱；從〈釋天〉到〈釋水〉五篇解釋天文地理等名稱；從〈釋草〉到〈釋畜〉七篇是解釋動植物的名稱。

《爾雅》是一些學者搜集諸書的解釋編輯而成，不是一人一時寫成的，因此其中的訓釋跟經傳諸子相同的地方很多，但是搜集的材料難免有重複或矛盾的地方，這是我們研讀時應該注意的。今傳《十三經注疏》本，《爾雅注疏》十卷，晉郭璞注，宋邢昺疏。

㈨《孟子》

《孟子》一書，《漢書・藝文志》著錄在〈諸子略〉中，直到五代後蜀孟昶刻石經於成都，於《易》、《書》、《詩》、三禮、三傳外，加上《論語》、《孟子》，才把《孟子》看作經書。宋代理學家程頤、張載都表彰孟子，朱熹以為孟子繼承孔子的道統。宋光宗紹熙年間刻十三經，《孟子》一書正式被列入為十三經之一。今傳《孟子》有七篇，每篇又分為上下篇。

《孟子》這部書是記述孟軻的言行以及他和當時人或門弟子互相問答的書，大概是孟子的學生萬章和公孫丑兩人所記，其中有的是再傳弟子的記錄。

《孟子》這部書的內容大體可分為五點：1.主張性善：認為人人都有惻隱、羞惡、辭讓、是非之心，如果能擴充這四種心就是善人。2.提倡民權：以為「民為貴，社稷次之，君為輕」，如果君主暴虐，人民可以起來革命。3.注重民生：制定人民的產業，使人民可以仰事父母，俯畜妻子。推行仁政，反對戰爭。4.重仁義，輕功利。5.拒楊墨，放淫辭。宋代理學家朱熹把《禮記》中的〈大學〉和〈中庸〉兩篇，與《論語》和《孟子》兩部書，合編成《四書》。今傳《十三經注疏》本，《孟子注疏》十四卷，漢趙岐注，宋孫奭疏。

四、經學的發展

經書經過孔子的整理，作為教導學生的教材，再經過他的學生的推廣，漸漸引起世人的重視，在孔門當中，傳述經學最有貢獻的是子夏，到了戰國，繼承子夏傳經的是荀子，漢代各家的經學大多淵源於荀子。

㈠兩漢的經學

秦始皇統一天下，下達焚禁詩書的命令，經書受到這一大浩劫，散失殆盡。漢惠帝四年廢除挾書的禁令，學者紛紛傳述經學，其中以申培、伏生、董仲舒最為著名，他們所傳的經書，都是用當時通行的隸書寫成的，稱為今文經。漢武帝建元五年立五經博士，傳授今文經，元帝、成帝時分為十四博士，經學於是進入全盛的時期。漢哀帝建平年間，劉歆在秘府中發現用秦以前文字所寫的經書，這就是古文經，他請求朝廷將古文經立於學官，引起今文家強烈的反對，開啟今古文學的爭端，從西漢末年到東漢末年二百多年間，今古文學家舉行過四次論辯，其間古文經曾幾次立於學官，又被廢除，但是民間研究古文經的風氣逐漸興盛，當時著名的古文學者很多，有鄭興、賈徽、鄭眾、杜林、賈逵、許慎、馬融等人，而今文學者不過范升、李育、何休數人而已。東漢末年的鄭玄兼通今古文學，他注解群經，融合今古文學派的學說，從此消弭了今古文學者的爭論。

㈡魏晉南北朝的經學

東漢末年是鄭玄經學最盛的時期，到了三國魏時，王肅為了想在學術界中一露頭角，起來反對鄭玄，因此王學盛行，當時有申王駁鄭的，也有主鄭駁王的，經學到了晉代，只有王鄭之爭，不復有今古文的爭論了。縱觀魏晉時代著名的經學家有王肅、何晏、王弼、杜預、郭璞、范甯等人，他們的作品現在還流傳的有王弼《周易注》、何晏《論語集解》、杜預《左傳集解》、范甯《穀梁集傳》、郭璞《爾雅注》。

南北朝不僅在政治上分立，而在經學上也有南學北學的分別，南北朝的學者有的就前人的傳注加以疏解，稱為義疏之學，現在流傳的只有皇侃的《論語義疏》和皇侃、熊安生的《禮記義疏》，其他的著作都已亡佚。總而言之，南北朝的經學家，上承漢晉的傳注，下啟隋唐的疏，其功不可埋沒。

㈢隋唐的經學

隋文帝統一天下，經學亦漸趨統一，就政治而言，北人統一南方，從學術而言，南學兼併北學。隋代建國時間短，故著名學者只有劉焯、劉炫兩人而已。

唐太宗以儒學多門，章句繁雜，於是詔孔穎達與諸儒撰定《五經正義》，自唐至宋，明經科考試，都以《五經正義》為標準本。其餘賈公彥作《周禮疏》、《儀禮疏》，楊士勛作《穀梁傳疏》，徐彥作《公羊傳疏》，宋代所刻《十三經注疏》，唐代已具備九種。陸德明採輯漢魏晉南北朝以來諸家經書注疏中的音讀、詁訓和文字的同異，而作《經典釋文》，這是研究漢魏音讀訓詁最重要的書籍。

㈣宋元明的經學

宋初的經學，大都承襲漢唐的遺風，篤守古義。宋真宗時，詔邢昺等將唐人所纂修的《九經義疏》重新校訂，並新修《論語》、《孝經》、《爾雅》三經義疏，又孫奭作《孟子疏》，今通行《十三經注疏》，在宋初已經完成。宋仁宗慶曆年間，歐陽脩作《易童子問》，認為《易》〈繫辭〉、〈文言〉、〈說卦〉以下，不是孔子作的；又作《詩本義》，批評《毛傳》、《鄭箋》的錯誤；蘇轍作《詩集傳》，認為《毛詩・序》不可盡信；王安石作《三經新義》，教人拋棄舊說，以從其新說，形成疑古的風氣。南宋吳棫作《書裨傳》，懷疑《古文尚書》是偽造的；王柏作《詩疑》、《書疑》，任意增刪《尚書》、《詩經》。宋代學者從懷疑經傳而刪改經傳，甚至於用己意解釋經書，這種疑古求真的精神，給後人很大的啟示；但往往因為任意刪改，而使經書喪失原來的面目，這是他們受到後人批評的地方。

宋代的經學到朱熹而集大成，朱熹所注解的經書，盛行於南方，元兵南下，始流傳到北方。元仁宗延祐年間，定科舉的制度，《易》用朱熹的《易本義》，《詩》用朱熹的《詩集傳》，《書》用朱熹弟子蔡沈的《書集傳》，《春秋》用胡安國的《春秋傳》，《禮記》則仍用鄭玄的注，《四書》用朱熹的集注。從此學者只研習宋儒的著作，而漢唐的注疏漸漸被人遺忘了。

明初的官學，大致承襲元代而稍加損益，明成祖永樂年間，敕命胡廣等修撰《五經大全》，內容多抄襲元人的著作，朝廷科舉考試，據此命題，學者不但不知有漢唐注疏，連宋儒的著作也很少人研讀了。經學從南宋開始衰落，經元代到明代，已經到了極衰微的時期了。

㈤清代的經學

清代的經學約略分為三個時期。顧炎武、閻若璩、胡渭三人為清代啟蒙時期的代表人物，他們治學，漢宋兼採，顧炎武的《日知錄》、閻若璩的《古文尚書疏證》、胡渭的《易圖明辨》，他們研究學問的態度和方法，對後來的經學有很重大的影響。清高宗乾隆時，為清代經學的全盛時期，這一時期的學者盡棄宋學，獨標舉漢學，實事求是，重在實證，而不重在議論，所以又有樸學之稱。那時的經學有兩大派：一是吳派，一是皖派。吳派的領袖惠棟，惠棟的祖父周惕，父親士奇，惠氏三代皆以經學著名，而惠棟造詣尤深。他的學生以余蕭客、江聲為最著；而王鳴盛、錢大昕、汪中、劉台拱、江藩等也被其餘風。皖派的領袖是戴震，他的學生以段玉裁、王念孫、王引之為最著，他們精通文字聲韻之學，以考訂典章制度，東漢許慎、鄭玄之學因此昌明。這一派研究學問的態度，貴精不貴博，深刻斷制，他們治學的方法，重實證，重條理，富有科學精神。嘉慶、道光以後，為今文經學復興的時期：學者從東漢許慎、鄭玄之學，溯源而上，講述西漢今文博士之學，首倡者為莊存與，著有《春秋正辭》，專講公羊家所謂微言大義。他的學生以宋翔鳳、劉逢祿為最著，其後龔自珍、魏源、皮錫瑞、廖平等皆為今文學的鉅子，他們排斥考據，闡述微言大義。到康有為出，乃集今文學的大成，著有《新學偽經考》、《孔子改制考》及《大同書》等，雖多怪異之論，然對變法圖強卻有一些貢獻。孫詒讓作《周禮正義》、俞樾作《群經平議》，可說是考證學派的兩位大師。俞樾的學生章太炎，研習古文學，尤擅長於文字、音韻、訓詁之學，著有《章氏叢書》正、續編六十五卷。他和康有為是清代經學今古文兩派最後的兩個碩果。

清代經學家治學的成績，第一是各經傳都有新的注疏：如惠棟《周易述》，焦循《易通釋》，孫星衍《尚書今古文疏證》，陳奐《毛詩傳疏》，馬瑞辰《毛詩傳箋通釋》，孫詒讓《周禮正義》，胡培翬《儀禮正義》，孫希旦《禮記集解》，劉文淇《左傳舊注疏證》，陳立《公羊義疏》，鍾文烝《穀梁補疏》，劉寶楠《論語正義》，邵晉涵《爾雅正義》，郝懿行《爾雅義疏》，焦循《孟子正義》，這些著作取證廣博，考訂精深，超過前人所作義疏。第二種成績，是把漢人所謂「小學」，擴展推進，成為有系統的文字學，他們對文字的形體、聲韻和訓詁都有很大的成就，如段玉裁《說文解字注》、顧炎武《音學五書》、王念孫《廣雅疏證》等。此外對校勘經書的譌誤，搜輯亡佚的傳注，都有卓著的成績。

叄、史學

一、史的意義

「史」字的本義，原不是現在所用「歷史」的意義。許慎《說文解字》說：「史，記事者也。」《玉篇》說：「史，掌書之官也。」由此可知史的本義為掌書記事的官。《世本》記載黃帝時以倉頡、沮誦為史官，年代久遠，不可詳考。《周禮》有大史、小史、內史、外史、御史，分別掌管官府重要的典籍。我國古代既有史官掌管史職，則最初的史書，當為史官所撰寫。周代不僅王室有史官，各諸侯國也有史官，撰寫王室或各國的歷史。《尚書》是記載虞、夏、商、周的歷史，《春秋》是記載東周魯國的歷史，《孟子・離婁下》說：「晉之《乘》，楚之《檮杌》，魯之《春秋》，一也。」可知各國都有史官，負責撰寫各國的歷史。

漢代以前凡稱「史」都是指史官，史書則稱「書」、「春秋」、「記」、「志」等，漢人才稱史書為「史」，如《春秋・昭公十二年》：齊高偃納北燕伯於陽，《公羊傳》說：「《春秋》之信史也。」以《春秋》為可信的史書，到漢末劉芳作《小史》、三國張溫作《三史略》、譙周作《古史考》，才以「史」作為書名。從以上可知，「史」這個詞，是由官名轉變為書名。

歷史是過去人類活動的紀錄，無論政治、經濟、文化、社會等，從萌芽到成熟，其中的過程，都由歷史記載下來，後人從歷史的記載，可以瞭解人類進化的情形，進而推究事物發展的因果關係，從此獲得經驗和教訓。

二、史書的分類

記載歷史的書籍，稱為史書，中國現在尚存最早的史書，當推《尚書》，在司馬遷以前，歷史的著作很少，史書還沒有被單獨列為一類。

中國史書的分類，現在所能見到最早的著錄，是梁阮孝緒的《七錄》，他的〈紀傳錄〉分史書為十二類，但是後代沒有人採用這種分類。《隋書・經籍志》分史書為十三門：正史、古史、雜史、霸史、起居注、舊事、職官、儀注、刑法、雜傳、地理、譜系及簿錄。《唐書・經籍志》以後，都採用這種分類，而略有增損。唐劉知幾《史通》分史家為六：一為《尚書》家，二為《春秋》家，三為《左傳》家，四為《國語》家，五為《史記》家，六為《漢書》家；又將六家統括為兩體，一是編年體，二是紀傳體。清《四庫全書總目提要》分為十五類：正史、編年、紀事本末、別史、雜史、詔令奏議、傳記、史鈔、載記、時令、地理、職官、政書、目錄及史評。清代以前，對史書的分類，可以這三家為代表。梁啟超在

《中國歷史研究法》中則分為紀傳、編年、紀事本末、政書四體。這種分法，既合理又簡要，本文增加「雜史」、「史評」兩類。茲分述如下：

(一)紀傳

紀傳體是中國史書的主要體裁，通稱為正史。這種體裁是以人物為中心，詳述一人的事蹟，創始於漢司馬遷的《史記》，其體例分為五類：1.本紀，2.表，3.書，4.世家，5.列傳。司馬遷憑藉其豐富的學養、卓越的見識，融合前代各種史書的體例，創立完美的紀傳體。其後班固的《漢書》，范曄的《後漢書》，陳壽的《三國志》，也都用這種體裁寫成，合稱為四史。到宋代，除四史外，加入《晉書》、《宋書》、《南齊書》、《梁書》、《陳書》、《魏書》、《北齊書》、《周書》、《南史》、《北史》、《隋書》、《新唐書》、《新五代史》，稱為十七史。明刊監本，將十七史合《宋史》、《遼史》、《金史》、《元史》四史，稱為二十一史。清乾隆年間，詔增《舊唐書》、《舊五代史》及《明史》，為二十四史。民國初年，政府明令將《新元史》列入正史，於是有二十五史。其後又修撰《清史稿》，近年將《清史稿》修訂為《清史》，於是遂有二十六史。

(二)編年

編年體的史書，起源最早，《春秋》、《左傳》就是用編年體寫成的。《隋書・經籍志》稱為古史。這種體裁是以年為主，把歷史上的大事，依照年時月日排列，可分為歷代的編年和一代的編年兩種，前者如《竹書紀年》和《資治通鑑》，屬於通史；後者如《漢紀》和《後漢紀》，屬於斷代史。

歷代的編年史，《竹書紀年》僅存殘編，現在流傳而比較著名的，有宋司馬光《資治通鑑》，劉恕《通鑑外紀》，李燾《續資治通鑑長編》，劉時舉《續宋資治通鑑》，朱熹《通鑑綱目》，明薛應旂《宋元資治通鑑》，清徐乾學《資治通鑑後編》，畢沅《續資治通鑑》等。最早的一代的編年史《春秋》，已被列於經書，故言一代的編年史，當推《漢紀》。

(三)紀事本末

紀事本末體是以歷史事蹟為主，詳細記敘一件事情的始末。唐以前史書只有紀傳和編年兩種體裁，宋袁樞依據司馬光《資治通鑑》而作《通鑑紀事本末》。這種體裁以歷史事蹟為中心，標立題目，依照年月次序，敘述一件事情的始末。這種體裁寫成的史書，既不受人物的拘束，可以避免紀傳體敘述一事而重複出現數篇的弊病；又不受時間的限制，可以彌補編年體敘述一事而間隔數卷的缺點。

宋袁樞《通鑑紀事本末》以後，仿照這種體裁撰述的，有清高士奇《左傳紀事本末》，明陳邦瞻《宋史紀事本末》、《元史紀事本末》，清李有棠《遼史紀事本末》、《金史紀事本末》，清張鑑《西夏紀事本末》，清谷應泰《明史紀事本末》，清楊陸榮《三藩紀事本末》，與袁樞《通鑑紀事本末》，合稱為「九朝紀事本末」。

(四)政書

政書是專記文物制度。《隋書・經籍志》始分舊事、儀注、刑法三類，清《四庫全書》據錢溥《秘閣書目》，合併為政書一類。與紀傳、編年、紀事本末同為中國重要的史學體裁。

紀傳體的史書中，有書、志一門，導源於《尚書》，然紀傳體的書、志，往往僅記載一代的制度，不能會通古今，明其沿革。因此唐杜佑依據劉秩《政典》，補其闕遺，將古今制度合為一編，以觀其因革，共分為八門：一為食貨，二為選舉，三為職官，四為禮，五為樂，六為兵刑，七為州郡，八為邊防，每門下又各有子目。

唐杜佑《通典》以後，宋鄭樵作《通志》，元馬端臨作《文獻通考》，以杜佑《通典》為藍本，合稱為「三通」。清高宗敕命群臣撰「續三通」，即《續通典》、《續通志》、《續文獻通考》；以及「清三通」，即《清通典》、《清通志》、《清文獻通考》，總稱為「九通」。今又增加清光緒間劉景藻所作的《續清文獻通考》，稱為「十通」。「十通」為記載歷代重要典章制度因革的政書。至於各朝代的會要和會典，記載一代的典章制度，也可供學者參考。

(五)雜史

雜史一類，最早見於《隋書・經籍志》，今更擴大其範圍，把不屬於前四者的史書，都列於雜史，玆分其類別如下：

1. **國別類**：國別史始於《國語》和《戰國策》，乃將春秋或戰國時的事蹟，依其國別，編纂成書，其後如《吳越春秋》、《越絕書》、《十六國春秋》、《十國春秋》等都是用這種體裁寫成的。

2. **方志類**：方志是記載一個地方的歷史，包括疆域、山川、物產、人物、風俗等。最早在《尚書・禹貢》和《周禮・職方氏》中可見其梗概。隋有《區宇圖志》，已經亡佚，唐代《元和郡縣志》，宋代《太平寰宇記》、《元豐九域志》，以及元明清的「一統志」，都是全國的總志，此外歷代還有單獨修撰的省志、府志、州志、縣志等。

3. **傳記類**：傳記有記載某一人物的事蹟，如別傳、年譜；或記載某一家族的歷史，如家傳、族譜。

《晏子春秋》專記一人的言行，可說是傳記的權輿，其後《列仙傳》、《列女傳》、《高士傳》、《高僧傳》、《世說新語》等，都是傳記中著名的作品。

4.**學術類**：學術史是專記學者生平及論學要旨，依照學術宗派而編纂的史書。清代以前沒有這種著作，因此《四庫全書》沒有這個類別，《漢書．藝文志》、《隋書．經籍志》等雖可當作學術史來讀，但缺乏完整的體系，只可當作目錄學來看。中國有學術專史，應從清代黃宗羲開始。清黃宗羲作《明儒學案》，又作《宋元學案》，由全祖望完成，其他如清江藩著《漢學師承記》和《宋學淵源記》，以及近人梁啟超、錢穆所著《中國近三百年學術史》，都是學術史中著名的作品。

5.**目錄類**：目錄是將每一書分類記錄，有的目錄甚至於撰述書籍的要旨或學術的流別。漢劉向、劉歆父子為圖書目錄的創始者，劉向作《別錄》，劉歆作《七略》，雖然都已亡佚，但班固《漢書．藝文志》就是依照他們的分類寫成的。現在流傳的宋代《崇文總目》、《郡齋讀書志》、《直齋書錄解題》、明代《文淵閣書目》、清代《天祿琳琅書目》、《經義考》、《四庫全書總目提要》等，都是重要的圖書目錄。

㈥史評

或稱史論。「史評」一門，過去目錄家著錄的，包含兩種性質完全不同的書籍：一種是批評史事的，一種是批評史書的。批評史事的，專對於歷史上發生的事蹟作評論，如《左傳》的「君子曰」、《史記》的「太史公曰」以下的文字就屬於這一類，後來「紀傳」體或「編年」體的史書，都有這種評論的文字；也有寫成專篇的，如賈誼〈過秦論〉、陸機〈辨亡論〉等；宋明以後又有史論專書，如呂祖謙《東萊博議》、張溥的《歷代史論》、王夫之的《讀通鑑論》和《宋論》等，都屬於論辨史事重要的著作。至於批評史書的，有唐劉知幾的《史通》，宋鄭樵《通志》的〈總敘〉、〈藝文略〉、〈校讎略〉和〈圖譜略〉，清章學誠的《文史通義》等，都是批評史書著名的作品。

三、史學的發展

中國史學的發展，大致可分為五個時期：

(一)史學的創造期

從上古到漢初為史學的創造期。上古史官掌管史籍，到孔子根據魯史作《春秋》，左丘明作《左傳》，編年史臻於成熟；有《國語》、《戰國策》，乃有國別史；有《周禮》、《儀禮》，乃有典禮史；有《尚書》，乃有記事史；後代各體史書，此時已略具備，故為史學的創造期。

(二)史學的成立期

兩漢是史學的成立期。這個時期的史學家不多，以司馬遷、班固最傑出，其次為荀悅。司馬遷作《史記》，創立紀傳體，通敘古今，而為通史的始祖。班固遵循司馬遷的成法，專敘一代史實，而作《漢書》，為斷代史的始祖。荀悅上承《春秋》、《左傳》，作《漢紀》，而為編年史。從此以後二千多年，中國史書大都採用司馬遷、班固、荀悅的體裁撰寫，故為史學的成立期。

(三)史學的發展期

從魏、晉、南北朝到唐初，是史學的發展期。這個時期私家修撰史書的風氣很盛，計《後漢書》有十三家；《晉書》有十八家，三國、十六國、南北朝都有分別修撰的史書，而陳壽、李延壽根據這些史書，寫成《三國志》、《南史》、《北史》等著作。而編年體的史書也不少，如孫盛《魏氏春秋》、干寶《晉紀》、裴子野《宋略》、王劭《齊志》等。《隋書・經籍志》著錄這個時期的史書有八百餘部，分為正史、古史、雜史等十三類，可知這個時期史學發展的盛況，從此史學脫離經學，而為國學四部之一。

㈣史學的蛻變期

從唐代到清末為史學的蛻變期。這個時期的正史、實錄，都由官修，私家偶有纂述，往往罹禍，故相戒不為，轉而修撰前古的歷史，如《資治通鑑》、《通鑑紀事本末》等，或考典章制度，如《通典》、《文獻通考》等；或論史法史例，如《史通》、《文史通義》等；或論學術流派，如《宋元學案》、《明儒學案》等；或考訂史料，如《廿二史箚記》；或治史地於一爐，如《讀史方輿紀要》。總之，這個時期研究歷史的範圍擴大，史學日益進步，改正前期史學的因襲，開啟未來史學的革新，故稱為史學的蛻變期。

㈤史學的革新期

從清末到現在為史學的革新期。這個時期歷史家致力的方向有二：一是史料的蒐集和整理：近幾十年來所發現的史料，最有價值的有六類：⑴殷墟的甲骨文字。⑵敦煌、西域及雲夢各地的漢晉簡牘。⑶敦煌石室的六朝唐人所書卷軸。⑷內閣大庫的書籍檔案。⑸古代漢族以外各族文字。⑹各地的吉金文字及無文字的器物、佛像及壁畫等。二是新史學的建設及新史的編纂：近代史家採用科學方法蒐集史料，加以整理、分析、歸納，同時融會貫通各社會科學學者研究的成果，客觀地敘述過去人類生活的實況。總之，本期歷史家欲綜合中西史學，利用近幾十年發現的史料，為史學開闢新的境界，故稱為史學的革新期。

肆、子學

一、子的意義

「子」字原指男子，以後作為男子的美稱，因此公卿大夫士都稱為子；古代官師合一，老師就是官吏，因此學生稱老師為子或夫子；王官失守，學術由私家傳授，後人沿襲以子為老師的通稱，如稱孔丘、孟軻為孔子、孟子；而門弟子撰述老師言行思想的書也稱為子，如墨翟、孟軻、荀況的書稱為《墨子》、《孟子》和《荀子》，於是「子」字由對人的尊稱變為書名了。

漢劉歆作《七略》，編輯周秦的子書為一略，名為「諸子略」，班固《漢書・藝文志》因之，後人稱諸子的學術為諸子學，簡稱為諸子或子學。

二、諸子的來源

任何一種學術，絕不是憑空產生，一定有它的來源，自古以來探討諸子來源的，有兩種說法：第一種說法認為「諸子出於王官」，中國古代政與教不分，官與師合一，學術掌握在王官手中，最早主張這種說法的，是東漢班固《漢書・藝文志》，茲節錄於下：

儒家者流，蓋出於司徒之官。

道家者流，蓋出於史官。
陰陽家者流，蓋出於羲和之官。
法家者流，蓋出於理官。
名家者流，蓋出於禮官。
墨家者流，蓋出於清廟之守。
縱橫家者流，蓋出於行人之官。
雜家者流，蓋出於議官。
農家者流，蓋出於農稷之官。
小說家者流，蓋出於稗官。

以上班固的說法是就諸子學說的歷史承受而言，章太炎在《國學略說》中贊同這種說法。第二種說法就諸子學說產生的時代背景而言，認為「諸子起於救世之弊」，最早提出這種說法的，是西漢劉安《淮南子・要略訓》，胡適曾作〈諸子不出於王官論〉一文，贊同劉安的說法。其實兩種說法，各從一方面來說，並不互相違背，呂思勉在《經子解題》中綜合兩家的說法，說明諸子學說的來源，是很正確的。

三、諸子的流派與發展

評述諸子學術的文章，最早是《莊子・天下》篇，其次是《荀子・非十二子篇》，他們曾評論當時一些學者的學說，但是並沒有標出儒、道、墨、法、名等家的名稱，直到西漢司馬談〈論六家要旨〉，才把先秦時代的學術，分為陰陽、儒、墨、名、法、道德六家，東漢班固根據劉歆的《七略》作《漢書．藝文志》，在〈諸子略〉中，又增加縱橫、雜、農、小說四家，共有十家。班固又以小說家為小道，可觀者九家而已，所以又有「九流」的名稱。

諸子十家中，儒家起源最早，其次是道家和墨家，三家都有專門的著作，獨立成為門派，法家和名家是從這三家分化出來的；陰陽之說雖然起源很早，直到戰國鄒衍、鄒奭才自成一家，但沒有著作流傳下來；縱橫不過是當時說客遊說各國所用的合縱和連橫兩種謀略，而雜家的著作是雜錄諸家的言論，沒有中心思想，嚴格來說，都不能成為一家；農家和小說家都沒有著作流傳下來，只有《孟子》和《荀子》中記載農家許行、小說家宋鈃言論的大要，由此可見，《漢書．藝文志》雖然把十家並列，但就其內涵和對後世的影響而言，是不能相提並論的。

春秋戰國是諸子學術蓬勃發展的時期。秦始皇統一天下，雖然焚書坑儒，但諸子之學仍被官方博士所保存，因此漢初諸子之學仍然盛行，到漢武帝接納董仲舒罷黜百家、獨尊儒學的建議，諸子之學從此逐漸衰微。

四、先秦諸子概述

(一)儒家

據《說文解字》和《周禮．保氏．注》，儒者是具有相當學問而執掌教育的人。孔子開私人講學的風氣，以六藝教導學生，時人稱為儒者。他的學生眾多，散居各國，宣揚孔子的學說，於是形成學派，孔子遂被視為儒家的創始者。孔子死後，據《韓非子・顯學》篇記載，儒家分為子張、子思、顏氏、孟氏、漆雕氏、仲良氏、公孫氏、樂正氏八個支派。《漢書・藝文志》著錄了先秦儒家三十一家的著作，其中一部分保存在大小戴《禮記》中。孟子和荀子是孔子之後儒家兩位大師，他們的著作《孟子》和《荀子》與《論語》是儒家重要的典籍，而《論語》和《孟子》已列入經部，只有《荀子》仍列在子部，現在流傳《荀子》三十二篇，經過歷代的傳抄、刊印，已不是原來的面目了。

(二)道家

道的本義是「路」，是指人們共同行走的道路；道家所說的「道」，是指宇宙萬物遵循的常軌，是「道」的引伸義。司馬談〈論六家要旨〉稱為道德家，但在下文又簡稱為道家，班固《漢書・藝文志》以後，學者大都稱為道家。

道家的代表人物是老子和莊子。老子以道為天地萬物的本源，它的運作是循環反覆的，因此天地間事物的正反、高低、長短、貴賤、禍福等也是互相轉化的；所以人的處世之道，應該居於柔弱卑下的一面，要不與人爭，這樣「天下莫能與之爭」。在政治上主張「無為而治」，使民「自化」、「自正」、「自富」，而達到「無不為」的目的。莊子也以道為天地萬物的本源，他以為萬物的大小、貴賤、是非、成敗、壽夭等都是人從他自己的立場來說的，從道的角度來看，萬物是齊一的，無所謂大小、貴賤、是非、成敗，如果人能齊一是非善惡的分別，破除生死壽夭的執著，達到「天地與我並生，而萬物與我為一」的境地，就是「無入而不自得」的真人了。老子的著作《道德經》，分成八十一章，上篇三十七章，下篇四十四章，共五千二百多字。莊子的著作為《莊子》，又稱為「南華真經」，原有五十二篇，現存三十三篇，其中內篇七篇，大致可以肯定為莊子的手筆，外篇十五篇，雜篇十一篇，可能是莊子的門人及後學的作品。

(三)墨家

自來以為墨家的始祖姓墨名翟，因此以其姓稱其學派為墨家。墨子，宋人，一說魯人，大概生於孔子死後，孟子生前。《淮南子・要略訓》說：墨子曾學儒者之業，受孔子之術，因對儒家「其禮煩擾，厚葬靡財」感到不滿，所以承襲夏禹那種勤儉刻苦精神，結合上古尊天明鬼的思想，而建立以兼愛為中心的學術思想。

《墨子》這部書，《漢書・藝文志》著錄為七十一篇，今存五十三篇。墨子在〈魯問〉篇中所提出尚賢、尚同、節用、節葬、非樂、非命、尊天、事鬼、兼愛、非攻十項主張，構成墨子整個的思想體系。墨子死後，根據《韓非子・顯學》篇記載：有相里氏、相夫氏、鄧陵氏三派，他們有闡發墨子思想的、有辯護墨子思想的、有涉及邏輯思維的，其思想方法具有近代科學實驗的精神。戰國時，墨家學說盛行，與儒家並立為當時兩大學派，直到漢代，猶以孔墨並稱。

(四)法家

「法」字本作「灋」，灋的本義是公平處罰罪人的意思，「法」字是「灋」的省文，引伸有「刑罰」、「法度」、「憲令」的意思。

春秋時，周王室衰微，諸侯互相爭雄，管仲相齊，獎勵實業，提倡武勇，以致富圖強；晉國也有實行軍國主義的趨勢，因此三晉的法家最多。三晉的法家，可分為三派：一派重術，偏重於君主駕馭臣下的技巧，以韓相申不害為代表。一派重法，主張釐定法條，以嚴刑重賞為手段，促其徹底實行，以秦相商鞅為代表。一派重勢，認為君主只要掌握權威，就可號令臣民，以趙人慎到為代表。集三派大成的人物是戰國末年的韓非，韓非是韓國的公子，他曾受業於荀子，他的學說，以勢為體，以法術為用，更吸收道家的無為，構成法家最完備的思想體系。

《漢書・藝文志》著錄周秦法家著作有五家：《李子》三十二篇、《申子》六篇、《慎子》四十二篇，都已亡佚，後人有輯本；《商君》二十九篇，今存二十四篇；《韓非子》五十五篇，今皆流傳。

(五)名家

「名」本指事物的名稱，萬物本來沒有名稱，因此無法區別，於是制定各種名稱來區別各種事物。孔子重視「正名」，老子曾說：「無名，天地之始；有名，萬物之母。」荀子有〈正名篇〉，墨子的後學作〈經〉與〈經說〉等篇，以審名實，別同異，韓非子言「刑名參同」。先秦諸子都就事物的「名」與「實」來闡述自己的學說。然專就名實的關係而作論辯的，始於春秋的鄧析，戰國尹文子暢述名學，到惠施、公孫龍，其學大盛，而成一家之言。

孔子的正名，是正君臣、父子等名分，辨明尊卑貴賤，僅有倫理的意味；名家的名學，對事物的名實，作抽象的思考和概念的辨析，近乎現代的邏輯學。名家的代表人物有鄧析、尹文子、公孫龍和惠施。鄧析，春秋鄭國人，與子產同時，今傳《鄧析子》二篇，疑為後人所偽託。尹文子，戰國齊國人，早於公孫龍，今傳《尹文子》二篇，可能也是後人偽託的。公孫龍，趙國人，所著《公孫龍子》十四篇，今存六篇。惠施，宋國人，與莊子同時，所著《惠子》一書，今已亡佚，《莊子・天下》篇記載他的名學共有十事。

(六)陰陽家

陰陽家源出於古代羲和之官，他們觀察天象，制定曆法，以供人民日常使用；並且運用上古已有陰陽五行的觀念，就其順逆生剋，判斷人事的治亂禍福，構成一套神秘的陰陽術數之學，其代表人物為鄒衍、鄒奭。

鄒衍，齊國人，生於孟子之後，與梁惠王、平原君和燕昭王同時。《漢書・藝文志》著錄《鄒子》四十九篇和《鄒子終始》五十六篇，都已亡佚。他的學說現在流傳下來的，只有《史記・孟子荀卿列傳》所記載的兩事：一是「大小九州說」，這種地理觀念，雖然與事實不完全符合，但是卻把前人想像中的世界的空間擴大了許多。二是「五德終始說」，五德就是金、木、水、火、土五行，鄒衍認為自天地剖判以來，每一時代，各主一德，往復循環，周而復始，這是他對朝代更易，治亂盛衰所提出的歷史觀。其後，鄒奭推演鄒衍的學說。到了漢朝，儒學中滲入大量的陰陽學說，對兩漢的政治社會產生很大的影響。

(七)縱橫家

春秋時，北方的齊國和晉國與南方的楚國爭霸，形成南北抗衡的局面；到了戰國，西方的秦國強大，蘇秦把燕、齊、趙、韓、魏、楚六國南北聯合起來，共同抗秦，叫做「合縱」；張儀解散合縱的盟約，使六國各別事奉秦國，叫做「連橫」。縱橫只是戰國時國際間兩種相反的政治策略，蘇秦和張儀是當時兩個著名的政客，而不是思想家，他們遊說各國的事蹟，全部記載在《戰國策》中，被後人視為歷史資料。

相傳蘇秦和張儀都是鬼谷子的學生，跟鬼谷子學習縱橫之術，一般人都以鬼谷子為縱橫家的始祖。

今傳《鬼谷子》三卷十二篇。

㈧農家

農家的興起，以戰國時諸侯互相攻伐，疏忽農業，以致民不聊生，因此提出「播百穀，勸農桑，以足民食」的主張。農家學說，託始於神農，神農創作耒耜，教民稼穡，為農家的始祖。《漢書．藝文志》著錄農家著作九種，現在都已亡佚，從《太平御覽》、《初學記》和《齊民要術》等書所引農家的書來看，大都是種植農作物的技藝而不是學術，只有見於《孟子．滕文公》篇的許行，有特別的主張，可以作為農家的代表人物。

㈨雜家

《漢書．藝文志》論雜家說：「兼儒墨，合名法。」是雜揉諸子的學說，自身沒有一貫的宗旨。先秦雜家的著作，現在流傳而最著名的是《呂氏春秋》一書。

《呂氏春秋》，也稱「呂覽」，是秦相呂不韋的門客集體的著作。〈漢志〉著錄《呂氏春秋》二十六篇，蓋計「八覽」、「六論」、「十二紀」的總數。今本「八覽」、「六論」、「十二紀」子目共計一百六十篇。這部書以儒家思想為主，參以道家、墨家、法家、名家、陰陽家及農家的學說。先秦諸子的著作，有的現在已經不流傳，有的現在流傳，但已經不是原本，靠這部書的保存，讓我們知道它們本來的面目。這是一部記錄戰國時代學術大勢的重要著作。

《四書全書總目提要》把《墨子》、《公孫龍子》、《鬼谷子》等也列在雜家，其所謂雜家，比〈漢志〉範圍更廣，內容更雜了。

(十)小說家

班固在《漢書・藝文志》介紹小說家為「街談巷語，道聽塗說」的小道，把它列在「九流」以外，因此後人也不大重視它。小說家的代表人物是宋子。宋子，宋牼或作宋榮子、宋鈃，「牼」、「鈃」、「榮」的不同，都是因為字音轉變而產生的。

宋牼所作《宋子》一書，現在已經亡佚，他的學說分別見於《孟子・告子》篇，《莊子》〈逍遙遊〉、〈天下〉篇，《荀子》〈正論篇〉、〈天論篇〉和〈解蔽篇〉，《韓非子・顯學》篇，綜合他的學說要旨，可分為兩點：一是主張以寬容來消除人與人間的爭鬥，以利害來消弭國與國間的戰爭，與墨子的「非攻」學說相似。二是主張「情欲寡」，目的希望人人能寡欲知足，這樣人與人之間就沒有爭鬥，國與國之間就沒有戰爭，天下就能安寧了。這與道家「無欲」的學說相近。〈漢志〉所著錄小說家的著作，現在都已經亡佚了。

五、兩漢以後諸子概述

先秦諸子的學術思想，到了戰國，已極紛歧繁雜，秦始皇統一天下，思想界也要求調和融通，匯歸一致，呂不韋集合門客作《呂氏春秋》，就是想折衷諸子，調和百家，畢竟氣魄不夠，不能開創一新局面。漢初，廢棄秦朝嚴刑峻法，施行黃老之術，使人民休養生息，淮南王劉安的門客，站在道家的立場，雜合儒、法、名、陰陽諸家之說，而作《淮南子》，也沒有達成調和融會的目的。到漢武帝採納董仲舒的建議，罷黜百家，獨尊儒術，董仲舒作《春秋繁露》，揉合陰陽五行，創立天人感應的學說，以闡述儒家的學術思想，逐漸發展為東漢的讖緯之學，對兩漢的學術思想產生很大的影響。其後揚雄、桓寬、王充等學者起來反對，尤以王充最為有力，他作《論衡》，崇尚黃老，以自然之道駁斥陰陽災異、天人相應的學說，而開魏晉玄學的先河。

東漢末年，天下大亂，民生疾苦，學者困於離亂，飽受摧殘，自然產生厭世的觀念，從魏晉到南北朝三百多年間，是玄學興盛的時期。玄學大概可分為三派：一為名理派，以品評人物為重心，評論人物，分別才性，論說事理，劉劭的《人物志》可為代表。二為玄論派，以談論「三玄」（《易經》、《老子》、《莊子》）為主，闡述有無，剖明體用，而調和儒道兩家的思想，何晏的《論語集解》、王弼的《周易注》和《老子注》可為代表。三為曠達派，順任情性，不拘禮法，解放自我，而篤行老莊的理論，阮籍、嵇康可為代表。阮籍有〈達莊論〉和〈通老論〉，嵇康有〈養生論〉和〈聲無哀樂論〉。晉室南渡，玄談之風更加熾盛，而佛學就是憑藉玄學在中國流傳。

佛教是在東漢明帝永平十年（西元六七年）從印度傳到中國，在中國發展，大約可分為三個時期：第一個時期，從東漢到西晉，為小乘佛學傳播的時期，這個時期以翻譯佛經，宣傳教義，以輪迴果報觀念為主，宗教氣氛濃厚，往往與中國民間符籙祭祀巫道相配合；僧侶為博取士人的信從，假借老莊的思想和玄學術語來宣傳教義，代表人物有安世高、支謙、佛圖澄等。第二個時期，從東晉到南北朝，為大乘佛學傳播的時期，以世界虛實，名相有無，為思辨主題，哲學意味超過宗教，這個時期除大量翻譯佛經外，同時設置講壇，宣揚佛教，並成立許多宗派，代表人物有道安、鳩摩羅什、慧遠、僧肇等。第三個時期為隋唐，佛學經過前代大師的研究和宣揚，中國的僧人自己創闢新佛學，其教義雖然依據印度空有兩宗，但其精神意趣不完全相同，側重於自我的精修，內心的密證，生活的實踐，勝過哲理上的思辨，富有中國學術的意味，代表人物有杜順、賢首、智顗、慧能等。從魏晉到隋唐，佛教成立了十三個宗派，其後合併為十宗派，就是俱舍宗、成實宗、律宗、法相宗、三論宗、華嚴宗、天台宗、真言宗、淨土宗、禪宗。其中華嚴宗、天台宗和禪宗，是中國佛學大師自創的宗派；而華嚴、天台兩宗，雖然依據印度佛教經典，但是自著經論，自成系統；禪宗則不依據一切經論，不著語言，不立文字，直指本心，見性成佛，故稱為「教外別傳」。

宋元明三代的學術，又回歸到以先秦孔孟學說為本體，同時吸收佛家、道家學說而建立起來的新學說，當時學者稱為「理學」或「道學」。理學雖發生在宋代，而唐代古文大家韓愈和他的學生李翺，實為宋明理學的先驅。韓愈在〈原道〉、〈原性〉文中，推崇孟子，以為得孔子的正傳；李翺融合儒佛兩家學說，闡述《周易》、《大學》、《中庸》；於是孔子、孟子遂成為宋明理學家尊奉的聖賢，而《周易》、《大學》和《中庸》也成為他們所依據的重要典籍。宋代理學的創始者為周敦頤，字茂叔，學者稱濂溪先生，稱其學為「濂學」，著有《太極圖說》和《通書》。他以太極為理，陰陽五行為氣，說明宇宙發生的原理及人生應行的正道，以誠和靜為修養的功夫，後世理學家多從其說加以推衍。周敦頤之後有張載；張載，字子厚，僑居關中郿縣橫渠鎮，學者稱橫渠先生，稱其學為「關學」，著有《正蒙》、《易說》、《東銘》、《西銘》和《理窟》等書。其學以《周易》為宗，《中庸》為體。《正蒙》探究宇宙的根本，《西銘》闡述仁的道理，《理窟》則說明變化氣質的功夫。其學說的宗旨，合天地萬物為一體，而歸結於仁。與張載同時的有程顥、程頤兄弟，二程曾受業於周敦頤，學成以後，自成一派，因其居住在洛陽，世稱其學為「洛學」。程顥，字伯淳，學者稱為明道先生，著有〈識仁篇〉和《定性書》等，他以乾元一氣為宇宙的根源，以心、性、理、氣、命為一體；他論修養，以「識仁」為先，「定性」為本，而以「誠」、「敬」為著手的功夫，為陸九淵、王守仁心學的先導。程頤，字正叔，學者稱為伊川先生，著有《易傳》、《經解》等書。他以理和氣為宇宙的根源，性即是理，故聖人與常人相同；才秉於氣，氣有清濁，故有賢愚的分別。其論修養，則提出「用敬」和「集義」兩大綱目，實為朱熹理學的前驅。到了南宋，朱熹集北宋理學的大成。朱熹，字元晦，一字仲晦，生於福建的尤溪，學者稱晦庵、紫陽、考亭先生，稱其學為「閩學」，著有《易本義》、《詩集傳》、《大學中庸章句》、《論語孟子集註》、《近思錄》、《伊洛淵源錄》等書。他以宇宙的根源為太極，而太極為理氣二元的綜合，據此論性，則分天命之性和氣質之性，其論修養功夫，在於「居敬」和「窮理」。與朱熹同時而相抗衡的為陸九淵。陸九淵，字子靜，曾講學於象山，故學者稱為象山先生，稱其學為陸學，著有《象山全集》三十二卷，《語錄》二卷。他以理為宇宙的本體，而此理具備於吾人心中，所謂「心即理，理即心」，因此以為人性至善，而無天命之性與氣質之性的分別；其論修養，則「明心見性」，以發揮人固有的良知良能。南宋著名的學者除朱熹、陸九淵外，還有反對空談性命，而主經世致用的浙東學派，其代表人物為呂祖謙、薛季宣、陳傅良、葉適等。元代的思想，大體承襲宋儒，到明代王守仁始發揮陸九淵的學術。王守仁，字伯安，浙江餘姚人，曾居會稽山陽明洞側，學者稱為陽明先生，稱其學為姚江學派，著有《王文成公全書》及門人所輯的《傳習錄》，倡「心即理」、「致良知」和「知行合一」的學說。明代中葉，陽明學說披靡天下，到了晚明，其末流違其宗旨，束書不觀，空談心性，而流於空疏。

清代大儒顧炎武、黃宗羲、王夫之等，針對晚明空疏之學，倡導經世致用，開創清代樸實的學風。顧炎武，初名絳，更名炎武，學者稱亭林先生，著有《音學五書》、《日知錄》、《天下郡國利病書》、《亭林文集》等書，倡「經學即理學」，教學者擺脫宋明儒者的羈勒，直接求之古經，貴創造，求博證，以開乾嘉徵實的學風。黃宗羲，字太沖，號南雷，又號梨洲，學者稱梨洲先生，著有《明儒學案》、《宋元學案》（由全祖望完成）、《明夷待訪錄》及《南雷文集》等書，主張先讀經，兼讀史，以補救晚明學術空疏褊狹的弊病，所作《明儒學案》，態度客觀，為中國第一部學術史。王夫之，字而農，號薑齋，學者稱船山先生，後人輯其著作為《船山遺書》，他平生推崇張載和朱熹而反對王陽明，喜談性與天道，又求切實致用，因此致力於史學，所作《讀通鑑論》和《宋論》，為史評中很有價值的著作。自顧炎武、黃宗羲、王夫之等學者崇尚實學，講求致用，乾隆、嘉慶以後，蔚成風氣，學者偏重於經史諸子的校釋，以及名物訓詁的考證，這都在經學和史學兩部分中敘述。

伍、文學

中國圖書的分類，從《隋書．經籍志》開始，就分為經、史、子、集四部，集部的書籍大多是文學類的書籍，因此現代一般人習慣用「文學」一詞，替代前人所用的「集部」。

「文學」一詞，古今的涵義不同，周秦時期所謂文學，泛指一切文章和學術，這是最廣義的文學觀念；到了兩漢，把屬於詞章一類的作品稱為「文」或「文章」，把含有學術意義的作品稱為「學」或「文學」，這時所謂文學跟我們現在所說文學的意義仍然不同；直到魏晉南北朝，「文學」的涵義才與現代人所用的一樣；當時的人又把「文學」分為「文」和「筆」，「文」是指有韻的文學，「筆」是指沒有韻的文學。至於現代人所謂文學是指作家運用優美的字句、結構、辭采和聲律，表現人類的思想、情感和想像，使人生、社會、世界和宇宙美化的作品。本篇就中國古典文學，分為詩歌詞曲、散文和駢文、小說、戲曲四類敘述。

一、賦詩詞曲

中國從周初到春秋中期，第一部詩歌總集是《詩經》，它是北方文學的代表；到了戰國，南方的楚國，產生與《詩經》完全不同風格的作品，這便是《楚辭》；從《楚辭》演變為賦，賦本為詩歌表現手法之一，到了漢代，賦成為一種獨立而重要的文體，它是介於詩和文之間，因此從賦的發展淵源上，把它歸於詩歌中。本節就《詩經》、《楚辭》、賦、詩、詞、曲等項分別介紹。

㈠《詩經》

《詩經》中最早產生的是宗教詩，〈周頌〉大概是武王、成王、康王、昭王時代結合音樂舞蹈的宗教詩，比〈周頌〉寫作時代較晚的宗教詩是〈商頌〉和〈魯頌〉。周代的帝王同時把祖先們創建國家的功業和艱苦奮鬥的經歷記述下來，於是有〈大雅〉中歌頌民族英雄和〈大雅〉、〈小雅〉中記述戰爭的史詩。隨著產業的發達，社會的進步，貴族們在日常生活滿足後，逐漸想到聲色方面的娛樂，〈大雅〉、〈小雅〉中的宴會詩和田獵詩就是這樣產生的。西周末年厲王、幽王時代，政治敗壞，加上連年的戰亂，人民生活艱困，《詩經》中的變風、變雅，就是反映人民對統治者怨恨情緒的社會詩。《詩經》中最精采的是「國風」中的抒情詩，這些詩大多是民間男女的愛情詩。社會詩和抒情詩，是《詩經》中最值得我們研究的兩部分。

(二)《楚辭》

《楚辭》是戰國時代楚國所產生的詩歌，為中國南方文學的代表。楚國在江淮一帶文化比較落後的地區，人民生活在高山大澤、雲煙變幻的自然環境中，適宜宗教迷信的保留與發展，於是民間流傳著許多浪漫的神話和神奇的傳說，這是《楚辭》成為神秘浪漫文學的重要基礎。《楚辭》大都是文人的作品，而以屈原為主。屈原一方面受到《詩經》的影響，同時吸收楚地歌謠的形式和韻律，創造出一種新的詩體。

屈原的作品，《漢書・藝文志》著錄有〈離騷〉、〈九歌〉、〈天問〉、〈九章〉、〈遠遊〉、〈卜居〉和〈漁父〉等二十五篇，其中〈離騷〉是他一生中最偉大的傑作。屈原以後，有宋玉、唐勒、景差等。宋玉的作品，現在流傳下來的有〈九辯〉、〈招魂〉等十三篇，最可信的只有〈九辯〉一篇。至於唐勒、景差的作品，都已經失傳了。漢劉向曾編輯《楚辭》，但是已經亡佚了。現在流傳的有東漢王逸編注的《楚辭章句》與宋洪興祖的《楚辭補注》十七卷、朱熹《楚辭集注》八卷。

(三)賦

賦本是詩中六義之一，是詩的一種直陳式的作法，並不是一種獨立的文體。屈原被稱為賦體的開山大師，但是他所作的〈離騷〉等，都是長篇的抒情詩，不能稱為賦；到《荀子》的〈賦篇〉和秦時的雜賦以後，賦的形式和內容才完全與詩不同；到了漢朝，賦便成為一種獨立的重要文體。

賦在漢朝的發展，大致可分為四個時期：一、漢賦的形成期：從高祖到武帝初年，這個時期的作家如賈誼、陸賈、枚乘、嚴忌、淮南小山等，他們的作品，無論內容和形式，都直接受到《楚辭》的影響，其中以賈誼和枚乘為代表。二、漢賦的全盛期：武帝、宣帝、元帝、成帝時代，是漢賦的全盛時期，這個時期產生了許多有名的作家，如司馬相如、東方朔、枚皋、劉向、王褒等，其中最有名而且在賦史上佔重要地位的是司馬相如，他揉合了過去各家的特質，建立了固定的形式和格調，後代的作家都模倣他的作品。三、漢賦的模擬期：從西漢末年到東漢中葉，這一個時期的作家，如揚雄、馮衍、杜篤、班固、崔駰、傅毅等，他們模倣司馬相如等人的作品，作品沒有個性，這個時期以揚雄、班固為代表。四、漢賦的轉變期：東漢中葉從張衡以後，作家寫作賦，在形式上，由長篇轉為短篇，內容也從描寫宮殿遊獵變為表現個人胸懷的作品，這個時期的作家，除張衡外，還有崔瑗、馬融、王逸、蔡邕、趙壹、王延壽、禰衡等，而以張衡為代表。

兩漢以後，賦已不是代表當時的文學作品了，明徐師曾的《文體明辨》，把賦分為古賦、俳賦、律賦、文賦四種。除徐氏所舉四種賦體外，還有一種股賦，是明清時代應科舉考試而作的賦體，其結構比律賦更嚴格，這種賦體，已無文學價值了。

(四)詩

中國的詩歌，從《詩經》、《楚辭》以後，經過兩漢、魏、晉、南北朝、隋，七百多年間，詩人不斷地創作，無論在詩的形式、音韻、格律和辭藻各方面，都奠定了基礎。到了唐代，詩人輩出，集中精力於詩歌的創作，於是造成光輝燦爛的成就，成為唐代文學的主流。中國的古典詩歌，就其形式而言，大致可分為樂府詩、古體詩和近體詩三類。

1. 樂府詩

「樂府」一詞起於漢惠帝，漢惠帝任命夏侯寬為「樂府令」，到漢武帝時，訂定祭祀天地的禮節，才成立樂府官署，一方面由文人製作祭祀的詩樂，同時採集趙、代、秦、楚等地的民歌，配上樂曲，作為朝廷典禮、宗廟祭祀以及君臣宴飲時所用的詩歌，這些詩歌，就是所謂樂府詩。樂府詩在文學史上最有價值的，不是文人製作富麗典雅的頌贊歌辭，而是從民間採集來的歌謠。西漢末年，哀帝不喜歡這些民歌，因此從武帝以來採集的民歌漸漸失傳，現在所保存的多為哀帝以後的樂府。漢代樂府民歌，以寫實為主，如〈飲馬長城窟行〉、〈羽林郎〉、〈孔雀東南飛〉等，足以反映當時人民的生活和思想。東漢末年，許多文人從民歌中吸取養分，大量寫作樂府詩，其中有不少描寫社會生活的優秀作品。魏晉以後，政治紊亂，社會動盪，道家思想盛行，文人對現實生活的希望幻滅，因此寄情山水，在他們的作品中表現消極隱逸的人生觀。南北朝時，南方長江流域一帶新興的民歌，以〈清商曲〉為主，分為〈吳歌〉、〈西曲〉和〈神弦曲〉，大多為描寫男女愛情的作品，婉轉纏綿，成為六朝詩歌的主流；而北方的民歌以〈鼓角橫吹曲〉為主，則多描寫草原游牧的生活，充分表現北方文學豪放率真的風格。

隋唐以後，大量的胡樂輸入，增加詩歌聲音的優美，唐代許多文人仿作樂府詩，豐富了詩歌的內容，也加強了詩歌的生命。盛唐以前，文人仿作的樂府詩，還沿用漢魏六朝的舊標題；盛唐期間，有元結、孟雲卿、沈千運等的「系樂府」。中唐以後，李紳、元稹、白居易等則多為「即事名篇」的樂府，稱為「新樂府」，晚唐更有皮日休、陸龜蒙、杜荀鶴等的「正樂府」，這時的樂府已脫離音樂，而不能合樂了。

2. 古體詩

古體詩又稱古詩、古風，是與「近體詩」相對待而言。古詩起源於漢代，這種詩體，詩句的長短自由，不講究平仄，而且用韻寬，魏晉南北朝以後，詩人用這種體制寫成的詩，也稱為古詩。

古體詩有三言、四言、五言、七言和雜言等；《詩經》以四言為主，從春秋戰國到漢初，四言詩漸臻成熟。至於五言詩的起源，有各種不同的說法，大致來說，起源於漢代的樂府詩，西漢是五言詩的醞釀時期，《漢書・外戚傳》記載〈戚夫人歌〉、李延年的〈佳人歌〉和〈五行志〉記載民謠一首，都是未成熟的五言詩；東漢初年，班固所作的〈詠史詩〉，五言詩的形式，到這個時候才正式成立；班固以後，作這種新體詩的人漸漸多了，東漢末年建安前後，曹氏父子、建安七子，他們寫作的五言詩已經成熟了，這時四言詩的地位漸為五言詩所取代。至於七言詩的起源比五言詩要晚，一般人以為起於漢武帝〈柏梁臺君臣聯句〉，曹丕的〈燕歌行〉，是文人所寫最早的兩首七言詩，南北朝時七言古詩開始形成，直到唐代才普遍流行而臻於成熟。

3. 近體詩

近體詩是唐人所完成的新體詩，與古體詩作法不同，故又稱為今體詩。

近體詩包括絕句和律詩：絕句共四句，以五言和七言最普遍；律詩以其平仄、押韻、對仗等都有一定的格律，故稱為律詩。律詩分為今律和排律兩種，只有五言和七言。今律共有八句，八句以上為排律；唐以後，排律已不流行，今人所謂律詩，多指今律而言。

從詩歌的發展來看，絕句產生的時期比律詩早，漢樂府中已有五言四句的小詩，而七言的小詩產生的時期則比較晚；魏晉時雖有詩人嘗試寫作這種小詩，但作品並不多；東晉以後的樂府民歌，如〈吳歌〉和〈西曲〉，大都用這種小詩寫作，促使絕句這種詩體的成立；直到唐代，絕句才盛行起來。至於律詩，南北朝時，已有詩人用這種詩體寫作；齊永明間聲律論的流行，使詩在聲調與對偶上有很大的進步，經初唐上官儀、上官婉兒，詩的格律更趨完備，復經初唐四傑——王勃、楊炯、盧照鄰、駱賓王創作詩歌，五言律詩的格律才漸完成；到沈佺期、宋之問創立的「沈宋體」，七言律詩的格律也告成立。

近人研究唐詩，大多依據明代高棅的《唐詩品彙》，將唐詩分為初唐、盛唐、中唐、晚唐四個時期：

初唐是從高祖武德元年到睿宗先天末年（西元六一八～七一二年），這個時期如虞世南、楊師道、上官儀、沈佺期和宋之問等宮廷詩人，均繼承六朝浮華綺麗的餘風。初唐四傑所作的詩，雖意境清新高潔，仍脫不了六朝香豔的氣息；只有王績、王梵志的隱逸詩，能表現個人真實的性情，但對當時的潮流，毫無影響；直到陳子昂以復古為號召，倡導「漢魏風骨」，才導引詩歌進入另一新的境界。

盛唐是從玄宗開元元年到肅宗寶應末年（西元七一三～七六二年），這是唐詩的全盛時期，詩人輩出，作品繁富，如王維、孟浩然等的田園山水詩，岑參、高適等的邊塞戰爭詩，都是膾炙人口的作品，其中享譽後世最久、影響最大的是李白和杜甫，他們可說是唐代詩壇上的雙璧。

中唐是從代宗廣德元年到敬宗寶曆二年（西元七六三～八二六年），這個時期的詩人繼盛唐詩人之後，往前開展，如韋應物和柳宗元繼王維和孟浩然之後，同為田園山水詩的大家；又如白居易和元稹等繼杜甫之後，寫作社會詩，同時提倡新樂府運動，他們寫作的詩，平易近人，使唐詩在盛唐極盛之後，展現另一高潮。同時有韓愈、孟郊和賈島等寫作詩歌，在用字造句上，講求奇險冷僻，對後代的詩壇產生很大的影響。

晚唐是從文宗太和元年到昭宣帝天祐三年（西元八二七～九〇六年），這個時期的詩人，從李賀、杜牧到李商隱，他們用綺麗的辭藻、冷僻的典故、含蓄的語言，表現香豔的色情，六朝宮體豔詩再度流行，成為晚唐詩壇的主流，其中以李商隱為晚唐寫作唯美詩最成功的詩人。當時繼承白居易新樂府運動精神的詩人，主要有皮日休、杜荀鶴、陸龜蒙等，提倡「正樂府」和「風人體」，他們寫作的詩，詞句淺俗，但別有佳趣，唐詩發展到這個時候，已到尾聲了。

唐代二百八十多年詩歌的發展，從初唐、盛唐、中唐到晚唐，詩人輩出，他們將現實生活的題材，用不同的體裁和手法，寫出許多優美動人的詩篇，在詩歌發展史上，放射出燦爛的光輝，到了宋代，詩的地位就讓給新興的詞了。

宋初的詩，繼承晚唐的餘緒，由楊億、劉筠和錢惟演領導的西崑詩派，以李商隱為宗，崇尚辭句的華麗，而不重視詩歌的內容，佔領宋代詩壇四十多年；直到歐陽脩、蘇舜欽、梅堯臣、王安石、蘇軾等，用作散文的方法來寫詩，開拓詩的新境，一掃西崑華麗的詩風。其後黃庭堅創制拗體詩和脫胎換骨的作詩方法，師友相傳，創立江西詩派，一直到宋末，許多著名的詩人，如陸游、楊萬里、范成大等都曾受到他們的影響。南宋時四靈派和江湖派等詩人，對江西詩派加以攻擊，但都沒有發生什麼作用。南宋滅亡之際，一般志士仁人，如文天祥、謝翱、汪元量、鄭思肖等人，或以身殉國，或隱遁山林，他們的詩，一掃宋詩摹倣的惡習，表現高潔的情操和凜然的正氣。

元明兩代在詩歌方面，值得稱道的詩人是金末元初的元好問；明代前後七子標榜「文必秦漢，詩必盛唐」，縱觀明代，沒有產生傑出的詩人。清代詩人可分尊唐和宗宋兩大派別，清初詩壇兩位領導者，吳偉業為尊唐，錢謙益則為宗宋；吳偉業以後，尊唐的詩人有王士禎、朱彝尊、沈德潛和翁方綱諸家，其中以王士禎的成就為最大；錢謙益以後，宗宋的詩人則有宋犖、查愼行、厲鶚諸家。乾隆嘉慶年間，詩人蔣士銓、袁枚和趙翼，世稱江左三大家。晚清的詩壇，以宋詩為主流，代表作家有曾國藩、何紹基、鄭珍、金和等；提倡漢魏盛唐詩的，則有王闓運等人；惟有黃遵憲倡「我手寫我口」的說法，他能用語體或騷體，把現實社會的實情表現出來，實為現代詩歌革命的先鋒。

(五)詞

詞，又名詩餘、樂府、樂章、曲子、曲子詞、長短句和琴趣等。詞是配合樂曲的歌詞，與音樂的關係非常密切。關於詞的起源的說法，主要有兩種：一是認為起源於漢魏六朝的樂府，一是認為從唐代的近體詩變化而來的。其實漢魏六朝的樂府歌辭就是詩，唐代可歌唱的近體詩也是樂府，因此可以說詞是出於漢魏六朝的樂府，也可說是從近體詩變化而來的。

詞雖然從樂府詩或近體詩演變而來，但兩者在形式上畢竟不同，因為詞是以音樂為主，歌詞為附庸，樂譜長短曲折變化無窮，而可歌的樂府詩或近體詩大多是整齊的五言或七言，用字句長短一律的詩去歌唱，自然不能表達樂曲的美妙，因此歌唱時加添無意義的字句進去，於是便產生泛聲或和聲，或者把詩句改頭換面，變成長短不齊的句子，以配合樂曲，然而這些作品還保存詩的一部分遺形，嚴格說來不能算是詞，直到作者依照當時流行的樂曲填詞，才是「曲子詞」，簡稱為「詞」。

清光緒二十五年，在敦煌莫高窟發現唐人寫本中的「曲子詞」，是最早的唐人寫作的詞。至於最早的詞家，傳統的說法以為是盛唐時的李白。現在一般學者以為到唐代中葉張志和、劉禹錫的作品出來，詞體才正式成立，詞才在韻文史上佔有地位。

詞最早流行於民間，中唐以後，文人學士也依曲填詞了，到晚唐五代，詞家漸多，這個時期以溫庭筠、韋莊、李煜、馮延巳為代表，他們寫的大多是豔麗含蓄的抒情小令，這種風氣一直延伸到北宋初年，都沿襲五代的遺風。到張先、柳永的出現，詞風為之一變，他們通曉音律，創制慢詞，用俚俗的話語，表現都市繁華的生活和男女複雜的心理；在作法上，也從纖麗含蓄的小令轉變為誇張鋪敘的慢詞。到了蘇軾，詞風又再轉變，由歌者的詞變為詩人的詞，他一方面擴大詞的內容，任何題材都可用詞來表現，另一方面提高詞的意境，用豪邁飄逸的作風，替代婉約柔媚的風格，他的作品不拘音律，充分表現他自己獨特的個性。同時有秦觀、賀鑄、周邦彥等人，他們注重音律，精鍊字句，其中以周邦彥的詞，律度嚴整，字句工麗，集格律派的大成，但是他的作品大多為寫景詠物，缺少思想內容，只是表現他的藝術技巧而已。在宋室南渡前後，詞壇上出現一位偉大的女詞人李清照，為南宋白話詞派的開創者。

詞發展到南宋，大致可分為白話詞派和格律詞派兩大派。南宋前期為白話詞派發展的時期，這一派詞人以辛棄疾、朱敦儒為代表，他們運用淺近活潑的文字，表現真摯的情感，具有浪漫主義的精神。南宋後期是格律詞派盛行的時期，這一派作家以姜夔、張炎為代表，他們繼承周邦彥古典主義的精神，注重音律，講求格調，雕琢字句，喜用典故，而缺少活躍的生命和性格，於是新興的散曲，起來取代這僵化凝固的詞。

元明兩代的文學，偏向曲和小說方面發展，因此沒有產生一個值得稱道的詞人。清代二百餘年間，雖然產生一些優秀的作家，如納蘭性德、王士禎、陳維崧、朱彝尊、厲鶚、張惠言、周濟、蔣春霖等人，但他們所作詞的風格，都不能超出晚唐、五代、兩宋的範圍。而清人對於詞學的研討、詞集的校刊和整理，卻留下很好的成績。

(六)曲

所謂元曲，實包含散曲和雜劇兩部分。散曲可說是元代的新體詩，雜劇是元代的歌劇；散曲可以獨立，同時也是元代歌劇構成的主要部分。散曲和雜劇在文字的性質上雖是同源，但在文學的性質上卻不同體。因此這兒所謂曲，是指散曲，至於雜劇，則在下文戲曲中討論。

散曲，無論從音樂上或結構上來說，都是從詞演化而來的。詞發展到南宋，一般詞家講求文辭的工麗，音律的協調，用典的巧妙，變為典雅綺麗的美文，因此喪失了原有的生命和活力；加上外族音樂大量輸入，音調節奏不同，於是將舊有的詞加以變化，配合新的樂器和樂曲，而創造一種新的詩體，這便是曲。

元代散曲的作家，可分為前後兩期，前期有關漢卿、白樸、王實甫、馬致遠等人，他們以淺近的俗語，白描寫實的手法，自然的音節，充分表現北方民歌質樸率直的特色。後期的作家多為南方人，有張可久、喬吉、徐再思、曹明善、王仲元、周德清、吳西逸等人，他們的作品漸漸失去了前期俚俗的本色，講求格律，以含蓄雕琢的手法，表現典雅清麗的風格。在前後兩期間，有盧摯、姚燧、張養浩、貫雲石等作家，他們的作品，有些顯露北方豪放淺俗的本色，有些表現南方婉麗柔美的風格，在元代散曲發展過程中，可說是承先啟後的橋樑。

明代的散曲，繼承元代的遺緒，北方的散曲作家，有康海、王九思、李開先、劉效祖、馮惟敏等，他們的作品，氣勢豪邁爽朗，猶有關漢卿、馬致遠的風格；南方的散曲作家，有王磐、梁辰魚、沈璟、施紹莘等，他們的作品，清麗婉約，有張可久的情致。從明末以後，散曲作家專主韻律，務求辭藻，到了清代，更加衰頹，大都以摹擬為能事，極少創作新意，較傑出的，不過朱彝尊、厲鶚、趙慶熺數人而已。

二、散文和駢文

散文和駢文是兩種不同的文體。就句法而言：駢文講究字句兩兩相對，以四字六字為基本句型，故又稱為四六文；散文則不受句法限制，可自由書寫。就修辭而言：駢文講究雕琢華美，散文則崇尚自然質樸；駢文多用典故，散文則多以直接鋪敘。就音韻而言：駢文講求聲韻的諧和，散文則不專在聲韻上用功夫。散文和駢文的區別，大體是這樣的：

(一)散文

《尚書》是一部記載虞、夏、商、周四代的歷史，也是中國最古的散文，它是用當時口語記錄的文告，由於那種語言隨著時代僵化了，因此讀起來覺得詰屈聱牙，不容易懂。到春秋戰國，無論政治、經濟和社會都起了激烈的變化，這時學術思想都呈現活躍的現象，於是促使記載歷史事實和表達哲學思想的散文勃興。《春秋》是一部編年體的史書，它用簡樸淺近的文字，有系統地記載當時各國的史實，比《尚書》容易懂多了。戰國時，《左氏傳》、《國語》和《戰國策》都是當時最優秀的歷史散文，特別是《左氏傳》，用簡練的文句，記敘繁雜的史實，描繪人物，活潑生動，為歷史散文中的傑作。

中國古代的哲理散文，當以《老子》、《論語》為最早，這兩部書是老子和孔子的門徒記下來的語錄，用平鋪直敘的文字，說明老子和孔子的思想。到了戰國，諸子互相爭論，於是產生長篇論辯式的散文，各家的散文都有它的特色，《墨子》的文字條理謹嚴，《孟子》氣勢雄渾，《莊子》新奇恣肆，《荀子》質樸簡約，《韓非子》深刻犀利。戰國時無論歷史散文或哲理散文，都已到達成熟的地步，而完成了中國古代散文的典型。兩漢的歷史散文，如《史記》、《漢書》等；哲理散文，如賈誼《新書》、董仲舒《春秋繁露》、劉安《淮南子》、王充《論衡》等，都是從先秦的散文發展而來的。

魏晉南北朝時，文風柔靡浮豔，駢文盛行，但其時不乏清新雋永的單篇散文，如魏曹丕的《典論・論文》、曹植的〈與楊德祖書〉、蜀諸葛亮的〈出師表〉、晉王羲之的〈蘭亭集序〉、李密的〈陳情表〉、陶淵明的〈桃花源記〉和〈五柳先生傳〉等。至於成書的散文，如北魏酈道元的《水經注》、楊衒之的《洛陽伽藍記》、北齊顏之推的《顏氏家訓》、宋劉義慶的《世說新語》，都是膾炙人口的佳作。

魏晉南北朝崇尚駢文的風氣，一直延伸到隋唐而不衰，唐代李華、蕭穎士、獨孤及、梁肅、柳冕、元結等，鄙薄六朝華豔無用的文學，提倡兩漢以前質樸的散文；直到韓愈、柳宗元建立了儒家道統文學的理論，同時也寫作了許多優秀的散文，經他們的朋友和學生的推動，形成了一股有力的古文運動；但是這運動不夠普遍深入，到了晚唐，唯美文學復活，經五代延伸到宋初，雕章麗句的西崑體盛行，古文運動的發展遭受到阻礙，直到歐陽脩領袖群倫，如尹師魯、蘇舜欽、梅堯臣、蘇洵、蘇軾、蘇轍、曾鞏、王安石諸人，推展古文運動，主張明道致用，掃除西崑空虛浮豔的風氣，建立唐宋八家平淺質樸的散文系統，而成為後人不可動搖的典型。

明代文學以擬古主義為主要思潮，有前七子：李夢陽、何景明、徐禎卿、邊貢、王廷相、康海、王九思；後七子：李攀龍、王世貞、謝榛、宗臣、梁有譽、徐中行、吳國倫，倡導「文必秦漢，詩必盛唐」的主張，他們摹擬前人的作品，沒有自己的個性和精神，當時散文作家有茅坤、歸有光、唐順之等，他們提出文章本色論，與前後七子相抗衡。到了晚明，李卓吾和他的學生袁宗道、宏道、中道三兄弟也反對擬古，三袁是湖北公安人，因此稱為公安派，他們反對摹擬，而提出「獨抒性靈，不拘格套」的主張；在公安派以後，反對擬古主義的，是鍾惺和譚元春領導的竟陵派。

清初，公安派和竟陵派受到正統文人的攻擊，漸漸衰微，而侯方域、魏禧、汪琬等學習韓愈、歐陽脩一派的古文，他們在創作上雖然沒有多大的成就，但為後來的古文復興運動開拓一條道路。等到方苞、劉大櫆、姚鼐出來，才正式建立桐城派的古文理論，他們主張文章要有內容、要有條理、要有布局，姚鼐的學生很多，經他們宣揚，蔚然形成一個強有力的古文運動；其後曾國藩和他的朋友、學生等發揚光大，使桐城派勢力更加雄厚，他們的影響，一直到新文學運動起來，才逐漸減弱。

㈡駢文

先秦時代的文章，不分駢文或散文，那時的人寫作文章，只求簡明達意，有時為了便於記誦，運用對偶或協韻的句子，因此周秦時經傳諸子中，往往有對偶的句子錯雜其間，這些對偶的句子，都是信筆所至，自然渾成。秦李斯的〈諫逐客書〉已具備駢文的雛形，漢代賈誼的〈治安策〉、鄒陽的〈上梁王書〉、鼂錯的論政書、董仲舒的「天人三策」、匡衡、劉向的奏議，他們的文章自然地運用駢麗的文句。東漢末年，曹氏父子和建安七子崇尚綺句麗辭，遂開六朝駢麗的風氣；宋顏延之、謝靈運助長這種風氣，齊武帝永明末年，沈約、謝朓、王融等，用聲律說以寫作文章，才奠定駢文的基礎，世稱永明體；到陳徐陵、庾信，駢文的發展達到了巔峰。清人孫德謙在《六朝麗指》中，把六朝的駢文分為四體：即永明體、宮體、吳均體、徐庾體。永明體是齊永明年間，沈約、周顒等倡聲律說，而四聲八病的論點，使駢文對仗工巧。梁蕭繹、蕭衍、蕭綱三蕭倡輕豔文學，是為宮體。而邱遲、吳均等提倡山水清音的文學，是為吳均體。齊梁間駢文大家徐陵、庾信，他們寫自己遭遇的生活，仍以繁華麗藻為主，是為新宮體，也稱徐庾體。這時駢文不但用來敘事、抒情或詠物，就是評論文學，如劉勰的《文心雕龍》；談論名理，如嵇康的〈聲無哀樂論〉、范縝的〈神滅論〉，都是用駢文寫作的。

唐代的駢文，繼承六朝的遺風，當時朝廷的詔令奏議，多用駢文。初唐四傑的駢文，典雅綺麗，對偶工整；其後燕國公張說、許國公蘇頲的駢文，則雍容華貴；中唐陸贄的《翰苑集》，晚唐李商隱的《樊南四六甲乙稿》，都是唐代駢文的代表作品。

宋代的駢文家，首推徐鉉，其後楊億、錢惟演諸人，所作詩文，一以李商隱為宗，號為西崑體，雖辭藻贍麗，但風格不高；歐陽脩、蘇軾以散文的筆法和詞語寫作駢文，如歐陽脩的〈秋聲賦〉、蘇軾的前、後〈赤壁賦〉，這種散文化的駢文，深為後人所喜愛。

元明兩代的駢文，無可稱道。清代駢文復興，作者多模倣六朝的駢文，其中陳維崧、胡天游、毛奇齡、洪亮吉、汪中、王闓運、李慈銘等，為清代駢文的代表作家。

三、小說

「小說」一詞，最早見於《莊子・外物》篇。莊子以「小說」與「大道」對稱，意思為瑣碎無關重要的話，和後世所謂「小說」的意義不同。東漢桓譚《新論》說：「小說家合殘叢小語，近取譬喻，以作短書，治身理家，有可觀之辭。」這和後世所謂小說內容接近。班固《漢書・藝文志》列小說家於十家之中，認為是小道。兩千年來，學術界仍把小說看作小道，不加注意，直到最近幾十年來，才受到重視，也有人作專門研究了。

《漢書・藝文志》著錄小說十五家，在唐初都已經亡佚；《隋書・經籍志》著錄二十五部小說，現在只存《燕丹子》一部書；又有《山海經》和《穆天子傳》兩書，是中國最早的兩部神話小說；此外劉向所輯的《說苑》、《新序》和《列女傳》三書，大多記載周秦到西漢時的故事。

現在流傳所謂漢人的作品，如《神異經》和《十洲記》、《漢武故事》和《漢武帝內傳》、《別國洞冥記》、《西京雜記》等，大都是魏晉人所作。六朝的小說大別可分為三類：一是敘述神怪故事的，如晉干寶的《搜神記》、張華的《博物志》、皇甫謐的《高士傳》、葛洪的《神仙傳》等。二是敘述佛家因果報應和佛法救人故事的，如宋劉義慶的《宣驗記》，北齊顏之推的《冤魂記》和《集靈記》等。三是敘述文人雅士的軼聞雋語的，宋劉義慶的《世說新語》可為代表作品。

六朝時代的小說，大都是簡短的雜記，文筆簡單淺近，發展到唐代的傳奇小說，在形式上注意故事的結構組織，在內容上從敘述神怪故事發展到人類現實的生活，在寫作技巧上注意人物心理的刻畫和形象的塑造，值得注意的是作者寫作態度的改變，當時的作家，如元稹、陳鴻、白行簡、段成式等人，都是一時的名士，他們用心地寫作小說，從這個時候起，小說在文學史上的地位也因此提高了。唐代著名的傳奇小說，大別可分為四類：一是志怪小說，如李公佐的〈南柯記〉、沈既濟的〈枕中記〉等。二是愛情小說，如蔣防的〈霍小玉傳〉、元稹的〈鶯鶯傳〉等。三是歷史小說，如陳鴻的〈長恨歌傳〉和〈東城老父傳〉、無名氏的〈李林甫傳〉等。四是俠義小說，如袁郊的〈紅線傳〉、杜光庭的〈虬髯客傳〉等。唐代傳奇小說中的故事，有許多成為後代戲曲的題材。

宋代小說值得注意的，並不是用文言寫作的志怪傳奇，而是那些出自民間的白話小說。白話文體在唐代民間文學變文裡已經運用，到了宋代，說話人為了迎合民眾的要求，用口語講述小說或史事，現在流傳下來宋代的白話小說，就是當時說話人講故事的底本，稱為話本或平話。宋代的白話小說可分短篇和長篇兩類：短篇小說以《京本通俗小說》為代表，其中包括〈碾玉觀音〉等八種，這些作品運用白話文的技巧已達到成熟的階段。至於長篇小說，現在流傳的，有《新編五代史平話》、《大宋宣和遺事》和《大唐三藏取經詩話》三種，這些作品，文白夾雜，結構鬆散，敘事簡略，但為後代長篇白話小說的先驅，在中國小說發展史上，卻具有重大的意義。

明代的小說，以長篇為主，這種小說分「章」或「回」敘述，因稱為章回小說。明代著名的章回小說，有羅貫中的《三國演義》、施耐庵的《水滸傳》、吳承恩的《西遊記》和笑笑生的《金瓶梅》，世稱為明代四大奇書。明代短篇白話小說也很盛行，最早將宋、元和明初短篇平話彙刻的，是嘉靖年間刊刻的《清平山堂話本》，晚明天啟崇禎年間，馮夢龍蒐集宋、元、明人話本一百二十篇，為《喻世明言》、《警世通言》和《醒世恆言》三書，其後淩濛初創作《拍案驚奇》初、二刻，共八十篇。抱甕老人從「三言」「二拍」中選出佳作四十篇，命名為《今古奇觀》，從明末一直流行到現在。明末清初，才子佳人小說盛行，故事浮淺，情節有固定的公式，教人讀之生厭。

清代的章回小說，比明代更為發達，不僅寫作的題材更廣泛，而寫作的技巧也比較進步，其小說大約可分為四類：第一類是諷刺小說，有吳敬梓的《儒林外史》、劉鶚的《老殘遊記》、李寶嘉的《官場現形記》、吳沃堯的《二十年目覩之怪現狀》、曾樸的《孽海花》等。第二類是理想小說，有夏敬渠的《野叟曝言》、李汝珍的《鏡花緣》等。第三類是愛情小說，以曹雪芹的《紅樓夢》最著名。愛情小說的末流，變成狹邪小說，如陳森的《品花寶鑑》、魏子安的《花月痕》、韓邦慶的《海上花列傳》等。第四類是武俠小說，有文康的《兒女英雄傳》、石玉崑的《三俠五義》、《施公案》、《彭公案》等。清代模擬魏晉小說的，以蒲松齡的《聊齋誌異》最為出色。清末林紓以古文譯歐美小說幾百種，都是有名的傑作，對中國文學界起了極大的刺激，其後，語體文運動興起，大量翻譯歐美和日本的小說，在外國小說感染下，新形式的小說就相繼創造出來。

四、戲曲

戲曲的產生，最初是舞蹈、音樂和歌唱的混合形式，《詩經》中的〈周頌〉，就是祭祀典禮中所用的歌詞；《楚辭》中的〈九歌〉，便是楚人祀神的歌詞。隨著社會的發展，媚神娛鬼的宗教舞曲漸漸變為統治階層的娛樂品，由倡優代替了巫覡，春秋時，晉國的優施、秦國的優旃、楚國的優孟，他們善長歌舞，又能用言語動作引人發笑，和後世戲劇演員相似。

到了漢代，有俳優一類人，以唱歌跳舞，或以戲謔滑稽取悅君主貴族，作為謀生的一種職業。當時有從西域傳來以角力角技為主的角抵戲，逐漸集合俳優歌舞調笑的表演，而成為無所不包的百戲。直到南北朝，外族音樂舞曲的輸入和影響，北齊有代面、踏搖娘和撥頭，這是將歌舞和故事配合的表演，雖然故事和動作都很簡單，但跟後世的戲劇已經很接近了。

唐代的歌舞戲，除了代面、踏搖娘和撥頭外，以參軍戲最為流行，參軍戲雖產生於後趙，但唐人已有增益，在情節上比代面、踏搖娘等更為複雜。另有所謂滑稽戲，以諷刺戲謔為主，這種滑稽戲不但流行於民間，更盛行於宮廷。

宋代由於經濟的發展，社會的繁榮，宮廷的享樂，更重要的是歌詞小說的興盛，促使戲曲的進展。宋代流行的戲曲，大約可分為滑稽戲、歌舞戲、講唱戲、戲文、傀儡戲與影戲五種。滑稽戲又稱為雜劇，為狹義的雜劇；廣義的雜劇，則包括滑稽戲、歌舞戲和講唱戲三種。

金代的戲曲，主要有院本和諸宮調兩種。宋室南渡以後，南方產生戲文，北方為金人佔領，則有院本，其實金代的院本和北宋的雜劇是同樣的東西，然而為何又叫做院本？據王國維考證：金元時，一般人稱倡伎所居住的地方為行院，行院所演唱的曲本，叫做院本。因此可以說金代的院本是承繼北宋的雜劇而來，不過改變他的名稱而已。至於諸宮調，相傳是宋人孔三傳所創，宋人所作的諸宮調都已失傳，現在流傳最早的諸宮調，是金董解元的《西廂記諸宮調》全本和無名氏的《劉知遠諸宮調》殘本。從宋代的戲曲發展為元代的雜劇，諸宮調實為一座橋樑。

元代的戲曲，有起於北方的雜劇和產生於南方的南戲，而以雜劇為這一時代文學的代表。元雜劇的體制，是承襲前代的戲曲，漸漸演化而成。宋代歌舞戲中的大曲、曲破等，雖有歌有舞，有念白表演，但為敘事體，金代諸宮調中的散文始有代言體的傾向，到元代雜劇才演變為純粹的代言體，演員以對話、動作、歌舞，把一個故事活躍地在舞臺上表演出來，從此中國才算有了真正的戲曲。元雜劇的單位稱「本」，一本表演一個故事，由曲、賓白、科三者組合而成。以同一宮調的若干曲子連合而成一套曲，稱為一折，通常一本分為四折，每折由正角一人獨唱，甚至於全劇由一人獨唱，其他角色只能說白不能唱，正角所唱曲詞，全為代言，這從戲曲的發展來說，是一大進步。至於元雜劇的作家，據鍾嗣成《錄鬼簿》記載，有一百十七人，王國維在《宋元戲曲史》中把他們分為三期：第一期為蒙古時代（西元一二六〇～一二八〇年），作家五十六人，都是北方人，以大都為中心，代表作家為關漢卿、馬致遠、白樸、王實甫等。第二期為一統時代（西元一二八〇～一三四〇年），作家有三十六人，南人稍多，以杭州為中心，代表作家為鄭光祖、宮天挺、喬吉等。第三期為至正時代（西元一三四〇～一三六〇年），作家有二十五人，其中十之八九為南方人，以杭州為中心，代表作家有秦簡夫、蕭德祥等。現存的元人雜劇有一百六十一本，著名的有關漢卿的《竇娥冤》、《救風塵》，王實甫的《西廂記》，白樸的《梧桐雨》、《牆頭馬上》，馬致遠的《漢宮秋》、《青衫淚》，紀君祥的《趙氏孤兒》，鄭光祖的《倩女離魂》、《王粲登樓》等。

明代的戲曲主要為傳奇，傳奇是由宋元時代的南戲逐漸發展而成的，南戲是南宋時起於浙東溫州民間，當時很受大眾所喜愛，到了元代，雖然雜劇盛行，南戲仍流行於江南，近人蒐集元代南戲有一百二十多種殘本，由此可見南戲在元代的盛況了。《永樂大典》中保留元代南戲的全本，有《小孫屠》、《張協狀元》和《宦門弟子錯立身》三種，從這三齣戲文，大體可以瞭解南戲的結構。元末，南戲作家吸取雜劇的優點，加以改進，元末明初，南戲的代表作品《荊釵記》、《白兔記》、《拜月亭》、《殺狗記》、《琵琶記》產生，或稱為五大傳奇。從《荊釵記》、《琵琶記》以後數十年間，傳奇漸趨消沉，明代中葉，魏良輔改良崑腔，助長南戲的發展，於是傳奇再度興盛起來，梁辰魚的《浣紗記》、沈璟的《義俠記》、湯顯祖的《玉茗堂四夢》(《還魂記》、《紫釵記》、《邯鄲記》、《南柯記》)等，為明代傳奇的代表作品。

清代的戲曲，無論是雜劇或傳奇，大都模擬前人的作品，絕少新意，著名的作家有吳偉業、尤侗、李玉、李漁、孔尚任、洪昇、蔣士銓等，其中以洪昇的《長生殿》和孔尚任的《桃花扇》，為清代兩大悲劇。

總之：中國的學術領域至為遼闊，談到國學的內涵，通常都用歷代史籍中的〈藝文志〉或〈經籍志〉的分類來歸範，自從《隋書・經籍志》將圖書分經、史、子、集四部後，後世多沿用之。何況歷代的文獻圖書，與日俱增；加以近代各大學成立國文或中國文學研究所，數十年來，研究生所撰寫的博、碩士學位論文，也多達數千篇。因此如此繁多的書，沒有人能全部讀畢，事實上，也沒有讀完的必要。誠如《莊子・養生主》所說的：「吾生也有涯，而知也無涯，以有涯逐無涯，殆矣。」每個人若能以有限的時間，專精於國學中的一、二領域，也就難能可貴，也就不會危殆而不安。

陸、重要參考書目

《國學概論》，章太炎，聯合圖書公司。

《國學概論》，錢穆，商務印書館。
《國學概論》，程發軔，正中書局。
《六十年來之國學》，程發軔主編，正中書局。
《國學概論》，鍾泰，廣文書局。
《國學概論》，涂公遂，九思出版公司。
《國學導讀》，錢穆等著，吳福助編輯，牧童出版社。
《國學導讀》，李曰剛，文津出版社。
《國學導讀》，羅聯添等著，巨流出版社。
《國學導讀》，邱燮友、周何、田博元編著，三民書局。
《國學導讀》，劉兆祐，五南出版社。
《國學常識》，邱燮友、張學波、田博元、張文彬、馬森、李建崑編著，三民書局。
《國學常識精要》，邱燮友、張學波、田博元、李建崑編著，三民書局。

治學方法

劉兆祐

一、前言

研治任何學科，都要有適合該學科性質的科學方法，才能收事半功倍的效果。「國學」一門，所包羅的領域很廣，所涉及的書籍文物又多。如何從浩如煙海的文獻中，掌握要點，從初學到研究，進而提出創見，則有賴正確而嚴謹的治學方法。

歷來論治學方法者很多。早者如《禮記・學記》篇裡所說：「一年視離經辨志，三年視敬業樂群，五年視博學親師，七年視論學取友，謂之小成；九年知類通達，強立而不反，謂之大成。」一方面是講解為學的次序，一方面也可視為治學的方法。晚近者如張之洞的《輶軒語》、梁啟超先生的《治國學雜話》、胡適之先生的《治學的方法與材料》、屈翼鵬（萬里）先生的《古籍導讀》、高仲華（明）先生的《國學的研究法》及周一田（何）先生的《治學方法》等，都用新的觀念，提出了許多科學而實用的方法，值得初學之士仔細研讀。筆者今就古今學者所論，益以個人的治學經驗，提出研治國學的基本方法，供有志研究國學的青年朋友參考。

本文除前言及結論外，共分六個子目：1.必讀之國學基本要籍；2.研讀古籍之方法；3.善用書本以外之資料；4.如何運用工具書；5.撰寫論文之方法；6.研治國學之相關知識。這六個項目之安排，從次序上來說，先論必讀書目，次論如何讀書，最後則論如何從事研究；從內容上來說，前三項偏重在如何培植治學的基礎，後三項則偏重如何從事研究；在前三項培植基礎方面，則圖書資料外，並兼及文物資料；在研究方法方面，則偏重文獻的掌握及運用。大抵從初學至從事研究的過程中，所應具備之基本治學方法，都在本文討論的範圍中。

二、必讀之國學基本要籍

「國學」一門，包羅既廣，所涉文獻，兼及四部，所以研治國學，必須博覽群書，俾日後從事研究，方得左右逢源，有所創發。例如漢代司馬遷撰寫《史記》一書，所援引的圖書，多達百餘種；宋代司馬光撰寫《資治通鑑》，根據溫公寫給宋敏求的信，「一事用三四出處纂成，用雜史諸書，凡二百二十家。」清代閻若璩撰寫《古文尚書疏證》，使懸疑爭訟千餘載的《偽古文尚書》，得以定讞，也是得力於他的博覽群書，廣徵文獻。其子閻詠在《左汾近稿·先府君行述》一文中，談及其熟悉群書的情狀，他說：

> 府君讀書，每於無字句處精思獨得，而辨才鋒穎，證據出入無方，當之者輒失據。常曰：「讀書不尋源頭，雖得之殊可危。」手一書至檢數十書相證，侍側者頭目為眩，而府君精神湧溢，眼爛如電，一義未析，反覆窮思，飢不食，渴不飲，寒不衣，熱不扇，必得其解而後止。

以上這些例子，均說明想要治學有成，必須博覽群書，以奠定深厚的基礎。

不過，兩千多年來，所流傳下來的古籍，浩如煙海，以有限的生命，勢難遍覽。就以歷代史書裡的「藝文志」或「經籍志」所著錄的圖書來說，《漢書・藝文志》的〈六藝略〉著錄一百三家，三千一百二十三篇；〈諸子略〉著錄一百八十九家，四千三百二十四篇；〈詩賦略〉著錄一百六家，一千三百一十八篇；〈兵書略〉著錄五十三家，七百九十篇；〈數術略〉著錄一百九十家，二千五百二十八卷；〈方技略〉著錄三十六家，八百六十八卷。《隋書・經籍志》經部著錄六百二十七部，五千三百七十一卷；史部著錄八百一十七部，一萬三千二百六十四卷；子部著錄八百五十三部，六千四百三十七卷；集部著錄五百五十四部，六千六百二十二卷。《新唐書・藝文志》經部著錄五百九十七部，六千一百四十五卷；史部著錄八百五十七部，一萬六千八百七十四卷；子部著錄九百六十七部，一萬七千一百五十二卷；集部著錄八百五十六部，一萬一千九百二十三卷。《宋史・藝文志》經部著錄一千三百四部，一萬三千六百八卷；史部著錄二千一百四十七部，四萬三千一百九卷；子部著錄三千九百九十九部，二萬八千二百九十卷；集部著錄二千三百六十九部，三萬四千九百六十五卷。《明史・藝文志》經部著錄九百四十九部，八千七百四十六卷；史部著錄一千三百一十六部，二萬八千五十一卷；子部著錄九百七十部，三萬九千二百一十一卷；集部著錄一千三百九十八部，二萬九千九百六十六卷。其他補志，如錢大昭的《補續漢書藝文志》、侯康和姚振宗等人所撰的《補三國藝文志》及《清史稿・藝文志》等，均未計算在內，就已經不少了。這些圖書，固然有些是重複著錄的，有些則是已經亡佚不存的，不過，今存的圖書，仍然為數可觀。

如此多的圖書，固然不是一個人所能遍讀的，事實上也不是人人都必要讀遍它們，只要能選讀其中一些著作，就可以了。

從治學的觀點而言，該選擇讀那些圖書，有兩個原則：

(1)那些是研治國學者必讀的基本要籍？

(2)那些是個人研治的領域內必須涉獵的圖書？

第一個原則是研治國學者，人人必讀的；第二個原則，則視研究領域的不同而異，例如研究小說和文字學者，所須涉獵的圖書，自有不同。此處所談的，是屬於第一個原則的圖書。

從宋代以來，就有不少列舉初學者必讀書目之作，不過，其中不少都是為科舉而作。比較客觀的從學術立場列舉初學書目的，應是清代道光二十七年（西元一八四七年），龍啟瑞提督湖北學政時所撰的《經籍舉要》一書。其後，張之洞的《輶軒語》與《書目答問》，梁啟超的《國學必讀書及其讀法》與〈最低限度之必讀書目〉，胡適之先生的《一個最低限度的國學書目》及其為中學生所擬定的國學書目，李笠的《三訂國學用書撰要》，屈翼鵬（萬里）先生在《古籍導讀》一書中所擬定的〈初學必讀古籍簡目〉等，都是研治國學者的入門要籍。不過，諸家所列，有的由於時代不同，不盡適合今日之需要；有的則是主觀意見太強，有所偏頗；有的則是所列書籍過繁，已非今日學生所能盡讀。例如龍啟瑞《經籍舉要》一書，由於當時科舉制度尚存，所列除四部要籍外，如《試帖庚辰集》、《欽定四書文》及《百二名家制藝》等書，都是與科舉有關之時文。又其中所舉四部要籍，過分偏重清代人的著作，如賀長齡所輯《經世文編》，李二曲的《四書反身錄》，在現在看來，不能算是基本要籍。又如李笠於民國十五年所撰的《三訂國學用書撰要》，全書共分「哲學」、「史學」、「文學」、「小學」、「類書辭典」等五部，每部分若干目，每目分若干書，每書舉各家校注及版本，編輯體例完善，極有條理，但所收有不少佛典，這是個人主觀意識所致。至於張之洞《書目答問》（范希曾補正）收書二千餘部；梁啟超《國學必讀書及其讀法》及胡適之先生《一個最低限度的國學書目》，均收書約二百種，以今日學生程度看來，似乎過繁。因此，筆者在此列舉較簡單的書目四種，供各位參考。

㈠梁啟超先生〈最低限度之必讀書目〉

這是梁任公擬定《國學必讀書及其讀法》後，顧及「青年學生校課既繁，所治專門別有，恐仍不能人人按表而讀」，所以「再為擬一真正之最低限度必讀書目」。其目如下：《四書》、《易經》、《書經》、《詩經》、《禮記》、《左傳》、《老子》、《墨子》、《莊子》、《荀子》、《韓非子》、《戰國策》、《史記》、《漢書》、《後漢書》、《三國志》、《資治通鑑》（或《通鑑紀事本末》）、《宋元明史紀事本末》、《楚辭》、《文選》、《李太白集》、《杜工部集》、《韓昌黎集》、《柳河東集》、《白香山集》（其他詞曲集，隨所好選讀數種）。

㈡胡適之先生「中學生自修的古文書」

這是胡先生於民國九年所撰〈中學國文的教授〉（收在《胡適文存》第一集）一文中，認為一個中學畢業生應該看過下列的幾部書：

⑴史書：《資治通鑑》或二十四史（或《通鑑紀事本末》）。

⑵子書：《孟子》、《墨子》、《荀子》、《韓非子》、《淮南子》、《論衡》等等。

⑶文學書：《詩經》是不可不看的。此外可隨學生性之所近，選習兩三部專集，如陶潛、杜甫、王

安石、陳同甫……之類。

㈢胡適之先生「中學國故叢書」

這是胡先生在民國十一年以「再論中學的國文教授」(收在《胡適文存》第二集)為題的演講稿中所擬定的，其目如下：《詩經》、《左傳》、《戰國策》、《老子》、《論語》、《墨子》、《莊子》、《荀子》、《韓非子》、《楚辭》、《史記》、《淮南子》、《漢書》、《論衡》、陶潛、杜甫、李白、白居易、韓愈、柳宗元、歐陽脩、王安石、朱熹、陸游、楊萬里、辛棄疾、馬致遠、關漢卿、《元曲選》、《明曲選》。

㈣屈翼鵬(萬里)先生〈初學必讀古籍簡目〉

這是屈先生在《古籍導讀》一書中所開具的書目：《論語》、《孟子》、《周易》、《尚書》、《詩經》、《周禮》、《禮記》、《春秋左傳》、《孝經》、《爾雅》、《說文解字》、《經學歷史》、《史記》、《漢書》、《後漢書》、《三國志》、《資治通鑑》、《續資治通鑑》、《明史紀事本末》、《國語》、《戰國策》、《宋元學案》、《明儒學案》、《考信錄》、《荀子》、《韓非子》、《墨子》、《呂氏春秋》、《老子》、《列子》、《莊子》、《楚辭》、《陶淵明集》、《李太白詩集》、《杜工部詩集》、《韓昌黎集》、《白氏長慶集》、《文選》、《文心雕龍》。

以上四種書目，很適合今日大學中文系及其他文史系學生的程度及需要。不過，筆者要提醒各位注意兩點：

1. 各家所列舉的，固然有一部分相同，但也有相當的差異，這一方面是由於時代不同，一方面則由於各人治學的背景不同。例如梁任公所擬定的《國學必讀書》和胡適之先生所擬定的〈一個最低限度的國學書目〉，便有很大的不同。由於胡氏的研究偏重於哲學和文學，所以擬定的書目，與思想史和文學史有關的書最多，佛經、理學家著作、小說、戲曲，收錄也不少，可是像《史記》、《漢書》、《尚書》等卻沒有列入，所以梁任公批評胡氏一方面「不顧客觀的事實，專憑自己主觀為立腳點」，一方面「把應讀書和應備書混為一談，結果不是個人讀書最低限度，卻是私人及公共機關小圖書館之最低限度。」（見梁氏〈評胡適之「一個最低限度的國學書目」〉）所以請各位在選定基本書目時，一方面固然要顧及自己的興趣，但也應兼顧一些雖無興趣，但卻是「必讀」的書。

2.以上所列的書目，都是最基本的書，但是並非讀過這些書，就足以順利從事研究工作。所以胡先生在〈再論中學的國文教授〉一文中說：「這不過是隨便舉例，讀者不可拘泥。」梁先生在〈最低限度之必讀書目〉中也說：「以上各種，無論學礦、學工程……皆須一讀，若並此未讀，真不能認為中國學人矣。」因此，各位讀者如欲閱讀其他的書，則可參考下列幾種書目：

(1)清紀昀等撰《四庫全書總目提要》。
(2)龍啟瑞撰《經籍舉要》。
(3)張之洞撰《輶軒語》。
(4)張之洞撰、范希曾補正《書目答問補正》。
(5)李笠撰《三訂國學用書撰要》。
(6)中華書局所編《四部備要》。
(7)商務印書館所編《國學基本叢書》。

三、研讀古籍之方法

上面列舉了研治國學必讀的基本書目。那麼，如何研讀此等書籍，方能收到事半功倍的效果呢？梁啟超先生在《治國學雜話》裡，提供初學者的讀書方法是：抄錄或筆記，對最有價值的文學作品和有益身心的格言，還要熟讀成誦。陳鐘凡先生認為研治古書，應審諦者有九事：一是別真譌，二是識塗徑，三是明詁訓，四是辨章句，五是考故實，六是通條理，七是治經宜知家法，八是治史應詳察事實，九是治諸子應知流別（說見《古籍讀校法》）。張之洞在《輶軒語・語學篇》裡所論的為學之道，更為詳細。他說：

通經：讀經宜讀全本；解經宜先識字；讀經宜正音讀；宜講漢學；宜讀國朝人經學書；宜專治一經；治經宜有次第；治經貴通大義。

讀史：宜讀正史；正史中宜先讀四史；宜讀《通鑑》；宜讀《通考》；史學亦宜專精一種；讀史宜讀表志；讀史忌妄議論古人賢否古事得失；讀史忌批評文章。

讀諸子：諸子為通經；讀子宜求訓詁看古注；讀子宜買叢書。

讀古人文集：詞章家宜讀專集；讀《昭明文選》宜看注；學選體當學其體裁筆調句法，不可徒寫難字；淺學讀文選，亦宜看全本；讀後世詩文選本，宜擇善者。

通論讀書：讀書宜求善本；讀書宜博；讀書宜有門徑；讀書宜多讀古書；讀書宜分真偽；讀書宜

讀有用書；宋學書宜讀《近思錄》；為學忌分門戶；作秀才後宜讀書；讀書不必畏難；讀書勿諉記性不好；讀書勿諉無書無暇；買書勿吝；讀書期於明理，明理歸於致用。

梁、陳、張三氏的說法，有的是共通性的原則，有的則是限於讀某類書的原則；有的是迄今仍然適用的原則，有的則是有其時代背景的原則。現在，筆者舉出閱讀古書時，一般性的、最基本的幾項原則，供各位參考。

㈠明辨句讀

《禮記・學記》篇說：「比年入學，中年考校。一年，視離經辨志。」所謂「離經」，就是為經書斷句，明辨句讀。從漢代以後，這種明辨句讀的方法，甚至成為一種專門學問，叫做「章句」之學。「章句」之學，除了斷句外，還得為古書分章節和說明旨意，但是，斷句仍是「章句」之學的基本工作。

為什麼讀古書首需明辨句讀呢？那是因為萬一句讀錯誤，將誤解文意。以孔子的生平事蹟為例。漢代記載孔子生平的文獻有二：一是《禮記・檀弓》篇，一是《史記・孔子世家》。〈檀弓〉篇說：

孔子少孤，不知其墓殯於五父之衢。人之見之者，皆以為葬也。其慎也，蓋殯也。問於郰曼父之母，然後得合葬於防。

這段文字，在西漢初年時，沒有標點。如果依上面的句讀，孔子的家世，也沒什麼特殊。這裡要解釋的是，「殯」字的意思是死者大殮後，把棺木暫厝在一個地方。而「葬」，才是把棺木放入墓穴。這段的大意是說：孔子的父親去世時，孔子由於年幼，不曉得父親還未正式下葬，只是暫厝在五父之衢，看見孔子的父親出殯的鄰居們，以為已經下葬了。後來孔子的母親去世了，孔子問了郰縣曼父的母親，才知道父親還未正式下葬，於是把父母合葬在防山。

可是司馬遷在撰寫〈孔子世家〉和鄭玄在注釋《禮記》時，句讀都錯誤。鄭氏的句讀是：

孔子少孤，不知其墓，殯於五父之衢。人之見之者，皆以為葬也。……

竟然在「不知其墓」處斷句，為什麼連父親的墳墓所在都不知道呢？於是鄭玄就注解說：

孔子之父郰叔梁（紇）與顏氏之女徵在，野合而生孔子，徵在恥焉，不告。

同樣的，司馬遷也由於句讀錯誤而說：

丘生而叔梁（紇）死，葬於防山。防山在魯東，由是孔子疑其父墓處，母諱之也。

一云「野合而生孔子」，一云「母諱之也」，於是孔子的身世便引起種種傳說，更有人在「野合」和「諱之」上大做文章，企圖為孔子辯解，其實這些都是句讀錯誤所致。

此外，不同之句讀，文義將有不同之境界。《論語．鄉黨》篇「廄焚子退朝曰傷人乎不問馬」句，有下列三種不同之句讀方法：

(1)廄焚，子退朝，曰：「傷人乎？」不問馬。

(2)廄焚，子退朝，曰：「傷人乎不（音ㄈㄡˇ，即否字）？」問馬。

(3)廄焚，子退朝，曰：「傷人乎？」「不！」問馬。

以上三種句讀方式，以第三種方式最佳，不僅表現對人與畜之關切，而且在短短的十二字裡，表現出對話的形式，生動有趣。所以，辨明句讀，是研讀古籍的重要方法。

㈡留意古籍之互通關係

我國古籍，許多資料，各書所載，彼此有互通關係。研讀古籍時，若不注意及此，則易犯「見樹不見林」之缺失。

此處所謂互通關係，包括：經、史、子、集四部間之互通；同部間諸書之互通；同類間諸書之互通；甚或同一書間前後之互通。例如讀《荀子》，不能不讀《禮記》及《史記》中的〈荀卿列傳〉；讀《史記》的〈天官書〉，不能不讀《淮南子》中的〈天文訓〉及蔡邕的《月令章句》等；此為四部間之互通。讀《史記》，不能不讀《漢書》中的相關部分；讀《宋史》，不能不讀《宋會要輯稿》中的相關文獻；這是同部間諸書之互通。讀陸游的《老學庵筆記》，則不能不讀王明清的《揮麈錄》及葉夢得的《石林燕語》等，它們都是宋代的筆記小說，此為同類間諸書之互通。讀《宋史》的〈王安石傳〉，則不能不讀《宋史》中的仁宗、英宗、神宗等本紀及司馬光、蘇軾、呂惠卿等傳，此為同書間前後之互通。能如此，則所涉資料，不致孤立，旁徵博引，獲益良多。

㈢慎擇善本

何謂「善本」？張之洞說：「善本，非紙白版新之謂。謂其為前輩通人，用古刻數本，精校細勘付刊，不譌不闕之本也。」（說見《輶軒語》）此所謂「精校細勘」、「不譌不闕」，正是「善本」的主要條件。

至於「善本」的範圍，張之洞認為有三：一是足本，二是精本（精校精注），三是舊本（舊刻舊鈔說見《輶軒語》）。其中所稱「舊本」，其標準如何，張氏則未明言。丁丙《善本書室藏書志》一書的跋，列舉儲藏「善本」的四個範圍：

1. **舊刻**：指宋元所刊刻者。
2. **精本**：指明代洪武至嘉靖間的刊本及一部分萬曆以後刊本之佳者。
3. **舊鈔**：指明、清兩朝筆墨精妙的鈔本。
4. **舊校**：指歷代校讎精審者。

這四個範圍，大抵可作為後人審訂「善本書」的標準。由於古籍日稀，所以目前各圖書館的「善本書目」，收錄標準較前為寬，凡是明以前的刊本，都屬善本書的範圍。

研讀古籍為什麼要擇善本呢？張之洞所說的「不譌不闕」，是最主要的原因。現在舉例說明：

1. **不譌**：古書由於傳抄、傳刻日久，難免有譌字產生。這些譌字，每每影響到研究成果的精確。以唐代詩人元稹的《長慶集》為例。今日所流傳的《元氏長慶集》六十卷，主要有兩本：一本是明嘉靖壬子（三十一年，西元一五三二年）東吳董氏茭門別墅刊本，一本是明萬曆甲辰（三十二年，西元一六〇四年）松江馬元調刊本。此二本皆云由宋本出，為一般研究者所常用。清代初年，宋刊本《元微之文集》復見，盧文弨以宋刊本校明代馬元調刊本，發現兩者文字出入甚多。今以〈思歸樂〉一詩為例，列舉其不同的地方：

山我中作思歸樂。應緣此山寄路跡。我無不失鄉情。尋丈可寄形身。一始到對長安城。
移鎮廣值與江荊陵。長人安生一如晝夜。況我三十二餘。百年年來未半程。久聞欲峴登山斯亭。
開釀門酒待賓客。身外皆無委所順求。誰能求苟苟求榮。不朝畏野權已勢傾。況復人性至靈。
珠金碎埋無土色。我可囚為俘下三字未刻。此誠患不至立。誠雖至困道亦亨。

這是一首七十二句的五言古詩，可是居然有十九句文字不同。詩中大字為宋刊本，小字為明刊本誤改者。如果今用明刊本研究元稹詩，焉能得到精確的成果？

2. **不闕**：從事研究，所依據的資料如不完整，則所得結論之不能完整，自不待言。古籍由於流傳日久，每有殘缺不完整的現象。殘闕不完的本子，自然不能算是「善本」。例如元代的黃溍（西元一二七七～一三五七年），是著名的學者，所著《黃文獻集》（四十三卷），《四庫全書》收錄者，僅十卷，國家圖書館有兩本：一是清雍正元年（西元一七二三年）西圃蔣氏烏絲闌鈔本《黃文獻公集》，為二十三卷；另一本是清康熙間鈔本《黃文獻公別集》，僅二卷。清陸心源皕宋樓原有四十三卷的元刊本，可以說是天地間惟一的完本，可是後來售給日本岩崎氏的靜嘉堂文庫。張元濟先生編《四部叢刊》時，東渡日本，據以影印收錄。所以研究黃氏文章者，當據《四部叢刊》本，始能得到完整的結論。

欲知何書為善本，除了熟讀各家藏書志及今日各中外圖書館善本書目外，可參考下列數書：

(1)《書目答問補正》，清張之洞撰，范希曾補正。

(2)《增訂四庫簡明目錄標注》，清邵懿辰撰。《續錄》，邵章撰。

(四)辨其真偽

所謂「偽書」，就是今本所題之作者或成書時代，與真正之作者、時代不符者。偽書之由來已久。在《漢書・藝文志》的注釋裡，就有不少辨偽之語，例如《雜黃帝》五十篇，〈注〉云：「六國時賢者所作。」《力牧》二十二篇，〈注〉云：「六國時所作，託之力牧。力牧，黃帝相。」《黃帝說》四十篇，〈注〉云：「迂誕依託。」《鬼容區》三篇，〈注〉云：「圖一卷。黃帝臣，依託。」凡此，均足以說明自漢代以來，我國學者就已很重視辨偽。

何以研讀古書須重視辨偽呢？梁啟超在《古書真偽及其年代》一書的〈辨偽及考證年代的必要〉一章裡，從史蹟、思想、文學等三方面，說明辨偽書之必要。梁氏認為不辨偽書而從事研究，將導致下列之結果：

1. **史蹟方面**：(1)進化系統紊亂；(2)社會背景混淆；(3)事實是非倒置；(4)由事實影響於道德及政治。
2. **思想方面**：(1)時代思想紊亂；(2)學術源流混淆；(3)個人主張矛盾；(4)學者枉費精神。
3. **文學方面**：(1)時代思想紊亂，進化源流混淆；(2)個人價值矛盾，學者枉費精神。

舉例言之，譬如唐初的歐陽詢（西元五五七～六四一年），字信本，太宗時官至太子率更令，是著名的書法家，他的字體，世稱「率更體」。歐陽詢相貌醜陋，於是和他有私怨的人，就寫了一部《白猿傳》來侮辱他，說他的母親為猿所竊，生下了歐陽詢。這部書，又託名江總撰，書名改為「補江總白猿傳」，不僅侮辱了歐陽詢，也汙蔑了江總。宋代晁公武說：「不詳何人撰。梁大同末歐陽紇妻為猿所竊，後生子詢。《崇文總目》以為唐人惡詢者為之。」（說見《郡齋讀書志》）陳振孫說：「歐陽紇者，詢之父也。

詢貌類獮猿。蓋嘗與長孫無忌互相嘲謔矣。此傳遂因其嘲廣之，以實其事。託言江總，必無名子所為也。」（說見《直齋書錄解題》）如不辨其偽，據以研究歐陽率更及當時史事，必入歧途。

張之洞在《輶軒語》中云：「一分真偽，而古書去其半。」可見古書之依託者，為數不少。不過，並不是所有的偽書都不可讀，只要能正確的考辨出偽書的作者或成書年代，則其文獻仍有一定之價值。

㈤細讀古注

張之洞在《輶軒語》「讀子宜求訓詁看古注」條說：「諸子道術不同，體制各別，然讀之亦有法，首在先求訓詁，務使確實可解，切不可空論其文，臆度其理。」事實上，不僅讀子如此，讀任何古書，都宜細讀古人的注解。

注解，依其體制，有許多不同的名稱，常見的約有：1.注：如《周禮注》、《禮記注》。2.疏：如《穀梁疏》、《大學疏略》。3.箋：如《毛詩箋》、《周官箋》。4.傳：如《春秋公羊傳》、《穀梁傳》。5.說：如《論語顏氏說》、《論語沈氏說》。6.故：如《詩經》的《齊后氏故》、《齊孫氏故》。7.集解：如《論語集解》、《莊子集解》。8.章句：如《禮記章句》、《春秋左氏傳章句》。9.正義：如《禮記正義》、《周禮正義》。10.音義：如《史記音義》、《漢書音義》。其他又有索隱、解義、通釋、補注、約解等，這些注釋的工作，總稱為「訓詁」。

古書為什麼要注釋呢？清代陳澧《東塾讀書記・十一》說：「時有古今，猶地有東西，有南北。相隔遠，則言語不通矣。地遠，則有翻譯；時遠，則有訓詁。有翻譯，則能使別國如鄉鄰；有訓詁，則能使古今如旦暮。」這說明古書所載語言、文字、器物、禮制等，與今日大不相同，惟有細讀古人的注釋，才能瞭解。

古注不僅能解決古今語言、文字、器物、禮制等的隔閡，由於前人從事訓詁時，採集了很多資料，無形中保存了許多今已不存的文獻。如裴松之的《三國志注》、劉孝標的《世說新語注》、李善的《昭明文選注》、胡三省的《資治通鑑注》都有豐富的文獻價值。

有些古籍，注家很多，則閱讀時，應注意其先後及彼此見解的啟承關係和異同的地方。至於尚未經人注釋的古書，則有待自行細心誦習，詳究其義了。

以上提出研讀古籍的五項重要方法。事實上，研讀一部古籍，從字義的瞭解，到發現其中的問題，提出新的見解，所需的知識及方法還很多，但是由於篇幅所限，僅提出以上五項，供初學者參考。

四、善用書本以外之資料

研治國學，除了要博覽群書外，於書本以外之文物資料，也應注意。如能善用文物資料，以印證書本上之記載，每每會獲致意想不到的成績。

王國維曾提出「二重證據」之說，以強調文物和圖書互證的重要。王氏在〈毛公鼎考釋序〉一文裡也說：

> 文無古今，未有不文從字順者。今日通行文字，人人能讀之，能解之。《詩》、《書》、彝器，亦古之通行文字。今日所以難讀者，由今人之知古代，不如現代之深故也。苟考之史事與制度文物，

以知其時代之情狀；本之《詩》、《書》，以求其文之義例；考之古音，以通其義之叚借；參之彝器，以驗其文字之變化。由此而之彼，即甲以推乙，則於字之不可釋，義之不可通者，必間有獲焉。然後闕其不可知者，以俟後之君子，則庶乎其近之矣。

這裡所提到的「文物」、「彝器」等，就是非圖書資料。

我國學者，懂得利用文物考證史事，始於漢代。《漢書・郊祀志・下》說：

是時（宣帝時）美陽得鼎，獻之。下有司議，多以為宜薦見宗廟，如元鼎故事。張敞好古文字，按鼎銘勒而上議曰：「臣聞周祖始乎后稷，后稷封於斄，公劉發迹于豳，大王建國於郊梁，文武興於酆鎬。由此言之，則郊、梁、酆、鎬之間，周舊居也，固宜有宗廟壇場祭祀之臧。今鼎出於郊東，中有刻書曰：『王令尸臣：「官此栒邑，賜爾旂鸞黼黻琱戈。」尸臣拜手稽首曰：「敢對揚天子丕顯休令。」』臣愚不足以迹古文，竊以傳記言之，此鼎殆周之所以褒賜大臣，大臣子孫刻銘其先功，臧之於宮廟也。……」

張敞用地下文物考訂史事，開啟了用文物印證圖書資料的研究方法。到了宋代，由於銅器、石刻等文物的大量發掘和整理，這種以文物從事研究的風氣，更為盛行。及至近代，由於考古學的發達，以文物考訂書本上的資料，更成為一種風尚。王國維在〈最近二三十年中中國新發現之學問〉一文裡，列舉近代中國學術界的幾大發現：

1. 殷契甲骨文字。
2. 敦煌塞上及西域各地之簡牘。
3. 敦煌千佛洞之六朝唐人所書卷軸。
4. 內閣大庫之書籍檔案。
5. 中國境內之古外族遺文。

這些新發現的資料，多數是文物。王氏又說：

> 古來新學問，起因大都由於新發現——有孔子壁中書出，而後有漢以來古文家之學；有趙宋古器出，而後有宋以來古器物古文字之學；晉時汲冢竹簡出土後，同時杜元凱之注《左傳》，稍後郭璞之注《山海經》，已用其說；然則中國紙上之學問，有賴於地下之學問者，固不自今日始也。

這段話，把地下文物用以印證書上資料之價值，說得更具體。

胡適之先生於民國十二年所寫〈國學季刊發刊詞〉上，談到清朝學者的成績之一是「發現古物」，他說：

> 清朝學者好古的風氣，不限於古書一項，風氣所被，遂使古物的發現、記載、收藏，都成了時髦的嗜好。鼎彝、泉幣、碑版、壁畫、雕塑、古陶器之類，雖缺乏系統的整理，材料確是不少了。最近三十年來，甲骨文字的發現，竟使殷商一代的歷史有了地底下的證據，並且給文字學，添了

無數的最古資料。最近遼陽、河南等處石器時代的文化的發現，也是一件極重要的事。（見《胡適文存》第二集，頁三）

凡此，都說明今日治學，想要突破前人，一定要有新資料，而屬於非圖書資料的文物，正是最好的新資料。

非圖書資料，包括：地下文物，如甲骨、漢簡、鐘鼎、彝器、石刻等，也包括生活習俗和天文知識。現在舉數例說明它們在治學上的功用。

以近代出土的宋代曾鞏的墓誌銘為例。

曾鞏（西元一〇一九～一〇八三年），是宋代著名的政治家和文學家。他的墓誌銘，今載於四部叢刊本《元豐類稿》的，不著撰人。《南豐縣志》則說：

贈太師密國公曾致堯墓，七都崇覺寺右，歐陽脩為神道碑文。贈太師魯國公曾易占墓，七都崇覺寺右，陳師道為神道碑文。南豐先生曾鞏墓，敕葬七都崇覺寺右，孫固志銘，韓維撰神道碑文，刻石寺門外。

根據這段記載，則曾鞏的墓誌銘，是孫固寫的。前些年，在江西省南豐縣縣城南郊七公里的源頭村崇覺寺側，挖掘出曾鞏的墓，也發現了他的墓誌銘。墓誌和誌蓋兩石一盒平放。墓誌高一一三公分，寬一一四公分，厚十八公分。墓誌蓋高一一〇公分，寬一一〇公分，厚十八公分。上有「宋中書舍人曾公墓誌銘」十字，篆體陰刻。誌文首為「朝散郎試中書舍人輕車都尉賜紫金魚袋曾公墓誌銘並序」，下繫「朝散郎守尚書禮部郎中上騎都尉賜緋魚袋林希撰」，「前承奉郎行太常寺奉禮郎沈遼書」，「宣德郎守太常博士騎都尉賜緋魚袋陳晞篆蓋」。誌文正書計四十三行，滿行五十一字，共約二千七百字。誌文末署「尋陽李仲寧、仲憲刊」。

這塊墓誌銘的發現，解決了古籍記載的幾個疑難：

1.曾鞏的墓誌銘，是林希寫的，一則可補《四部叢刊》本《元豐類稿》的不足，一則可糾正《南豐縣志》的錯誤。

2.既然是林希寫的，何以《元豐類稿》裡把他刪去？《南豐縣志》何以改題孫固？根據《宋史》的記載，宋神宗、哲宗年間的新舊黨爭，林希是主要人物之一。紹聖年間，盡黜元祐群臣，司馬光、呂公著、呂大防、劉摯等數十人之制，都是林希所寫，極其醜詆，讀者憤慨。而孫固，則是個宅心仁厚的謙謙君子。曾鞏的後人，為恐受累，才把林希刪去，改題孫固。從這裡，也多少可以看出當時曾鞏的政治立場了。

3.清代黃錫蕃撰的《刻碑姓名錄》(三卷)，收錄了宋代碑工凡一百七十八人，可是不載李仲寧、仲憲。宋代王明清《揮麈錄》第三錄卷二說：「九江有碑工李仲寧，刻字甚工，黃太史題其居曰『瑑玉坊』。」現在我們看到了曾鞏的墓誌銘，不僅印證了王明清的記載是正確的，也補充了黃錫蕃的疏漏。

石器除了墓誌銘外，像刻石、碑、碣、摩厓等，都可以證經典之同異，正文獻之缺誤。宋趙明誠的《金石錄・序》說：

> 《詩》、《書》以後，君臣行事之迹，悉載於史，雖是非褒貶，出於秉者之私意，或其失實；然至於善惡大迹，有不可誣，而又傳說既久，理當依據。若夫歲月地理官爵世次，以金石刻考之，其牴牾十常三四。蓋史牒出於後人之手，不能無失；而刻辭當時所立，可信不疑。

清代葉昌熾的《語石．卷六》「碑版有益考訂」一則也說：

> 撰書題額結銜，可以考官爵。碑陰姓氏，亦往往書官于上；斗筲之祿，史或不言，則更可以之補闕。郡邑省并，陵谷遷改，參互考求，瞭於目驗。關中碑志，凡書生卒，必云終於某縣某坊某里之私第，或云葬於某縣某鄉某里之原，以證《雍錄》、《長安志》，無不脗合。推之他處，其有資於邑乘者多矣。至於訂史，唐碑之族望，及子孫名位，可補宗室宰相世系表。建碑之年月，可補朔閏表。生卒之年月，可補疑年錄。北朝造象寺記，可補《魏書．釋老志》。天璽紀功、天發神讖之類，可補〈符瑞志〉。投龍，齋醮，五嶽登封，可補〈郊祀志〉。漢之孔廟諸碑，魏之受禪、尊號，宋之道君五禮，可補〈禮志〉。唐之令長新誡，宋之慎刑箴、戒石銘，可補〈刑法志〉。古人詩集，凡有登覽紀遊之作，注家皆可以題名考之。郡邑流寓，亦可據為實錄。舉一反三，餉遺靡盡。

這些話，都在說明石刻之功用。

再以生活習俗為例。宋代的朱輔在《溪蠻叢笑》一書裡，對住在湘西沅陵一帶的瑤人習俗有這樣的記載：

（五溪蠻）負物不以肩，用木為半枷之狀箝其項，以布帶或皮繫之額上，名背籠。

清代的張詠在《雲南風土記》裡也說：

滇人載物，馬騾外，往往以負。其法以巨索縛物，索端以楔皮織數層如繒，闊三寸許，戴額間，負手承物，傴僂行，少憩則倚物而坐。雖大木巨石亦用此法，豈其額多力，異於他處耶？

記得民國四十四年，筆者路經蘇花公路時，見阿美族負物的方法，正與《溪蠻叢笑》及《雲南風土記》裡所載相同。

除了石刻、習俗以外，其他不屬於圖書的文物，都能據以印證所載或補古籍之不足。這是治國學者所須留心的。

五、如何運用工具書

研治國學，奠定深厚的基礎後，就需朝研究領域發展。研究工作，其終極目的，則是提出「創見」。什麼是「創見」呢？就國學領域的研究工作來說，很難遽下周延的界說。然而，無論如何地為「創見」下定義，有一個條件是必須的，那就是「創見」必須建立在客觀而充足的證據上。

要做到「客觀」而「充足」的證據，則需掌握所有相關的文獻。國學方面的文獻，不論那一學科的領域，都很廣博，全憑記憶及個人做卡片，是難以掌握周全的。最精確而快速掌握、索檢資料的秘訣，就是善用「工具書」。

㈠「工具書」的界說

什麼是「工具書」？「工具書」又稱「參考書」。其定義有廣狹二義。就廣義方面來說，凡是足資參考的文獻，即使是一份「用電須知」之類的，都是「參考書」。這裡所要談的，是狹義的。

根據劉國鈞先生《圖書館學要旨》一書所下的定義：「參考書是蒐集若干事實資料或議論，依某種方法排比編纂，以便易於尋檢的圖書。」這種特殊的排比方法和一般著述的排比方法不同，其最大特色是「方便尋檢所需的資料」。

友人張錦郎教授所著《中文參考用書指引》，認為「工具書」應具備以下幾個條件：

1. **解答問題**：當我們要解決某項疑難時，如檢查字義或一詞的出處，工具書能很快的提供答案。
2. **部分閱讀**：一般書籍通常需要全盤閱讀，工具書則只須索閱提供答案的部分即可。
3. **編排體制不同**：一般書籍的編排，通常按照資料擬定綱目。工具書則為了方便檢索，其體制須適應讀者的需要、習慣或資料的性質而做適當的編製。
4. **內容廣博**：工具書通常把某類相關的文獻彙集在一編，所涵蓋的內容，十分廣博。

除了以上四項外，「工具書」還有一個特色，那就是處理資料要簡明，而且能提綱挈領。像目錄、索引及百科全書，都具有這項特色。

㈡國學方面常用的「工具書」

「工具書」的種類，有書目、索引、字典、辭典、類書、百科全書、年鑑、年表、傳記參考資料、地理參考資料、法規與統計、指南與手冊等。研治國學，所援用的工具書很多，勢難一一列舉。這裡僅列舉常用的工具書，供初學者參考。

1. 書目

(1)檢索歷代的著述，可查史書裡的藝文志或經籍志，如《漢書・藝文志》、《隋書・經籍志》、《新唐書・藝文志》、《宋史・藝文志》、《明史・藝文志》、《清史稿・藝文志》及後人的補志等。

(2)檢索歷代官府、公家機構的藏書，宋代查王堯臣等編的《崇文總目》；明代查楊士奇編的《文淵閣書目》、張萱編的《內閣藏書目錄》等；清代查于敏中等編的《天祿琳琅書目》、《續目》及永瑢等編的《四庫全書總目》等。近代的，則國立北平圖書館（今北京國家圖書館）、國家圖書館、國立故宮博物院、中央研究院及各大學所編的善本書目、普通舊籍目錄等，都應查檢。

(3)從事某種學科的研究，則應檢索學科書目。如研究經學者查清朱彝尊撰的《經義考》、裴溥言先生編的《詩經學書目》；研究文字學者查清謝啟昆撰的《小學考》；研究金石的，應查容媛所編的《金石書錄目及補編》等。

(4)檢索叢書裡的書，應查上海圖書館編的《中國叢書綜錄》。

2. 索引

(1)索檢國學方面的論文索引，重要的有余秉權編《中國史學論文引得》、《續編》；國立北平圖書館編《國學論文索引初編》、《續編》、《三編》、《四編》；劉修業等編《文學論文索引正編》、《續編》、《三編》；章群先生編《民國學術論文索引》；張錦郎先生所主編的《中國近二十年文史哲論文分類索引》

及《中國文化研究論文目錄》；日本京都大學從一九四六年起按年度出版的《東洋學文獻類目》。

(2)索檢國學書籍的索引很多，其中最重要的是哈佛燕京學社引得編纂處所編的六十餘種索引，如《周易》、《毛詩》、《春秋經傳》、《論語》、《孟子》、《爾雅》、《荀子》、《墨子》、《杜詩》等，均有索引。另外，由中法漢學研究所編的十五種通檢叢刊，也很方便。

(3)其他如報紙、專科期刊等，都有索引可資利用。

3.字典、辭典

字典如《說文解字》、《康熙字典》、《大學字典》、《正中形音義綜合大字典》等，都很實用。

辭典方面，適合研究國學的有：《經籍纂詁》、《辭源》、《辭海》、《大漢和辭典》、《中文大辭典》等。另外，國學方面的專科字典和辭典也不少，如檢索虛字的《經傳釋詞》、《古書虛字集釋》；檢索金石文字的《金石大字典》等，都應多加使用。

4.類書、百科全書

我國古代的「類書」，相當於西方的「百科全書」，把同類的文章或事物，編纂在一起。其種類很多，有檢索字詞的，如《佩文韻府》；有檢索典故事物的，如《群書考索》；有檢索人物事蹟的，如《冊府元龜》。

「工具書」的種類太多，讀者如欲獲得較完整的資料，可閱讀：

《中文參考用書指引》，張錦郎編著，文史哲出版社。

《中文參考資料》，鄭恆雄著，臺灣學生書局。

(三)「工具書」的正確使用方法

「工具書」雖方便於我們掌握、索檢資料，但要有效而正確的使用它，應注意下列幾處：

1. 瞭解工具書的編輯體制

各種「工具書」，由於收錄資料的性質、範圍及使用目的之不同等，其編輯體制而有很多不同的方式。以索引為例，就其外形來區分，有書後之索引與單行之索引；就其內容來區分，有書籍索引、期刊索引、報紙索引、文集索引、非書資料索引、索引之索引等，其編輯體制也多不同。再以檢索的方式而言，有字順索引、分類索引、要語索引、事項索引等。於各種工具書之編輯體制要熟悉，才能快速而正確的檢索到所需要的資料。

2. 瞭解同類工具書之異同

以史書的藝文志為例，《漢書・藝文志》、《隋書・經籍志》、《新唐書・藝文志》、《宋史・藝文志》等，都是著錄歷代的著作；而《明史・藝文志》、《清史稿・藝文志》等，則僅著錄一朝的著作。又如余秉權所編《中國史學論文引得》、《續編》與國立北平圖書館所編《國學論文索引》各編及其他國學方面的索引，在體例、收錄的年限、收錄期刊的種類等，有什麼不同？都應瞭解，才能索檢到所需的資料。

3. 不要迷信工具書

「工具書」雖然給予治學上很多方便，但切勿迷信工具書，應該隨時要存有求真的科學精神，才不致為工具書所誤導。例如清乾隆年間，梁詩正等奉敕把內府庋藏的古鼎彝尊罍等，編為《西清古鑑》(四〇卷）一書，是研究古器物的一部重要工具書，可是其中錯誤頗多：有器物晚，銘文較早的；有器物與銘文不符的；有增減或改易宋代著錄的銘辭的等，使用時不能不愼。又如研治國學者必讀的《四庫全書總目提要》，疏漏也不少，胡玉縉撰有《四庫提要補正》、余嘉錫撰有《四庫提要辨證》，筆者也撰了一部《四庫著錄元人別集提要補正》，都在補正其不足或錯誤。再以常用的「龍門點額」一詞為例。這個典故，出自《水經注》。該書（卷四）〈河水注〉說：

河水又南得鯉魚澗，歷澗東入窮溪首，便其源也。《爾雅》曰：鱣，鮪也。出鞏穴，三月，則上渡龍門，得渡，為龍矣。否，則點額而還。

後人就用這個典故，譬喻考試落第。可是《辭源》及《中文大辭典》都解釋為「謂進士及第也」，顯然是錯了。同時，《辭源》和《中文大辭典》在引用《水經注》時，或予以刪節，或把《水經注》的「經」和「注」混淆，都是值得注意的。

六、撰寫論文之方法

在大學裡，除了討論和閱讀外，撰寫研究報告和論文，也是治學過程中重要的一環。

一般說來，寫作學術論文，不論是那一種學科，基本原理都是相同的。那就是：就結構上來說，一般都要引言、正文、結論、注釋及參考引用書目等項目。就寫作過程來說，寫作前都要審愼選定題目，要廣博蒐羅有關資料，引用材料時要分辨資料之真偽，多用直接材料，最末要能提出完整而明確的結論。在格式上，章節的釐定要適當，標點符號的使用要一致而明確，注釋的撰寫要精簡有用，參考及引用書目的編纂要合乎規定。在材料的處理上，要廣徵博引而不失散鋪浮陳，言必有據而不迷信權威。這些，都是撰寫論文時基本的素養。

不過，撰寫國學方面的論文，有些地方和其他學科不盡相同的。譬如所引述的資料，多半是古書，而古書有其特殊的編印方式；古籍的內容、性質，很難用西方的圖書分類法來規範，所以參考書目的編製，也有其特定的方式；從研究的範圍而言，國學所涉範圍極為廣博，題目的訂定，要能適合自己的能力。這些，都是撰寫國學方面的論文，所需特別注意的地方。

為了節省篇幅，一般性的問題不在此討論。這裡就初學者常遭遇的問題，提出一些意見，供各位參考。

(一)如何訂定國學論文的題目

我國學術綿延數千年，不論思想方面、文學方面、古籍方面、器物方面、史事方面、禮俗方面等，雖經無數學者殫精竭慮，提出許多精闢的見解，但是，仍有許多問題，等待我們去解決。我們撰寫論文的目的，就是要解決尚待解決的問題；論文題目的訂定，也就以能有效解決問題為最高原則。

一般說來，訂定論文題目，應兼顧下列的原則：

1. 所擬定的題目，最好是前人從未研究過的，也就是，論文所要討論的內容，是前人未曾解決過的問題。如果是前人已寫過的，再想重新討論，則一定要有新的資料發現，足以提出更新、更好的見解。譬如「《詩經》小序之作者」之類的問題，討論者甚多，其中不少是陳陳相因，提不出新資料、新見解的。又如《古文尚書》之偽，宋代的朱熹、明代的梅鷟，都有不少辨偽的作品，清代的閻若璩由於發現了新的證據，在前人既有的基礎上，繼續研究，終於完成《古文尚書疏證》（八卷）一書，為《古文尚書》之僞，奠下不刊的結論。

2.初學者擬定的題目，不宜太大，以免牽涉過廣，文獻之掌握，不易完備，而流於空泛。譬如研究王先謙之學術，由於王氏著述很多，如果將題目訂為「王先謙之學術」，則所涉太廣，初學者可先從「王先謙之校勘學」、「王先謙之《莊子》學」等著手。

3.擬定題目時，要考慮到客觀環境之配合。論文的題目，要與自己的興趣、專長配合，這是主觀條件的配合，這方面，大家都能注意，無庸多論。但是，要如何與客觀環境配合，則是初學者每易忽略的問題。

所謂客觀環境，最主要的是指人力和圖書設備而言。

以「人力」來說，擬定題目之前，如係個人研究，要考慮到校內有沒有適合的指導老師？如係團體研究，有沒有足夠的興趣相同、水準整齊的一群人共同合作？

以「圖書設備」來說，要瞭解學校或國內的有關圖書設備，是否足以提供完整的資料。例如國立故宮博物院藏有豐富的藝術、古器物及清代宮中檔案，那麼在國內研究古代藝術、古器物及清代史，要比在歐美等地方便得多。當然，目前由於科技之發達，學術資料的交流也日益方便，但是，就初學者來說，客觀環境的情形，仍然是擬定題目時不能不考慮的條件。

4.所擬定的題目，要具有延伸性、發展性。也就是說，一個好的論文題目，能在同一研究領域內，繼續從事更深入、更廣泛的研究。

由於國學的範圍甚廣，一個人想要樣樣精通，勢不可能。所以，每個人最好能在一個領域內從事深入的研究，才能成為某方面的專家。一個人不可能第一篇論文是研究李白，第二篇研究《禮記》，第三篇研究甲骨文，如此，不但耗時費神，且將一無所成，徒勞無功。以筆者個人的經驗為例，先是寫「晁公武的生平」，再寫「晁公武及其《郡齋讀書志》」，再寫「《宋史・藝文志》史部佚籍考」，目前則正撰寫「宋代史籍考」。這四個題目，都屬宋代目錄、版本、文獻學的範圍，由小而大，有其延伸性、發展性。這樣，比較容易掌握資料。

5. 國學方面的論文，其體裁除了論述性的以外，箋注、集釋、校勘、輯佚等方面的題目，也可以從事撰寫，只要能提出新資料、新見解，論文的體裁和處理的方式，可以在題目中明訂。例如研究明代高啟的詩，依其體裁，可分別訂出「高啟詩研究」、「高啟詩箋注」、「高啟詩傳本考」等題目。

(二)注釋的寫作方法

「注釋」，又稱「注腳」(footnotes)，通常放在句末。它是學術論文中十分重要的一部分。它的主要功用有：

1. **說明文獻的出處**：有時候是說明資料的來源，有時候是說明文獻刊載的地方。

例一

謙益早歲科名，交游滿天下，盡得劉子威、錢功父、楊川五、趙汝師四家書。……顧之自喜曰：「我晚而貧，書則可云富矣！」甫十餘日，其幼女夜與乳媼嬉樓上，翦燭，灺落紙堆中，遂燧。

……自謂：「甲申之亂，古今書史圖籍，一大劫也。吾家庚寅之火，江左書史圖籍一小劫也。」（註一〇）

註一〇：見《天祿琳琅宋本漢書·跋》。

例二

自從《全唐詩》輯刊以來，研究唐詩者，多取材於此編。也有不少學者，以它為研究對象，但是多數著重於詩篇的訂正，譬如……先師屈翼鵬（萬里）先生四十餘年前曾經寫了〈全唐詩杜牧許渾二家詩集互見詩篇考〉一文（註二）……

註二：載《華北圖書》十一期，民國二十四年（西元一九三五年）一月出版。

2. **補充說明相關資料**：有時為了行文方便，某些資料不方便出現在行文中，以免繁瑣或突兀，但又不能不有所交代，於是藉「注釋」來完成。

例一

乾隆九年（西元一七四四年），詔編內廷秘笈為《天祿琳琅書目》；四十年（西元一七七五年）重為補輯（**註一三**），成《天祿琳琅書目》十卷。

註一三：當時主事者為于敏中、王際華、梁國治、王杰、彭元瑞、董誥、曹文埴、沈初、金士松、陳孝泳。詳見《天祿琳琅書目·凡例》。

例二

曹寅，字子清，號楝亭（註一五），奉天人，官通政使，江寧織造。

註一五：宋犖〈寄題曹子清戶部楝亭二首・序〉云：「子清之尊人，於白門使院手植楝樹數株，綠陰可愛，因結亭其間，顏曰『楝亭』。子清追念手澤，屬諸名人賦之，未幾，子清復移節白門，十年中父子相繼持節，一時士大夫傳為盛事。」

（以上所舉諸例，取材自拙著〈清康熙御製全唐詩底本及相關問題之探討〉，載《中央研究院國際漢學會議論文集》。）

3. **說明異文**：古籍由於傳抄、傳刻，或由於輾轉引錄，每多異文，這也可藉注釋的方式表明。

例一

此書《宋史・藝文志》不著錄，見《直齋書錄解題・卷六・職官類》。陳氏曰：「大理少卿蜀人張縯（季長）撰。專載新舊遷轉之異，亦以寄祿為未然也。以上三家，皆附蔡氏書後。縯，蜀人，陸務觀與之厚善（**註二二**）。」

註二二：《文獻通考》所引《直齋書錄解題》無「縯，蜀人，陸務觀與之厚善。」十字。

例二

……此本載左圭《百川學海》中，後有寶慶（**註二五**）丁亥（三年，西元一二二七年）永嘉陳昉跋，蓋即昉所刊行。

註二五：「寶慶」，《四庫提要》誤作「寶祐」。按：寶祐僅癸丑、甲寅、乙卯、丙辰、丁巳、戊午六年，而無丁亥，今正。

（以上所舉諸例，取材自拙著〈宋代職官類史籍考下〉，載《漢學研究》三卷一期。）

「注釋」的功用，當然不止此三端，這三種只是最常見的功用而已。「注釋」的文字，應力求簡明，徵引的文獻也要說明出處，最好說明卷、頁等，俾便讀者檢覈。

(三)如何編纂引用及參考書目

嚴謹的論文格式，最後要有「引用及參考書目」，它的功用在於：

1. 作者用來說明所根據的文獻，為資料的出處負責。
2. 方便讀者，可據以檢索核覈原始文獻。
3. 讀者可據以瞭解作者的學術修養。
4. 讀者可據以獲得同類學術領域的相關資料。

一般自然學科和社會學科的論文，其引用與參考書目的排比，西方著作通常依姓氏二十六個字母的次序排列，中文著作則依作者姓氏筆畫的多寡為順序。筆者以為，迄目前為止，國學方面寫作論文時，引用及參考的文獻，多半仍以古籍及近世國人的著述為主。我國的古籍，其性質與西方的著述迥不相同，也很難用西方圖書館所最習用的杜威十進分類法歸類。譬如有許多的筆記小說，很難以確定它應屬社會科學、歷史或文學類；也有不少文集，理論上應屬文學類，可是所載都是奏議、制詔及墓誌銘，奏議及制詔應歸社會科學，但墓誌銘則應歸歷史。所以筆者主張在目前國學方面的論文，其引用及參考書目，仍依傳統的四部分類法排比，較為適宜。

以下是引用及參考書目編纂的方法：

1. 引用及參考書目收錄的範圍：舉凡論文中所曾引用及參考的文獻，包括專書及單篇論文，都予收錄。但有些基本的工具書，如索引、字典、辭典及年表等，可不予收錄。這是因為這些工具書，僅供作者檢索資料之助，書中資料，並不是論文之需要。譬如字典、辭典所載的資料，都過於簡略，寫作者應根據原始文獻，不可僅賴字典、辭典的記載撰述。所以此類圖書，可不予收錄。

2. 引用及參考的文獻，可分成「專書」及「單篇論文」兩部分。每部分所收文獻，再依四部順序排比。

3. 經、史、子、集四部下，復分若干類。其類別及次序，以依《四庫總目》為原則，即經部分：易類、書類、詩類、禮類、春秋類、孝經類、五經總義類、四書類、小學類。史部分：正史類、編年類、紀事本末類、別史類、雜史類、詔令奏議類、傳記類、史鈔類、載記類、時令類、地理類、職官類、政書類、目錄類、史評類。子部分：儒家類、兵家類、法家類、農家類、醫家類、天文算法類、術數類、藝術類、譜錄類、雜家類、類書類、小說家類、釋家類、道家類。集部分：楚辭類、別集類、總集類、詩文評類、詞曲類。

4. 「專書」部分，每一書列舉書名、卷數、撰人時代、撰人姓名及版刻。無卷數者，可著曰「不著卷數」或從缺；現代人的著作，可以不著時代；版刻部分，則包括出版的時間、地點及版刻別。

例一

《四朝名臣言行錄續集》一六卷、《別集》一六卷　宋李幼武撰　清道光元年績學堂洪氏刊本

例二

《宋人軼事彙編》　丁傳靖撰　民國二十四年商務印書館排印本

5.「論文」部分，則列舉論文篇名、作者、期刊名稱、卷期、出版年月。如係外國人，則著明國籍。

例一

〈靖康要錄及其作者考〉　王德毅撰　《思與言》，五卷二期　民國五十六年七月

例二

〈宋朝國史の編纂と國史列傳〉　日本周藤吉之撰　《駿臺史學》，九期　昭和三十四年三月

編纂參考書目，由於多數是古籍，所以所涉及的知識還很多。譬如如係偽書，則作者加「舊題」或「題」字樣；又如版刻名稱很多，常見的有刊本、校刊本、覆刊本、修補本、鈔本、舊鈔本、稿本、活字本等，由於篇幅所限，不能一一說明，讀者可修讀目錄版本學課程，以充實這方面的知識。

撰寫一篇完善的論文，除了要能提出創見外，其撰寫的過程及格式，尚多應注意的地方。以上三點，

僅是形式上比較重要的地方。至於撰寫的手法、章節的編排、直接資料與間接資料的分辨等技術上的問題，由於牽涉過廣，在此省略不論。

七、研治國學之相關知識

國學的領域既廣，所涉文物，也十分繁博，因此在研治國學時，有一些與研究方法有關的基本知識，不能不有所認識。

為了使研治國學的過程中，能更周延的掌握文獻，更精確的利用文獻，下列幾門知識，可以說是研治國學的基本知識。

(一)目錄學

這裡所稱的「目錄」，是專指著錄圖書文物的目錄。就其體制來說，有的僅著錄書名、卷數和作者，有的則附有解題。但是，不論那一種目錄，為了方便檢索，都需講求分類；並藉分類，以顯示圖書源流及學術的流變。這種研究圖書的分類編次，進而得其學術流變的學術，就稱為「目錄學」。

「目錄學」的知識，對研治國學的功用很多，最重要的有下列兩點：

1. 明治學之途徑

我國古籍浩繁，前已談及。研究國學，面對如此浩瀚的文獻，一定會面臨幾個疑難：

——某一種問題，前人究竟已有那些研究成果？

——前人的研究成果，要在何處獲得？

——前人的研究成果，其內容如何？

——這些研究成果，是存是佚？存者有那些傳本？傳本中以何者為善？

要解決這些問題，惟有熟悉目錄學始能獲致答案。清代的張之洞在《書目答問・略例》裡說：

讀書不知要領，勞而無功。知某書宜讀而不得精校精注本，事倍功半（原注：此編所錄，其原書為修《四庫》書時所未有者十之三四；《四庫》雖有其書，而校本注本晚出者，十之七八）。今為分別條流，慎擇約舉，視其性之所近，各就其部求之。又於其中詳分子目，以便類求。一類之中，復以義例相近者，使相比附，再敘時代，令其門徑秩然，緩急易見。凡所著錄，並是要典雅記，各適其用（原注：皆前輩通人，考求論定者）。總期令初學者易買易讀，不致迷罔眩惑而已（原注：弇陋者當思擴其見聞，汎濫者當知學有流別）。

張氏又在《輶軒語・語學篇》「讀書宜有門徑」條說：

汎濫無歸，終身無得。得門而入，事半功倍。或經，或史，或詞章，或經濟，或天算地輿。經治何經？史治何史？……至於經注，孰為師授之古學？孰為無本之俗學？……此事宜有師承。然師豈易得？今為諸君指一良師：將《四庫全書總目提要》讀一過，即略知學術門徑矣。

2. 考典籍之存佚

我國古籍，由於歷代之兵燹或黨爭，或由於天災，亡佚甚多。《隋書・四九・牛弘傳》，曾有書籍「五厄」之說：秦始皇焚書，一厄也；西漢末年，赤眉入關，宮室圖書，並從焚燼，二厄也；東漢末年，董卓移都，吏民擾亂，圖書縑帛，皆取為帷囊，三厄也；西晉末年，劉石亂華，京華覆滅，朝章闕典，從而失墜，四厄也；南朝蕭梁時，周師入郢，元帝（蕭繹）自焚藏書，五厄也。明代胡應麟《少室山房筆叢》（卷一）又有五厄之說：隋大業四年（西元六一八年），煬帝在江都被殺，一時大亂，圖書被焚，一厄也；唐天寶十五年（西元七五六年），安祿山入關，玄宗奔蜀，書籍損失殆盡，二厄也；廣明元年（西元八八〇年）黃巢入長安，僖宗出走，書籍焚燬不少，三厄也；靖康二年（西元一一二七年），金人入汴，藏書盡焚，四厄也；南宋德祐二年（西元一二七六年），伯顏南下，軍入臨安，圖書禮器，運走一空，五厄也。此外，明代之後，多次戰亂及火災，圖書都受到焚棄。古籍亡佚，既然如此嚴重，欲知存佚情形，只有從熟悉歷代目錄著手。

另外，有些附有解題的書目，還可以提供我們知道版刻的流傳、篇卷的分合、圖書的真偽、作者的生平及一書之得失等各項學識。

初學者研究目錄學，可閱讀下列數書：

1.《中國目錄學》，姚名達著，商務印書館。
2.《中國目錄學史》，姚名達著，商務印書館。
3.《中國目錄學發微》，余嘉錫著，藝文印書館。

(二)版本學

「版本」，是指一種書本子的名稱。從雕版時代來區分，有宋本、元本、明本等；從雕版情形來區分，有槧本（刻本、刊本）、原刊本、舊刊本、寫刊本、覆刻本、活字本等；從雕版地方來區分，有監本、殿本、家刻本、坊刻本、蜀本、閩本等；不屬於雕版的，則又有鈔本、舊鈔本、影宋鈔本、稿本、手稿本等。此外，還可以從字體、裝訂、墨色及印刷質量、紙張等，區分為各種不同的名稱。這些不同的本子，它們的優劣如何？就同一書來說，它們傳抄、傳刻的經過又如何？以何本為善？何本為劣？研究這些知識的學問，稱之為「版本學」。

「版本學」本來是「目錄學」的一部分，由於與版本有關的知識越來越多，越來越專門，近年來已成一門自成體系的學問。

研究「版本學」，其目的不是在於如何鑑賞古書，而是以其知識，解決下列幾項在治學過程中常見的問題：

1. 每一書都有很多的傳本，究竟宜擇何本而讀？為什麼？

2. 不論鈔本或刻本，訛誤難免。究竟何本錯字最少？其錯誤情形如何？

3. 古籍由於流傳日久，會有殘闕的現象。究竟何者為完本？何者為殘闕之本？

以上三種問題，都與研究成果有關。而解決此等問題，則有賴「版本學」的知識。

初學者研究版本學，可閱讀下列數書：

1. 《版本通義》，錢基博著，商務印書館。

2. 《圖書版本學要略》，屈萬里、昌彼得合著，中華文化出版事業委員會。

3. 《書林清話》，葉德輝著，世界書局。

(三)辨偽書

關於「偽書」的定義和辨偽的必要，在本文三、「研讀古籍之方法」中，已有所論述。研究偽書產生的原因、作偽的方法、真正的作者及時代、偽書的影響、辨偽的方法等一系列與偽書有關的學問，稱為「辨偽學」。

我國雖自漢代就懂得辨別偽書，不過有系統提出辨偽方法的，則是明代學者胡應麟。他在《四部正譌》裡說：

凡覈偽書之道：覈之《七略》以觀其源；覈之群志以觀其緒；覈之並世之言以觀其稱；覈之異世之言以觀其述；覈之文以觀其體；覈之事以觀其時；覈之撰者以觀其託；覈之傳者以觀其人。覈茲八者，而古今贗籍亡隱情矣。

民國十六年二月至六月間，梁啟超先生在北京燕京大學以「古書真偽及其年代」為題講演，全部分總論、分論二篇。總論共有五章：第一章講辨偽及考證年代的必要；第二章講偽書的種類及作偽的來歷；附帶講年代錯亂的原因；第三章講辨偽學的發達；第四章講辨偽及考證年代的方法；第五章講偽書的分別評價。分論是分別辨論古書的真偽和年代問題。梁書可以說是有系統建立「辨偽學」最重要的一部著作。

從《漢書・藝文志・注》裡載有辨偽之說起，有不少辨偽之作，或單篇，或專書。民國二十八年，張心澂先生出版了《偽書通考》一書，將歷代辨偽之作依時代先後，摘錄其要點，繫於各書之下，間附張氏個人意見。共收偽書一〇五九部；一九五三年又修訂出版，所辨之書，較前增加了四十五部。書前附有「總論」，其要目是：1.為什麼要辨偽？2.偽的程度。3.偽書的產生。4.作偽的原因。5.偽書的發現。6.偽書的範圍。7.辨偽的發生。8.辨偽的規律。9.辨偽的方法。10.辨偽的條件。可以說是梁啟超以後，又一部重要的辨偽學著作。

初學者研究辨偽學，可閱讀下列數書：

1.《古史辨》，顧頡剛等著，明倫出版社影印本。

2.《古書真偽及其年代》，梁啟超著，中華書局。

3.《偽書通考》，張心澂著，鼎文書局。

4.《續偽書通考》，鄭良樹編著，臺灣學生書局。

(四)校勘學

「校勘」，也稱「校讎」。宋代鄭樵《通志》一書中有〈校讎略〉，據其所論，凡古籍之徵訪、辨別真偽、整理、分類、考訂及典藏等，都屬於「校讎」的範圍。此處所論，則偏重古籍錯字、衍奪等的比勘改正，所以用「校勘」一詞。

據清代王念孫〈讀淮南子後序〉及俞樾《古書疑義舉例》等所載，古書在字句方面訛誤的常見現象有：1.誤字：因古字、隸書、草書、俗字、假借、難識等而誤，有時則因兩字誤為一字，或一字誤為兩字。2.脫字。3.衍文。4.疊字。5.重文。6.闕字。7.偏旁。8.錯簡。9.顛倒。10.混淆。11.妄加。12.妄刪。13.誤改。14.誤讀。這些錯誤，如不經改正，自會影響研究之成果。梁啟超先生在《清代學術概論》一書中，曾說：

> 清儒之有功於古學者，更一端焉，則校勘也。古書傳習愈希者，其傳抄踵刻，偽謬愈甚，馴至不可讀，而其書以廢。清儒則博徵善本以校讎之，校勘遂成一專門學。其成績可記者，若汪中、畢沅之校《大戴禮記》……。諸所校者，或遵善本，或據他書所徵引，或以本文上下互證；或是正其文字，或釐定其句讀，或疏證其義訓。往往有前此不可索解之語句，一旦昭若發矇。

梁氏的這番話，不僅說明了校勘學的功用，於校勘的方法，也做了簡單的說解。研究古籍中訛誤的現象及校勘方法的學問，就稱之為「校勘學」。

清儒有不少論及校讀古書之方法，綜其所論，當審訂十事：通訓詁，一也。定句讀，二也。徵故實，三也。校異同，四也。訂羨奪，五也。辨聲假，六也。正錯誤，七也。援旁證，八也。輯佚文，九也。稽篇目，十也。這十項，可以說是校勘古書的基礎和要項。但是，由於古書流傳既久，其訛誤現象，十分複雜，所用的方法，也不是幾項固定的方法所可足用，所須具備的學識，也十分廣博，因此，要精通校勘，除了熟讀清代學者像汪中、畢沅、孫詒讓、孫星衍、王念孫父子、顧廣圻、盧文弨、汪繼培、阮元等著名校勘學者所校的書籍，以瞭解他們校勘的方法外，初學者可以閱讀下列幾本書：

1. 《古書疑義舉例》，清俞樾著，世界書局。
2. 《校讎學》，胡樸安、胡道靜著，商務印書館。
3. 《斠讎學》，王叔岷著，國風出版社。

研究國學，相關的學識，當然不止於此，其他如輯佚學、金石學、文獻學、方志學、圖譜學等，都會涉及。不過，就一個初學者而言，如能先修習本文所列舉的幾項知識，等基礎穩固後，再充實其他知識，則領悟更快，進益將更顯著。

八、結論

國學的治學方法，不是短短數萬言所能詳盡的。從研治國學的基礎而言，從文字、聲韻、訓詁等對文字的基本認識起，到古籍的流傳、學術思想的流變等，都要有相當的認識。從研治國學的方法而言，從圈點斷句的初學開始，到能提出創見，所將涉及的方法，每隨文獻的性質及研究的主題而改易，也不是固定的方法所能涵蓋。就所涉及的資料來說，從四部書籍到金石文物、天文知識及工具書等，也不是僅讀一些基本書目就足以左右逢源的。所以這篇文章，只能就最基本的觀念和方法，提供各位初學者參考。

研治任何一門學問，方法固然重要，但是想要有所成就，徒有方法是不行的，基本上還是要有豐富的學識，研治國學，亦是如此。國學所面對的是浩如煙海的古籍，而各位多數從小所閱讀的古籍有限，因此一進大學的中文系，面對艱深的古籍，不免有不知從何念起的困惑，甚至會懷疑是否有足夠的毅力和能力，研治國學。這裡我引用梁啟超先生在《治國學雜話》裡，告訴初學者的一些話，作為本文的結束。梁先生說：「若問讀書方法，我想向諸君上一個條陳，這方法是極陳舊的極笨極麻煩的，然而實在是極必要的。什麼方法呢？是抄錄或筆記。……這種工作，笨是笨極了，苦是苦極了，但真正做學問的人，總離不了這條路。做動植物的人，懶得搜集標本，說他會有新發明，天下怕沒有這種便宜事。」各位讀者，在我們瞭解了治學方法後，現在就立刻開始動手治學吧！

九、參考書目

(一)專書

1. 經部

《古文尚書疏證》九卷，清閻若璩撰，清文淵閣《四庫全書》本。

附《釋音禮記注疏》六三卷，《附校勘記》六三卷，漢鄭玄注，唐陸德明音義，唐孔穎達疏。《校勘記》，清阮元撰，臺北藝文印書館影阮元刊本。

《月令章句》一卷，漢蔡邕撰，清馬國翰輯，《玉函山房輯佚書》本。

《論語正義》二四卷，清劉寶楠撰，世界書局影《諸子集成》本。

《東塾讀書記》一〇卷，清陳澧撰，《皇清經解續編》本。

《語石》一〇卷，清葉昌熾撰，清宣統元年刊本。

《清代學術概論》，梁啟超撰，臺北里仁書局影排印本。

2. 史部

《史記》一三〇卷，漢司馬遷撰，劉宋裴駰集解，唐司馬貞索隱，唐張守節正義，藝文印書館影武英殿本。

《漢書》一〇〇卷，漢班固撰，唐顏師古注，清王先謙補注，藝文印書館影王先謙長沙刊本。
《隋書》八五卷，唐魏徵、長孫無忌等撰，藝文印書館影武英殿本。
《宋史》四九六卷，元脫脫等撰，藝文印書館影武英殿本。
《明史》三三二卷，清張廷玉等撰，藝文印書館影武英殿本。
《清史稿》五二九卷，趙爾巽等撰，洪氏出版社影印本。
《資治通鑑》二九四卷，宋司馬光撰，元胡三省注，世界書局排印本。
《碑傳集》一六〇卷，首末各二卷，清錢儀吉編，清光緒十九年刊本。
《水經注》四〇卷，北魏酈道元撰，世界書局據戴震校本排印本。
《同治南豐縣志》四六卷，首末各一卷，清柏春修，魯琪光等纂，清同治十年刊本。
《溪蠻叢笑》一卷，宋朱輔撰，《學海類編》本。
《雲南風土記》一卷，清張詠撰，《小方壺齋輿地叢鈔》本。
《通志略》五二卷，宋鄭樵撰，《四部備要》本。
《文獻通考》三四八卷，元馬端臨撰，新興書局影印本。
《宋會要輯稿》，清徐松輯，世界書局影印本。
《補續漢書藝文志》一卷，清錢大昭撰，開明書店《二十五史補編》本。
《補三國藝文志》四卷，清侯康撰，開明書店《二十五史補編》本。
《三國藝文志》四卷，清姚振宗撰，開明書店《二十五史補編》本。

《崇文總目輯釋》五卷，宋歐陽脩等撰，清錢東垣等輯釋，《粵雅堂叢書》本。
《郡齋讀書志》二〇卷，宋晁公武撰，清王先謙校刊本。
《直齋書錄解題》二二卷，宋陳振孫撰，商務印書館排印本。
《四庫全書總目提要》二〇〇卷，清永瑢等撰，藝文印書館影印本。
《增訂四庫簡明目錄標注》，清邵懿辰撰。《續錄》，邵章撰，世界書局排印本。
《四庫全書總目提要補正》，清胡玉縉撰，中華書局排印本。
《四庫提要辨證》，余嘉錫撰，藝文印書館影印本。
《四庫著錄元人別集提要補正》，劉兆祐撰，民國六十七年中國學術著作獎助委員會排印本。
《善本書室藏書志》四〇卷，清丁丙撰，廣文書局影清光緒末年原刊本。
《經義考》三〇〇卷，清朱彝尊撰，清文淵閣《四庫全書》本。
《書目答問補正》，清張之洞撰，范希曾補正，新興書局影印本。
《金石錄》三〇卷，附《校勘記》一卷，宋趙明誠撰。《校勘記》，張元濟撰，商務印書館《四部叢刊續編》本。
《西清古鑑》四〇卷，清梁詩正等撰，大新書局影印本。
《輶軒語》一卷，清張之洞撰，藝文印書館影印本。
《經籍舉要》一卷，《附錄》一卷，清龍啟瑞撰，清袁昶增訂，藝文印書館影印本。
《三訂國學用書撰要》，李笠撰，藝文印書館影印本。

《四部正譌》三卷，明胡應麟撰，世界書局排印本。
《古書真偽及其年代》，梁啟超撰，中華書局排印本。
《古史辨》，顧頡剛等撰，明倫出版社影排印本。
《偽書通考》，張心澂編著，鼎文書局影排印本。
《續偽書通考》，鄭良樹編著，臺灣學生書局排印本。
《國學必讀書及其讀法》，梁啟超撰，中南出版社影排印本。
《古籍讀校法》，陳鐘凡撰，民國十二年商務印書館排印本。
《古籍導讀》，屈萬里撰，民國五十三年開明書店排印本。
《圖書館學要旨》，劉國鈞撰，中華書局排印本。
《中文參考用書指引》，張錦郎撰，文史哲出版社排印本。
《中文參考資料》，鄭恆雄撰，臺灣學生書局排印本。
《中國目錄學》，姚名達撰，商務印書館排印本。
《中國目錄學史》，姚名達撰，商務印書館排印本。
《中國目錄學發微》，余嘉錫撰，藝文印書館影排印本。
《校讎學》，胡樸安、胡道靜撰，商務印書館排印本。
《斠讎學》，王叔岷撰，國風出版社排印本。
《書林清話》，葉德輝撰，世界書局排印本。

《圖書版本學要略》，屈萬里、昌彼得合撰，中華文化出版事業委員會排印本。

《板本通義》，錢基博撰，商務印書館排印本。

3. 子部

《荀子集解》二〇卷，清王先謙撰，世界書局《諸子集成》本。

《淮南子》二一卷，漢劉安撰，漢高誘注，清莊逵吉校，世界書局《諸子集成》本。

《老學庵筆記》一〇卷，宋陸游撰，《叢書集成初編》本。

《揮麈前錄》四卷，《後錄》一一卷，《三錄》三卷，《餘話》二卷，宋王明清撰，《四部叢刊續編》本。

《石林燕語》一〇卷，宋葉夢得撰，《叢書集成初編》本。

《少室山房筆叢》，明胡應麟撰，清文淵閣《四庫全書》本。

《古書疑義舉例》，清俞樾撰，文馨出版社影排印本。

《群書拾補》，清盧文弨撰，商務印書館排印本。

4. 集部

《元氏長慶集》六〇卷，《補遺》六卷，唐元稹撰，明萬曆三十二年松江馬元調刊本。

《元豐類稿》五〇卷，宋曾鞏撰，《四部叢刊》本。

《黃文獻集》四三卷，元黃溍撰，《四部叢刊》本。

《王觀堂全集》，王國維撰，漢華出版事業公司排印本。

《胡適文存》四集，胡適撰，遠東圖書公司排印本。

(二)論文

〈國學的研究法〉，高明撰，載《讀書指導》，頁一六一～一七二，南嶽出版社印行。

〈治學方法〉，周何撰，載《國學導讀叢編》上冊，頁一～五〇，康橋出版事業公司印行。

〈清康熙御製全唐詩底本及相關問題之探討〉，劉兆祐撰，載《中央研究院國際漢學會議論文集》，頁三六三～四〇一。

〈宋代職官類史籍考下〉，劉兆祐撰，載《漢學研究》三卷一期，頁二三五～二五四。

日本漢學研究

戴瑞坤

一、前言

自從二十世紀以來，有關中國文化的研究，已經逐漸成為世界的顯學。一方面是由於中華民族的歷史最悠久；另一方面是由於中華文化最博大精深。所以只有發揚中華文化，才能承擔起當今世局的動盪，解除世界的紛擾與危難，引導世人邁向大同理想的新境界。英國哲學家羅素 (Bertrand Russell, 1872–1970) 曾經說過：「西方文化的長處在於科學方法，中國文化的長處在於合理的人生觀，吾人希望是二者能夠逐漸結合為一。」英國歷史學權威湯恩比 (Arnold Joseph Toynbee, 1889–1975) 曾推測說：「唯有中國文化，乃能導致世界於和平。」國父亦曾昭示我們，在固有的優良文化以外，進一步的吸收近代的科技文明，以恢復我國在世界文化中心的地位。陳立夫先生更具體的歸納出：「從根救起吾國固有之德性智能，迎頭趕上西方近代之科學技術，為復興中華文化之要義也。」日本現代名作家永井荷風曾說：「明治維新以前，日本文化的本店是中國。」日本接受中國文化，奠定了立國的基礎。明治維新以後，雖又極力學習歐美文明，但於中國文化不僅未予捨棄，且能採取西洋治學方法，用之於鑽研東洋學術。因此，不但是與我為鄰的東亞諸國在研究中國文化，即使與我遙隔的歐美各國也不例外。幾乎在全世界每一個角落，都掀起了「漢學研究」的熱潮。現今試就受我傳統中國文化影響最深的日本為例，作為探討的對象之一。

二、漢學的名義和範疇

(一)漢學的名義

外國學者研究中國學問，在西方稱為 Sinology，中國人過去譯 Sinology 為「漢學」，惟「漢學」涵義晦澀，沿用既久，已成習慣，考英人之英學，德人之德學，皆未見前例。若易詞以代，又難得一表裡符合之名稱，不得已故仍稱曰「漢學」。不滿意「漢學」這一名稱的很多，今以馬導源先生（詳見《日本漢學研究論文集・凡例》）為例，其理由不外下列四種：

1. 歐美學者不自稱其學術為英學、德學……而獨稱我們中國的學術為「漢學」，多少有點歧視之意，甚或對這古老國家的文化成就帶有輕蔑或驚異的意思。

2. 「漢學」名稱太籠統，若依現代學術分工之細，應該把中國哲學歸入哲學的範圍，把中國史學歸入史學的範圍，把中國文學歸入文學的範圍，把中國各種科學歸入各種科學的範圍，來作分別的研究。

3. 中華民族是合漢、滿、蒙、回、藏為一體，若僅用「漢學」這一名稱，似有將滿、蒙、回、藏從中國分割出去的意圖。

4. 「漢」也是朝代名稱，我們中國人講經學的，就有所謂「漢學」與「宋學」，現在以研究漢朝人經學的別稱，作為研究中國學術的總稱，自然容易使人觀念上發生混淆。

在日本所謂「漢學」，並不像我國所指相對於「宋學」而言的「漢學」，而是指中國哲學、歷史、文學三者所包括的一切有關中國的學問。也就等於我們所謂「國學」、「國故」、「國粹」、「華學」等幾個不同名稱，或是歐、美人所說的「中國學」，也稱「支那學」。所以就我們中國學術的整體作為研究的對象，都可稱為「漢學」或「國學」，只是外國人研究它，就叫它做「漢學」；以我們中國人的立場、眼光、方法來研究它，就叫它做「國學」，分別只是在此。外國人所以叫它做「漢學」，是由於他們感覺到中國學術的目標（志於道）、基礎（據於德）、精神（依於仁）、內涵（游於藝），與他們自己的有顯著的不同，是一種別為體系的學術，所以才在"logy"上，另加上一個"Sino"，以示區別。

㈡漢學的範疇

一般而言，中國人都將學術分為四大類，也可以說是四大範疇，那就是「考據之學」、「義理之學」、「經世之學」和「詞章之學」。今細分如後：

1. 考據之學

語言學（方言、語彙、語音、語法……等）、文字學（《說文》、古文字、字樣、俗文字……等）、聲韻學（古音、韻書、等韻、國音、方音……等）、訓詁學（群雅、釋名、釋詞……等），餘如目錄學、板本學、校勘學、辨偽學、輯佚學、考古學、金石學、甲骨學、簡策學、敦煌學、庫檔學等。

2. 義理之學

經學（《周易》、《尚書》、《詩經》、三禮、三傳、《論語》、《孝經》……等）、子學（儒、道、墨、法、名、陰陽、雜……等)、佛學(成實、俱舍、律、密、禪、法華、華嚴、唯識、三論、淨土……等)、理學(濂、洛、關、閩、湘、浙、贛、崇仁、白沙、河東、姚江……等),餘如玄學、新哲學等。

3.經世之學

自然科學(天文、地理、曆算、博物……等)、社會科學(氏族、史、兵、政、財用、食貨、法、縱橫、教育、禮俗……等)、應用科學(農桑、水利、工藝、醫藥、術數……等)等。

4.詞章之學

文章學(駢文、古文……等)、俗文學(變文、寶卷、彈詞、鼓書……等),餘如文法學、修辭學、詩學、詞學、散曲學、戲劇學、小說學、文學批評、藝術(音樂、繪畫、舞蹈、雕塑、刺繡……等)等。

三、日本漢學研究的興替

日本人正式研究中國的古典圖書,在日本可以溯源於皇太子稚郎子的讀《論語》。據《古事記》卷中,日本應神天皇十六年,朝鮮南部的古國「百濟」的王仁博士,曾帶去《論語》十卷和《千字文》一卷。那是我國晉武帝太康六年(西元一一八五年)。到了隋唐時代,先後派遣十九次所謂「遣唐使」到中國來,隨遣唐使來的有學問僧以及留學生。他們回日本的時候,除了佛經之外,還帶去了大批的中國詩文典籍。所以上自皇室貴族,下至一般士大夫,用漢字、學漢文、讀中國書,成為流行的風氣;像記載日本歷史的《日本書紀》,蒐集漢詩的《懷風藻》等書,在唐朝時代都已經出現。有名的留學生、僧像吉備真備、粟田真人、空海,都文采茂美、博通典籍,很受唐朝人的重視。據日本清和天皇貞觀十七年(唐僖宗乾符二年，西元八七五年）冷泉院被火燒毀後特地蒐集的《日本國見在書目》所載，就列有中國書籍一千五百七十九部，一萬六千七百九十卷。其未燒毀之前，當然較這個數目為多。由此可知當時日本所藏中國書籍之豐富。鎌倉、室町時代以後，日本內亂，漢學比較衰微，可是當時的佛教名山寶剎，高僧大德，還是蕭然世外，讀漢書，誦經典，作中國詩文。有一部《五山文學全集》，收羅一百多位和尚的作品，全是漢詩漢文，實在可以說是宋元佛教文學的延長。元朝中日的關係雖然很陰鬱，可是日本和尚還有許多來中國留學。有一個叫邵元的和尚，還在中國留下了四五處漢文的石刻。明朝初年，絕海和尚來華，應制賦詩，曾受到明太祖的贊許；他的專集有國師僧道衍的序文。到了江戶時期，因為德川幕府尊崇漢學，所以有關中國的朱子學、古學和陽明學等大為流行。當時所謂大儒，如藤原惺窩、荻生徂徠、林道春、伊藤仁齋、中江藤樹等，都設壇講學；有的尊崇程朱，有的闡揚陸王，有的模仿李攀龍、王世貞等的古文。總之，是承襲了中國學術。清朝末年，黃遵憲作《日本國志》，記述日本人解說經書的書有四百多種，大部分是這個時期產生的作品。水戶藩源光國，叫史臣安積覺等，用漢文修《大日本史》。體例、文章，都是模仿了中國的正史，簡直像一部中國人作的書。因為安積覺就是朱舜水的弟子，從十幾歲就用漢音讀中國書。江戶時代的古文家，有賴山陽、齋藤有終等。賴山陽的《日本外史》，在甲午以前就有中國的翻刻本；《清史稿．藝文志》的作者，甚至誤認它是中國人的著作。俞樾編過一部《東瀛詩選》，蒐集元和、寶永到明治時代，一百幾十個人的詩四千多首。有些作者像廣瀨旭窗、梁川星岩、服部南郭等人所作的詩，也幾乎跟中國詩人所作不相上下。

如前所述，長久以來，日本文化是在中國文化的薰陶和培養下，長大和茁壯。而對其備受矚目的近代化過程，更扮演重要的角色。雖然在其吸收外來事物的同時，不全然以中國文物為主，然其精神思想的指導力量，源自儒家思想，殆無疑義。

現在擬將日本明治維新到一九八〇年代為止的漢學研究略作回顧：

(一)漢學研究的衰弱時期

這是指明治元年（西元一八六八年）至明治二十年（西元一八八七年）大約二十年間而言。在這個時期，日本人因從事於所謂「文明開化」運動，在盲目地崇拜歐美文明的大旗幟下，把一切固有文化都置之不顧，尤其是把漢學認為是阻礙日本現代化的絆腳石，極力加以排斥。受這種情勢的壓迫，漢學研究也就不得不走下坡。此時，我國駐日本大使何如璋的隨員楊守敬，正在日本，以很低的價錢，收買在中國業已散佚的很多古書，編有《古逸叢書》和《日本訪書誌》。楊守敬從日本帶回中國的那批古書，除極少部分藏在上海松坡圖書館之外，絕大部分都在故宮博物院。

(二)漢學研究的復活時期

這是指明治二十一年（西元一八八八年）至明治四十年（西元一九〇七年）大約二十年間而言。在這個時期，日本人對於盲目的歐化主義，開始強烈的反省，逐漸發現固有文化的優點，重新加以評價，並且努力於發揚光大。而且將近兩千年來孕育日本文化的漢學，更加重視，積極地進行研究。當時設在京都和東京的兩所帝國大學以及二松學舍大學、東洋大學、高等師範學校，都設置漢學科，專門研究中國哲學、中國史學以及中國文學。而我清代四大藏書家（八千卷樓、海源閣、皕宋樓、鐵琴銅劍樓）之一的陸心源「皕宋樓」，被「靜嘉堂文庫」購進，就在這個時期。

㈢漢學研究的開始科學化時期

這是指明治四十一年（西元一九〇八年）至大正七年（西元一九一八年）大約十一年間而言。當時無論在大學任教的教授或是在學的學生，都曾在高等學校受過非常嚴格的外國語訓練，並且對於世界情勢以至歐美文學，也都非常熟悉，所以這些師生，一旦投入漢學研究的行列，就不再墨守成規，以他們世界性的眼光和豐富的科學知識，開始從事漢學的研究。當時，清末碩儒像羅振玉與王國維，都曾客居京都七、八年，對於京都的漢學家給與不少的影響。又像英人斯坦因 (A. Stein, 1862–1943)、法人伯希和 (P. Pelliot, 1878–1945) 從我國敦煌帶回去的寫本，也逐漸被公開，在日本激起研究敦煌學的熱潮，以京都大學為首的日本學者，紛紛趕到英法兩國去實地觀察這些稀世的資料。另外在中國發生的文學革命運動，也很快的波及日本，引起日本漢學家對於戲曲小說開始關心和注意。此外，東京的「東洋文庫」購進莫里遜 (G. E. Morrison, 1862–1920) 的藏書，日後成為世界有數的東洋文化研究中心，也是在這個時期。

㈣漢學研究的「支那學」化時期

這是指大正八年（西元一九一九年）至昭和二十年（西元一九四五年）大約二十七年間而言。在這個時期，漢學研究，採取法國式的「支那學」(Sinology) 作風，首先由京都大學提倡、推展，終至風靡於全國，並且成立「支那學會」，發行《支那學》雜誌，一直刊行到昭和十四年（西元一九三九年），成為漢學研究最具權威的雜誌。在這同時，除了東大、京大之外，又在東北（日本的東北地方）、九州、京城（韓國的漢城）以及臺北等地，先後設立帝國大學，並且擁有漢學科，專門研究中國的學問。由總的方面來比較東大和京大的學風，大約東大較恢宏、較現實，努力於找新材料，接受新風氣，政治氣氛始終濃厚；京大則較紮實、較保守，看法較長遠而超然，求真、求是的意味為多。

(五)漢學研究的分工合作時期

這是指昭和二十一年（西元一九四六年）至昭和六十三年（西元一九八八年）大約四十多年間而言。在這個時期，日本的漢學研究，比以前有顯著的不同和進步。日本自從第二次世界大戰以後，無論政治、經濟、社會、文化等，都有很大的改變，由於教育的普及，漢學的研究也隨之改觀。在此之前，個人主義的研究方式，已被集體分工的方式所取代，所以後來漢學研究者的視野和領域也隨之擴大。尤其現代學術的研究，都已國際化、公開化、組織化。要知道學問是天下的公器，個人的力量是有限的，以前抱殘守缺、冥往孤索，已不合時代潮流，要養成虛心袒懷，做合理的分工合作，求國際的合作，集海內外的菁英，才能有成功的希望。

四、日本漢學研究的現況

終戰後四十年間，日本在各方面的成就，一切都沿著民主途徑前進，特別是九年義務教育的早期實施（西元一九四七年），高等學校（高中）的增設和大學以及大學院（研究所）的大量增加，使日本的教育完全改觀，因此漢學的研究也自不例外。以前孤單式及閉門造車的研究方法，已漸被時代潮流所淘汰，不得不往集體創作和國際聯繫的方向發展，茲將現況分述如下：

(一)研究漢學人數的驟增

昭和十五年（西元一九四〇年）全日本的大學，只有四十六所，大學生也不過八萬人而已。西元一九八八年時四年制大學增加至四百九十所，也比戰前多十倍。學生總數一百八十九萬九千三百二十三人，將近二十三倍。此外，二年制短期大學增至五百七十一所，學生三十七萬四千二百四十四人，不包含在內。像這樣有關人文科學的大學，都設有中國的學科（文學、哲學、歷史、宗教、美術等），因此研究的人員也就與日俱增。在戰前這些較冷門的學科，戰後已經變成熱門學科。

㈡漢學研究者的大團結

在戰前，日本的漢學家，彼此沒有什麼聯繫，各行其是，最多只有將自己大學所印行的學報，跟其他學校交換，或把自己論文的抽印本贈送別人而已。戰後他們覺得有彼此聯絡的必要，不久即成立全國性的學術團體，網羅全國的漢學研究者為會員，進行漢學界的大團結。屬於全國性的團體如：「東方學會」、「日本中國學會」、「斯文會」，餘如地區性及學校性的團體，至一九九〇年止共七十六個，這些都是從事於漢學研究的學術單位。

㈢加強國際漢學的聯繫

戰前世界各國研究學問的方法，大都採孤單式，少與國外作積極的聯繫。戰後則朝公開互惠的原則，並因情勢所趨，已漸由個人走向集體，由單向走向輻射，由純一走向系列。歐、美、日等國如此，我們的中央研究院、故宮博物院、國家圖書館以及各大學圖書館，也漸漸採行國際交流與館際合作的方式，服務學界，這是很可喜的現象。

五、日本漢學的研究機構和特色

自從二十世紀以來，有關中國文化的研究，逐漸引起世人的興趣，不僅日、韓等與我國關係深遠的鄰邦，甚至歐美各國也掀起了研究漢學的熱潮。這些國家中，日本儼然已成為世界漢學的重鎮，享有極高的學術地位。從下面所介紹的研究機構和漢學圖書館，或可看出日本成為世界漢學重鎮的一些基礎。

(一)靜嘉堂文庫

位在東京，為財團法人的「靜嘉堂文庫」，以前是岩崎彌太郎的個人圖書館，後由岩崎彌之助（彌太郎之弟）及小彌太父子兩代所設立。取《詩經・大雅・既醉》篇「籩豆靜嘉」之意命名。靜嘉是清潔而美的意思。現存古籍凡二十萬冊（漢籍十二萬冊、和書八萬冊），另收藏有五千件和漢古美術品。清光緒三十三年（明治四十年，西元一九〇七年），因購入我國浙江歸安陸氏皕宋樓之舊藏約五萬冊，「靜嘉堂」之名，遂一躍而為世人所知。陸心源氏有感於太平天國之際，貴重典籍焚於戰火，乃聚萬金專務蒐書，所收均為宋、元罕見刊本，蒐集宋版約二百種，因自名曰「皕宋樓」。光緒二十年（西元一八九四年），其子樹藩與日人重野成齋會於上海，議訂以十萬元成交，至此陸氏皕宋樓的藏書，舶載盡入岩崎氏「靜嘉堂文庫」，這批古籍從此絕跡於中土。靜嘉堂除收藏陸氏漢籍圖書外，它的收藏也使它被稱為東京最大國（和）書圖書館。其中漢和圖書及美術工藝品中，很多被列為國寶，並指定為重要文化財。第二次世界大戰後，與「東洋文庫」皆成為國會圖書館分館。西元一九七〇年，得三菱關係企業的協助，重歸財團經營，脫離國會圖書館而獨立。惜新規不再購入圖書，僅供參考、研究之用，成為「保存圖書館」。先後印行有：

1.《靜嘉堂秘籍志》五十卷，河田熊編，西元一九一七年。
2.《靜嘉堂宋本書影》，諸橋轍次編，西元一九三三年。
3.《靜嘉堂文庫漢籍分類目錄》，西元一九五〇年。
4.《靜嘉堂文庫國書分類目錄》，西元一九五〇年。

(二)東洋文庫

位於東京市內。民國六年（西元一九一七年，大正六年），岩崎久彌氏向我國前總統府顧問醫學博士莫氏 (G. E. Morrison, 1862–1920) 歸國時購入所謂「莫里遜文庫」（莫氏自喻為「亞細亞文庫」[The Asiatic Library]），莫氏所收以中國為中心，兼及歐美文獻。實則莫氏自清光緒二十三年（西元一八九七年）任「倫敦時報」駐北京通信員，至民國六年（西元一九一七年），其間苦心蒐集凡二十年，幾將有關東亞研究書籍網羅殆盡。餘如研究東亞相關的單行本雜誌、地圖集等，亦甚為完備，逐漸成為研究東亞問題各國文書的總匯。莫里遜文庫初運日時，置於深川之岩崎別邸，後移丸之內之三菱事務所，民國十三年（西元一九二四年）再遷現址，規模漸大，各項設備均待整頓，遂由岩崎氏個人圖書館，改為財團法人，名稱亦改為「東洋文庫」(Oriental Library)。同時設立研究部，開放文庫，展示稀世珍藏，並於東大教授白鳥庫吉氏之領導下，成為東洋學研究之中心。

莫氏所收有關東亞之圖書，蒐羅甚全，其他亞洲地區，不免或缺。岩崎氏當初蒐集之時，即有意將其擴及亞洲全域及歐洲。此任務後由東洋文庫繼承，擴大蒐集中國之外，如日本、韓國、東北（滿洲）、蒙古、西藏、中亞細亞、印度、東南亞、及西亞細亞至埃及等文獻之蒐集。至一九九〇年，東洋文庫之藏書總數約達七十五萬冊（詳見拙文〈簡介日本東京東洋文庫〉）。如此龐大之漢學專門圖書館，非唯日本國內僅見，歐美亦無可抗衡者，故自詡冠於世界。多年來世界之漢學研究者，慕名東來者日眾。

東洋文庫之藏書中，亦有若干重要之歐文文獻，單馬可波羅的遊記，就有四十多種版本。餘如中國地方語之辭典約五百冊，有關日俄戰爭歐美出版之圖書約三百冊，明末以後，歐西耶穌教會士研究中國文物的報告論文，各國亞洲學會、東方學會發行的學報刊物，以及各種可供參考的非賣品機密文書，應有盡有。又二次大戰前以歐美文所寫有關日本之圖書，殆無遺漏。就以漢籍方面為例，中國地方志之收藏，仍然足以誇耀於世界。另有八百件中國之族譜、宗譜。其他像滿洲語、蒙古語、越南語、西藏語等文獻典藏之富，亦是使該文庫足以自豪於世界之故。

當時出售時，莫里遜曾提出幾個附帶條件：一是圖書集中保存，西文仍用莫里遜文庫原名，以作紀念。二是照原計畫與範圍，繼續蒐集書刊。三是公開於世界研究遠東問題的專家。這些條件，岩崎都答應了，而且以後也相當信守。莫里遜圖書遷到東京後，漢名定為東洋文庫，西元一九二三年正式開放，並在東大教授白鳥庫吉氏之領導下，成為研究東洋學之專門圖書館，為該文庫邁出第一步。

二次世界大戰後，由於經濟發生激變，三菱財團的營運，一度幾告停頓，因此在西元一九四八年將該文庫改隸於國立國會圖書館之支部，先後受到政府、民間及國外，甚至聯合國教育、科學及文化組織(UNESCO)的補助，始得將圖書、閱覽再度開放，研究部則仍然在此困難情況下繼續活動。西元一九六一年並於「東洋文庫」附設東亞細亞文化中心，協助東亞細亞諸國，推展其文化，此乃「東洋文庫」國際活動另一層面的盛舉。

如前所述，東洋文庫七十五萬之藏書，並無網羅全體之目錄刊行。除早期出版之《莫里遜文庫目錄》，此外皆屬部分，以下特舉其特定部分目錄如後：

1.《藤田（豐八）文庫目錄》，日本昭和五年（西元一九三〇年）。

2.《岩崎文庫和漢書目錄》，日本昭和九年（西元一九三四年）。

3.《東洋文庫地方志目錄支那・滿洲・臺灣》，日本昭和十年（西元一九三五年）。

4.《小田切（萬壽之助）文庫和漢書目錄》，日本昭和十三年（西元一九三八年）。

5.《東洋文庫漢籍叢書分類目錄》，日本昭和二十年（西元一九四五年）。

6.《漢籍分類目錄・集部》，日本昭和四十二年（西元一九六七年）。

7. *A Classified Catalogue of Pamphlets in Foreign Languages 1917–1971*，日本昭和四十七年（西元一九七二年）。

8. *A Catalogue of the Periodicals in Foreign Language 1917–1966*，《東洋文庫別置東亞細亞關係歐文圖書目錄》，日本昭和四十四年（西元一九六九年）。

截至西元一九九〇年，東洋文庫藏書分類目錄已發行七十二種。

「東洋文庫」是以中國為首的亞洲研究資料之世界寶庫。日本正以「東洋文庫」作為亞洲研究中心之目標而努力。作為東洋學研究之資料中心的「東洋文庫」，除中國之外，有關亞洲研究方面的蒐集，目前在世界上可以說是無以倫比的。尤其貴重資料的公開，除少數貴重的典籍不許複印外，其餘均應研究者之方便，提供服務。

另外，以東洋學之研究中心著稱的「東洋文庫」，是以自由立場的民間研究機構，綜合國內外研究機構、專家等共同努力，而推動的國際事業。「東洋文庫」研究部，同時廣泛出版日本學者之研究業績，作為其任務之一。

總之，「東洋文庫」之圖書部、研究部、總務部，非專屬於「東洋文庫」，而是屬於大家、全國，甚至提供全世界之研究者研究方便，為其使命。

(三)內閣文庫

位在東京市內。日本明治六年（西元一八七三年）設太政官，才開始建立「內閣文庫」。內閣文庫主要收藏為江戶幕府之紅葉山文庫、昌平坂學問所，和學講談所、醫學館等舊藏書，其中尤以漢籍的收藏，堪稱「靜嘉堂文庫」之外，日本國內屈指可數的收藏處。目前藏書約五十二萬冊。

紅葉山文庫，本為德川家康於慶長七年（西元一六〇二年），於江戶城內始設之「江戶御書物藏」，後兼收海內之古書珍籍，或集舶載之新刊唐本，故所收善本頗多。如以此項而言，與東洋文庫等專就大正、昭和時漢籍蒐集相較，以其質之內容觀之，則紅葉山文庫之藏書中，仍值得特書，其中如中國之地方志，及明末之小說、戲曲等，明版尤多，為其特徵。

內閣文庫的藏書中，被譽為「天下無雙的珍籍」約有二萬冊。內閣文庫原屬國立公文書館的一部分，昭和四十六年（西元一九七一年）成為獨立文庫，目前專供研究者參考閱覽之用，並編有相當完整的書目備查。

1.《內閣文庫漢籍分類目錄》（改訂版），日本昭和四十六年（西元一九七一年）。
2.《內閣文庫國書分類目錄》（上、下），日本昭和三十六年（西元一九六一年）。
3.《內閣文庫國書分類目錄》（索引），日本昭和三十七年（西元一九六二年）。
4.《內閣文庫明治時代洋裝圖書分類目錄》，日本昭和四十二年（西元一九六七年）。
5.《內閣文庫大正時代刊行圖書分類目錄》，日本昭和五十四年（西元一九七九年）。
6.《內閣文庫洋書分類目錄》（法文篇），日本昭和四十三年（西元一九六八年）。
7.《內閣文庫洋書分類目錄》（英文篇上），日本昭和四十七年（西元一九七二年）。
8.《內閣文庫洋書分類目錄》（英文篇下），日本昭和四十八年（西元一九七三年）。

(四)尊經閣文庫

位於東京市內。此處本為日本前田侯爵邸，二次世界大戰後，曾一度為美佔領軍總司令官麥克阿瑟之官邸，其廣闊之莊邸，現已成為日本近代文學館及公園，其一隅即尊經閣之所在地。

尊經閣文庫，在近世有名之文庫中，不論其質、量，皆有很高之評價。因有頗為好學之藩主前田綱紀之蒐集為其基礎，尤以明版為主之善本漢籍，且所收藏自中世紀以來之圖書、古文書等貴重文獻。若以漢籍而言，雖其量不如上述之靜嘉堂、內閣文庫，然其質則不分上下，今其架藏之明版圖書足以自豪，係因以前田家之經濟能力為背景，始能有此豐富之收藏。二次大戰期間，為避戰火，遷往金澤，據聞戰敗後部分藏書佚失，且受經濟變動之影響，一度陷入慘淡之經營，在此期間，幸賴今井吉之助之獨自運籌，惜數年前，突然亡故，令人為之惋惜。尊經閣之藏書，已出版之目錄如後：

1. 《尊經閣文庫漢籍分類目錄》，日本昭和九年（西元一九三四年）。
2. 《尊經閣文庫漢籍分類目錄》（索引），日本昭和十年（西元一九三五年）。
3. 《尊經閣文庫圖書分類目錄》，日本昭和十四年（西元一九三九年）。

(五)宮內廳書陵部

位於東京市內。其起源甚早，依日紀七〇一年（西元四一年）大寶令之規定所設置之圖書寮。換言之，即古代國立圖書館。明治十七年（西元一八八四年）改稱宮內省圖書寮，二次大戰後，昭和二十四年（西元一九四九年）改稱為現今之書陵部。

書陵部主要蒐集從見伏家開始以後歷代之皇室關係，另外收藏明治初年王生小槻家官務文庫，為日本古代史研究者之貴重寶庫。餘如德川毛利家之棲息堂文庫，幕府之儒官古賀家之萬餘卷樓等，亦在收藏之列。又據上述，接管內閣文庫中堪稱「天下無雙的珍籍」二萬冊。若以書陵部的藏書而言，漢籍之數量，實在較和書為少，因其主要收藏為和書。茲將戰前及戰後有關和漢書之目錄，介紹如後：

1. 《帝室和漢圖書目錄》，日本大正五年（西元一九一六年）。
2. 《圖書寮漢籍善本書目》，日本昭和六年（西元一九三一年）。
3. 《書陵部和漢書分類目錄》（上），日本昭和二十七年（西元一九五二年）。
4. 《書陵部和漢書分類目錄》（下），日本昭和二十八年（西元一九五三年）。
5. 《書陵部和漢書分類目錄》（索引），日本昭和三十年（西元一九五五年）。
6. 《書陵部和漢書分類目錄》（補篇一），日本昭和四十三年（西元一九六八年）。

(六)東京大學東洋文化研究所

位於東京市內。此研究所雖說是東大之附屬研究所，而其基礎原為東方文化學院之一部。

東方文化學院，最初稱東方文化學院東京研究所，位於文京區大塚二丁目，為外務省（外交部）之外圍研究所，屬外務省下，以義和團賠償金所設立之研究機構。實為少數中日同道為促進相互理解，而對滿清支付日本政府之所謂義和團賠償金善加利用，成立對華文化事業之組織，並由中日兩國選出委員，設置東方文化事業總委員會。又據委員會之決議，於北平成立北平人文科學研究所、上海自然科學研究所。人文科學研究所由中日兩國之研究員，進行有關東方文化之研究。當時我方之委員，為抗議日本田中內閣出兵山東之決定，毅然退出該委員會，致使研究所之研究事業，頗受中挫。日方之委員，乃建議其政府，另外在其國內設立研究所，遂於昭和四年（西元一九二九年）由其政府補助款項，創立東方文化學院，分別設立東京研究所及京都研究所。昭和十三年（西元一九三八年）變更組織，東方文化學院解體，東京研究所改稱東方文化學院，京都研究所則改為東方文化研究所，從此改組過程得知，東方文化研究所乃東方文化學院之研究機關所附設之圖書館。

昭和十六年（西元一九四一年）為擴大有關東洋文化之綜合研究目的，創設東洋文化研究所，附屬於東京（帝國）大學，其前身實為東方文化學院。改組後之東洋文化研究所，迄今已逾五十餘年，由最初之三部門至目前之十八部門，幾將亞洲全域之各課題，作專門個別之研究，其所出版之《東洋文化研究所紀要》已出至九十四冊，並附設有「東洋學文獻中心」，除蒐集、提供資料外，另作叢刊之編纂，已出版之《東洋學文獻中心叢刊》已達四十餘輯。

東洋文化研究所，其圖書室之漢籍藏書約三十五萬冊，每年約有七千五百人，利用該處圖書。除中國、韓國外，亞洲全域各地之圖書，每年亦不斷增加中，其圖書室在日本堪稱東洋研究三大圖書館之一。依日本昭和五十五年（西元一九八〇年）統計（未整理圖書及微卷不計在內），中、日、韓圖書二七三八六五冊，中、日、韓雜誌三一二〇種。其他有關中國方面之藏書中，特別值得一提的像「大木文庫」，為大木幹一氏將其平生所藏有關法律、政治、外交圖書三一六八部，四五四五二冊漢籍，悉數捐贈該所，餘如舊東方文化學院圖書，松本忠雄氏之舊藏、長澤規矩也氏之舊藏、清野謙次氏之舊藏、仁井田陞氏之舊藏、倉石武四郎氏之舊藏等，頗多貴重之漢籍資料。

東洋文化研究所現已出版之漢籍藏書目錄如後：

1.《東京大學東洋文化研究所漢籍分類目錄》（本文篇），日本昭和四十七年（西元一九七二年）。

2.《東京大學東洋文化研究所漢籍分類目錄》（索引篇），日本昭和五十年（西元一九七五年）。

(七)京都大學人文科學研究所

位於京都市內，據聞為濱田青陵博士仿南義大利修道院而設計，主要漢籍圖書皆典藏於此。

京都大學人文科學研究所於昭和四年（西元一九二九年）成立，至今已有六十多年的歷史。創辦初期稱為東方文化學院京都研究所，昭和十三年（西元一九三八年）更名為東方文化研究所。又在次年改成京都大學附設人文科學研究所，也是以庚子賠款為基礎，在外務省的援助下，以研究中國文化為目的，配合東京的研究機構而設立的。由此可知，以京都大學文學院為中心的「京都中國學」研究，在當時便受到學術界的重視，而該所自始就發行的《東方學》持續至今，有其悠久的歷史，深厚的基礎。其他定期的刊物還有：《東方學報》、《人文學報》以及西文發行的《人文》(*Zinbun*)三種。除此以外，每年均有研究員們的研究成果刊行，截至西元一九九〇年為止，刊行的《東洋文獻類目》共有四十二冊，《京都大學人文科學研究所漢籍分類目錄》上下兩冊，在國際漢學界都有很高的評價。

1. 《京都大學人文科學研究所漢籍分類目錄》(通檢上)，日本昭和三十八年(西元一九六三年)。
2. 《京都大學人文科學研究所漢籍分類目錄》(通檢下)，日本昭和四十年(西元一九六五年)。
3. 《京都大學人文科學研究所漢籍分類目錄》(上)，日本昭和五十四年(西元一九七九年)。
4. 《京都大學人文科學研究所漢籍分類目錄》(下)，日本昭和五十五年(西元一九八〇年)。

(八)天理大學天理圖書館

位於奈良縣天理市杣之內町。

天理圖書館開館至今已逾七十年，從最初的外國語學校第三樓所附設的圖書館開始，當時的藏書約二萬六千冊，其中歐美圖書五千餘冊。昭和四年(民國十八年，西元一九二九年)現今之圖書館開工，翌年竣工。二次世界大戰後，隨著由外國語學校升格為天理大學，藏書量亦隨之遽增，同時對外開放，其藏書目錄及各出版刊物，亦擴及於海內外。昭和三十五年(民國四十九年，西元一九六〇年)為其開館三十週年之紀念，乃有書庫增築之議，經二年又四個月，始告完成。當時(昭和五十五年，民國六十九年，西元一九八〇年)其藏書總數約一百二十五萬冊，漢和圖書和歐美圖書之比例約為三比一。截至西元一九九〇年，藏書總數約一百五十萬冊。藏書收集範圍頗廣，又因其創立時係以文科為重點，故有關宗教、東方各國之考古、民族、地理、語言、文學尤多。餘如古書、稀覯書、日本之古文書、手稿等網羅甚豐，其中被列為國寶者六件，我國之《劉夢得文集》十二冊、《歐陽文忠公集》三十八冊，即其中被列為重要文化財七十件之二，其他如宋版《毛詩要義》及古文《孝經》、《通典》、《白氏六帖事類集》、《搜神秘覽》、《新編醉翁談錄》、《白氏文集》、《五臣注文選》、《夢遊桃源圖》、《梵字形音義》、《金剛般若經集驗記》、《音樂根源鈔》、《管絃音義》、《古箏譜》等，另有元、明版、敦煌本等罕見典籍，不能一一詳述。

天理圖書館之藏書，依一般圖書、稀觀書、特殊文庫、逐次刊行書，分別出版目錄，已刊行者計十五種，其中與漢學有關者如：

1. 《天理圖書館稀書目錄和漢之部》(三冊)，日本昭和十五年至三十五年(西元一九四〇～一九六〇年)。
2. 《天理圖書館新輯圖書分類目錄》(四冊)，日本昭和四十二年至四十九年(西元一九六七～一九七四年)。

除上所述外，餘名古屋之逢左文庫、京都之陽明文庫、仙臺之東北大學圖書館、廣島之廣島大學圖書館、福岡九州大學、京都的龍谷大學、大谷大學、東京的早稻田大學、東洋大學、明治大學、國學院大學、大東文化大學等，也都有悠久的漢學研究歷史，豐富的典籍收藏。北海道大學、名古屋大學、神戶大學、大阪大學、大阪市立大學、橫濱市立大學、東京都立大學、東京法政大學、慶應大學、御茶水女子大學、日本大學、福井大學、高知大學、山口大學、岡山大學、德島大學等，都有關於中國學術的書刊出版，可見風氣之盛。

在戰前，日本的漢學家，彼此沒有什麼聯繫，戰後他們感覺有彼此聯絡的必要，於是有全國性學術社團的籌設，網羅全國的漢學家為會員，先後有「斯文會」、「東方學會」、「日本中國學會」等。

(九)斯文會

位於東京市內。日本元祿三年（西元一六九〇年），五代將軍綱吉從上野忍岡遷移至現址，地廣約六千餘坪（約二萬平方公尺），至十一代將軍家齊的時代（寬政九年，西元一七九七年）皆為林家之家塾，後廢塾生，湯島之聖堂、學舍之全部始為幕府之直轄學校，即通稱之「昌平黌〔坂〕學問所」，寬政十一年（西元一七九九年）擴增四千餘坪，共約一萬一千六百餘坪（約三萬八千三百平方公尺）。

大正七年（民國七年，西元一九一八年）繼承「社團法人斯文學會」而設立財團法人組織之「斯文會」，發行《斯文》雜誌，對漢學研究貢獻很大。溯自明治十三年（光緒六年，西元一八八〇年）斯文學會成立以來，至大正七年（民國七年，西元一九一八年），經過將近四十年，鑑及內外時勢之進展，遂將原有之「研經會」、「東亞學術研究會」、「漢文學會」、「孔子教會」等，改為「財團法人斯文會」，第二年二月，創刊雜誌《斯文》，並由祭典部負責每年之祭孔大典。

除出版有《斯文》外，餘如《聖堂夜話》、《昌平黌物語》、《日本之孔子廟與孔子像》、《近世日本之儒學》等。

(十)東方學會

位於東京市內，為財團法人組織，原稱「東方學術協會」，設立於日本昭和二十二年（民國三十六年，西元一九四七年），其目的與宗旨有三：

一是為要推行和鼓勵日本國內有關東方文化的學術研究，並對各團體和其會員，給予必要的聯絡和協助。

二是與世界學術界作廣泛的交流，介紹海內外的研究成果，招聘或派遣知名的學者，交換文獻資料，舉行演講會、談話會、國際會議以及出版刊物等。

三是為達上述兩項目的，在東方學會本部總轄之下，在東京、京都設兩支部，支部以各地區為中心，藉以謀求會員間與地區間有關團體的友好關係。

日本昭和二十六年（民國四十年，西元一九五一年）創刊《東方學》雜誌，西元一九九〇年已發行到第八十輯。內容大致分為：論文、海外東方學界消息、座談會、獎賞、喜慶、哀悼、事業報告、編輯後記、學會要覽、執筆者介紹等都逐一詳載，所以對於世界各國有關東方學的研究情形等，無不瞭如指掌。

(十二)日本中國學會

位於東京市內，是日本昭和二十四年（民國三十八年，西元一九四九年）創立的，較「東方學會」遲了兩年。其目的與宗旨在促進有關中國學術研究的發達和會員間互相親睦。茲分述如後：一是每年舉行一次全國學術會議。二是發行學術研究雜誌（《日本中國學會報》）及其他刊物。三是與海外中國學術團體聯絡。四是對會員的研究援助。五是其他必要的事項。

日本中國學會，把全日本分成北海道、東北、關東、中部、近畿、四國、九州等七個地區，每年十月舉行全國會員學術大會，輪流由這七個區中的某一大學負責召開，並且由該大學主編《日本中國學會報》一大冊，西元一九九〇年已刊行至第四十二集。內容大致分為論文、彙報、學界展望、國內學會消息、報筆要領、論文英文中文要旨等。所以對於一年來日本、中國，以及歐美各國的漢學研究傾向和特徵，能得到較有系統的認識和瞭解。尤其對日本各大學有關漢學研究的社團活動、工作、內容等都有詳細的報告。

如前所述，主要在介紹日本的漢學研究機構的典藏特色和研究成果，今再列舉代表性的圖書、刊物及學者，以知其梗概：

第二次世界大戰（西元一九四五年）結束前，世界各國研究學問的方法，大都採孤單、保守的方法，較少聯繫，戰後則朝集體、互惠的方式，當然漢學的研究也不例外。

在戰前日本的漢學研究，深受清朝考證學的影響，除了少數學者，如鹽谷溫、鈴木虎雄、岡田正之、青木正兒、久保天隨、津田左右吉外，大部分都傾向考據方面的著作。加上敦煌寶藏寫本被發現以後，這種現象更加顯著。如曾任教日本東北大學的武內義雄教授所著的《支那學研究法》一書，所提及的，只是校讎學、文字學、目錄學而已，對文學本身，則隻字未提，這最能代表戰前漢學的研究傾向。

在戰後研究漢學者，也有不少人，但能直指文學核心，影響日本漢學界者，當推曾任教京都大學的吉川幸次郎教授，在其所著的《吉川幸次郎全集》（共二十五巨冊）中，很少作考據，可見一斑。餘如《吉川博士退休紀念中國文集論集》一巨冊，共五十三篇，九百一十頁，除極少數為考據文章外，其餘都是有關文學本身問題。

又如同為京都大學的宇野哲人博士米壽（八十八歲）紀念文集《中國思想家》兩大冊，共六十四篇，八百六十四頁，凡是思想上有特色、有成就，都是他們研究的對象，而研究方法不再用舊式方法，而改從心理學、唯心論、唯物論、知識論、認識論、存在論等方法，因此，研究成果都能深入動人。

在戰後日本漢學的研究也受到比較文學風潮的影響，所出版的書專門討論中日文學的比較問題，像小島憲之的《上代日本文學與中國文學》、神田喜一郎的《中國文學在日本——塡詞史話》、川口久雄的《平安朝日本漢文學史之研究》、山岸德平的《日本漢文學研究》和他所編的《日本漢文學史論考》、松下忠的《江戶時代的詩風詩論與明清詩論之比較及其攝取》、太田青丘的《芭蕉與杜甫》、玉村竹二的《五山文學》及《五山文學新論》、小西甚一的《文鏡秘府論考》等，另外，大修館發行的《中國文化叢書》等屬之。

其他如中國書籍的日譯，戰前有國民文庫刊行會出版的《國譯漢文大成》和《續國譯漢文大成》兩套，計四十八種，戰後有平凡社發行的《中國古典文學大系》全六十卷，計七十四種，後來該社又發行《東洋文庫叢書》一百多種。明治書院也發行有《新釋漢文大系》全九十一卷。又後來明德出版社也發行《中國古典新書》一百卷。

綜觀第二次世界大戰結束以來五十幾年間的日本漢學研究，確實有很大的進步和發展，由上述可知大概，至於詳目可參考近年日本論說資料保存會所發行的《中國關係論說資料索引》正編及續編，幾乎將日本所有學術機構發行的學報網羅縮印殆盡，至於其他最近最新的出版品，可參考東京大學出版的《中哲文學報》、《中國》，京都大學出版的《東洋學文獻類目》，日本中國學會出版的《日本中國學會報》，東方學會出版的《東方學》等各大學或學術機構出版的詳目（我國國家圖書館漢學研究中心與世界各地皆有交換收藏）。

六、漢學研究的方向和方法

我們無論從事何種學術研究，首先必須考慮三個問題：一是研究什麼？二是如何研究？三是為何研究？第一個問題是找出研究的方向，第二個問題是選擇研究的方法，第三個問題是決定研究的目的。

一般而言，前兩項比較受人重視，而第三項卻容易忽略。其實研究方法須視研究方向內容而定，而研究方向又視研究目的而定。如果不考慮為何而研究，即無法確定此項研究的學術價值；既是無法確定或預估研究的學術價值，則任何方向、方法也就可以不必講求。簡單地說，如果不問目的，自可隨心所欲，但如果確定是為促進漢學研究，發揚中華文化的至高目標之後，則在選擇研究方向和方法的運用上，會多加一層有所不為的限制考慮。

其次在研究的態度和深度方面，也同樣會由於目標的決定而受到影響。因此，應該特別強調的是，一項有價值的漢學研究工作，首先考慮的是理想水準的高低，這就是說：「先立其大」；然後才考慮到研究的方向內容和方法的運用。並不是決定了研究的對象和所採用的方法，或是擬訂了內容綱要、參考書目，就可決定它的學術價值。換句話說，具有方向和方法的研究，並不就等於有了一切，學術價值的鑑定，關鍵並不在此。但是這些條件仍有它絕對的輔佐作用。內容方向的決定，固然可以直接顯示它的理想，而方法的選擇得當，更可以提高它的理想效果，這也是事實，所以這些條件仍然有它必須講求的意義。

由前述可知，漢學範疇是那麼的廣闊無涯，前人耕耘的成績又是那麼的豐碩，我們想要在這無垠的瀚海中找尋一處適合自己的歸宿，或是在前人已踏查過的園地裡覓得一塊未嘗開墾的新土，確實不是一件容易的事，何況還要加上一項必須有意義、有價值的條件限制，的確有時會有無從下手之感。

大致說來，經史子集算是代表漢學的幾個大項，前人的研究大抵也是致力於此。只是我們想在這些大的範疇中，依照自己的興趣，作比較深入而具體地去發現一些可行的道路，藉以達到「前修未密，後出轉精」的一點突破而已。下面擬照這些基本觀念，提出一些有關研究方向的建議，以供參考。

(一)漢學研究的方向

1. 學術思想的探討

中國歷代的思想家，其思想或領導一時風氣，或影響千年百年，自有其當時或後世的社會價值。或成一家之言，或師弟相承。但不論立說成派，卻有兩項共同的特點：一是思想與行為的統一，一是流殊而源同。儘管各家各派有其個別的差異，而探究其思想的淵源和社會背景，卻有明晰的路線可循。

在學術思想的研究方向中，無論是個案、群案或通案的研究，都可以直探中國文化的精髓所在。從事此類的研究工作，自然必能體認前賢智慧的累積，與思想演變的價值，從而瞭解在某種自然環境中，某種社會型態下，最適合我國民族性需要的某一類的思想。就小而言之，足以建立個人理想的人生觀，塑造典型的人格；大而言之，可以正確的思想領導社會，轉移一時風氣。

2. 歷史資料的彙集

撰寫史書的人，除以記載成敗，褒貶得失，寄寓自己的理想之外，尚須儘量蒐集各種可信資料，冀求所記詳盡確實。如一部《二十五史》，包含了上下千百年的人物、史實、政治制度、社會結構、生活狀況、意識型態等等足供深入研究的資料，何況還有其他私人所修撰的偏史、外史、野史、方志等，資料既豐富，而門類尤為龐雜。

讀史可以讓人領悟歷史成敗興亡的原因和關鍵，循環變化的原則，也能培養對是非善惡的判斷能力，充實本身對各種環境的適應經驗。而影響最深遠的，莫過於能使個人胸襟開闊，心志高潔，眼光遠大，氣度恢宏，這些無論對做人處事，都是成功的主要決定因素。而能以如此的心胸氣度、眼光見識，來從事漢學的研究，必能成「一家之言，通古今之變」。

3. 文學理論的建立

我國歷史悠久，文學作品可觀，所以在四部的分類中，集部的內容最豐富。不僅是數量多，形式上的體制種類多，而實質上的內容差異更大。而文學實質內容方面的探討，或內容差異的比較研究，都屬於文學理論的範圍。換句話說，在今天檢點前人那麼豐富的遺產時，關於文學理論的探討，應該是有很多工作可以做。無論是分析、批評，或是綜合，無論是從內在、外在，或是整體，都應該有許多題材可以研究，而且必然會有很好的成績。

近來國內有些人似乎喜歡借用歐美文學批評家所塑造的模式，套在中國的文學作品上來作分析批評的研究，這也許是過渡時期必有的現象。嚴格說來，這種研究不會有理想的結果。由於中國自然地理環境的不同、歷史性政治體制、社會結構的相異、人群生活的狀況、意識型態的差別等因素，中國的文學可能具有很多外人所不能瞭解的特點，只有真正熟悉中國傳統的社會生活方式，深切瞭解中國歷史文化的中國人，從中國文學的本身，經由分析研究，而後才能建立起純粹的中國文學批評體系，完整的中國文學理論基礎，進而奠定正確的中國文學史觀。

4. 實物資料的研究

史前岩畫的證實、古墓春秋的揭密、宋代銅器的出土、清末甲骨的發掘、敦煌石室的發現，以及刻石、竹簡、縑帛、陶瓦、璽印、錢幣、貝玉、建築遺址，還有各種器物的陸續出世，隨時給我們帶來許多原始的實物資料。從這些資料裡，自然可以找到非常新穎而又寶貴的題材來研究。因此從這些實物的本身，或是附在上面所保留下來的文字，也許可以查證一些史實，經由綜合整理，可以歸納獲悉某一時代的政治、經濟、社會、軍事、生活等資料，可以糾正書籍記載的誤差。尤其對於文獻不足的上古時代，這些原始文獻資料更是特別值得珍視。

當然，從事這類研究，必須具備文字、訓詁及考古等工具學科的基礎才行。因此有志於研究實物資料的人，首先在觀念上必須認清，工具學科是幫助我們從事高深學問研究的必備條件，但不能以之作為充分條件而滿足，這樣才能以高超的眼光、開闊的心胸，從事實物資料的研究。

5. 工具書籍的編製

坊間所見有關漢學的工具書，如字典、辭典、總表、類表、引得、通檢、索引等，種類繁多，不一而足。但現有的工具書未見皆合乎理想，而重要或需要的工具書目前仍付闕如的亦復不少。再以通檢、引得而言，還有很多重要的漢學典籍沒有納入範圍。

工具書越多，治學越方便，但何以大家只想坐享其成，而不肯自己動手？原因有四：一是編製工作非常枯燥，二是費力耗時不易討好，三是過程冗長少有興趣，四是學術學者不屑為之。其實真正的問題，應該出在人力及財力的方面。眾多的人力和經費的支援雖是先決條件，但有志於貢獻學術的同好，仍可有計畫地提出建言，相信有一天理想必會實現。

6.專著論文的簡介

近年出版界非常旺盛，出書驚人，僅屬漢學範圍的也相當可觀，無論是古書的翻印、專著的出版，或論文的發表，實令人有目不暇給或遺珠之憾。如果有一種分類蒐集，而資料相當齊全的簡介或提要可資利用，就可省掉披沙揀金的困擾。這類工作首先要決定門類及範圍，其次是決定撰寫的體例。當然是以簡要、客觀為主，不能帶有冗雜、主觀之失。

這類工作的精神，與其說是貢獻，不如說是服務，因為真正受益最多的還是後來的人，但對自己也有好處。像《直齋書錄解題》、《四庫提要》等書，其結果固然是嘉惠後學，而本身的學術價值也非常受人重視，對漢學研究發展的推動，尤其具有深遠的影響。近來西方學術界，也非常重視這一類的文字，這足以說明學術研究發展到今天，專著論文的簡介有其權威性和重要性。

前面說過，學術研究，首重主題的價值理想。而方法的講求，也確實能夠提高理想的效果；不過掌握了研究方法，並非即具有學術價值。研究方法如能講求新穎與變化，也確實能開創新的價值觀念，增加研究效果；但若一味求新求變，或過分重視方法的運用與變化，其結果也未必盡合理想。這說明方法可以講求，也應該講求，但需要講求的是如何適合題材的選擇；因此必須配合主題的需要，選擇最適當的方法，始能獲致理想的價值效果；否則徒具形式，毫無意義。

總之，每種題材有各種不同的理想價值，也就可能有各種不同的研究方法，如果要獲得某種特定理想的價值效果，應該可以找出一種比較適當的方法來作研究。所以真正說來，方法的選擇適當與否，應該要看題材本身的需要而定。下面擬將研究方法介紹如下：

(二)漢學研究的方法

1.目錄的蒐集與整理

一般說來，漢學研究大都必須從目錄入手，根據目錄資料的顯示，至少可以看出，對於某項專題的研究，截至目前已發展的狀況如何？由此狀況的瞭解，才可以測定是否還有繼續發展的餘地。這是準備起步或停止工作的決定關鍵，而此關鍵的正確性卻掌握在目錄資料的蒐集是否詳備。由此可見即使是目錄的蒐集也要十分小心才是。所以有人說，研究工作三分之二的時間是花在蒐集資料上，並不誇張。再者由目錄而真正接觸到資料，進而加以登錄、分類、整理等過程，也是治學者必經途徑，所以由蒐集到整理一連串方法運用，的確是漢學研究的基礎。如果把這種方法用在某一特定題材上，而這類題材的終極研究目標僅限於系統整理，那麼這種基礎的蒐集整理過程就成為典型的研究方法。

2.資料的辨析與判斷

資料經過整理之後，有時會發現很多不同的意見集中在一焦點上，在這種情況下，就必須拿出自己的意見來。所謂自己的意見，是要經過理路的分析、是非的辨駁，以及確有依據的論斷，這才是真正意見的表示。當然也有經過辨析之後無法衡斷，或雖有某種看法而苦無確據的情況；不過只要詳加說明之後，也可以表示自己無意見；無意見事實上就是意見，因為這正是經過思辨後的判斷。這樣的研究過程，也是治漢學者常用的研究方法之一。如果將這種方法運用在某一特定的題材上，專門探討某一類型的問題，增加過程中的系統條理，加強方法的規格標準之後，這種常用的辨析判斷，很容易就可以成為一種典型的研究方法。

3. 文獻的調查與統計

調查統計的研究方法，在其他學科中，尤其是社會學科，早已相當廣泛地予以運用。但在漢學研究的領域，較少有機會可以用到。近些年來，也已有人注意及此，譬如語言學、方言學等的研究，的確是可以利用調查統計的方法，去蒐集資料，研判結論。

調查統計方法的運用，可以讓我們獲得某些共同現象或特殊徵兆的數字統計。如果調查的範圍很廣泛，調查的對象很齊備，調查的過程很嚴密，其最後統計數字有多少就是多少，非常肯定而確實，是這種方法的特點。但就整個研究過程言，無論是何種題材，調查統計的工作往往只是論斷前的準備而已。

4. 成果的闡述與發揮

知識學問的來源是累積的，不是突發的。我國歷史悠久，文化深厚，前人智慧的累積自是極其豐富，在我們承受這些豐富的遺產後，首要的工作是闡述發揮前人的成果，使能在累積的統緒上植根，然後才能再以自己的智慧去灌溉培植，綻開花蕊，結成果實。所以闡述發揮也是漢學研究中最常用的方法。前人的著述，尤其是有關學術方面的書，往往文辭都非常的質約，現代的人看來，不僅是內在精義根本無從體會，就是字面上的訓詁也成問題。於是必須先靠訓詁解除字句上的隔閡，使文字表面上的意義順暢無礙；再進一步便應該是以現代通行的語言文字，闡述其內在蘊含的深義，使人人得順利地獲知整體的思想概念，務求人人對此不僅得有一般性的瞭解，而且能確實把握要點，作深刻的體認與接受，這便是闡述發揮研究方法的運用功效。

(三)研究日本漢學所應具備的智能

前述泛論漢學研究的方向和方法，是在對有志從事漢學研究的同道提供一些參考和將來共同尋思的問題，其次要介紹的是針對日本漢學研究者，要具備那些智能，方能在他研究的領域和視野上，更能得心應手，左右逢源呢？

1. 語文能力的培養與訓練

我們曉得人類文明的進步是伴隨著文化的發展的，文化的發展，不是單獨地在一國一民族一地方進行，而是國與國之間、民族與民族之間、這地方與那地方之間，互相參考、互相借鑑而進行的。因為國家、民族之間語言不通、文字不同，主要靠翻譯來交往、來溝通，所以翻譯工作成為促進人類文明前途、文化發展的重要手段。

然而翻譯有粗糙文雅之分，有歪曲正確之別，有淺薄精深之差，有無味傳神之異。那麼要怎樣把翻譯工作做好，是一種必須長期學習、嫺熟掌握的藝術，是一門必須深入研究、不斷提高的科學。而其主要的關鍵就在平時外國語文能力的培養與訓練。我們雖然不要求每人成為翻譯能手，但至少能將雙方作品的精神、文化的真貌呈現於世人。難怪閩侯嚴又陵先生有「譯事三難：信、達、雅」之歎。

2. 歷史背景的認識與瞭解

歷史雖然是研究人類過去活動的紀錄，但最重要的是，它不能脫離現實或漠視現代，至少要對現實保持一分應有的關懷。司馬遷作《史記》，旨在「究天人之際，通古今之變」。顧頡剛曾說：「史之為用大矣，可以鑑往，可以知來，歷記成敗存亡禍福之道以垂後世，自有史學以來，未有能外此義者也。」

因此對於中國史書所載，或日本史家自述，或地質學家考察，這個位於太平洋中的島國——日本，在其建國年代、民族來源、社會人文等，都是我們探討研究的範圍。尤其日本從十二世紀鎌倉幕府成立之後，經室町幕府，於十五世紀中葉進入（日本）戰國時代，後在織田信長、豐臣秀吉的經營下，在德川家康真正歸於一統，至十六世紀中葉，由於西方文明和基督教的傳入，德川幕府唯恐影響其統治權，而有史上所稱的「鎖國時代」。此時西方國家由於思想的變革、科學的興起與經濟的發展，而有十八世紀末的工業革命和資本主義的逐漸完成，迫使幕府開放門戶，還政天皇，促使日本近代化的轉捩點——明治維新，扮演著重要的角色。但是，明治維新獲得成就後，給鄰邦帶來了無窮的不幸，其後也為自己埋下了悲慘的禍根和付出了痛苦的代價，最後卻又躍升為經濟大國。凡此種種，對與之相毗為鄰的我們，是很有必要詳加認識和瞭解的。

3. 科學技術的應用與實證

我們曉得人類的歷史可從文物來推斷，而文物的精粗又可從使用的工具和技術來判斷，因此我們知道它同社會生產力之間存在著不可分割的關係。日本漢學的研究，何獨不然？所以科學技術的應用和實證，給予研究者對新技能和新知識開闢了新的資料領域，而且提供了同道者對變革過程的興趣，是以某些重要工具的使用和技術的改進，被視為生產力發展和某一社會型態發展的重要指標，這絕不是由誰隨意或偶然確定的，而正是由於它反映了當時人類文明和社會脈動所表現的時代特徵。所以漢學的研究如果能夠充分應用科學的技術來實證，那麼對於真偽的辨別，時代的久暫，產地的遠近，質量的優劣，及文物本身所蘊藏的歷史價值（真）、教育意義（善）、藝術內涵（美）等，那麼探討前人的創作途徑，摸索前人的心路歷程，也是另外一種心靈的享受。因此像中日等國學者所探究的殷墟甲骨、敦煌寶藏、流沙墜簡、文物出土等，無一不是可以應用科學的技術，使這些特殊的資料得以保存和驗證。

4.冷僻問題的注意和重視

我國學者從來看重正經正史，而忽視平民的野史雜說；文物的研究者也是注重宮廷的典藏，而忽視百姓的蒐集；歷史研究者亦然，只喜歡討論朝章國典，而忽視民間的社會生活。其他如中國的對外交通、商業關係、農工發明、宗教傳承等，大多數人都不注意。日本人研究中國的學術，恰巧跟我們正統的學風相反，且視線由東向西，從朝鮮、滿洲、蒙古、西北、中亞、波斯等地，注意邊疆問題，如《二十四史》的四夷傳，《文獻通考》的〈蠻夷考〉，他們推敲得特別仔細。餘如法顯、玄奘、義淨的遊記，張騫、王玄策、鄭和的功業，考訂得特別詳盡。尤其像絲路的踏查、佛教的遺跡、古樂的考究、建築的式樣、美術的沿革等，到目前仍是他們熱中的話題和精神生活的一部分，倘能由這些方向去努力，必能事半功倍。

5.研究機構的確立和運作

我國的學者向來都喜歡冥往孤索，以求旁人的幫助為恥，碩學畸士，寧可將其著作藏之名山，等待知己於後世，不願仕進於當代，忍受資料的缺乏，社會的冷遇，而不以為意。殊不知切磋補正，合作公開，乃時勢潮流所趨。

明治維新以後，日本國內公私專業研究機構的設立，對一般基本知識的補充，研究能力的訓練，圖書資料的搜羅，編目索引的整理，文獻調查的統計，印刷出版的便利，補助器材的印證，同道集體的合作等，都有待國人從根救起，迎頭趕上，那麼佔有典藏豐富，文無隔閡，資訊流暢，人才輩出，兼容並蓄之便的我們，他日應使之成為漢學中心樞紐自期，除在各自領域上精神加盟外，還要以實際行動歸隊，方能有成。

七、漢學研究的回顧和前瞻

在以前一般人的觀念，總以為漢學研究的成就、陣容、機構，是在法國、在日本、在美國，而不在中國，甚至於取笑說「臺灣是文化沙漠」。這種近乎侮辱的言論，聽到之後，內心感到有一股說不出的悶氣，但這股悶氣不是憑匹夫之勇可以解決的，而是要我們埋頭苦幹，潛心研究，並且有計畫的去推行、去發揚，然後才可領導群英，成為漢學研究的重鎮。

(一)漢學研究的回顧

近二、三十年以來，情況已逐漸地改變，由於社會的安定，經濟的繁榮，自由研究風氣的盛行，因此學術界顯得特別蓬勃，漸受國際漢學界的矚目，底下擬就多年來有關漢學研究的專著或各公私機構與各界學人在文化建設上的努力成果，略作介紹：

有關漢學研究的書籍，如張其昀先生編印的《世界各國漢學研究論文集》、馬導源先生的《日本漢學研究論文集》、宋晞先生的《美國的漢學研究》、費海璣先生的《法國的漢學研究》、周法高先生的《漢學論集》、梁容若先生的《中日文化交流史論》等書。民國四十六年，張其昀先生任教育部長，後來成立中國文化研究所，印行《世界各國漢學研究論文集》，並在序文中說：「中國文化研究所，受旅美學人之敦促而創設，彼等以為在臺灣之中國學人，亟應樹立世界漢學研究之中心……。專以發揚中國文化為宗旨，以史學為其核心，而包舉哲學、文學、藝術、政治、經濟、地學諸部門，對中國文化之研究，作均衡發展與全面推進，從而形成一漢學研究中心者，則為吾人最大之心願。」

民國四十一年，梁容若先生在《大陸雜誌》四卷一期發表〈歐美與日本的漢學研究〉。

民國五十五年，屈萬里先生在《教與學》創刊號上，發表〈國立中央圖書館〉一文，從國內珍藏文史資料的觀點表示，自由中國可成為真正的世界漢學研究中心。

民國六十一年，高明先生在《中華學苑》九期發表〈談中國學的研究〉。

民國六十三年，中央研究院在臺北召開第十一次院會，沈剛伯、屈萬里、嚴耕望諸先生均在院士會議上發言，呼籲應促使臺灣成為漢學研究中心。

民國六十三年，嚴耕望先生在《中央日報》（八月八日）發表〈臺北應成為中國文化研究中心〉。

民國六十四年，羅錦堂先生在國家建設研究會上，發表談話，主張應在臺灣成立一永久性的國際漢學研究中心。

民國六十四年，張錦郎先生在《幼獅月刊》四一卷四期（四月一日），發表〈如何使臺灣成為漢學研究中心〉。

民國六十四年，劉兆祐先生在《幼獅月刊》四一卷四期（四月一日），發表〈臺灣所藏珍貴文史資料舉要〉（為臺灣成為世界漢學研究中心作證）。

民國六十四年，羅錦堂先生在《幼獅月刊》四二卷四期（十月二日），發表〈為漢學研究中心催生〉。

民國六十五年，方豪先生的〈建立中國研究服務中心〉，蔣復璁、昌彼得先生的〈整理、宣揚、集藏、校勘、編纂同下功夫〉，周道濟先生的〈要有長期計畫，開拓研究範圍〉，張以仁先生的〈加強資料收集，迅速培養人才〉等以上四篇均載於《聯合報》（四月四日）「如何使臺灣成為世界性的中國文化研究中心」專版。

民國六十五年，黃得時先生在《中華日報》（四月五日）發表〈漢學中心的提倡〉。

民國六十五年，屈萬里先生在《中華日報》（五月十九日）發表〈關於漢學中心的兩個問題〉。

民國六十五年，高明先生等十五位在《幼獅學誌》十三卷一期，發表「漢學研究中心專輯」。

餘如民國七十七年，丁邦新先生在《中央日報》（四月二日）發表〈國內漢學研究的方向和問題〉。

民國七十七年，黃得時先生在《中央日報》（四月十二日）發表〈日本漢學之探源〉。

(二)漢學研究的前瞻

由上述可知，將來各國漢學的研究工作分工日趨精細，而學習漢學的路線，通常有從中國學習，或從日本學習兩條路線。研究重點則向上展延，且中國學者在歐、美、日的漢學研究比重逐漸增加，年輕的學者漸漸出頭，對漢學各部門的研究，在方法和理論上，將隨各學科的發展而有變化。所以加強漢學研究的國際聯繫，是刻不容緩的。在第二次世界大戰以前，各國研究學問的方法，大都採孤單式，少與國外作積極的聯繫。戰後則朝公開互惠的原則，並因情勢所趨，已漸由個人走向集體，由單向走向輻射，由純一走向系列。所以漢學研究如果能採用科學的實證方法，對輔助學科的發達，必有助益。對冷僻問題的注意，是研究的另一空間。對特殊資料的保存與應用，也是另一研究的天地。歐、美、日各國如此，我們的中央研究院、故宮博物院、國家圖書館，及全國各大學圖書館等，也漸採國際交流與館際合作的方式，服務學界，這是很可喜的現象。特別值得介紹的如：

民國六十八年行政院為促進漢學研究風氣，加強對國內外漢學研究人士之服務，指示教育部研議協助漢學研究辦法，中央圖書館因屬漢學資料蒐藏機構之一，遵奉教育部之命提出籌設「漢學研究資料及服務中心」計畫，該項計畫於六十九年四月經部報請行政院核定，其業務交由中央圖書館兼辦。七十年九月三十日，由中央圖書館館長兼籌備中心主任王振鵠先生，邀聘學者十四人組成指導委員會，中心組織正式宣告成立。工作項目，目前分為六項：1. 調查蒐集漢學資料；2. 報導漢學研究動態；3. 編印各科書目索引；4. 出版漢學研究論著；5. 建立學人專長資料；6. 提供影印代購服務。民國七十六年改為漢學研究中心，為策往勵來，除繼續致力原有各項服務外，並拓展新闢業務，以期建立臺灣為世界漢學研究之重鎮。

民國七十七年中央研究院召開第十八次院士會議時，勞榦、全漢昇、嚴耕望、周法高、黃彰健、芮逸夫、陳槃、高去尋、陳奇祿、劉廣京、余英時、陳榮捷、丁邦新、許倬雲、石璋如、張光直等十六位院士連署建議成立中國文學研究所，獲得與會院士一致支持；同年十二月並經第十三屆評議會第四次會議通過，但建議改名為「中國文哲研究所」，報呈總統府核准先行設立籌備處。於民國七十八年五月八日奉准。七十八年八月一日，中央研究院吳大猷院長聘請臺大吳宏一教授為設所諮詢委員會主任委員兼籌備主任，實際負責「勾畫藍圖，監督施工」的任務，敦聘國內外知名學者為諮詢委員，共同訂定未來發展方向及延攬優秀人才等事宜。所以展望未來漢學的研究，文哲所更肩負著統籌、主導學術發展，提升研究風氣，促進學術交流的重責，學術界無不寄予厚望。

自古以來至戰前，日本對漢學研究的風氣頗盛，及至戰後關於漢學的研究，也不亞於戰前，且因戰後隨著經濟的復甦，進展的趨勢與日俱增，今分別略述如下：

北海道地區：本區計有七所國立大學、一所公立大學及十四所私立大學，其中北海道大學是島上唯一的綜合大學，可以說是北海道地區的漢學研究中心。

東北地區：本區計有七所國立大學、一所公立大學及十九所私立大學，其中東北大學，可以說是東北地區漢學研究的重鎮之一。

關東地區：本區計有二十所國立大學、三所公立大學及一三九所私立大學，其中除以東京大學為首外，東京教育大學（筑波大學的前身）、東京外國語大學、國士館大學、二松學舍大學、法政大學、東洋大學、中央大學、慶應大學、和光大學、大正大學、早稻田大學、櫻美林大學、大東文化大學、御茶水女子大學等均設有漢文學科，其他如東洋文庫、東洋文化研究所等學術研究機構，使關東地方成為日本漢學研究的一大本營。

中部地區：本區計有十八所國立大學、十九所公立大學及四十三所私立大學，其中新潟大學、福井大學的漢學研究較盛。

近畿地區：計有十四所國立大學、十二所公立大學及七十二所私立大學，其中除以京都大學為首外，京都府立大學、立命館大學、龍谷大學、大谷大學、大阪大學、大阪外國語大學、大阪市立大學、關西大學、追手門學院、神戶大學、神戶市立外國語大學、大手前女子大學、天理大學等是另一漢學研究的主流。餘如以前由東方文化研究院改制的人文科學研究所，也是重要的據點之一。

中國地區：本區計有九所國立大學、三所公立大學及九所私立大學，其中廣島大學是本區的漢學研究中心。

四國地區：本區計有四所國立大學、一所公立大學及四所私立大學，其中香川大學雖未設漢學科系，但也有漢學研究的例會和活動。

九州地區：本區計有十五所國立大學、六所公立大學及二十七所私立大學，其中九州大學可說是本區的漢學研究中心。

綜觀戰後日本漢學的研究風氣，的確比戰前的盛況有過之而無不及，但如何將這許多的學會或組織，使其活絡或聯繫，則有賴全國性的組織（如「日本中國學會」、「東方學會」等）加以整合，並有待於學術網路技術的突破和連線，相信將來對學術界的研究型態及治學方法，會產生鉅大的變化和貢獻。

八、結語

總結而言，無論從文化背景、漢學資料、研究人才、研究成果各方面來看，臺灣都可在主客觀的條件下確立其國際漢學中心的地位。當然，他山之石，或足攻錯，但值此臺北國家圖書館新館甫開（民國七十五年九月二十八日），漢學研究中心設立伊始，中央研究院中國文哲研究所的成立，期盼不分彼我，無分內外，各盡所長，互補所短，肩負起國際漢學研究的橋樑工作，透過「國際學術網路」（BITNET，為Because It's Time Network的縮寫）與四千個全球性大學或學術研究機構連線系統，隨時與世界其他同行學者進行討論，取得資料，甚至把自己的新著在網路中發表，和同好分享研究成果，那麼國際漢學的重鎮，「文化大國」的雅譽，當指日可待。

九、參考書目

(一)專書

《世界各國漢學研究論文集》，張其昀，國防研究院。
《日本漢學研究論文集》，馬導源，中華文化事業出版委員會。
《美國的漢學研究》，宋晞，中華文化事業出版委員會。
《法國的漢學研究》，費海璣，中華文化事業出版委員會。
《漢學研究在日本》，鄭清茂，純文學出版社。
《漢學論集》，周法高，臺北：正中書局。
《中日民族文化交流史》，宋越倫，臺北：正中書局。
《日本漢學研究概觀》，梁容若，臺北：藝文印書館。
《中日文化交流史論》，梁容若，北京：商務印書館。
《海外漢學資源調查錄》，汪雁秋，臺北：漢學研究中心。

(二)論文

〈漢學研究中心專輯〉，高明等，《幼獅學誌》十三卷一期。
〈歐美與日本的漢學研究〉，梁容若，《大陸雜誌》四卷一期。
〈中國漢學在世界漢學中的地位〉，海陶瑋，《比較文學》五期。
〈談中國學的研究〉，高明，《中華學苑》九期。
〈如何使臺灣成為漢學研究中心〉，張錦郎，《幼獅月刊》四一卷四期。
〈為漢學研究中心催生〉，羅錦堂，《幼獅月刊》四二卷四期。
〈臺北應成為中國文化研究中心〉，嚴耕望，《中央日報》六十三、八、八。
〈漢學與漢學中心〉，屈萬里，《聯合報》六十五、三、四。
〈如何使臺灣成為世界性中國文化研究中心〉，方豪等，《聯合報》六十五、四、四。
〈漢學中心的提倡〉，黃得時，《中華日報》六十五、四、五。
〈漢學中心的發揚〉，黃得時，《中華日報》六十五、四、六。
〈關於漢學中心的兩個問題〉，屈萬里，《中華日報》六十五、五、十九。
〈國內漢學研究的方向和問題〉，丁邦新，《中央日報》七十七、四、二。
〈日本漢學之探源〉，黃得時，《中央日報》七十七、四、十二。

西方漢學

馬幼垣

一、基本定義

㈠本文凡例

此文與本書其他各篇，因討論範圍之別，體例亦有不同。其中兩點應先說明。

文內涉及中外人士頗多，悉從梁啟超（西元一八七三～一九二九年）《清代學術概論》之例，直書姓名，不加尊稱；西方人士採其自訂漢名，缺者則僅錄原名，以資識別。

本文引述西方著述，附加譯名與否視需要和行文而定，原書出版資料則全錄，以便讀者查檢。

㈡何謂漢學

稱西方研究中國的學問為漢學（Sinology），涵義和涉及的範圍雖不含糊，要解釋清楚卻不簡單。首先得說明的是，在西方學術界裡，「漢學」是一個既富傳統而又早已式微的名詞。現在設有中國課程的西方（包括澳洲和紐西蘭）大學數目相當多，卻未聞何處在六十年代初期以後仍開設以 Sinology 為標題的課目。除荷蘭萊頓大學（Rjksuniversiteit te Leiden）漢學研究所（Sinologisch Instituut），因為尊重半世紀以前創館時的命名，沿用至今外，在西方找不到一所第二次世界大戰以後才開設的研究機構掛出漢學的招牌。自從瑞士的 *Sinologica* 學報於一九七二年停辦後，已再沒有任何以討論中國學問為專務的西方期刊採用這類字樣為名稱了。漢學在西方是廢棄已久的名詞。

(三)漢學與中國研究的異同

在若干程度下取代漢學的是中國研究 (Chinese studies)，不少人因此以為漢學和中國研究是相通的。其實不然。就研究的地域和包括的學科來說，兩者確是一樣的；治學方法和涉及的年代則大有分別。對於五四運動以後的題目，不論是文史哲，還是其他範圍（如科技），傳統漢學家往往不屑一顧，以為不足以炫耀語文能力和發掘材料的本領。中國研究中心之類的組織則多偏重五四以來的中國，覺得漢學家費神於故紙堆中，與現代生活脫節。其中明示兩派鴻溝，象徵正式分家的，莫過於六十年代中期，正當越戰方熾，有人在美國亞洲學會 (Association for Asian Studies) 年會宣讀一篇本不足為奇的明代茶馬貿易論文，因而引起的軒然大波。同行連續圍攻數月，以為太不像話了，在此水深火熱之際，研究中國和亞洲的學者都有拯世救民之責，怎該去管無關當前民生問題的明代茶馬貿易？這雖是一個因環境和時代而造成的極端例子，它還是足夠說明重古輕今的漢學和重今輕古的中國研究之間確有不少分別，甚至存有互相排斥的意味。

換句話說，研究安祿山、義和團者不妨稱之為漢學家。但若稱治張作霖、沈從文者為漢學家，不獨有不倫不類之嫌，還可以引起研究者本人的反感，認為是侮辱，因為他們通常喜歡以史學家、文評家、藝術史家、語言學家一類實際而不致給誤會的稱謂自居。身為漢學家者不能不回答「〈清明上河圖〉的河究竟是什麼河」、「第一個到歐洲的中國人是誰」、「世居中國的猶太人為何集中在開封」，這類平常閱讀稍窄就不易知道答案的問題。如果僅承認自己是以中國為研究地域的文評家、考古學家等等，回答不了這類問題的尷尬便可減輕些。

㈣漢學的困惑

漢學與中國研究之分當然不僅出於古今輕重之別，工作環境也有相當的關係。

第二次世界大戰以前，歐美大學的東方學系彷如雜貨攤子，西起巴比倫，東迄日本，北自蒙古，南至東印度群島，一切有關學問，不分性質，無區大小，盡納其間。差異既極，同事之間不必標榜共通性，我行我素的自由很大。近年情形卻大不同。東亞系包括的地域僅得中國和日本（加上韓國的仍是少數），涉及的科目止於文學和語文教學（治語言學者還是以能夠闖進正統的語言學系才算登堂入室），中日的聯繫性和科際的共通性轉而增強。系內教日本文學的同事要是對中國文學夠認識（情形相當普遍），負責中國文學課程的便得對日本的情形補習一番，以免被視為鄉曲之士。

中日（或加韓）之間種種歷史悠久的血緣關係當然不容否認，但因行政體系而強調其間的關聯卻是另一回事。況且要治中國學問者的日韓知識和語文水準能夠達到專業程度未免苛求，故往往只是做點門面功夫，時間和精神還是花了。初入行，職位尚未穩定者，更經常難逃此劫。

第二次世界大戰以前，西方漢學界清一色是白種人的天下。戰後迄今，情形已有很大的改變。中國人（特別是來自港臺者）在西方以中國研究為專業，不論適合稱為漢學家與否，人數迭增，學科轉繁，時至今日，主要研究機構很少沒有華人學者在充要職。這雖是數代耕耘的結果，卻改變不了彼等原先在國內(香港算在內)求學時念的大率不是中國文史，而是到了國外才改行的，讀起西文著述來比應付無標點的中國舊籍方便多了這本質。中國問題研究起來往往不敢超越本題，寧可花相當的精神時間去追尋可用的西方平行事例，對從這些與中國絲毫無關的事物推衍出來的理論，以及為解釋此等理論而發明的辭彙，更是奉為放諸四海而準的普渡金針。適可而止者，也許只求啟發。僅知模擬者，先擇洋理論，看看中國的事例如何搭配，再作解釋。若美其名為研究，不如說是高等填字遊戲。

這種玩意自然不限於華人學者。佔了運用歐西語言之便的白種學者(華人學者精通兩種——且不說超過兩種——歐西語言的始終是少數)，面對數目日增的華人侵進其地盤，要是對中文理解不夠信心(在各學府以中國研究為專業幾十年的洋人，連「師母」這類辭彙都不明白者，大有人在)，掉轉頭來以原與中國研究無關的洋學問來壓陣腳，毫不足奇。

走這種時尚途徑的華洋學者當然不願被稱為漢學家。

正如上述，東亞系內只剩下文學和語文教學兩重點，其他範圍均按歷史、宗教、哲學、地理等科目井然分系，其間不難涉及個人利益問題。譬如說，治道教者屬宗教系，系內同事研究的是天主教、摩尼教、回教、印度教、原始宗教、猶太教等等，掛上漢學招牌，大有被孤立的麻煩(初入行者更有生計之虞)，強調學科的共通性也就比標榜地域的認同更重要。

現代學者的教研生涯必須與制度的要求配合，為生存、為升級、為爭取研究費而出版，不僅勢所難免，還得掌握時間，善用機會。漢學的傳統求博務深，講積聚，重考據，怎樣也快不來、急不得。有多少現代學者能夠好整以暇，自定步伐地去工作?走窄胡同，利用西方類似或相關學科的知識去掩飾自身對中國學問的膚淺，和昔日文史哲共治，肯為一條注釋花上幾年功夫，卻不願為與中國無血緣關係的域外事情費神的傳統漢學家比，自不可同日而語。

既然漢學家在西方已成了相當忌諱的稱謂，介紹西方漢學就只能把重點放在傳統的範圍。

二、漢學的肇基及其影響

㈠紮根時期的漢學

如果漢學的功能在把中國的事物介紹給西方，那麼連鼎鼎大名的馬可波羅 (Marco Polo, 1254–1323) 也沒有當漢學家鼻祖的資格，因為在他以前西方早有不少直接間接關於中國的紀錄——這些資料，玉爾 (Henry Yule, 1820–1889) 原著（西元一八六六年）、高第 (Henri Cordier, 1849–1925) 增補的名著《東域記程錄叢》(*Cathay and the Way Thither*, Londoni Hakluyt Society, 1915)，收錄得很齊。況且馬可波羅雖旅華達十七年之久，且沿途學會蒙古、波斯、阿拉伯、突厥等語，卻因環境的關係，不懂漢文漢語。他的行紀失實和誇張之處可以不論，它主要僅是經歷和傳聞的結合，不是客觀研究的成果。此書及同類書籍的作者或可稱為當時的中國通，引起西方對中國的注意，卻不能算是漢學的始創者。

西方對中國的真正認識始自明末清初來華的耶穌會教士 (Jesuits)。他們憑破釜沉舟、忘我無私的精神，挾西方科技知識，東來弘道，生活習慣旋即徹底漢化，更和徐光啟（西元一五六二～一六三三年）、李之藻（西元一五六五～一六三〇年）、孫元化（西元？～一六三二年）等開明之士結合為一股勵志革新的力量。在當時的大動盪社會裡，這種工作刻不容緩，故特為後世推重的早期傳教士如利瑪竇（字西泰，

Matteo Ricci, 1552–1610)、龍華民(字精華,Nicolo Longobardi, 1565–1655)、龐迪我(字順陽,Diego de Pantoja, 1571– 1618)、熊三拔(字有綱,Sabatino de Ursis, 1575–1620)、鄧玉函(字涵璞,Johann Terrenz, 1576–1630)、金尼閣(字四表,Nicolas Trigault, 1577–1628)、畢方濟(字公梁,Francesco Sambiasi, 1582–1649)、艾儒略(字思及,Giulio Aleni, 1582–1649)、湯若望(字道未,Johann Adam Schall von Bell, 1592–1666)、卜彌格(字致遠,Michal Piotr Boym, 1612–1659)、南懷仁(字敦伯,Ferdinand Verbiest, 1623–1688)等等,即以彼輩理解中國之深,漢文譯著幾僅限於引進西方宗教與科技,而無暇介紹中國給西方。他們在歐洲發表的(絕大部分還是成了遺著後才出版)差不多全為遊記、回憶錄、日記、書信之類原始史料,而非論著。他們在中國和歐洲的活動和出版還未能正式歸入漢學範圍,但確實已替後世漢學做好紮根功夫——關於明清間來華耶穌會教士的最佳紀錄為費賴之(字福民,Louis Pfister, 1833–1891)的 *Notices biographiques et bibliographiques sur les Jésuits de l'ancienne mission de Chine* (Chang-hai: Imprimerie de la Mission Catholique, 1932), 2 vols. 收錄四六三人,考核入微,本身就足為西方漢學著述的典範。

以上所說僅是開始時的情形。待基礎已固,歐洲對中國究竟需要什麼認識便逐漸明朗。從事滿足這要求的工作主要分為三方面:字典辭典的編著、中國典籍的翻譯、和中國專題的研究。後世西方漢學家關心的仍不出這三大範圍,故不妨就其原始,稍作說明。

(二)漢學研究三基本範圍的確立和發展

1. 編字典辭典

在沒有正規學習課程,甚至須無師自通的情形下,字典自然不可或缺。傳教士國籍既繁,再加上拉丁文為歐洲當時的共通語，而中文本身又有方言之別，與中文對照的字典遂有隨語言而異的需要。這些絕大多數都是初學入門式的小字典。編小字典這傳統直至第二次世界大戰前夕，確實花了西方漢學家不少心血。到現在，初學字典、讀報手冊這類畫地自限、隔靴搔癢之物還是偶有新品出現。這種玩意數目固如恆河沙數，內容卻難突破，單字收得有限，辭彙更少涉及典故、人名、地名、文物之類，編來編去（許多時間更是抄來抄去）都很難超過日常應用，甚至僅限於初學入門的程度。

初級語文教學當然永遠是需要的，否則漢學活動亦難以持續。但這不能作為整個學界在某方面數百年停滯不前的辯詞。西方漢學界奉諸橋轍次（西元一八八三～一九八二年）的《大漢和辭典》（東京：大修館書店，西元一九五五～一九六〇年）十三冊為圭臬，卻不敢越雷池半步，計畫類似的工作。近年中國大陸推出規模宏大、相輔相成的《漢語大字典》（武漢：湖北辭書出版社、四川辭書出版社，西元一九八六～一九九〇年），八冊，和《漢語大辭典》（香港：三聯書店香港分店、上海辭書出版社，西元一九八七～一九九三年，海外版），共十二冊，以及早已難以點清的各種專科專題辭典（良莠不齊，不少急就章式的拼湊品，則是應明言的），西方學界恐怕只有坐享其成的分了。

其實編專科辭典本是西方漢學界發起的。二十年代初編刊的幾本慣用參考書如 Henri Doré (1859–1931) 的 *Recherches sur les supersitions en Chine* (Chang-hai: Imprimerie de la Mission Catholique, 1911–1938), 18 vols.、倭訥 (Edward T. C. Werner, 1864–1954) 的 *A Dictionary of Chinese Mythology* (Shanghai: Kelly and Walsh, 1932)、蘇慧廉 (William E. Soothill, 1861–1935)、何樂益 (Lewis Hodous, 1872–1949) 的 *A Dictionary of Chinese Buddhist Terms, With Sanskrit and English Equivalents and a Sanskrit-Pali Index* (London: Kegan Paul, Trench, Trubner, 1937)，現在還有用，也不斷有複印本供應後學。但這類書數目有限，且多已被中日文書刊所取代，也是事實。

編字典辭典雖是西方漢學家自始即引為專責之事，面對今日的實際情形，除非遇到特別的專題，配合有利的客觀條件，偶還可以有一番作為外，如倪豪士 (William H. Nienhauser, Jr., 1943–) 主持，厚逾千頁，尚算差強人意的 *Indiana Companion to Traditional Chinese Literature* (Bloomington: Indiana University Press, 1986)，我們是不能對這種功夫期望過高的。因此，漢學家能真正有貢獻的範圍主要還是翻譯和專題研究。

2. 翻譯

利瑪竇、湯若望等早期傳教士致力於翻譯科技書籍，當然是譯事的一種。不過，科技（不是科技史的研究）和漢學早分道揚鑣，現代科技不是非專業人士所易掌握的。從事中國研究者始終保持對翻譯的興趣，但所譯的書不再是歐西名著。西方人士學習中文，訓練侷限於讀和講，很少管寫的方面，西書中譯非彼等之所能。他們濃厚的翻譯興趣自然集中在值得向世界推薦的中文作品。

這取向早決定於明清間來華教士的較後期者，可以舉數例來說明。赫蒼璧（字儒良，Julien-Placide Hervieu, 1671–1746）選譯《詩經》、《列女傳》、《古文淵鑑》等書為法文。對成吉思汗及蒙古史甚有研究的宋君榮（字奇英，Antonie Gaubil, 1689–1759）於《詩經》、《尚書》、《易經》、《禮記》等籍均有法文翻譯。經史要籍早就備受關注，十分明顯。

耶穌會教士為了傳教和知己知彼之便，特別注意儒家經典以及哲理與宗教性的書籍。這些書籍自始即被翻得重重複複，至今仍如此。其中《道德經》、《詩經》和《莊子》之被譯為歐西文字早以百次計算，人力物力的浪費且不說，還引致不懂中文者隨意找幾本譯本便能拼湊出新譯來的可怕結果。

時至今日，翻譯的範圍自然擴大了不少，史書、宗教典籍、詩詞、小說、戲曲、散文，以及現代文學作品，在類別和年代上幾乎無所不包。選出來譯者，絕大多數為本身具備相當價值，在中國擁有固定讀者之作。

翻譯發展的演變也相當明顯。那就是自樣本式的選譯至全書節譯，然後以全譯為滿足；由隨便刪改的意譯到忠於原文（甚至連文法也要求相應）而又留心外文文采的直譯；由止於白文或稍附簡注的嘗試至顧及版本分歧，注釋鱗比的全面性處理。到這種各方面兼顧的翻譯出現已是十九世紀末期的事，這點留待下面再講。

3. 專題研究

翻譯以外，有系統的中國研究工作亦由明清間來華耶穌會教士負起篳路藍縷之責。

西方第一部討論中國的專書為 Juan Gonzales de Mendoza 所著的 *Histoiria de las cosas mas notables, ritos y costumbres del gran Reyno de la China* (Roma, 1585)。這本由天主教教廷授意和協助出版的書，面世後十餘年間，其他歐文譯本竟達三十種之多，可說知識分子人手一冊。當時歐洲文化界的首腦人物，如雷利 (Sir Walter Raleigh, 1554–1618)、培根 (Francis Bacon, 1561–1626)，對中國的認識均由此而來，影響不可謂不大。但此書作者從未東遊，不懂中文（故無自訂漢名），資料全採自幾種來華教士和航海家的紀錄，只能算是普及性的綜合報導。

奠定西方漢學研究基礎的首兩部專著均出自明清間來華教士之手。其中第一部破天荒之作為曾德昭（字繼元，Alvarō Semedo, 1585–1658）用葡萄牙文寫的《中國通史》(*Relaçao da propagaçao de la fé no regno da China e outros adjacentes*, Madrid, 1641)，出版後旋即有多種其他歐文的譯本和改寫本。此書凡二卷，上卷講述中國政治、風俗、語言、服飾、信仰、戰事、商業、茶藝等；下卷記天主教東漸和教案事件，並附李之藻傳記。

其後教士馮秉正（字端友，Joseph-François-Marie-Anne de Moyriac de Maille, 1669–1748）依據朱熹（西元一一三〇～一二〇〇年）《通鑑綱目》（五十九卷）撰為長達十二冊的《中國通史》(*Histoire génerale de la Chine*, Paris, 1777–1783)。用一書去總括中國錯綜繁雜、年代久遠的歷史，這是難得一見的創舉。

類似曾德昭、馮秉正兩書的著作雖然不多，它們對當日西方學界帶來很大的震撼。原來在傳統學術範圍以外，還有一塊完全未經開發，足供別創天地，卻又富有挑戰性與神秘感的領域。這種背景正是鼓舞學術探討的因素，漢學活動原本不該例外的，事實卻非如此。

三、漢學家的專業化和漢學的黃金時代

(一)清中葉以後的來華人士與漢學的發展

康熙因禮儀之爭，怒逐泰西教士，且早因隔離明鄭而行遷海內徙之策，由是閉關自守近百年。待乾隆特許廣州十三行經營對外貿易，西人復來，已是十八世紀中葉，西方本身早有很大的改變，如基督教的興起，英法取代了舊有的殖民地霸權，美國立國和北美呈現一番新景象。及至鴉片戰爭爆發，中外接

觸的方式與性質固大異於前，其時來華人士與以前的耶穌會教士分別很大。

明清間來華的教士執持奉獻的精神，專誠的意志，又無家室之慮，絕大多數都一行不返，客死中土（包括作為基地的澳門），務求儘速漢化是必然之事。

自十八世紀中葉來華者則截然不同。此等人士背景繁雜，目標分歧，但在中國只是過客性質。商人、冒險家、軍人、外交人員等大率對中國文化興趣索然，或抱持文化優越感的觀察態度。他們聚居一起，與中國民眾隔離，在華時期縱使相當長，到頭來對中國僅有膚淺的認識，自然談不上掌握語文，進行具深度的研究。

叱咤風雲，左右時局的常勝軍統領戈登 (Charles George Gordon, 1833–1885) 和海關總稅務司赫德 (Robert Hart, 1835–1911) 固然不過如此，但他們畢竟不是文化界人士，可以不論。隨父（長老會牧師）在中國長大，曾在金陵大學授英文，以《大地》(*Good Earth*, 1931)、《龍種》(*Dragon Seed*, 1942) 等中國題材的小說嚮滿寰宇，且於一九三八年榮獲諾貝爾文學獎的賽珍珠 (Pearl Buck, nee Sydenstricker, 1892–1973) 卻不應只有類似的表現。憑她那點不值一談的中文修養，她竟有膽量用林琴南式作業的法子翻譯《水滸傳》為 *All Men Are Brothers* (New York: Double Day, 1933)。至於她領諾貝爾獎時以中國古典小說為題的演講詞 "The Chinese Novel" (New York: Double Day, 1939)，更是誤漏滿紙，笑話百出。不過就事論事，賽珍珠的努力還是遠勝同時代的一般旅華人士。

從賽珍珠的例子可以明瞭，就算是與群眾接觸機會較多的教會人士（各基督教派者居多），中文修養通常亦沒有超過應付日常口語所需的程度。在學府授課的歐美教授或有對漢學興趣濃厚的，本身教學的責任（如歐西語文、西洋史地、各種科技）仍與漢學毫無關聯，漢學研究充其量是嚴肅的業餘嗜好罷了。

至於專程來華學習中國文史的學生，一九四九年以前更是鳳毛麟角，除出身金陵大學，自普林斯敦大學退休的明史專家牟復禮（Frederick W. Mote, 1922–）外，實不易再數一人。

(二)邁進黃金時代的漢學

上述情形雖然前後維持兩百餘年之久，鴉片戰爭以後已漸見真正具漢學修養者的出現。由此至韓戰結束，漢學家的培養過程很難免除自我摸索的玩票意味，而少數終能脫穎而出，走上專業途徑者又往往憑藉第二春式的特殊際遇。如奠定漢學界注疏翻譯基礎的傳道會教士理雅各（James Legge, 1815–1897）在馬六甲和香港傳教三十三年，退休回英後，始以六十一歲高齡應聘為牛津大學的首任中文教授（也是全英國的第一個），且任職到逝世，長達二十一年。又如以英譯《老殘遊記》享譽的康乃爾大學中國語文教授（退休已二十多年）謝迪克（Harold E. Shadick, 1902–1992），大陸變色以前為燕京大學的英文系系主任。

證之以這兩百多年間，這種例子多不勝舉，如衛三畏（Samuel Well Williams, 1812–1884）、威妥瑪（Thomas Wade, 1818–1895）、夏德（Friederich Hirth, 1845–1927）、翟理思（Herbert A. Giles, 1845–1935）、傅蘭克（Otto Franke, 1862–1946）、沙畹（Emmanuel-Edouard Chavannes, 1865–1918）、顏慈（Walter P. Yetts, 1878–1958）、賴德烈（Kenneth S. Latourette, 1884–1968）、林仰山（F. S. Drake, 1892–1974）、拉鐵摩爾（Owen Lattimore, 1900–1989）、賓板橋（Woodbridge Bingham, 1901–1986）、傅漢思（Hans H. Frankel, 1916–）等等，事業的轉變過程都屬於模式。其中更不乏歐美各學府中文課程的創始人。例如，在中國結束傳教生涯後往耶魯大學任教的衛三畏是美國的第一個中文教授；外交官出身的威妥瑪和夏德分別出任劍橋大學

和哥倫比亞大學的首任中文教授。

破格錄用，不計較出身、學歷、經驗，甚至年齡，五十年代中期以前是時見之事。這主要因為直至韓戰結束前後，歐美大學設有較完備中文課程者屈指可數（以北美而言，不過哈佛、耶魯、哥倫比亞、芝加哥、加州大學柏克萊分校、夏威夷等處，數目和現在差得很遠），規模亦小，學有專長者要找一兩個傳衣缽的學生是終生留意而仍難有把握之事。這種情形大大縮減學校聘任的選擇，而早具聲望者通常都有特殊的形象（如理雅各畢生翻譯的儒家經典多在香港當牧師時已出版），使學校破格通融起來也易於處理。

㈢代表漢學黃金時代的人物

如果說這段時期的漢學家只容大器晚成，沒有自始便專意漢學，終身奉獻，來華時期即非正式求學，亦能儘量利用機會研究進修，蒐集資料者，是不公允的話。這些學者立志既早，心不二用，持之以恆，又逢人才單薄，苟非庸拙，理應早露頭角，平步青雲，畢生成就輝煌。伯希和 (Paul Pelliot, 1878–1945)、高本漢 (Bernhard Karlgren, 1889–1978)、戴密微 (Paul Demiéville, 1894–1979)、費正清 (John King Fairbank, 1907–1992) 四位貢獻超時代、超地域的大師即可為例。

其中費正清坐鎮哈佛半世紀，著作等身，成一家言，弟子輾轉傳授早已不知多少代。論西方人士對近代中國認識之深，影響美國對華政策之鉅，無人能和他比擬。可是，費正清的研究興趣始終沒有超過近百餘年的中國史，門路不可謂不窄，而與漢學家不肯專治一學科的傳統有別。按費正清早年在華活動的背景，不時被人稱為漢學家，尚不為過，其本人亦不表反對。他的數度再傳弟子卻大率不可以這樣說。

他們治學的範圍多不比費正清廣闊，而喜引西方理論，講歐美模式，重科際關聯，則絕對過之，也就僅願被稱為史學家，對漢學家的稱謂敬謝不敏。傳統漢學的式微，從費正清一派的成長過程，及其旨趣、訓練，甚至表達方式的轉易是可以看得出端倪的。

與其說費正清象徵過渡，無寧說西方漢學的盛極轉衰全發生在二十世紀的前半截，且可以伯希和的事功為代表。西方自有漢學以來，學問最精博，成就最輝煌者，莫如伯希和。憑他難以匹比的語言條件（一般歐語以外，他精通中、日、滿、蒙、藏、阿拉伯、梵、巴利、維吾爾、土耳其、波斯等語，還認識不少已死的中亞語言，如吐火羅語、龜茲語之類），伯希和之從事研究，興之所至，縱橫馳騁，若不經意，不受學科、地域、年代的限制，敦煌學、佛教、摩尼教、景教、美術、考古、書誌、科技、中西交通、滿蒙藏史，甚至明清小說，處處留下不滅的功績。

伯希和獨步古今的學養和貢獻，可以舉一例來說明。《馬可波羅行紀》(*The Travels of Marco Polo*) 是西方經典之作，整理過才出版的本子數以百計，但伯希和與慕阿德 (Arthur Christopher Moule, 1875–1957) 的校注本 *Marco Polo: The Description of the World* (London: George Routledge, 1938)，刊行已大半世紀，仍無出其右者。伯希和留下遺稿二十多種，法政府長期聘專人整理，以迄於今。其中已刊者，以《馬可波羅行紀注釋》(*Notes on Marco Polo*, Paris: Imprimerie Nationale, 1959–1973)，三冊，總共一一九〇頁，最為轟動。是書收注釋三八六條，按字母排列。其實伯希和真正夠時間做的僅首三字母，餘均簡略。但其中棉花 (cotton) 一條，串連東亞及中亞各種語文的文獻，竟長達一一一頁。若天假以年，讓他有充分時間去照料其他字母，此本十六開本的書大有過萬頁的可能。

只要我們同意伯希和為名副其實，立典範的漢學家，便不難明白，為何對不少以中國為研究範圍的學者來說，漢學家這名詞不獨和他們嚴分學科和年代的立場格格不入，還會使他們對自己中國知識的狹窄感到尷尬。這種使命感的不同，可說始自費正清的一代，愈往後，分家愈是明顯。

介於玩票式或中晚年始入行的中國通，與早年即銳意專一的漢學家，兩者之間還有不少成績超卓者，荷蘭高羅佩 (Robert van Gulik, 1910–1967) 就是一顯例。畢生從事外交的高羅佩搜集中國珍籍不遺餘力，把中國性史研究推崇為嚴肅的學問，撰寫自成體系且教西方讀者耳目一新的狄公案故事，更嫻琴道，善書法，復以文言文著述，儼然為一代才子。要在處處求效果、講速度的學府環境裡尋找這種逸仙派人物，準必令人失望。

另一個屬於這模式的學者為李約瑟 (Joseph Needham, 1900–1995)。生化學家出身的他，掌握環境所賜的學習機會，以研究中國科技史和科學思想史為職志。他自一九六四年以來分卷分冊出版的 *Science and Civilization in China* (Cambridge: Cambridge University Press)，可說是自西方刊行中國研究專書以來規模最大、範圍最廣之書，難怪海峽兩岸競相爭譯。

自十九世紀中葉至韓戰之初，西方漢學變化不多，趣味性超過專業性，個人性重於派系性。活動則歐洲勝過北美，而歐洲又以法、英、荷為中心。即使在巴黎、倫敦這樣的重鎮，學系和研究單位的規模都很小，每代的承傳脈絡通常都相當清楚。就巴黎而言，由以翻譯儒家經典著稱的儒蓮 (Stanislas Julien, 1796–1873) 至研究《史記》和西突厥的沙畹，再至伯希和，接著傳至博學多聞，專治佛學和敦煌學的戴密微，然後到現在的掌門人謝耐和 (Jacques Gernet, 1921–)，歷久一脈相傳，十分明顯。

四、從中文羅馬拼音法的發展看漢學的成長歷程

(一)一統天下的威妥瑪拼音法

自明末清初至韓戰爆發，甚至延連至今日，西方研究中國的主要趨勢是由繁亂至規律化，最能代表這演變程序的就是中文羅馬拼音法的發展過程。

用歐洲語文講述中國事物，如何用羅馬字母去代表那些既乏音韻關聯，又不能意譯的地名、人名，甚至書名和文物名稱，是甫自耶穌會士東來即設法解決，迄今仍無完滿答案的難題。開始時各自為政，良莠不齊，反正主要是給自己看的，準確性得視個人的中文修養、語言學知識，以及資料提供者(informant)的方言背景而定，以致層出不窮，因人而異。其後雖漸由個人用的拼音法歸統為一國用的法子，又難免民族意識作祟(期望法人用德人的拼音法，簡直不可思議)，連沒有多少漢學活動的小邦也急忙發明屬於自己的拼音法，其亂可想而知。二十世紀初流行一時的世界語(Esperanto)也免不了來一套獨立的中文拼音法。這僅就北京話而言，加上方言的拼音法(使用方言是傳教士日常的事)，還要亂上添亂。自十六世紀迄今，中文拼音法數以百計，誰也點算不清。這紛亂對漢學發展所產生的阻力是不容低估的。

百家爭鳴的突破始自英傳教士馬禮遜(Robert Morrison, 1782–1834)。他的拼音法平實易讀，既配合他那套規模空前的六冊裝中英字典(*Dictionary of the Chinese Language*, Macau, 1815–1823)，又借助英語世界隨英帝國迅速擴展的推動力，很快便取代了那些亂七八糟的公私拼音系統。隨後威妥瑪和翟理思在這基礎上重新整理，再配合另一本更進步的字典，中文拼音才有國際公認的法則。時至今日，以某國語文

為基礎的拼音法雖然仍有人使用（多半是通過學報和專刊的地盤去維持局面，法國的情形就是如此；這類區域性和各種仍通用的拼音法之間如何對照，可參考 Ireneus Lázló Legeza, *Guide to Translitterated Chinese in the Modern Peking Dialect* [Leiden: E. J. Brill, 1968]），威妥瑪拼音法，因為經過傳教士馬守真 (Robert Henry Mathews, 1866–1938) 在三十年代的改良和推出一本更佳的字典，即經哈佛大學修訂，自四十年代初發行不斷，在歐美研究中國者無人或缺的 *Mathew's Chinese-English Dictionary*，盛行早逾百年。

這當然不是說威妥瑪法流行後就無人敢在英語內另起爐灶。林語堂（西元一八九五～一九七六年）配合其《當代漢英詞典》(*Lin Yutang's Chinese-English Dictionary of Modern Usage*, Hong Kong: The Chinese University of Hong Kong, 1972) 而推出的一套拼音法，就是很獨特的例子。若不挑剔，這是本可用的字典，畢竟在它以前並沒有編得合國人需要的中英字典。但林氏字典的拼音法別樹一格，與流行的各款拼法甚少相通之處，書中又故意不設筆畫檢字和對照表，分明要強逼讀者去學他那套旁門左道的拼音法。不管這套拼音法如何符合語言學法度，逼使用一本範圍有限的字典者去學一套別無用途的拼法，是編者僅求盲目自滿的表現（林氏原在德國修語言學，留世之作悉與此無關，晚年遂產生強烈的自慰要求）。林氏字典面世之初，歐美媒體大肆吹捧，暢銷一時，不滿意的讀者遂不可勝數，且群起抗議，以為林氏存心作弄，害得出版者另印林氏拼法和威妥瑪拼法對照表小冊子，冀求亡羊補牢。

(二) Pinyin 出現後的局面

在中文羅馬拼音演易四百年的歷史裡，林氏拼法可以用來解釋拼法迭出的心理背景，但此法本身正如其字典一樣，只是小插曲。影響至鉅者莫如中國大陸推行的拼音法 (Pinyin)。這套拼法從語言學角度去看比威妥瑪法準確，但大陸用之為教育工具，而非為方便洋人。其在歐美的備受歡迎則深與政治有關。

自中共加入聯合國，該組織旋即採 Pinyin 為公定中文音標，而傳播媒體及學界中人趨之若鶩，以示合乎潮流。殊不知對普羅大眾而言，Chang Hsüeh-liang（張學良）和 Ch'ien Chung-shu（錢鍾書）雖不夠準確，總比 Zhang Xueliang、Qian Zhongshu 容易發音多了。至於改易習用已久之詞，如換 Chiang Kai–shek（蔣介石）為 Jiang Jieshi，更是無理取鬧。須知 Pinyin 倚重的 ji、qi、xi、xu、zh 等音節英文若非沒有，便是難得一見（法文亦然），一般讀者怎不給弄到丈二金剛，摸不著頭腦。威妥瑪法很少這種與英文格格不相入的地方；起碼不會出現 He Die is a stunning beauty（何蝶為絕色佳麗），這類教人啼笑皆非的句子。

在這轉變當中還有一段影響深遠的爭議。北美的東亞圖書館為了節省人力、時間和經費，都採用美國國會圖書館編出來的中日韓書籍編目。七十年代初，國會圖書館決定改用 Pinyin。各館跟進與否都牽涉到以前的卡片如何處理，如何新舊統一等等難題（除加大柏克萊總校最早置備的書籍用筆畫編排外，各館的藏書均用威妥瑪法按字母排次）。資源絕對不容重做所有舊卡（每書起碼有四五張卡片，而那時又未電腦化），以致各館譁然群起反對，逼使國會圖書館收回成命（該館的卡片按收書年份分組，各組自行封閉，故無重做卡片之需；且該館資源得天獨厚，也可應付額外開支）。一直到現在，北美各館的中文書籍還是按威妥瑪法拼音的。

時移世易，後遺症已不少。這十多二十年始入大學修讀中文的，接觸威妥瑪法的機會愈來愈少。他們到圖書館查書，遇到書名用冷僻的字開始，或作者的姓名不尋常，竟出現耗子拉龜，不知從何入手的情形。再加上自八十年代初以來，各館先後電腦化，舊卡片存而不增，新書資料輸入電腦。新舊兩組從此壁壘分明，重提改用 Pinyin 恐是早晚之事。屆時大概只有少數保守派才續用威妥瑪法了。政治情結、現實因素，處處影響學術，這是很好的例子。

然而，這件削足適履之事卻帶來意外的收穫。以前任何一種中文拼音法均離不了國家或民族的烙印，再流行的法子，有些國家就是無法接受，認為有損國體。Pinyin 既不出自歐美人士之手，又來自作為研究對象的國家，更有聯合國的認可，一切好辦，循現在的趨勢發展下去，因而結束數百年的爭論，大有可能。當然，這並不是說以後不會再出現新的拼音法（中央研究院歷史語言研究所曾推出一套新拼音法，要求在其刊物內用西文撰稿者使用），也不是說 Pinyin 本身不會有變化（見於上海圖書館編《中國叢書綜錄》〔北京：中華書局，一九六〇～一九六二〕的 Pinyin，就和現用者大相逕庭）。

㈢拼音演易的啟示

從中文羅馬拼音演易四百年的歷史可以歸納出幾點觀察：

1. 西方治學因國家之分，民族之異，冀求各成系統，不免迂迴重蹈，白走冤枉路。

2. 用西文討論中國事物，拼音系統的建立自有必要，但彼等花在拼音方面的精力實在遠超過這需要所容許的比例，而忘記了用羅馬字母去代替中文方塊字，易讀、易認，又絕對符合語言學規則的法子很可能是永尋不到的。

3. 一種拼音法除了本身條件外，其通行與否實有賴於採用此法的著作是否質量均優。在英語早成為世界語的背景下，英語世界通用的拼音法自然具備無比權威，而此拼法又有推動作品流通之效，相輔相成（荷蘭漢學家除了少數應國內要求而寫的書外，撰稿盡可能用英文，不欲自限也）。威妥瑪法和 Pinyin

之前後獨步英語世界，正說明中國研究為英美壟斷已久。近年澳洲急起直追，尤以元史研究特見成績，也是英語世界擴張勢力的表現。反觀歷史悠久的法國漢學，量方面早無從競爭，質方面能保持一貫水準，代出鴻儒，已屬難能可貴。近年美國推動 Pinyin 不遺餘力（英人倒沒有這樣熱心），可說是中國研究的活動重心早移往新大陸的明證。

五、美國發展中國研究與漢學式微

㈠韓戰以前的美國漢學

中國研究活動重心的自歐洲移往北美，韓戰是轉捩點。這一轉變不限於區域，連性質也變動。論時間，美國發展漢學並不算遲。自衛三畏在耶魯開基，以及清廷贈書美國國會圖書館算起，至韓戰爆發，有七八十年歷史，但向來課程數目少，規模小，而有成就者又多依從歐洲漢學活動的主流，治中外交通。其中夏德、柔克義（William W. Rockhill, 1854–1914）、勞費爾（Berthold Laufer, 1874–1934）、富路特（Luther Carrington Goodrich, 1894–1986）更是個中能手，卓然為一代大師，著述且多有漢譯。惟整體而言，質量都僅能說是歐洲的附庸。第二次世界大戰時的資源緊縮，以及戰後對中國紛亂局面的逃避心態（誰失去中國的譴責正反映這種心態），更不是促進研究中國熱情的背景。

漢學研究原先在美國給冷落的程度可用葛思德（Guion Moore Gest, 1864–1948）藏書之例來說明。今日葛思德藏書舉世知名（普林斯敦大學以葛思德命名整個東亞圖書館是後來的發展），遠道訪書者不絕於途，其《普林斯敦大學葛思德東方圖書館中文善本書志》（臺北：藝文印書館，西元一九七五年）先後由王重民（西元一九〇三～一九七五年）、屈萬里（西元一九〇七～一九七九年）諸家撰寫，析述版本源流，考核得書得失，是海外中文善本藏書目詳附解題獨有二例之一（另一為美國國會圖書館之中文善本目，亦出王重民之手）。

這樣的一批罕世奇珍，當二十年代美國大不景氣，葛思德生意失敗，藏書割愛，整批送給耶魯大學時（別忘記，這是美國漢學的發源地，也是當時設有漢學課程僅有的數間大學之一，更是美國東方學會 [American Oriental Society] 的永遠總會所在地），耶魯竟以騰不出倉庫為由，拒絕接受，書遂於一九二六年給送去加拿大蒙特利爾市 (Montreal) 的麥基路大學 (McGill University)。該校迄今尚無較完備的中國課程，更遑論大半世紀以前。這批性質特殊的書對他們來說，連雞肋也不如，葛思德藏品終於要再搬家。幸而，當時亦無漢學課程的普林斯敦大學（牟復禮是他們的第一個中文教授）於一九三七年在洛克菲勒基金會 (Rockefeller Foundation) 協助下肯毅然接受這批南北遊蕩的書籍，事情才告一段落。這筆糊塗帳，今人看來，簡直匪夷所思。其實下迄韓戰，要說明美國漢學界的冷漠和能力薄弱，這倒是最好不過的例證。

(二)美國以中國研究取代漢學

韓戰是西方漢學研究性質轉變的分水嶺。五十年代初期，恐怕連方興未艾尚難稱得上的美國漢學慘遭參議員麥卡錫 (Joseph R. McCarthy, 1906–1957) 為首的極右分子所發起的清共攻勢所蹂躪，幾乎夭折。學政兩棲的拉鐵摩爾之被彈劾、停職，以致放逐英國，便是當日轟動一時，使治漢學者寒心而蟄伏的關鍵性例子。

韓戰以後，美國眼見中國赤化在先，又沒有打贏韓戰，對中國事物免不了產生要求知己知彼的心理（六十年代，越南和東南亞研究叫座一時，原因正同）。一九五七年十月四日蘇聯發射衛星成功，美國的震驚可真不小，始領悟到鴕鳥式的排共政策只會使自己愚昧無知，太不智了（失勢多時的麥卡錫五月前已死），於是緊急大量撥款，提倡蘇聯、東亞和東歐的區域研究。美國的中國研究就是這樣才真正開始的。

漢學傳統在美國既然根基有限，再經麥卡錫的摧抑，待重新出發，倒有少受束縛，隨意發展的自由。復以急功求效（美國文化一態）、制度上大環套小環（亞太或亞洲研究套住中國研究、日本研究等；比較文學套住國別文學），以及基金會對科際和超國界的題目特別偏愛（不得皇牌基金會的獎助，升級加薪都難順利外，還得忍受同事和同行的白眼），很快便形成本文開始時所說那種學科先國別後，詮釋依附理論或模式的情況，傳統漢學縱使尚留若干餘氣，迅即禁不起物競天擇的考驗，退出主流派的席位。

這轉變可以從一人身上看得出來。退休多年的加大柏克萊分校教授薛愛華 (Edward H. Schafer, 1913–1991)，淵博多識，六十年代所出二書 *The Golden Peaches of Samarkand: A Study of the T'ang Exotics* (Berkeley: University of California Press, 1963) 和 *The Vermillion Bird: T'ang Images of the South* (Berkeley: University of California Press, 1967)，詳徵廣引，分析精細，分別通過文物和歷史去討論唐代與西域及南海的文化交流，具體而微，修正了以前勞費爾等人只管考據，以致見木失林之弊，誠為不易一見之佳作。後來，薛愛華生產量雖不減，研究重心顯已不同。如通過詩歌去討論唐人的宇宙觀和宇宙知識，考察龍女傳說，走的顯然是科際和翻譯的路。如果說這已超越漢學範疇，未免把漢學看得太狹窄。這些探究，馳騁於數種不同學科之間，甚至涉及非漢學知識，若非博學如薛愛華者根本無法應付，但這並不改變他前後作風迥異的事實。其中最大的分別在後期諸書經常以文學作品的翻譯為討論的主幹，遂免不了過分誇張引文的說服力和以引文充當討論的毛病。

這標誌出一件很重要的事。在中國研究取代漢學的過程中，翻譯所佔的比重與地位日益顯要。

六、翻譯的畸形發展

(一)翻譯和譯注重要性的被誇張

注重翻譯自始即為漢學本色。外人能讀中文者，任何時代，任何環境，總是鳳毛麟角，中國的名著要大家共享，翻譯是唯一途徑。這種需要是永恆的，翻譯素質的要求不斷改進也是必然的。從節譯到全譯是要求的提高，也是水準的升進。第二次世界大戰前後流行的那套一中一洋的合作翻譯方式幸已消聲匿跡（此法原意在各取其長，結果卻不時變成各短畢露）。這些都是進步的一面。然而把翻譯提升到與學術爭一日之長的地位則絕對是負性的發展。

說來毛病還是源出漢學界本身。遠在三十年代，開始有華人往歐美念漢學時，就有人譯注《晉書》中〈食貨志〉部分，附以簡介，而得名校博士學位，日後且被譽為一代大師者。自此以後，採此法去滿足博士論文要求的，中外人士都有，數目還真不少。今日海峽兩岸頒授博士學位的大學比比皆是，試問那一家會糊塗到讓學生抽選某古書一小部分譯為白話，加注，冠以導論，就賜以博士學位？

直到現在，我們對白話《史記》這類玩意仍嗤之以鼻，讓低能者用來消耗時光，何以譯成西文就比翻為白話身價高出幾乎無從量計的倍數？翻譯者有一自以為百試不爽的藉口——不譯便無以普及。但譯注某正史食貨志、兵志，或某人遊記、筆記之屬，又能普及到哪裡去？況且注釋不過代表運用索引、辭典和串連事物的功夫，不能表達領會悟通的本事。那些被選的典籍又往往不是需要通過鉤沉去還原，需要援用注釋去交代整理過程的佚書。用晉代經濟史、宋代軍事史等角度和形式去處理有關問題，豈非更直接恰當？

譯注不單誇張了機械化的注釋的功能（還會減低求學時期思考的訓練），更過分擡高翻譯在學術上的地位，而忽略了好的翻譯（壞的且不說）僅能證明一件事——外人讀通了中文，中國人寫得出能在歐美社會立足而無愧色的洋文。這不過是治學的基本條件罷了，算不上是什麼學問！

發展下去，有譯無注，僅附簡介，也成博士論文了。《新編五代史平話》、《大宋宣和遺事》等夾雜淺近文言的白話作品譯成洋文就佔了那些博士論文的絕大部分篇幅（這些書還是有加注的必要的，特別是資料抄錄得陰差陽錯，史事記錄成一塌糊塗的《宣和遺事》，譯者絕對有指出的責任，怎能一譯了之！看來該譯者根本不知道這些問題的存在，見字譯字，譯完拿學位）。漢學傳統不容許如此偷工減料，然而時勢所趨，走上式微之路的反是漢學。

翻譯之能披上學術的外衣，除了從事者不肯走費時而無成效把握的伯希和式路線外，歐美大學韓信點兵式的招生立場和併件出爐式的教育方法（港臺也難免此失），以量度質，是主要關鍵。文史哲都免不了以譯本為教材。講《莊子》，說《韓非子》，讀《詩經》，談太史公，討論的根據很少不以譯本為主。譯本的得失，用者無從辨識，後果如何，不必多少想像力。

毛病其實在入門階段早已有之。選讀初級課程者多為報銷自由選課的學分而來，十之八九以後不會續念高級課程。要這種學生多買些課本，不難遭抗議，以致引起種種教人受不了的惡性循環，專為通過譯文去學中國文學的教材，集譯原始材料的文史哲資料集（source book）遂相繼上市。這些集子因難免掛一漏萬，卻往往厚度相當，使用者不期然產生真的用了不少原始資料或品嚐過整套中國文化精華的錯覺（要他們明瞭翻譯先天性的侷限是不容易的事。譬如說，再高明的譯手都無法保持詩句長度整齊，詞曲卻長短不一得句句字數受限制，這種中國詩詞的最基本形式）。這樣入門的學生，自立門戶後，自然特別重視翻譯，用起書來，總是先看看有無現成譯本，有的話，就很難期望他們會去管原文了，圍繞著原文的各種歷代注疏就更不消提。

研史談哲者不大可能錄了引文便算論釋完畢，翻譯在報告內所佔篇幅通常比例不高。文學的情形卻不然，小說整段的翻可以充作討論，談起詩詞更免不了譯完一首又一首。如果把近十來二十年歐美所刊中國文學書籍中的翻譯部分刪去，恐怕近半數剩不到百分之五十的討論文字。

五十年代中期以前，歐美說不上有中國文學研究這回事。近年以研究文學為號召之書用大量翻譯來搪塞篇幅，其盛行該是漢學傳統式微，以學科為本位，以跨域比較為職志，以套用西方理論為炫耀的中國研究代之而興之後，才會出現的情況。

㈡翻譯的質量問題

現今在西方從事中國研究者既如此鼓吹翻譯，理應不乏高手，事實卻有出入。以近三十來年之例而言，佳者舉如霍克思（David Hawkes, 1922–）和閔福德（John Minford, 1946–）先後分譯《紅樓夢》、余國藩（西元一九三八～）譯《西遊記》、劉殿爵（西元一九二一～）譯先秦諸子、梅維恒（Victor Mair, 1943–）

選譯敦煌變文、馬瑞志 (Richard B. Mather, 1913–) 譯《世說新語》、王伊同（西元一九一四～）譯《洛陽伽藍記》、時鍾雯（西元一九二二～）譯《竇娥冤》、陳榮捷（西元一九〇一～一九九四年）譯《道德經》和《六祖壇經》、秦家懿（西元一九四五～）選譯王陽明論學書簡，又和房兆楹（西元一九〇八～一九八五年）合選譯《明儒學案》、康達維 (David R. Knechtges) 譯漢賦和《昭明文選》、柯迂儒 (James Irving Crump, Jr., 1921–) 譯《戰國策》，又和米蘭娜 (Milena Dolezelova-Velingerova, 1932–) 合譯《劉知遠諸宮調》、馬伯良 (Brian E. McKnight, 1933–) 譯《洗冤錄》、沙博理 (Sidney Shapiro) 譯《水滸傳》、奚如谷 (Stephen H. West, 1944–) 和伊維德 (Wilt L. Idema, 1944–) 合譯《琵琶記》，以及芮效衛 (David T. Roy, 1933–) 進行多年的《金瓶梅詞話》翻譯，諸例以英譯為限，要是加上別的歐西語言，還得再列出雷威安 (André Levy, 1925–) 法譯《金瓶梅詞話》等例子。量夠可觀，質亦絕對超過六七十年代以前只求普及，不尊重原文，隨意剖削的王際真（西元一八九九～）、韋利 (Arthur Waley, 1889–1966) 時期諸譯作（賽珍珠輩所代表的水準更不用說）。但真的細檢起來，毛病還是不難發現的（也並不以洋人為限）。

霍克思 *The Story of the Stone* (Baltimore: Penguin Books, 1973) 的第一冊甫出版，才譯出《紅樓夢》首二十六回，確是久未得見的漢學奇葩，一時洛陽紙貴，震動四方，林以亮（宋淇，西元一九一九年）卻能就其可以斟酌的譯句於《明報月刊》提出討論，後且寫成《紅樓夢西遊記：細評紅樓夢新英譯》（臺北：聯經出版事業公司，一九七六年）一書。這是相當具啟發性的例子。

平心而論，霍克思的中文造詣在歐美人士當中毫無疑問是佼佼者（他的英文典雅可誦同樣難得），林以亮書中所說者多是改良性的建議，真正的錯誤並不算多。但看過王伊同在《清華學報》新二十一卷一期（西元一九九一年六月）所檢出馬瑞志英譯《世說新語》(*Shih-shuo hsin-yü: A New Account of Tales of the World*, Minneapolis: University of Minnesota Press, 1976) 的種種差錯，則不難釋卷而嘆。按馬瑞志平實的中文修養，西方早稀見，又以治六朝文學為終生事業，花二三十年以迻譯《世說新語》，盡拿皇牌基金會的資助，仍逃不出飽學之士的法眼，則時下修畢幾門淺近功課，按時出爐的洋學生接班人，或在中國（大陸港臺）時睥睨中文，到外國後始看風轉舵而仍多不肯追補基礎的後輩華人，又怎教人放心？

(三)從檢舉洋人翻譯毛病看華人學者素質的轉變

檢舉洋人翻譯毛病本來就是華人在歐美漢學圈子闖天下的法寶。先在中國從事文史研究，打好國學根柢才放洋者，自始就很有限，五十年代以前更寥寥無幾，但他們多學富五車，舉如王伊同、鄧嗣禹（西元一九〇六～一九八八年）、房兆楹、蕭公權（西元一九一二～一九七一年）、洪業（西元一八九三～一九八〇年）、楊聯陞（西元一九一四～一九九一年）、劉子健（西元一九一九～一九九三年）、何炳棣（西元一九二六～）均可為代表。他們都有資格玩這一套（雖然他們多志不在此）。其中楊聯陞在這方面最為突出。博學多聞，卻始終惜墨如金的他（逝世前二十多年幾乎封筆），早歲憑藉《哈佛亞洲學報》(*Harvard Journal of Asiatic Studies*) 的優越地盤，用書評的方式專去替歐美人士著述看病（即使非翻譯之書也會有譯文穿插其間），從斷句到典章文物，隨時掃出一簍筐，聲名由是大噪，好一段時期頗令白種學者聞風喪膽。其後華人評洋人著述不少都受到他的影響。

在這段時期裡，即使放洋前不專攻中國文史的，在當日的舊社會環境，庭訓師教，耳濡目染的機會比今日多好幾倍，國學的認識因而夠在國外改行後的需要。陳世驤（西元一九一二～一九七一年）、施友忠（西元一九〇二～）、柳無忌（西元一九〇七～）、劉若愚（西元一九二七～一九八六年）、周策縱（西元一九一六～）可代表這種經歷。他們不獨不易犯翻譯錯失，其中還有傳統學問的修養絕對一流的（如周策縱）。

然而，這種情形基本上已是明日黃花。現今在歐美從事中國研究者，華洋之別已不算大，原因上面說過，不必多贅。

七、歐洲對漢學式微的反應

(一)西歐的情形

中國研究取代漢學以後的種種特徵，同樣見於日本研究、韓國研究、東南亞研究等等。這些區域研究六十年代以前即使已有課程都談不上規模，發展起來從根做起，隨人塑造，一下子便納入同一軌道。漢學在前述學制分合的壓力是不可能自別門戶的，只有向其他區域研究看齊，始有生存下去的機會，其原有的那股驕矜自得，遺世獨立的傲氣便逐漸淡化。

有人會說，這一切只是美國（或者添上加拿大）的事，歐洲隔著大西洋，大可我行我素，繼續走傳統漢學之路。事情很難這樣簡單。美國的中國研究課程由小變大（如哈佛），由無至有（如威爾康辛），教授和學生數目節節上升，圖書館和語言教學設備（特別是近年添設的電腦器材）迅速擴展，研究費和會議經費的不斷增加，款款都聲勢足，進度快，在這個資訊發達、距離縮短的世界裡，歐洲本來就圈子小小的漢學界難免黯然失色，感到無限壓力。經過一番困窘、猶豫、思考之後，應付之方因國而異。上焉者精簡求存（法國），下焉者閉門造車（義大利）。其中最慘者當推英國，國勢衰退，經濟不景氣，研究中國的熱情本已不易維持，又因與美國同文，不獨名教授屢給挖角（如唐史專家 Dennis Twitchett [1925–] 為普林斯敦大學重金聘去），連根基好的學生也易被吸收過去（自明末至民運盡數涉獵，著作本本暢銷的史家史景遷 [Jonathan Spence, 1936–] 便是一例，他當年留在英國讀書就業的話，絕不可能有今日雄霸一方的地位），再加上跳槽往加拿大、澳洲、紐西蘭者復不少，發展的困難重重，不難想見。

最易看到這些困難的地方莫如圖書館。好些歐洲著名的大圖書館，如巴黎法國國立圖書館（Bibliothéque Nationale, Paris）、牛津大學卜德林圖書館（Bodleian Library, Oxford University）、大英圖書館（British Library）、劍橋大學圖書館（Cambridge University Library），雖然積聚中國舊籍已數百年，但因過程多半是間接的、被動的，數量始終有限（敦煌遺書數目相當，那是很特別的例外），卻偶有孤本。這正是鄭振鐸（西元一八九八～一九五八年）、向達（西元一九〇〇～一九六六年）、王重民和劉修業夫婦等二三十年代往歐洲尋訪佚籍的原因，也因而讓大家留下歐洲富藏中國舊籍的錯覺。歐洲圖書館向來不注重近人著述和學報期刊，藏品掛一漏萬，情形更嚴重（近年有些圖書館，如萊頓大學漢學研究所者，在這方面急起直追，已頗見成績，但以前錯失機會的還是難於追補）。歐洲漢學不易發展是有先天性的束縛的。

歐洲漢學資源的不理想要從比較的角度才易看得清楚。美國從事中國研究歷史雖然短，只要條件配合，古籍（甚至善本）的搜集還是可以達到相當可觀之境。哈佛、普林斯敦、哥倫比亞諸大學，以及美國國會圖書館的古書藏品，質量並佳，人所共知。談到近人著作和期刊的豐富，此數館外，另得加上芝加哥、密西根、史丹福、加大柏克萊分校、華盛頓、康乃爾等校諸館。這還不算，一般書籍，以及期刊論文的影印，都可用館際互借之法去通有無。各館認真搜購，平均不過三四十年，成績既已把歐洲遠遠拋在後面，差距以後只會更大。不管精粗，見書買書的地毯式訂購法（美國國會圖書館如此購書已三十餘年），和專題網羅式的採購法（如史丹福大學以訪購報紙和期刊為專務、七八十年代耶魯大學專買二十世紀文學作品），諸如此類，盡是歐洲圖書館奉陪不起的玩意。

在若干程度下，加拿大和澳洲這些新興國家也和美國近似。早在六十年代初，美加澳不少圖書館為了配合課程和研究的需要，在港臺搶購書籍，把向來沉寂的書市弄得沸騰，歐洲之難於角逐那時已成定局。近年中國大陸書籍和期刊的出版（以及地區性報紙的外銷），在數量上堪稱爆炸性，既多且快，定價復直線上升，儘管購書孔道暢通廣被，恐除美國國會圖書館外已沒有別館再敢用漁翁撒網式的採購政策。雖則如此，美國的圖書館能夠在合理的程度下隨心所欲地買書的仍不少。在歐洲稱得上此水準的，僅倫敦大學東方及非洲研究學院和萊頓大學漢學研究所兩處的圖書館而已。其他對新書和期刊的訂購多半聊備一格，就算了事。長此下去，連老字號如大英圖書館和法國國立圖書館都會變成偶見珍品的博物館了。

面對這情形，歐洲漢學界是不能不採取因應行動的。英俚有云：若無法取勝，大可投歸同一陣線（If you can't beat them, join them）。玩玩區域研究、科際研究，既追上時興，也可減低對傳統漢學資源的要求，無異自救。一旦認同，效果就和美國的歷程一樣，漢學之難於歐洲繼續其以往的輝煌傳統，情形已很明顯。

(二)東歐發展漢學的困難及其漢學不切實際的聲譽

以上所說還僅是西歐的情形，先天不足，後天失調的東歐漢學只有更糟。在長期政治掛帥的社會裡，學術尊嚴只是裝飾門面的奢侈品，領導階層苟有所需，治古史的、研究宋詞的都可以一股腦兒給調去翻譯《人民日報》。

即使是俄國，漢學傳統比不少西歐國家還要歷史悠久，亦不惜糟蹋人才以配合一時的政策。本來俄國在平常情況之下已不易在漢學上和歐美國家爭一日之長短，特殊資料他們有些，然而外匯短匱，新書（特別是期刊）長期靠交換去添置，而交換又要決定於政治氣候（其和中共大吵大鬧那段日子的大陸刊物自然處處空白）、對方對俄文刊物的需求等條件，外間書刊奇缺是意料中事。成名的學者還可以靠人際關係去增進新知，後學者如何能突破？在選題備受客觀條件限制下，工作只有遷就環境，整理俄國特藏資料（如敦煌卷、聖彼得堡本《紅樓夢》），以及翻譯傳統典籍，遂成為近年俄國漢學作品的特色。目前俄國的知名學者，如研究敦煌文獻的孟列夫 (L. N. Menshikov, 1926–)、治通俗文學的李福清 (Boris Riftin, 1932–)，成就確是得來非易。以後接班者如何自創天地，問題不會簡單。

除了若干格外有建樹者外，東歐漢學家倒有兩種教人羨慕的特徵。

其一為語言的保護色。東歐以外，研究中國學問者，儘管把五十年代在中國大陸念過俄文者也算在內，能閱讀俄文者少之又少。這是將來也難改變的事實。俄文書刊，除了影印文獻（如《雙恩記》等敦煌卷），和附有些少許漢字的書目（如俄國所藏敦煌文獻目錄），以及某些專書後面所附的一兩頁英文提要，對一般研究者而言，無異天書，何從批評？其他用捷克文、波蘭文等發表研究成果者，就更免談。東歐漢學家直接用英法德文發表研究成果者，寥若晨星（普實克 [Jaroslav Průšek, 1906–1980] 是例外，下詳），西方翻譯過來的（或有人代漢翻者）也多不到那裡去。

既如此，大家對東歐漢學家的印象不外出自兩個來源——從東歐移民西方的學者為其師友所作的鼓吹，不然就是懂東歐語文（還是俄文居多）的歐美學者所做的報導。膨脹東歐漢學成就對這兩種介紹者都有明顯的本身利益。在他們的推介文字當中，絕難見到缺點的批判、立場的質疑、和資料貧弱的揭露。語文的保護色給東歐漢學家揚瑜掩瑕的特別照顧。

其二為西方採物以罕為貴的態度。東歐漢學家人丁單薄，工作條件惡劣，肯默默耕耘者，總該視為好漢。評價偏高是人之常情。

舉一個或者不算公平的例子。東歐漢學家在西方最負盛名者莫如捷克的普實克。他勤於著述，肯用英文發表研究成果，又培養出好一批在東西歐及美加均甚具影響力的弟子。世以布拉格 (Prague) 學派稱其體系，是近世西方漢學界少見的現象。他之享譽本理所當然，但正因為英文是他主要的撰述媒介，我們大可看清楚他的貢獻究竟屬於什麼層次。他畢生的研究有兩個重點：傳統的白話小說（特別是話本）和中古史，還可以用下列兩書來代表，考論話本的 *The Origin and the Authors of the Hua-pen* (Prague: Publishing House of the Czechoslovak Academy of Sciences, 1967)，和結集其文史論文的 *Chinese History and Literature: Collection of Studies* (Dordrecht: O. Reidel Publishing Company, 1970)。說實在話，他的小說著述，創意少，考釋拙，其話本研究尤其如此，許多地方僅是魯迅（周樹人，西元一八八一～一九三六年）、鄭振鐸、譚正璧（西元一九〇一～）諸人在抗戰前所發表的意見的英文翻版；其論史之作，又何嘗不是平平無奇，不過爾爾。這種水準的作品要是由中日人士用本國語文出之，恐怕連在較好的地方刊登的機會都難保證，在西方卻成了開創學派的根基，未始不是異數。論學貴乎增加新知，不在裝潢舊說，西翻東迻。學術論著，不管在何處出版，用何種語文發表，衡量標準應是一致的。

八、國人吸收西方漢學成果的準則問題

國人企圖證明西方漢學作品足供援引，喜用求禮於野的藉口。倘確是由衷之言，則大部分的作品都不足惜。搬字過紙式的翻譯、重新裝潢的舊論、霸王硬上弓地去套用西方理論的所謂新詮，均不值得去求諸野。

西方漢學作品之佳者，可分為兩類，不妨稍作說明。

第一類為見解精闢，特富創意，成就遙遙領先之作。韓南 (Patrick Hanan, 1927–) 的兩本話本研究專書，考訂年代和作者的 *The Chinese Short Story: Studies in Dating, Authorship, and Composition* (Cambridge, Mass.: Harvard University Press, 1973)，以及評論藝術成就的 *The Chinese Vernacular Story* (Cambridge, Mass.: Harvard University Press, 1981)，清除討論話本小說在觀念上和在方法上積聚已久的毛病，既破且立，把傳統短篇白話小說的研究帶進新境界。

另一例為劉若愚晚年企圖在文學理論上求突破，不以套用西方現成理論為滿足，而是希望在中國事例上建立既可解釋中國作品，復可回饋西方文學批評界的理論基礎。他的 *Chinese Theories of Literature* (Chicago: University of Chicago Press, 1975) 就是這樣一部篳路藍縷之作。他另有一部試從語言特徵去詮釋詩理的著作，未成而卒，遺稿幸由其弟子林理彰 (Richard John Lynn) 編輯成書，得以出版為 *Language-Paradox-Poetics: A Chinese Perspective* (Princeton: Princeton University Press, 1988)。連對這些作品持異議，

或評為未夠成熟者，也得承認此二書充滿創意和啟發，確令人耳目一新。翻譯雖受制於原文，也可以達到同樣的境界。高本漢《詩經》、《禮記》、《尚書》、《左傳》諸書的譯注本均由董同龢（西元一九一一～一九六三年）等學植深厚的學者代譯為中文，單行出版（原作本來都不是書而是夠長度的學報論文）。表揚的當然是高本漢的校勘注疏功夫，和他的譯筆全無關係。這種認許是西方漢學家所能得到的最高殊榮。

加上高本漢對《左傳》真偽問題、古音、語法等著述，前後逾半世紀由好幾代中國語言學界高手，如趙元任（西元一八九二～一九八五年）、羅常培（西元一八九九～一九五八年）、李方桂（西元一九〇二～一九八八年）、張世祿（西元一九〇二～一九九一年）、張洪年，替其漢譯。任何漢學家的著作給翻為中文，要破高本漢在量方面的紀錄，幾乎是絕不可能的事。

第二類為運用中國學者難於掌握的資料所寫成的著作。勤博的歐美學者（如伯希和）關於十九世紀中葉以前的中西交通和中外文化交流的探討多屬此類。C. R. Boxer (1904–2000) 窮一生之力，通過封塵數百年的西班牙、葡萄牙、荷蘭等文資料去研究明末清初中國東南沿海的對外關係，著作等身，本本精采，更是明顯的例子。

就事論事，歐美知識分子通曉多種歐語者，普遍得很。他們要是治漢學，另添上梵文、巴利文之屬，順理成章。這種人物自然不可能車載斗量，但說代代有之，卻不為過（正當盛年的梅維恆便是一例，故其研究敦煌變文變相，十多種語言資料，運用起來得心應手）。民元以來，中國學者能夠掌握多種西歐語文者確實也有些（如錢鍾書〔西元一九一〇～一九九八年〕、余國藩），但真正貫通歐亞語言（中文當然不算）外，還能像伯希和一樣照顧到偏僻或已死亡之語言者，究有幾人？不必屈指也可數。

不具備這種條件的中國學者，國學再佳，做起宋朝南海貿易之類題目時，難免捉襟見肘，送給洋人譏笑的機會；連較傳統的課題，如西域史地、佛教東漸，研究起來肯於中文資料以外參考些近年刊行的英日文論著已算十分稱職了。旅外多年的華人學者，苟以為已經學貫中西，一旦跌入這類題目的陷阱，弄到窘相畢露，更是難堪。

談到語言能力影響研究範圍，大家不難會想起一代大師陳寅恪（西元一八九〇～一九六九年）。陳先生才識天縱，向無異議，然世人多誇譽其語言天分，則未免流為神話。真相如何，不妨舉一例來說明。一九三六年《哈佛亞洲學報》創刊，徵稿及陳，他應以一篇講唐代傳奇的短文。在洋地盤出洋學報，稿件非蟹行文字不可，陳曾留學歐美（諒非正式學生），不會不知，卻交出篇中文的，以致得由哈佛教授魏魯男（James R. Ware, 1901–）（他是哈佛燕京學社第一個留華學生，曾譯《抱朴子》）代為英譯。錯誤迭出的譯文（譯者根本不知傳奇為何物，譯之為 novels）不單教魏魯男的中文程度露出馬腳，連陳的外文根柢也掛上問號。這還不算，程會昌（已易名程千帆，西元一九一三～）又把英譯翻為中文，變成一筆糊塗帳。英文是歐語中最易掌握者，對未曾在歐陸長期居住的國人來說，無英文寫作能力而能精通其他歐語是神話世界裡才會有的事。陳寅恪尚且如此，餘更成問題。

綜合以上所說，不難下判語。精采而可供國人參考的漢學成果，不是譯譯宋詞，翻翻《漢書》那類小兒科工作，不是止於基本介紹的中國文學簡史，也不是選譯某詩人一組作品，加以連貫性的解釋之詞，便成專著的一類法寶，更不是先選好洋理論、洋模式，然後看看中國事物如何套配，更謀詮釋的勾當。

它們應該是在水準上、語文運用上、資料搜集上超乎中國學者現階段能達到的特級研究結晶。

在國外，研究中國的好比橋樑，大小精粗都擔承著把中國介紹給西方的責任。上面所說那幾款不值得國人費心的譯者在彼邦有存在和繼續推陳出新的需要，這是他們的事，國人不必替他們亂捧場，瞎鼓吹。

九、結論

(一)現階段漢學的定義

上面所講漢學種種諒夠說明一件很基本的事。五十年代以前，外人（包括旅外華人）研究中國問題，多不以學科或年代自限，企圖深廣兼顧（真能做到的當然不多）。他們從事的是 Sinology 研究，所以他們是漢學家。待區域研究、比較研究這些新玩意上場，研究中國者若要求深務廣，廣的意義已轉變為經常指把注意力分散到與中國並無關聯的國家或區域的相同學科去。明白了此背景，中國研究為何與日本研究、菲律賓研究等相齊量觀（雖然比重可以不同），都是亞洲研究（或亞太研究）的一環，便不難理解；怪現象如治中國文學者覺得和英美文學拉近距離比增加中國史哲知識更重要，也就較易解釋。這樣一來，傳統漢學只能算是中國研究的一部分，而且還是並不大的一部分。這就是說，按現在的實際情形，Sinology 及其慣常譯名漢學絕不等於中國研究 (Chinese studies)，因為前者包括在後者之中。

(二)漢學一詞不能用於中國境內的原因

漢學的定義既決定於外國的學術活動，而且還不是一成不變的，那麼中國人在國境內研治中國學問算不算從事漢學活動?除了少數例外,答案應該是否定的。

首先該注意的是譯 Sinology 為漢學是否妥當。Sino- 一詞源出希臘文和拉丁文(原本又出自阿拉伯文),泛指中國的,如中日甲午戰爭為 Sino-Japanese War(不是漢日戰爭)、中法甲申戰爭為 Sino-French War(不是漢法戰爭),「漢」字能否統稱中國,大有疑問!

或者有人會說,日本既用漢學一詞,也有漢文、漢文學、漢醫等名稱。但晚至五十年代日本仍用支那、支那學等詞,難道我們也以支那自稱?!如果不能稱中文為漢文(中國大陸稱為漢語是另一回事,詳後),中國文學為漢文學,中醫為漢醫,為何國人所研究的中國學問卻可稱為漢學?況且漢學一詞也不是歐西的發明,而是國人借用日文去翻譯 Sinology 罷了(也是中文和化之一例)。須知 Sinology 本義不外指研究中國的學問,與 Chinese studies 在語意上並無分別(因習慣和取向之異致使兩者有明顯分別是另一回事,與原來語意無關),重點均不在「漢」字。其實譯 Sinology 為中國學未嘗不可,但不易與作為 Chinese studies 譯名之中國研究分別開來(中國大陸把現階段的 Chinese studies 譯為中國學,對他們來說,傳統漢學也就成了中國學的一部分)。把 Sinology 譯為華學就更糟,變成了和夷學、洋學相對的名稱。

日人用「漢」字泛指與中國有關事物是否適當,不是咱們的家務事,可以不管。中國人卻不能隨便亂用,因自民初以來強調五族共和,「漢」字用起來很難與漢族分家。中共特別討好少數民族(如強辯金元滿入主中國不是外族侵略,是兄弟民族間大家庭執政者的更替,無非以今釋古,反果為因,以求為當前政治服務),故稱中文為漢語,漢人之語言文字也(其實這樣去解釋漢語一詞,毛病很嚴重。語僅能指口語,很難把書寫文字也包括在內。試看「講英語,寫英文」,便知語和文是不能混為一談的),企圖標明其與蒙、滿、藏、維吾爾等中國境內語文有別而互存。由於中國大陸近年所刊各種字典詞典在海外備受歡迎，漢語已取代了中文一詞。對現正求學的外國學生來說，情形更是嚴重（連香港也如此），提起中文一詞，他們不時要想一下，才知道是指「漢語」。如此下去，漢學一詞不難會變成漢族人之學。

顯然，在中國大陸上與中國有關的學術活動僅有文史哲研究、社會科學研究（他們不用人文科學一詞），沒有漢學研究。

其實除了五族共和，照顧少數民族以外，還有一層治中國學問者所不該忽略之事。在西方 sinological 論著尚未引起國人注意前，中國本已有意義明確的漢學一詞。那就是清人嚴漢宋之分，把重訓詁、校勘、考據的漢學（漢唐之學）和以義理為主的宋學（宋明之學）分辨開來。這些分別，江藩（西元一七六一～一八三〇年）的《漢學師承記》和《宋學淵源記》不早已講得很清楚?這兩篇文章相當著名，不少中學國文選本都收錄。如果現在說凡是討論中國事物的著述，不管何處出版，不論出自何人之手，一律都是漢學作品，豈非盲目製造糊塗帳！可惜臺灣近十餘年對漢學一詞產生偏好，藉以標榜，於是乎某某年度臺灣地區所刊漢學論著目錄一類，題目似通不通的書遂應運而生。

其間所收錄的所謂漢學論著絕大多數都應歸入國學類。奇怪的是，臺灣特別喜用「國」字——國樂、國劇、國父、國小、國中、國語、國思、國立、國畫、國軍，以至國安會、國建會、國科會、國是會議等等，大陸上的相應名稱很少與「國」字有關（如普通話、京劇、小學、初中），再加上很難避免的國防、國歌、國旗、國賓、國民、國情等詞，「國」字觸目皆是。為何獨薄國學一詞（大陸固然排斥得更烈）？或者說「國學」夾帶迂舊意味，可避即避，自然不無道理。又或說「漢學」較易為外人接受，也言之成理，總不能稱研究中國事物的外人為國學家，然而卻忘記了 Sinology 和 sinologists 在國外早成了式微，甚至在某些人眼中代表退化落伍的名詞。再者，日本稱日人研究日本事物之學為「國學」（稱日本文學研究為國文學），而不是日本研究（那是對外用的），更不是莫名其妙的「和學」。為何中國人在國境內卻爭相以漢學自況？

國內國外，國人外人同樣適用之詞恐怕是不存在的。漢學和漢學家等詞不單僅能用於對外，還得與外國的實際情形配合，以免弄巧成拙。至於國內，國學一詞應是用之而無愧色的；用於個人而言，國學家一詞或嫌扭捏，則不妨採用文史哲學家之類的稱謂。

十、參考書目（按出版先後排次）

(一)西方漢學概況及漢學人物介紹

《世界各國漢學研究論文集》，陶振譽等，臺北：國防研究院，一九六二年。

《漢學論集》，周法高，香港：自印本，一九六四年。

Elling O. Eide, "Methods in Sinology: Problems of Teaching and Learning," *Journal of Asian Studies*, 31:1 (November 1971),pp. 131–141.

《近代來華外國人名辭典》，中國社會科學院近代史研究所翻譯室，北京：中國社會科學出版社，一九八一年。

《美國中國學手冊》，中國社會科學院情報研究所，北京：中國社會科學出版社，一九八一年。

《海外漢學資源調查錄》，汪雁秋，臺北：漢學研究資料暨服務中心，一九八二年。

《海外存知己：西歐漢學家專訪》，胡萬川，臺北：時報文化出版事業公司，一九八五年。

《蘇俄中國學手冊》，中國社會科學院文獻情報中心，北京：中國社會科學出版社，一九八六年。

《中國古典文學研究在蘇聯》，李福清著，田大畏譯，北京：書目文獻出版社，一九八七年。

〈漢學研究在荷蘭〉，吳榮子，載《漢學研究通訊》九卷四期（一九九〇年十二月），頁二五五～二六〇。

《當西方遇見東方：國際漢學與漢學家(一)》，王家鳳、李光真，臺北：光華書報雜誌社，一九九一年。

(二)西方漢學論著目錄（包括未刊學位論文目錄）

Henri Cordier, *Bibliotheca Sinica: Dictionnaire bibliographique des ouvrages relatifs a l'empire chinois* (Paris: E. Guilmoto, 1904–1908), deuxiéme édition (vols. 1–4); (Paris: P. Geuther, 1922–1924) (vol. 5).

《東洋學研究文獻類目》，京都大學人文科學研究所，京都：京都大學人文科學研究所。一九三五年創刊（收一九三四年刊物），按年出版至今；除最早數期外，每期後三四分之一記錄歐文刊物；出版者名稱和書名曾數度改易。

Earl H. Pritchard, *Bulletin of Far Eastern Bibliography* (New York: Committee on Far Eastern Studies and American Council of Learned Societies, 1936–1940) (5 vols.).

Martha Davidson, *A List of Published Translations from Chinese into English, French and German Part I: Literature Exclusive of Poetry* (Ann Arbor: Edwards Brothers, 1952); *Part II: Poetry* (New Haven: Far Eastern Publications, Yale University, 1957).

École Pratique des Hautes Études, *Revue bibliographique de Sinologie* (Paris: Mouton, 1957 [pour 1955]–).

Hans H. Frankel, *Catalogue of Translations from the Chinese Dynastic Histories for the Period 220–960* (Berkeley: University of California Press, 1957).

Tung-li Yuan（袁同禮）, *China in Western Literature: A Continuation of Henri Cordier's Bibliotheca Sinica* (New Haven: Far Eastern Publications, Yale University, 1958).

Tung-li Yuan, *Russian Works on China in American Libraries 1918–1960* (New Haven: Far Eastern Publications, Yale University, 1961).

John Lust, *Index Sinicus: A Catalogue of Articles Relating to China in Periodicals and Other Collective Publications 1920–1955* (London: W. Heffer & Sons, 1964).

Donald Leslie and Jeremy Davidson, *Author Catalogues of Western Sinologists* (Canberra: Department of Far Eastern History, Australian National University, 1966).

Curtis Stucki, *American Doctoral Dissertations on Asia 1933–June 1966* (Ithaca: Department of Asian Studies, Cornell University, 1968).

Yves Hervouet, *Bibliographie des travaux en langues occidentales sur les Song parus de 1946 à 1965*, Appendice: "Bibliographie sur travaux des auteurs sovietiques sur la Chine pur la periode Song (1945–1967)" par Ludmila Kuvshinnikova (Bordeaux: Societe Bordelaise de Diffusion de Travaux des Lettres et Sciences Humanite, 1969).

Association for Asian Studies, *Cumulative Bibliography of Asian Studies 1941–1965* (Boston: G. K. Hall, 1969–1970) (8 vols.).

Association for Asian Studies, *Cumulative Bibliography of Asian Studies 1966–1970* (Boston: G. K. Hall, 1972–1973) (6 vols.).

Leonard Gordon and Frank Joseph Shulman, *Doctoral Dissertations on China: A Bibliography of Studies in Western Languages* (Seattle: University of Washington Press, 1972).

Association for Asian Studies, *Bibliography of Asian Studies* (Ann Arbor: Association for Asian Studies, 1973 [for 1971]–). 此目錄雖自一九五六年發刊，但因一九七一年以前者已收入上列之*Cumulative Bibliography*內，故按年者可自此期開始使用。

Endymion Wilkinson, *The History of Imperial China: A Research Guide* (Cambridge, Mass.: Harvard University Press, 1973).

Frank Joseph Shulman, *Doctoral Dissertations on Asia: An Annotated Bibliographical Journal of Current International Research* (Ann Arbor: Association for Asian Studies, 1975–). 此學位論文目錄為半年刊。

Frank Joseph Shulman, *Doctoral Dissertations on China 1971–1975: A Bibliography of Studies in Western Languages* (Seattle: University of Washington Press, 1978).

Winston L. Y. Yang（楊力宇）、Peter Li（李培德）、and Nathan K. Mao（茅國權），*Classical Chinese Fiction: A Guide to Its Study and Appreciation—Essays and Bibliographies* (Boston: G. K. Hall, 1978).

Tsuen-hsuin Tsien（錢存訓）and James K. M. Cheng（鄭炯文），*China: An Annotated Bibliography of Bibliographies* (Boston: G. K. Hall, 1978).

《近三十年國外中國學工具書簡介》，馮蒸，北京：中華書局，一九八一年。

Richard John Lynn, *Guide to Chinese Poetry and Drama* (Boston: G. K. Hall, 1984), second edition.

Sydney S. K. Fung and S. T. Lai, *25 T'ang Poets: Index to English Translations* (Hong Kong: The Chinese University Press, 1984).

Victor H. Mair, *A Partial Bibliography for the Study of Indian Influence on Chinese Popular Literature* (Philadelphia: Department of Oriental Studies, University of Pennsylvania, 1987).

William H. Nienhauser, Jr., *Bibliography of Selected Western Works on T'ang Dynasty Literature* (Taipei: Center for Chinese Studies, 1988).

Margaret Berry, *The Chinese Classic Novels: An Annotated Bibliography of Chiefly English-Language Studies* (New York: Garland Publishing, 1988).

語言學

姚榮松

一、語言研究概觀

㈠語言研究的宏觀與微觀

語言是人類交流思想最重要的媒介，語言學(linguistics)是研究人類語言的科學。由於語言牽涉到人類的種種活動和行為，因此，語言研究要涉及許多其他學科。語言研究可以分為微觀和宏觀兩個方面。微觀語言學研究語言結構的本身(即本篇二章的核心知識)。宏觀語言學把語言和跟語言有關的現象聯繫起來研究(即本篇三章的新領域)。這種劃分法，反映了語言研究在歷史進程上的由約而博，由內向而外發的成長，因此它也就成為二十世紀的尖端學科之一。

傳統語言學主要的成就在微觀語言學，人類在科學的語言學出現以前，已經累積幾個世紀的探索，這種前科學時期的語言研究，一般就統稱為語文學(philology)，由於它以文獻紀錄為主體，因此也稱為「文獻語言學」。從傳統到現代，從「前科學」到「科學」，它的分水嶺在十九世紀末二十世紀初，描寫語言學的興起和結構學派的出現。當代語言學從一九五七年杭士基(Noam Chomsky)的革命以後，日趨多元，不斷分化，蔚為宏觀。一切宏觀語言研究必須以微觀的研究為基礎，微觀的語言理論中，本已蘊含邁向宏觀研究的素材，那就是有關語言的時空變化（本篇三章，包括語言共性與語言類型）。語言的歷史變遷是個體變異的累積，語言的地理類型，是社會變異的結果，這是歷時語言學和共時語言學的交錯地帶。變化研究正是由微觀的描述，走向宏觀的解釋的一座橋樑，心理語言學或社會語言學，都是以語言的變化作為觀察的起點。

語言研究除了這種二分法以外；學科的分類法，還有以下四種：

1. 普通語言學 VS 個別語言學

普通語言學 (general linguistics) 又叫一般語言學，是介紹語言的一般理論及研究概況，通常作為一門課程，常見的教材，多用「普通語言學」、「語言學概論」、「語言學教程」、「語言學大綱」等名稱，也有單稱「語言學」的。如：索緒爾 (Saussure) 的《普通語言學教程》、霍凱特 (Hockett) 的《現代語言學教程》等。

個別語言學或稱具體語言學不是學科專名，泛指世界各種語言的專門研究，通常還可以分為通論性和專論性的研究，前者如：富勵士 (R. A. D. Forrest) 的《中國語言》；羅杰瑞的《中國語》；本尼迪克特 (P.K. Benedict) 的《漢藏語言概論》。後者如：高本漢的《中國音韻學研究》、呂叔湘的《中國文法要略》、董同龢的《漢語音韻學》、趙元任的《中國話的文法》等。

2. 歷時語言學 VS 共時語言學

歷時語言學 (diachronic linguistics) 研究語言在時間歷程中的變化；共時語言學 (synchronic linguistics) 研究時間歷程中的某一點上的語言狀態。更明確地說：歷時是指以時間歷程中的某一點到以後的語言演變，這個定點一定在過去；至於共時，卻不限於當代，比方說：薛鳳生的《國語音系解析》和楊耐思的《中原音韻音系》，同為共時語言學，中原音韻則代表十四世紀的早期官話。易孟醇的《先秦語法》（一九八九）和李訥等的《漢語語法》(*Mandarin Chinese*, 1981)，也都是共時語言學。至於王力的《漢語語音史》、太田辰夫的《中國歷史語法》，都屬歷時語言學。不過有些著作，兼採共時的描寫與歷時的比較方法，例如：高本漢《中國音韻學研究》、何大安《南北朝韻部演變研究》，是兼採兩種研究的。二十世紀上半葉的共時語言學研究，是對十九世紀居支配地位的比較語文學歷時研究方法的反作用。

3. 描寫語言學 VS 歷史比較語言學

描寫語言學 (descriptive linguistics) 是對某一歷史階段的語音特點、語法、詞彙的觀察與分析研究。狹義的用法專指美國語言學家布龍菲爾德 (L. Bloomfield) 等的研究方法，他們研究本來沒有文字紀錄的美洲印第安語，採用田野調查 (field work) 的方法和特別的術語來描寫。描寫語言學通常與歷史語言學 (historical linguistics) 相對；後者和歷時語言學相同，但更著重彼此相關語群的發展方式。

歷史語言學傳統上和比較語文學 (comparative philology) 聯繫在一起，後者研究語言之間結構上的親屬關係，目的在找出它們的共同母語，因此，有些學者就合稱為歷史比較語言學 (historical comparative linguistics)。在比較語文學的最初階段，發現了古梵語和其他印歐語言（如古希臘語和拉丁語）的相似之處，從格林姆 (J. Grimm) 到新語法學派 (Neogrammarians) 的十九世紀語言學家，做了許多工作，使歷史比較方法日臻完善，因而構擬了原始印歐語 (Proto-Indo-European language)。二十世紀以來，原始漢藏語、古南島語、古澳泰語 (Austro-Tai) 都是熱門的構擬課題。

4. 理論語言學 VS 應用語言學

理論語言學 (theoretical linguistics) 或普通語言學主要為提出對語言的理論概念和解釋，並為描寫語言學、歷史語言學、比較語言學，以及包括方言學 (dialectology) 在內的其他類型的語言研究，提供共同的框架。英國的萊恩斯 (J. Lyons) 就寫過《理論語言學導論》（一九六八）一書，湯廷池《國語變形語法研究》也是以理論為主。

應用語言學 (applied linguistics) 是研究語言學在各方面的應用，有廣狹二義，狹義的應用語言學指語言教學，還包括下列的分支：語言對比研究、詞典學、翻譯、語言病理學 (speech pathology) 及語言損傷治療。廣義的應用語言學包括各種邊緣學科，如社會語言學、心理語言學、生理語言學 (biolinguistics)、計算語言學、實驗語音學等，其實這些科目都是交叉於應用與理論之間，一方面其基礎理論部分同理論語言學有密切關係，在實用方面又與應用語言學相互結合，很難絕對地劃在那一邊。

宏觀的語言研究是把語言放到時間、空間、社會和一切跟語言有密切關係的領域裡去研究。二十世紀七十年代起，語言學與其他學科互相激盪之下，產生許多所謂的「雜種科學」或者「整合科學」，例如語言學涉及人類學而產生了研究語言變異與人類文化型態關係的「人類語言學」(anthropological linguistics)；語言學進入了心理學的領域，而促成了研究人類運用語言的心理過程與兒童學習母語的發展過程的「心理語言學」(psycholinguistics)；語言的社會變體，必須從社會學的角度來觀察、統計與分析，因而出現了研究語言變異與社會之間相互制約作用的「社會語言學」(sociolinguistics)，又如語言學與數學及電子計算機科技的結合，發展出研究語言的數學性質與語言在電子計算機上的運用，包括「數學語言學」(mathematical linguistics)、「計算機語言學」(computational linguistics) 和「機器翻譯」(machine translation) 等。最使人感到興趣的是語言和大腦的關係。人的語言機制主要在大腦，大腦和語言之間的內在聯繫是人類語言能力及發展研究的新焦點，神經語言學 (neuro-linguistics) 的興起說明這方面的研究正在深入。這些是比較重要的科目，此外，範圍較窄的一些跨科際學科，如：人種語言學 (ethno-linguistics)、計量語言學 (quantitative linguistics)、教學語言學 (pedagogical linguistics)、哲學語言學 (philosophical linguistics)、語言生態學 (ecology of language)、語言風格學 (linguostylistics) 等，或為上述新科下面的分支，或為分科中的共同部分的新組合（如：「語言生態學」是人種語言學、人類語言學和社會語言學中對語言和環境之間相互作用的研究交集）。所有這些宏觀的學門，可以通稱為「連接號語言學」(hyphenated linguistics)，就是把語言學和別的學科用連接號「—」連在一起成為一門新學問。由此可見，語言學號稱為二十世紀的「尖兵科學」，真是名副其實。

㈡語言研究的方法與特徵

語言學是一門獨立的科學。語言的研究方法除了與其他科學的研究方法有相同的地方外，還有它本身的特殊方法。從上文所列微觀到宏觀的語言研究，可見其方法的複雜多樣，因此，語言研究方法是由研究的對象、研究者的語言觀和研究目的所決定，更具體地說，語言的研究方法往往與語言學派相聯繫，並受到語言學家的哲學觀點的影響。換言之，語言學中的方法論（指這門科學所採研究方法的綜合），是隨著語言學史在擺動的。「如果回顧一下語言學的歷史，就可以看出這個歷史是一個為了尋找研究語言的特殊方法而不斷進行鬥爭的過程，由於語言是一種極其複雜的現象，所以對它可以從不同方面進行研究，而實際上最初的語言研究就是在不同的科學領域中進行的：古希臘、羅馬時代，是在哲學中進行的，古代印度是從經驗科學的角度進行研究。」「十九世紀初葉語言學中誕生了歷史比較法。這個時期語言研究的不同學術傳統與不同的研究方法發生了部分的綜合。」（茲維金采夫《普通語言學綱要》，頁九五）

鮑林杰 (Bolinger, 1968) 把語言學的發展分為五個階段，即：傳統語法、歷史語言學、描寫語言學、結構語言學和形式語言學。他指出「每個階段跟前一階段有交叉，不過在某些問題上又與前一階段決裂，自己構成一個陣容齊整的學派。」「雖然它們是在衝突中產生的，但與其說它們代表不可調和的對抗，毋寧說它們代表側重點的不同，所以這五個階段的語言學都保存了下來。」（見鮑氏《語言要略》第十一章）這些方法中，有四種最具代表性，即歷史比較法、內部擬測法、結構分析法（以音位層次的音位分析法與句子層次的直接成分分析法為代表）和變換律語法模式（可稱 TG 分析法）。我們試比較一下「直接成分分析法」和「TG 分析法」的不同。例如左圖是利用結構分析法程序得到的句子「最終成分」(ultimate constituents)：

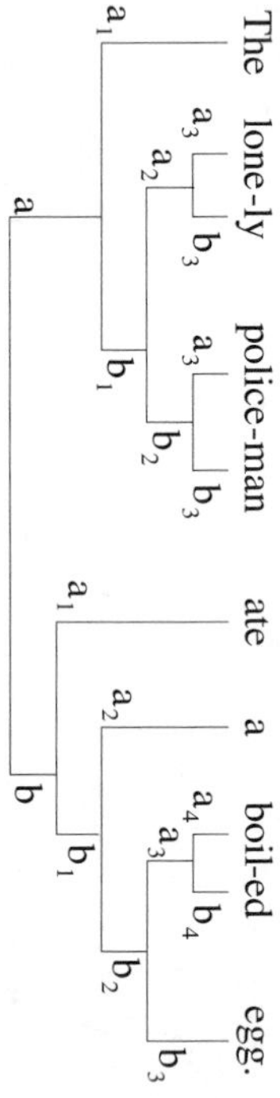

從這裡可以看出a和b是這個句子的兩個直接成分，每一成分各有自己的直接成分，逐層到底。但TG語法分析了這些詞組結構並不是它的目的，它要通過變形的程序來說明兩種結構之間的衍生關係，以「單一變形」為例：

圖一

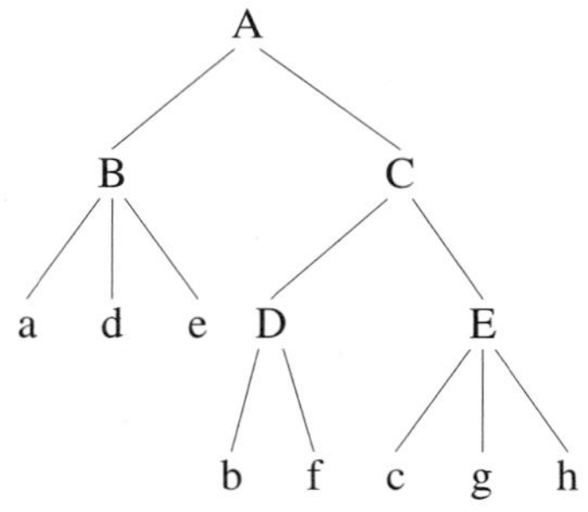

圖二

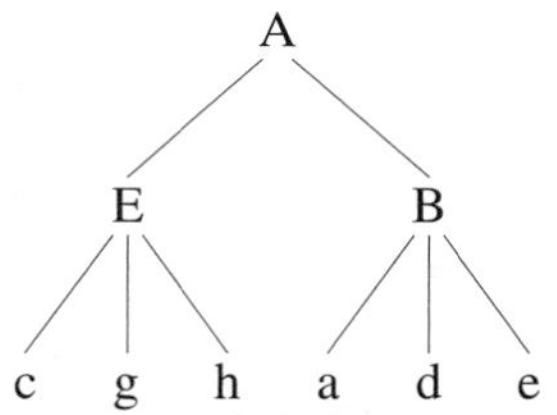

右圖描述圖一（具有八個成分的詞組結構），轉換成圖二（具有六個成分的詞組結構），其中的「轉換」或「變形」包括：刪略（如D），提升（如E→C），移位（如E在B前）。圖一是底層的詞組標記(underlying phrase marker)，圖二是派生(derived)的詞組標記。TG模式把句子的歧義現象，透過深層和表層的概念加以解釋，在語法規則的形式化，高度抽象的衍生能力，大大超過了傳統靜態的結構分析法。

傳統的方法，以歸納、分析為主，當代的分析則更具一般科學研究的特性。即觀察語言現象，然後提出假設，經過驗證，建立通則。充分具備科學方法所要求的客觀性(objectivity)、系統性(systemativity)與驗證性(verifiability)。用杭士基所提出的語法評價的觀點是：觀察充分性(observational adequacy)，即對原始語言資料作出正確解釋。其次是描寫的充分性(descriptive adequacy)，不僅要正確解釋原始語料，更要正確解釋本族說話人和聽話人內在的語言能力，即他們的語言知識。最後是從不止一套的描寫充分的語法中挑出一種最好的語法，稱之為解釋充分的理論。由於語言學家並不排除內省法(introspection)，即直覺的語感判斷，使得語言學作為真正的社會科學有所爭議。但另一方面，由於宏觀語言研究的日益發展，語言學的領域和方法正在擴大而且深化當中，由於不斷借助其他科學，使它成為一門典型的交緣科學，有人主張把語言學視為一種橫向科學，正如哲學不能簡單歸為社會科學，數學也不能說成自然科學一樣，語言學應和自然科學、社會科學與思維科學三大門類相關聯，因此才產生宏觀語言研究中複雜而又成系列的整合性學科。

㈢語言學的傳統與現代

語言研究已有兩三千年的歷史，就其發展的主流而言，大體上可以分為三個轉折點和四個歷史時期(參郭谷兮《語言學教程》，頁六)，如下圖：

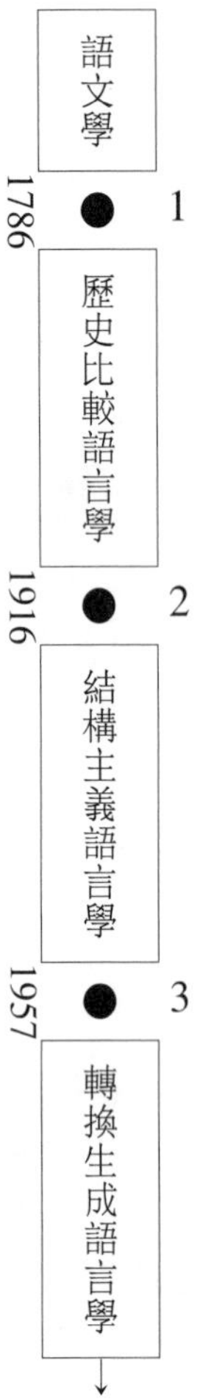

這三個轉折點是：

⑴一七八六年英國的威廉・瓊斯(Sir William Jones)在皇家亞洲學會宣讀論文指出梵語與希臘、拉丁、凱爾特及日耳曼等語有共同的結構特點，因此一發現，這一年被認為是語言學誕生的一年。

(2)一九一六年瑞士語言學家索緒爾 (Ferdinand de Saussure) 的遺著《普通語言學教程》出版，標幟著現代語言學的開始。

(3)一九五七年美國語言學家杭士基 (Noam Chomsky) 出版了《句法結構》(*Syntactic Structures*)，標幟了語言學革命的開端。

1. 從語文學到歷史比較語言學

在科學的語言學（即歷史比較語言學）產生以前，在古代的印度、希臘、中國和近東的古文明國家埃及、巴比倫等，就有一些語文學家和哲學家進行語言的研究，產生了各種語法學說，其中最有名的就是語文學語法和理性語法。語文學語法是西元前四世紀在印度和希臘同時建立起來的。古印度的語法著作以波尼尼所著的《語法》為代表，古希臘則以特拉克斯的《希臘語法》為代表，他研究了八種詞類的學說，並奠定了語法理論的基礎。

理性語法（又稱普遍語法、哲理語法）是在十七世紀由笛卡爾學派的兩位學者阿爾諾 (Antoine Arnauld) 和蘭格斯 (Claude Lancelot) 在法國的波瓦雅 (Port-Royal) 修道院合編完成，叫做「普遍唯理語法」，也叫「波瓦雅語法」，它的特點是注重語言結構的共性。這種所謂的「理性主義」思想是跟重視個性的經驗主義相對立的。

傳統語法最擅長的是描寫某個語言的型態變化、成語以及各種句子形式，特別是描寫歐洲語言之間的差別。它的缺點是「忽視了語言某些部分的描寫，例如構詞法，它是規範的，硬要起制訂規則的作用，而不去記錄語言現實；它缺乏全局觀點，它往往分不清書面語與口語。」（見索緒爾《普通語言學教程》）

十九世紀語言學的突出特點是歷史比較語言學的興起和發展。它以歷史比較法作為標幟。以語言為研究對象，以揭示語言的發展規律為任務，並取得了豐碩的成果，真正的語言學就是從這個時候開始的。歷史比較語言學的基本理論觀點是：(1)每種語言都有它與其他語言不同的特點，這些特點可以經由比較加以認識；(2)比較可以揭示某些具有共同來源的語言的親屬關係，親屬語言組成語族和語系；(3)親屬語言的不同之處只能用這些語言所經歷的歷史變化來解釋，這些不同之處正是每種語言的重要特點；(4)語音要比其他語言要素變化得快，在同一語系中，語音的變化是遵循嚴格的規律進行的；(5)根據這些材料可以大體構擬原始的基礎語的形式。

丹麥的拉斯克 (R. Rask)、德國的博普 (P. Bopp)、格林姆 (Jacob Grimm) 等都是歷史比較法的奠基人，德國的施萊赫 (A. Schleicher, 1821–1868) 構擬出原始印歐語 (Proto-Indo-European) 的九個元音和十五個輔音。歷史比較法的研究到了十九世紀七十年代以後，更為蓬勃發展，法國的梅耶 (A. Meillet, 1866–1936) 可以說是總結了前人的成果。

2. 索緒爾和描寫語言學的興起

索緒爾（西元一八五八～一九一三年）有「現代語言學之父」的美稱，是因為他把同行的歷史語言學家從專注於歷史研究轉到對當代語言的全面研究。他認為「一種語言是一個處於不穩定的平衡狀態之中的一個系統，不過他強調它平衡的方面——任何語言在它歷史的某個特定時期，總是處於完整的，自足的，而且暫時固定的狀態之中。」（引自鮑林杰著《語言要略》[*Aspects of Language*] 第十一章）即強調它的共時性的描寫研究。

索緒爾把語言看成是由各個成分之間的關係組成的結構系統，而非由語音的最小單位——音素和意義本身所構成。索緒爾用過一個著名的比喻：識別棋子和列車，是按照它們在整個系統中的位置，即在棋盤和鐵路網中的位置，而不是按照它們的實際物質。因此，研究語言也不必研究它的各個元素及其意義，而只應研究語言中詞與詞的純形式關係（系統），這就從方法上為結構主義提供了理論前提。因此，索緒爾可以說是結構語言學的奠基人。在語言的研究中，他區分了「語言」(langue) 和「言語」(parole)，語言屬於全社會，是抽象的，言語屬於個人，是具體的（包括生理、物理和心理現象）。他區別語言的內部要素和外部要素；把語言當作「符號系統」，由「能指」(signifiant) 的聲音印象，和「所指」(signifié) 的概念組成。兩者的關係是任意的，而符號之間存在著線性的組合關係 (syntagme) 和聯想的聚合關係 (paradigme)，還區分語言的共時性（暫時靜止狀態）和歷時性（連貫的歷史歷程）。總結他的取向，是「取語言而捨言語，取內部要素而捨外部要素，取共時研究而捨歷時研究，從而嚴格地規定了語言學的對象和範圍」。

在索緒爾的結構語言學基本原理的基礎上，產生了三個有影響力的結構語言學派，即：美國結構語言學——描寫語言學派；歐洲大陸結構語言學——布拉格學派和哥本哈根學派等及英國結構語言學——倫敦學派。其中以布龍菲爾德 (L. Bloomfield, 1887–1949) 為首的美國描寫語言學派的影響最大，他們是明顯地沿著索緒爾的共時方向發展的，在二十世紀初期的代表人物是人類學家鮑阿斯 (Boas)、薩丕爾 (E. Sapir)，同新興的人類學結合在一起。在歐洲，語言學繼續按照比較老的傳統進行，先是和文學的研究相結合，後來又同歷史研究聯繫起來。

描寫語言學不是以拉丁語法範疇為基礎，而是以適合於北美和中美的本地語言為對象，對本來沒有文字紀錄的美洲印第安語進行觀察和分析，概括總結出一套語言分析技術，又拿來應用到有文字和文學傳統的語言上。布氏在一九三三年發表了他的《語言論》(*Language*)，揭示了他的描寫觀點，他的學說建立在行為主義和經驗主義的基礎上，繼布氏之後，海里斯 (Z. S. Harris) 在一九五一年出版了《結構語言學的方法》，這本書制定了一套以分布和替代為標準，對語言單位進行切分和歸類的描寫方法。他們根據實際需要而建立的一種被稱為「發現的程序」的方法論，逐漸被提高為一種理論的教條：「在分析詞法之前不能先分析句法，在分析語音之前也不能去分析詞法，這樣做是混淆程序。」這就成了美國結構主義的致命傷，其後果是，語言學成了一門十分專門的學科，描寫主義成為狹隘的分布主義和機械主義的觀點，又由於一再延遲對句法的研究，終於引發了一場語言學革命。

3. 杭士基與現代語言學的分歧

杭士基 (N. Chomsky) 在一九五七年發表了他的《句法結構》(*Syntactic Structures*)，標幟了一場人們稱之為「Chomsky 的革命」的開端，一九六五年他又寫了《句法理論要略》(*Aspects of the Theory of Syntax*)。杭氏提出了「變形衍生語法」(transformational-generative grammar)（大陸學者譯為「轉換生成語法」），現在習慣簡稱為 TG，根據這種理論，語言學在研究目標和對象、理論性質和研究方法等方面，與結構主義語言學都有不同：(1)結構主義語言學的目標是描寫和研究語言事實，變形衍生語法的目標是研究造成語言事實的原因。結構語言學的對象是話語素材，杭士基區分語言能力和語言行為，前者指說話者和聽話者對自己語言的潛在知識，後者指這種知識的實際運用，TG 是研究語言能力的。(2)結構主義語言學收集語言事實並加以分類，因此是分類性質的理論；TG 則是解釋性質的理論，杭氏認為理論的目的不在描寫「全部事實」，因為語言事實是無限的，語法則是有限的規則系統，TG 要掌握這些有限的規則。(3)結構主義語言學是經驗性的，即依靠經驗的歸納方法，對實際的語言現象進行觀察，能觀察到什麼，就研究什麼。而語言能力是非經驗性的，是觀察不到的，所以 TG 採用演繹方法，杭氏主張從觀察到的事實出發，用普遍性的規則，根據假設，預言新的現象，再用事實驗證，在細節上對規則加以修正。此外，TG 是高度形式化的，它的規則具有抽象性質，因此也具有普遍性。所以這一派語言學也被稱為「形式語言學」。形式語言學家們主張建立的，是一套十分徹底的形式化的規則系統，一部機器如果掌握了這些規則，就能生成一切合乎語法的句子，即在邏輯上合格的句子，而不會生成任何不合語法、不合邏輯的句子。

從一九五七年到一九七七年二十年間，TG 理論至少經歷了四個階段的變化，主要在於對語義的作用和地位的態度的變化，它們是：第一階段（西元一九五七～一九六五年）：以《句法結構》為代表，特點是不考慮語義。第二階段（西元一九六五～一九七二年）：以《句法理論要略》為代表，稱作「標準理論」，杭氏認為深層結構決定語義。其理論框架如下：

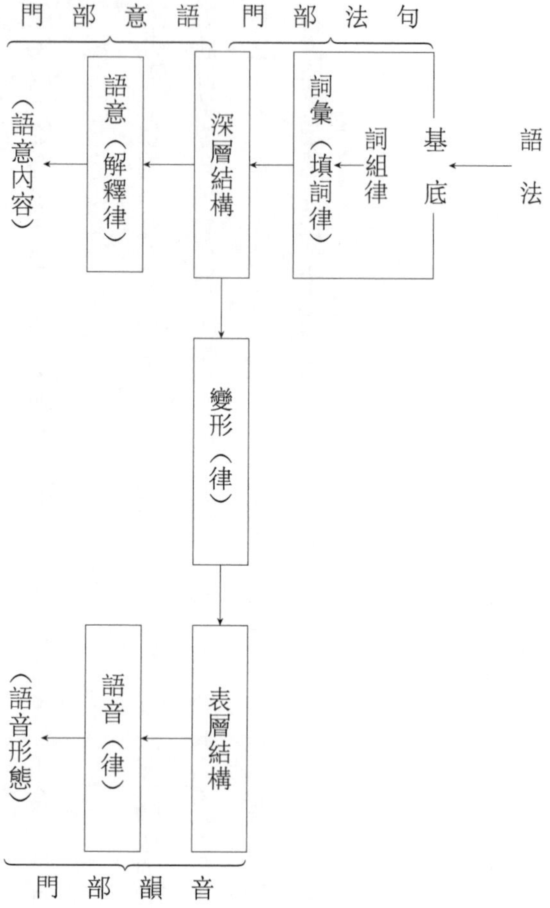

第三階段（西元一九七二～一九七七年）：以〈深層結構、表層結構和語義解釋〉（一九七二）一文為代表，稱作「擴充的標準理論」，杭氏認為表層結構對語義解釋起一定的作用。因此提出對標準理論「變形不能改變語意」這個前提的修改，深層結構並不決定所有的語意。第四階段（西元一九七七年以後）：以《關於形式和解釋的論文集》（一九七七）為代表，稱作「修正的擴充式標準理論」，它的特點是把語義解釋放到了表層結構上，其理論框架如下：

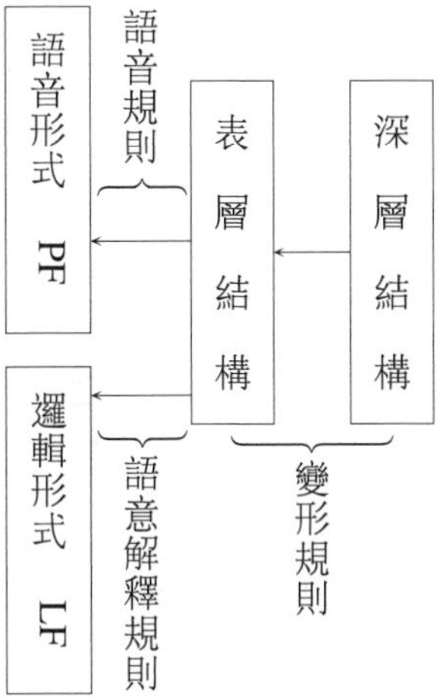

自從 TG 出現以後，美國又出現了以羅斯 (Ross)、雷柯夫 (Lacoff) 為首的衍生語意學，研究語言底層的邏輯關係：，菲爾摩 (Fillimore) 為首的「格變語法」(case grammar)，以格的關係作為描寫一種語言的「深層結構」的基礎，他們主張以語意為中心，直接反對杭氏的「句法中心」。另外以邏輯家蒙太格為首的蒙太格語法 (Montague grammar)，主要研究如何按照邏輯去處理語意的問題，另外還有「層次語言學」(stratificational linguistics)、「空間語法」(space grammar)、「關係語法」(relational grammar)、「功能語法」(functional grammar) 等等。

從七十年代末進入八十年代，杭氏的語法理論也有了大幅度的轉變，八十年代他明確地說語法由兩大系統——規律系統 (system of rules) 和原則系統 (subsystem of principles) 組成，由此構成「普遍語法」(UG) 中的「核心語法」(core grammar)，這個理論的概括性的名稱是「模組語法」(modules grammar) 或「原則及參數語法」(principles-and-parameters approach)。規律系統包括「詞彙」(lexicon)、「句法部門」

(syntactic component)與「解釋部門」(interpretive component)，句法部門與舊的變形語法不同，其中「詞組結構規律」的功能已由「X標槓理論」(X-bar theory)所取代。另一個規律系統——「變形律」，則只剩一條「移動α」的規律，既沒有「結構分析」(SA)，也沒有結構變化(SC)，而允許任何句子成分移到任何位置去。所有由規律系統所衍生的句法結構都要在解釋部門的「邏輯形式」(LF)與「語音形式」(PF)裡一一經過原則系統的「認可」(licensing)，如果不獲得這些原則的認可，就要經過「濾除」(filtering out)而受淘汰。原則系統包括下列幾個語法理論子系統：

(1)X標槓理論(X-bar theory)
(2)論旨理論(θ-theory)
(3)格位理論(case-theory)
(4)管轄理論(government theory)
(5)約束理論(binding theory)
（(4)(5)又合稱為G-B理論）
(6)控制理論(control theory)
(7)限界理論(bounding theory)

這些原則都是有關「規律適用的限制」，或有關「(句法)表顯合法度的條件」，而且都含有若干數值未定的「參數」(parameter)，委由個別語言來選定。至於「核心語法」以外的「周邊」(periphery)，目前尚未做有系統的研究。不過一般認為周邊語法的描述能力可能要比核心語法為強，因此，核心語法原則在周邊語法的適用也可能有一部分要放鬆。(以上3.節主要參考：王鋼《普通語言學基礎》(一九八八)；

湯廷池《漢語詞法句法續集》〔一九八九〕；徐烈炯《生成語法理論》〔一九八八〕。）

二、語言知識的核心

微觀的語言研究主要著眼於語言的內部結構。關於語言的結構和層次，五十年代以前，比較普遍的看法是語言結構包括語音 (speech sound)、詞彙 (vocabulary) 和語法 (grammar)，這種分法跟結構主義語言學的忽視語意有關。一九五八年美國結構語言學的集大成的理論著作——霍凱特的《現代語言學教程》(*A Course in Modern Linguistics*) 共六十四章，其三十五章以前論述語言的結構和分析語言的原則與方法，其中音系論佔十二章，語法系統佔十五章，其餘從語素到語素音位系統凡七章，沒有一章談及語意。六十年代以後的普通語言學教科書，受到 Chomsky 學說影響，才把語音、語意、語法視為語言內部結構的三大部門。杭氏的語言結構是以語法作為核心：

語意←語法→語音

語言符號是由聲音和意義兩部分構成，語符各單位的組合是通過句法 (syntax) 組織而成的。以下列出各種語言學概論必不可少的「核心理論」的章節：

1. 語音學 (phonetics)
2. 音韻學 (phonology)
3. 構詞學 (morphology)
4. 句法學 (syntax)

5. 語意學 (semantics)

有的教科書把構詞法附在「語意學」中論述，如：Fromkin/Rodman (1974)；有的教科書增加了語用學 (pragmatics) 一章，如：Akmajian/Demers/Harnish (1979)（中文的教程中也有以「語用學」為專章的，如：謝國平〔一九八五〕；王鋼〔一九八八〕）；筆者認為語用學是語言學中新開拓的領域，它和「語意學」正有著體用的關係，正如核心理論的其餘兩組：語音學和音韻學，構詞學和句法學的平行關係一樣，因此我們把語言結構的核心理論分成三組來介紹。

㈠語音學與音韻學

1. 語音研究的三個方面

人類語言是有聲語言，語言的聲音簡稱語音，任何語音都是人的發音器官一定動作的結果，這是語音的生理性質。語音發出後，同自然界的其他聲音一樣，都表現為空氣粒子振動形成的音波，這是語音的聲學性質，亦即物理屬性。語音的生理性質和聲學性質都是它的自然性質。

語音除了具有自然性質的一面外，還有另外一面，即語音的功能，或稱為語音的社會屬性。語音本身雖然沒有意義，但受語言社會本質的制約，在特定語言的語音系統中，它運載人們外加的意義。語言的音義結合的任意性，決定了不同語言的語音系統中的語音不同。各語言中似乎相同的音素，在發音和音響上往往有差別，各語言的語音組合規律不同，語音變化規律也不同，人們的發音和辨音能力是在使用過程中形成的，是受語言社群的習慣制約的，凡此都顯示了語音的社會屬性。

語音學從語音的自然性質研究語音，語音的自然性質包括生理性質和聲學性質，因此語音學又相應區分為發音語音學和聲學語音學。音韻學（尤其指音位學）則從語音的功能角度（或社會屬性）研究語音。

對語音研究還有另一方面，即人的聽覺對語音的感知，它包括人耳如何接收語音，把它傳輸到大腦，以及大腦如何進行分析和解碼。其中既有人體內的生理過程，又有意識活動的心理過程，這方面的研究稱為「聽覺語音學」（auditory phonetics，或稱 perceptual phonetics）。

2. 語音四要素

語音的聲學性質，可以從音高、音強、音長和音質（或音色）四個方面加以分析，就是一般所說的聲音的四要素。音高是聲音的高低，它由發音體的振動頻率（每秒振動的次數）決定，頻率大的聲音高，頻率小的聲音低。音強是聲音的強弱（輕重），它是由音波的振幅決定的，振幅大的音強大，振幅小的音強小。音長是聲音的長短，它是發音體振動持續的時間決定的。音質是聲音的品質或色彩，不同的音質主要是由於不同的發音體、不同的發音方法和不同的共鳴器。例如人類語音中，a和i是音質的不同，不同的聲調的i（如衣、移、椅、意）是音高的不同，其中上聲的「椅」發得較去聲的「意」來得長，是音長有別。簾子的「子」念輕聲，蓮子的「子」不念輕聲，是音強有別。

3. 發音器官與發音方法

1. 上脣　3. 上齒　5. 齒齦

2. 下脣　4. 下齒　6. 硬顎

7. 軟顎

8. 小舌

9. 鼻腔

10. 口腔

11. 咽頭

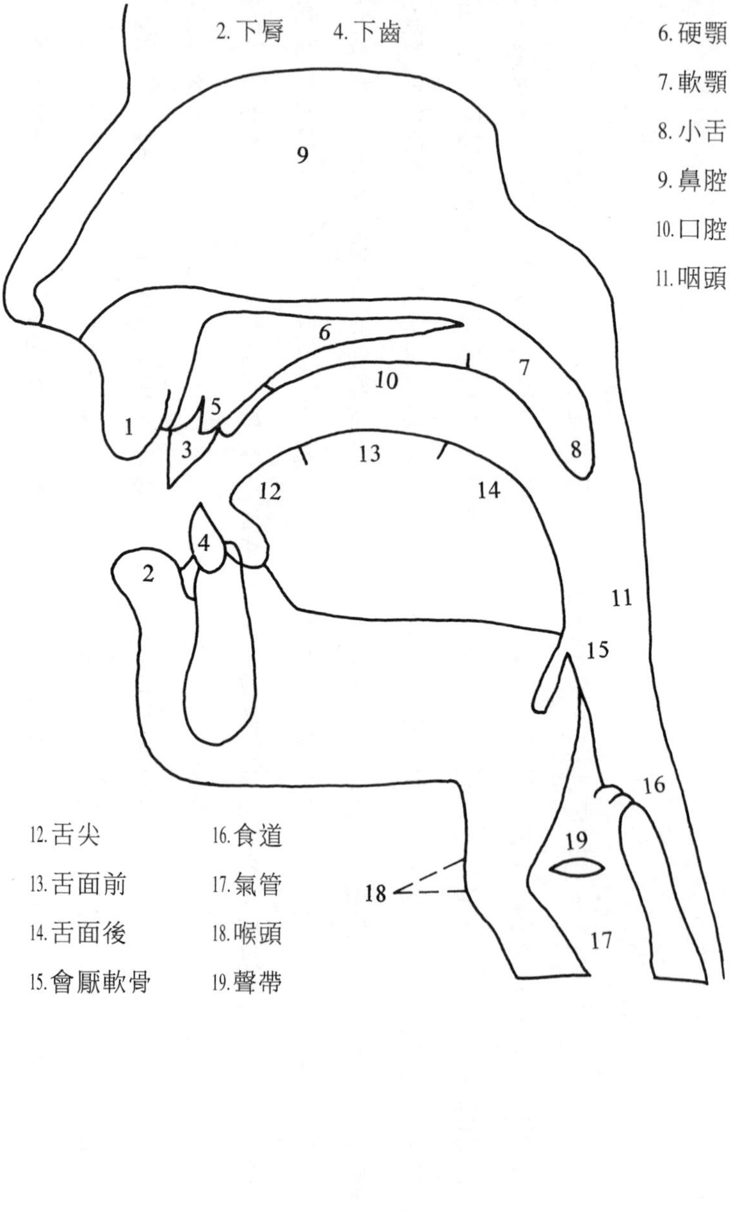

12. 舌尖　16. 食道

13. 舌面前　17. 氣管

14. 舌面後　18. 喉頭

15. 會厭軟骨　19. 聲帶

人類的發音[illegible]部分構成：⑴肺和氣管（呼吸器官）；⑵喉頭和聲帶；⑶咽腔、口腔和鼻腔。三者[illegible]、發音體和共鳴腔。共鳴腔中最重要的是口腔，口腔內的上下唇、上下齒、齒齦、硬[illegible]和小舌等在發音時都起節制的作用，其中活動範圍最大的是舌頭，這些器官的活動可以改變[illegible]的形狀和大小，決定不同的元音或輔音的音質。作為發音體的聲帶是喉的一部分，為一調節的閥門，當聲帶打開時，氣流通入聲道；當它關閉時，肺氣流就被阻斷。來自肺裡的氣流提供了產生聲波的能量，聲帶就把這種能量轉換為一種聽得見的蜂音。前頁之圖是「發音器官的圖解」。

傳統語音學是根據發音生理對語音進行分類，輔音分類的標準主要根據發音的部位和發音方法。所謂發音方法有三個方面：一是據聲帶的顫動與否而分清、濁；二是據氣流的強弱而分送氣、不送氣；三是據口腔中的成阻（closure）狀態，而區分為若干發音方式（如：塞音、擦音、鼻音）。

4. 語音的分類

語音通常可以分為元音和輔音兩大類，元音是純粹的樂音，輔音是一種噪音。元音和輔音的區別是：⑴發元音時氣流不受發音器官的阻礙，發輔音時氣流要受到發音器官某部分的阻礙；⑵發元音時發音器官的肌肉保持均衡的緊張，發輔音時只有形成阻礙的那一部分緊張；⑶元音的氣流較弱，而輔音的氣流較強。此外，還有介於元音和輔音之間的半元音，如〔i〕、〔u〕、〔y〕是閉元音，發這些音時口腔更閉合些，就變為〔j〕、〔w〕、〔ɥ〕，就是半元音，或稱為「接近音」(approximant) 或半輔音。

A．元音的分類

元音可以按下列標準來分類：a.就口腔的開合或舌位的高低分為閉元音（或高元音）、半閉元音（半高元音）、半開（半低）元音、開元音（低元音）。b.就舌的前後分前元音、央元音、後元音。c.就脣的形狀分不圓脣元音（或展脣元音）、中性元音與圓脣元音。d.就發音時間的長短分短元音和長元音。e.就鼻腔的通塞分口元音和鼻化元音。

在眾多元音中，〔i〕〔e〕〔ɛ〕〔a〕〔ɑ〕〔ɔ〕〔o〕〔u〕八個稱為「基本元音」。此外還有舌尖齒齦元音〔ɿ〕〔ʮ〕；舌尖前顎元音〔ʅ〕〔ʯ〕；捲舌元音〔ɚ〕；輔音元音化元音〔m̩〕〔n̩〕〔ŋ̍〕〔r̩〕等。除了單元音外，還有各種複合元音，例如〔ai〕〔ie〕〔uei〕等。

B．輔音的分類

輔音因發音方法和發音部位的不同而有各種不同的分類法。a.就發音時受阻的狀態分為七種：塞音（或破裂音）、鼻音、擦音、邊音、顫音（或滾音）、閃音、半元音等單純輔音；另有由塞音和擦音結合而成的塞擦音。b.就發音時聲帶振不振動分為清音（不帶音）與濁音（帶音）。c.就發音時送不送氣分為不送氣音與送氣音。d.按照輔音的成阻的地方（發音部位）分為十三類，即雙脣音〔p〕、脣齒音〔f〕、舌尖齒間音〔θ〕、舌尖前音〔ts〕、舌尖中音〔t〕、舌尖後音（捲舌音）〔tʂ〕、舌葉音〔ʃ〕、舌面前音〔j〕、舌面中音〔c〕、舌面後音（或舌根音）〔k〕、小舌音〔q〕、喉壁音〔h〕、喉音〔ʔ〕。以上〔 〕內的音素只是任舉一例，下面附國際音標最新修訂的表（一九九九年版，引自劍橋大學出版社一九九九年出版《國音標手冊》頁二〇二～二〇四。關於「附加符號」未列，讀者請參看原刊）。

音段音位

音素就是組合上最小的語音單位，它是從音質的角度切分出來的最終結果，是構成大小不等的各種語音片斷的基本元素。

音標是記錄音素的標寫符號，目前國際上廣泛採用的「國際音標」是一八八八年國際語音協會制定的，遞經增補修訂（最近一次修訂為一九九三年），適於語言教學和研究，其制定原則是「一個音素只用一個音標表示，一個音標只表示一個音素」，記錄音值精確度高，是它的最大優點。

B・音位及其分音

音位 (phoneme) 也是一種語音單位，它和音素的不同，是具有區別意義的作用。所以它是每一種語言中用來辨義的最小語音單位。所以有人說：音位是每一種語言中基本的音 (basic sounds)，例如：就雙脣音而言，北平音系（國語）有 p、pʻ、m 三個音位，閩南語則為 p、pʻ、b(m) 三個音位，英語則為 p、b、m 三個音位。英語較漢語少了一個送氣的〔pʻ〕，是因為英語的〔p〕和〔pʻ〕沒有構成最小的對比 (minimal pair)，而國語中〔pa〕爸：〔pʻa〕扒：〔ma〕媽，構成了〔p-：pʻ-：m-〕的對比，英語則有〔pɪl〕：〔bɪl〕：〔mɪl〕的對比，所以兼有 /b/ 和 /m/，閩南語也有〔pit〕「筆」：〔pʻit〕「匹」：〔bit〕「密」的對比，但是 b- 和 m- 就沒有對比，兩者不在同一條件下出現，也就是〔b〕總是接非鼻聲韻母，〔m〕總是接鼻聲韻母（如 bi 味：mĩ 麵），因此，b/m 在音位上就只能算一個音位的兩個分音 (variants)。分音或稱「音位變體」或稱「同位音」(allphone)。兩個分音的構成條件是：具有語音相似性、出現語境的互補性。當我們說閩南語的〔b〕和〔m〕屬於一個音位，就面臨名稱的問題，究竟說它 /b/ 音位呢？還是 /m/ 音位呢？本來任擇其一皆可，但是音位學家卻提出了第三個原則：系統性。

我們試以閩南傳統韻書所訂的十五個聲母為例（通稱十五音），十五音名稱及其音位符號如下：

邊p　波pʻ　文m

地t　他tʻ　柳l

求k　去kʻ　語g　喜h

曾ts　出tsʻ　入dz　時s

英ø

在韻母（尾）系統中m, n, ŋ是三個音位，但在聲母中，它們分別與b-, l-, g-構成互補關係，在「十五音」的命名上，全用b, l, g或m, n, ŋ都具一致性，但傳統的十五音歌訣b/m一組取用鼻音的「門」或「文」(m-)稍欠一致。不過，把這兩套互補的口音和鼻音合為一套，已充分具有音位觀點，而且合乎音位分析的另一原則：經濟原則（趙元任，〔一九六八〕，頁三一；一個音系裡的音位總數以少為貴）。

描寫音位的符號是//，它的分音用音值符號〔　〕表示，分音有兩類：一為無定分音(free variant)，或稱自由變體，一為有定分音(conditioned variant)，或稱條件變體，凡以互補關係構成者都屬後者，前者如南京話的n, l不分。英語的/p/音位及其兩個分音的關係可表示如下：

/p/ → 〔pʻ〕 # —

/p/ → 〔p〕 / 其他

斜槓的右邊表示出現的語音環境，#表示停頓或音界，—表示〔　〕出現的位置，前式表示/p/音位出現在停頓的後面即詞的開頭，讀成〔pʻ〕，由此可見，音位是一個抽象的音類。

C・超音段音位

前面所談的音位是屬於音段音位 (segmental phoneme)，它可以從音素的線性排列體現每個單位，但是語音的辨義成分不止於此，超音段音位 (supra segmental phoneme) 或者叫「韻律特徵」(prosodic features)，包括長短音、重音 (accent)、語調 (intonation)、斷續的程度（juncture，或譯為音渡）、速度、噪音等。趙元任（一九六八）認為聲調 (tone) 應該視為成段音位，至少在有調語言裡是如此。但是現在一般語言學著作仍歸入「超音段音位」（趙元任的「上加成素」），如國語音段ㄇㄚ (ma) 可以按四聲區分為媽 (ma˥) 麻 (ma˧˥) 馬 (ma˨˩˦) 罵 (ma˥˩) 四個字，其辨義功能不減於任何音段音位。英語最顯著的超音段音位是重音，除了對比重音和平常重音外，詞彙的重音 (lexical stress) 如：´insult（名詞）與 in´sult（動詞），還具有語法功能。

關於對比重音和音渡等超音段音位可舉英語的例子：a blackbird’s nest（烏鴉的巢），a black bird’s nest（黑鳥的巢），a black birdsnest（黑色的鳥巢）三者的不同，就是超音段音位所起的辨義作用。

6. 辨音成分

現代語音學家不再認為音素是不可分析的最小語音單位，而提出「辨音成分」(distinctive feature) 或「區別性特徵」，作為分析的單位，它指的是語音中最小單位同另一個最小單位的區別，例如〔t〕和〔d〕是「清」(voiceless) 和「濁」(voiced) 的對比，〔t〕和〔n〕是「口音性」(oral) 和「鼻音性」(nasal) 的對比。〔i〕和〔y〕是「展脣」(unrounded) 和「圓脣」(rounded) 的區別，〔i〕和〔ɪ〕是「緊張」與「鬆弛」的對比。

就聚合而言，每個音素是由一組發音特徵合成的，例如〔t〕和〔d〕：

〔t〕：輔音性、舌尖中、不送氣、展脣、非硬顎化、清音、塞音。

〔d〕：輔音性、舌尖中、不送氣、展脣、非硬顎化、濁音、塞音。

因此，就音位而言，用以區別相互對立的一束發音特徵才是辨音成分，它進而採取「二元成分」(binary features)的方式，把對立的成分統一為同一成分的正負值，以便於電子計算機的處理，而在語音識別或言語處理工程上加以應用。至於語音學家，則從生理、物理和感知三方面來觀察，他們列出了大約三十個辨音成分，不過每一種具體語言大約只用其中的一半來分析語音。例如英語中常用的有：

a	元音性	vocalic	（或稱）
b	子音性	consonantal	輔音性
c	響音性	sonarant	
d	延續性	continuant	連續
e	顎齦前性	anterior	顎前，前部的
f	舌葉提升性	coronal	舌頂，舌尖的
g	緩放性	delayed release	遲放
h	粗擦性	strident	刺耳性，阻擦
i	濁音性	voiced	
j	鼻音性	nasal	
k	緊音性	tense	緊張性

音段〔p〕可以視為由〔－sonarant, －vocalic, ＋ consonantal, ＋ anterior, －coronal, －voiced, －continuant, －nasal, －strident, …〕等辨音成分的矩陣組合，衍生音韻學家則將這些成分用來區別一個語音系統中的全部音位，因此不但成分的數目因人而異，標記的規則（如冗贅成分或羨餘成分）也有增刪，它已成為一門專門的音韻分析學。

7. 音韻規律

音韻規律 (phonological rule) 是描述一個音韻系統內，詞位 (morpheme) 結合成詞或詞結合成短語或句子時，相關音位之間所發生的變化。例如：英語的 electric → electricity, domestic → domesticity，從詞幹 (stem) 到衍生詞 (derived word) 的填加詞尾作用，語音上由原來的〔-k〕加上〔-iti〕就改讀成〔-siti〕，其中的變化可以寫成以下的規律：

k → s/ — ＋ iti

其中「→」表示變化的方向，「＋」表示詞位界號，這條規律也可以改寫為：k → s/ — ＋ i，那麼 critic → criticism 就可以適用。k →ʃ/ — ＋ ian 則為 phonetic → phonetician, physic → physician 這類的衍生規律。

國語中兩個上聲的連調變化 (tone sandhi)，如：買馬、好酒、好好、整整，都可以用以下的規律來表示第一個字變陽平：上聲調→陽平調／—＋上聲調。

除了這些詞音位變化 (morpho-phonemic change) 之外，還有一些更多的音韻變化 (phonological processes)，作為語言的內在知識的一部分，謝三福 (Sandford A. Schane, 1973) 把它分為四大類：同化作用 (assimilation)——音段變得更相似；音節結構變化 (syllable structure processes)——輔音和元音在分布方面有變化；減弱與增強（weakening and strengthening）——音段根據詞的位置而改變；以及中和作用（neutralization）——音段併入在特殊的語境中。這些音韻變化可涵蓋共時的敘述和歷史的演變。

最常見的音韻規律為同化律，例如：鼻音前向同化律——在鼻音前面的元音要鼻音化，如 kan, pan 念成〔kãn〕，〔pãn〕，利用改寫律 X → Y/A－B 加上辨音成分的應用，可以寫成下列規律：

$$V \rightarrow \overset{V}{[+nas]} \;/\; — \overset{C}{[+nas]}$$

（大寫V代表元音，C代表輔音）

再如，英語輔音中有一條具語境限制的發音規則——清塞音在字首或念重音音節首要送氣。例如：peak 和 opinion 的 p 都念〔ph〕，可以寫成下列規律：

$$\overset{C}{\left\{\begin{array}{l} —\text{連續} \\ —\text{粗擦} \\ —\text{濁音} \end{array}\right\}} \rightarrow [+\text{緊張}] \;/\; \left\{\begin{array}{l} \# — \\ \$ — \begin{bmatrix} V \\ +\text{重音} \end{bmatrix} \end{array}\right\}$$

（花括號代表「選擇其一」，本節參考何大安〔一九八七〕，頁六一～六五；謝國平〔一九八五〕，頁一一二～一一九。）

(二)構詞學與句法學

1. 詞位與構詞法、構形法

構詞學是研究語詞的內在結構、功能及其規律的學科，詞位 (morpheme) 是語言系統中最小的具有意義或語法功能的單位。它包括詞的一切構成部分，如詞根、前綴（前加成分）、後綴（後加成分）、中綴（詞嵌）和詞尾等，既可以表示詞彙意義，又可以表示語法意義。表示語法意義的手段，除了詞綴外，還有音位交替（或內部屈折）、重音、重疊、輔助詞（虛詞）、詞序、語調等。虛詞以下三類，和構詞法、構形法無關，所以不屬於形態學 (morphology) 的範圍。

由詞位構成詞的方式稱為構詞法，它是語言中創造新詞的方法。構形法則是同一個詞表示語法意義的詞形變化的方法。前者如：由詞根「一」構成「初一」、「第一」。後者如：朋友→朋友們（表複數）、做→做著（表進行）、看→看過（表經驗）。中文的「了」、「著」、「過」或「們」，都是構形詞綴 (inflectional affix)。英文中共有八種構形詞尾，即：-s（第三人稱單數，現在式），-ed（過去式），-ing（進行式），-en（過去分詞），-s（複數標記），-'s（所有格），-er（形容詞或副詞的比較級），-est（形容詞或副詞的最高級），這些都是構形詞位，與它相對的是衍生詞位 (derivational morpheme)，如 -able, -tive, -tion 等常可改變詞性。

2. 常見的構詞方式

構詞方式常指詞根與詞綴的組合過程，最常見的方式是「衍生」(derivation) 及「複合」(compounding)。英語中常見的構詞方式有十種，即：

(1) 衍生（加詞綴的方式）。如：cover → discovery。

(2)複合（兩個或兩個以上詞根的組合）。如：black-board。

(3)首字音略語 (acronym)。如：NATO〔´neto〕= North Atlantic Treaty Organization（北大西洋公約組織）。

(4)溶合 (blending)。如：smog（煙霧）← smoke + fog。

(5)反向構詞法 (back-formation)。如：edit ← editor。

(6)借字 (borrowing)。如：英語中的 table, bureau 借自法文。（中文中的「便當」借自日文）

(7)簡縮（abbreviation 或 clipping）。如：exam = examination。

(8)創新字 (coinage)。如：xerox（影印）。

(9)功能的轉換 (functional shift)。如：position, process 等由名詞用為動詞。

(10)錯誤的構詞分析 (morphological misanalysis)。如：hamburger 被誤分為 ham + burger 而產生 cheeseburger, steakburger 等字。

現代漢語的詞彙向以雙音詞為主流的複合詞方向發展，主要的構成方式有下列五種：

(1)聯合式。如：和平、國家、分解。

(2)述賓式。如：主席、知己、革命。

(3)主謂式。如：心疼、地震、花生。

(4)偏正式。如：皮鞋、電話、深造。

(5)述補式。如：打倒、跳高、推廣。

3. 句子的結構

前文已介紹過結構語法中的「直接成分分析法」，我們知道句子不是單純的詞的排列（詞序）問題，也就是具有「層次上的結構」(hierachical structure)。從最簡單的句子擴展成長句子，TG 承襲了簡單的二元模式，即 NP（名詞組）＋ VP（動詞組）這組最大的直接成分，下面是英語的例子：

NP	VP
Ducks（鴨子）	quack（嘎嘎叫）
Those ducks（那些鴨子）	quack horribly（討厭地嘎嘎叫）
Those fat ducks（那些肥鴨子）	will quack horribly（將會討厭地嘎嘎叫）

描寫這樣的語法（通稱為「詞組結構語法」）須包括一系列的改寫規則（或稱「改寫律」），這些規則可顯示句子擴展的過程：

S（句子）→ NP（名詞組）＋ VP（動詞組）

NP → DET（定語）＋ AN（名詞帶修飾語）

AN → ADJ（形容詞）＋ N（名詞）

VP → VB（動詞帶助動詞）＋ ADV（副詞）

VB → AUX（助動詞）＋ V（動詞）

將一層層二元結構逐次展開，在終端部分代入適當的字，即完成下列樹狀圖（倒立）。

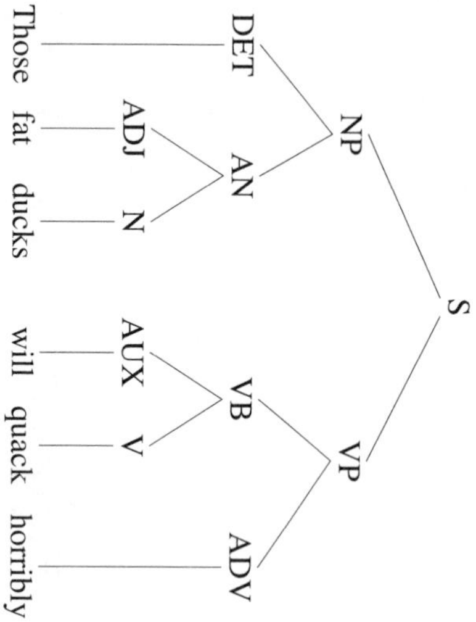

不論是用「改寫律」(或稱「詞組律」)或用「樹狀圖」，都可賦予每一個句子正確的「結構記述」(structural description)：在句法學裡比較專門的術語叫做「詞組標記」(phrase marker)。S（句子）、NP（名詞組）、VP（動詞組）、N（名詞）、V（動詞）、DET（定語）、AUX（助動詞）等都是語法範疇或範疇符號（categorial symbol)，它們在樹狀圖解中都佔一個點，叫做節點(node)。節與節間有平行關係的「姐妹節」，也有上下隸屬的「子女節」，上下位的關係叫「支配」(dominance)。最末端的詞項是「終端語串」(terminal string)，依變形語法的規定，須改寫成一個複合記號（complex symbol，簡稱 CS）。CS 是把詞切分成更小的各種成分(feature)，也用二分法，將語法意義及詞彙意義表示出來。以上就構成變形語法中的基底部分，以詞組律和詞彙（lexicon，或稱填詞律）為內容。據湯廷池（一九七七），國語的詞組律，大量簡化後有如下：

a) S → NP VP

b) NP → $\begin{Bmatrix} \text{(number measure) N} \\ \text{S} \\ \text{NPS} \end{Bmatrix}$

c) VP → V ($\begin{Bmatrix} \text{NP} \\ \text{S} \end{Bmatrix}$)

例如：「老張吃了一個蘋果」，應用詞組律的結果，可以有如下的結構記述：

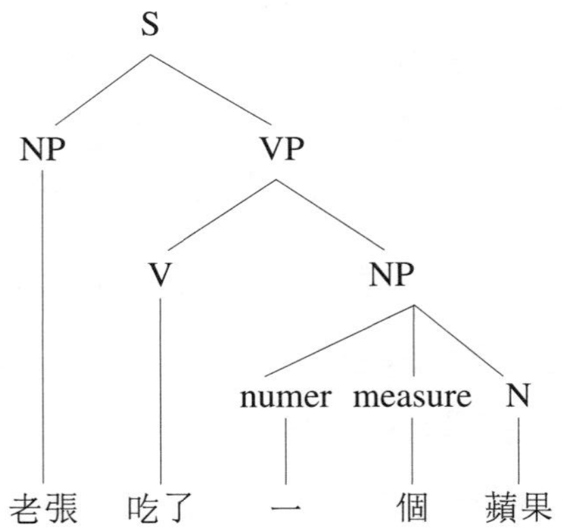

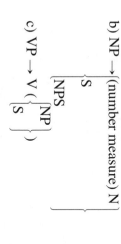

4.深層結構和表層結構

從直接成分分析 (IC) 到變形衍生語法 (TG)，有一個關鍵的發展，是單純的 IC 結構或樹狀圖（或詞組律），雖然對語言結構的表面現象作了解釋，但是對於語言結構內在的聯繫卻解釋不了，因此，以上的模式是不完全的，至少含有兩個嚴重缺點：(1)為了生成所有的某一種語言的句子，需要相當多規則。(2)這樣的分析沒有贏得說母語的人對他們語言的直感。例如英語：

NP	V	ADJ	INF
Tom	is	anxious	to help
Tom	is	difficult	to help

第一句裡 Tom 正打算去幫助他人，另一句則是 Tom 變成一個要被幫助的人，這樣的語感對懂英語的人十分清楚，但是兩個句子的「節」的模式卻無不同。再看下句：

Tom is ready to eat.

任何講英語的人都能認得這個句子有兩種解釋：Tom 餓了，想吃飯；或者 Tom 可能落入了食人者之手，他被捆綁好並加好調料，準備被享用。用中文的例子更清楚：

雞不吃了。

可能是在養雞場，養雞人指著飼料對參觀者的說明；也可能用在餐桌上，是食客對服務生的詢問：「要不要再來一道雞？」的回答。

杭氏對問題的解決方式是設想每個句子都有雙層結構，其一在表層，是明顯的，其二在深層，是抽象的。

第一組例句的差別在深層結構，但表面結構是相同的，如：

深層結構

Tom PRES〔現在〕＋ be anxious for Tom (him) to help (someone)

For someone to help Tom PRES ＋ be difficult

表面結構

Tom is a nxious/difficult to help.

第三個例子也可以分析為下面兩種不同的深層結構：

(1)

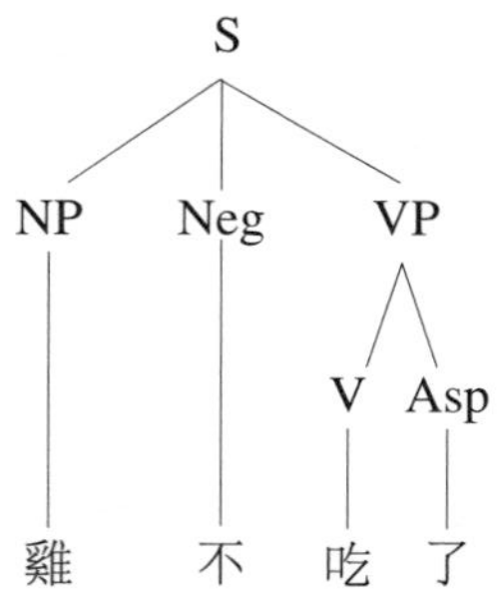

(2)

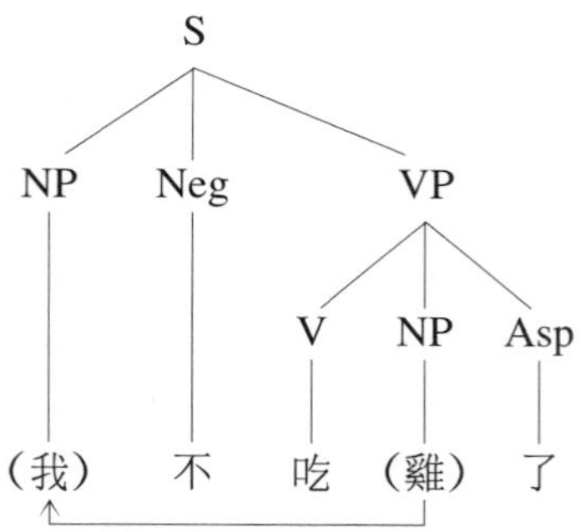

第(2)個結構的「我」是說話人可以省掉，為了說明主題「雞」這道菜，所以經過移位，提到句首，就和第(1)個結構重疊了，但是在深層裡，「雞」的語意是不同的，一個是主事者（會吃東西的雞），一個是受事者（被煮食的雞）。兩種語意共用一種說法，也說明日常語言的模糊性、歧義性，這是杭氏理論產生的背景。深層結構通過一定程序與表面結構聯繫，這些程序稱為變形或轉換 (transformation)。寫成的變形規則就叫變形律或轉換規則 (transformational rules)，變形語法的模式因此確立。

5. 變形律（轉換規則）知多少

變形語法分句法、語意、音韻三部門，句法又分基底 (base) 和變形兩部分。變形律的內容可以分兩部分：結構分析 (structural analysis) 與結構變化 (structural change)，前者是變形律的輸入部分，規定具有何種形式的結構記述才可以經過變形。後者是變形律的輸出部分，把輸入的結構記述經過：「刪略」(deletion)、「代換」(substitution)、「加接」(adjunction) 和「杭氏加接」(Chomsky-adjunction) 等「初級（基本）

變形」，改為另一種形式的結構記述，稱為衍生詞組標記 (derived phrase marker)。

湯廷池《國語變形語法研究第一集・移位變形》（一九七七）就提出了十六種變形律，它們是：基本變形、移位變形（又分移上、移下、移首、移尾、移前、移後）、割除變形與複寫變形、主語變形、主題變形、向左轉位變形、賓語提前變形、處置式變形、被動變形、間接賓語提前變形、領屬格名詞移位變形、副詞移首變形、「連」提前變形、賓語子句移首變形、主語提升變形、否定詞定位與定量詞定位變形。「主語變形」以下是按變形的實質分，以上是按移位的方式來分。下面舉兩個例：

老張看完了書了。→書，老張看完了。（主題變形）

我看完了你的書了。→我把你的書看完了。（處置式變形）

6. 走向普遍語法

在 EST（擴充的標準理論）之前，變形律太龐雜、太具體，在新的 EST 模式中，龐雜的具體變形律被裁減合併為一條規則稱為「α移位」(move α)，原由變形律生成的許多句子結構改由範疇規律生成。有關α移位的討論中最多的是名詞組 (NP) 移位和 wh- 移位。如英語的被動句是通過 NP 移位完成：

(1) a: (NP) was written the book.（D結構）
the book = α

b: The book was written t.（S結構）
The book = α（由 t 移位至此）

英語的特指疑問句是經由 wh- 移位生成的，例如：

(2) a: did you see $\underset{\alpha}{\underline{\text{what}}}$?

b: $\underset{\alpha}{\underline{\text{what}}}$ did you see t ?

移位後一律在原來的位置上留下語跡 t (trace)。

同樣的，「詞組結構規律」也顯得不夠嚴謹，如詞和詞組之間缺少中間層次，又如詞組結構規律描述能力過大，缺乏限制等，在 EST 中也把各種具體的詞組律概括為兩條「X 標槓理論」(X-bar theory) 的規律母式：

(3) a: $\bar{\bar{X}} \rightarrow \text{Spec}\ \bar{X}$ 或作 $X'' \rightarrow \text{Spec}, X'$

b: $\bar{X} \rightarrow X\ \text{Comp}$ 或作 $X' \rightarrow X, \text{Comp}$

a 讀作：X 雙槓改寫為指示語（或限定項）和 X 單槓。

b 讀作：X 單槓改寫為主要語（或中心項）和補述語（或補足項）。其中 X 是變項 (variable)，代表任何語法範疇，它有三種不同「槓次」(bar-level)，詞語 X 是「X 零項」(X_0)，在詞組結構裡充當主要語 (head)，詞組 X'' 是主要語 X 的最大投影，亦可用 XP 來表示，X' 是介於主要語 (X_0) 與 X'' 之間的中介投影。以上規律母式可以合成(4)的兩層槓次的樹形結構：

(4)

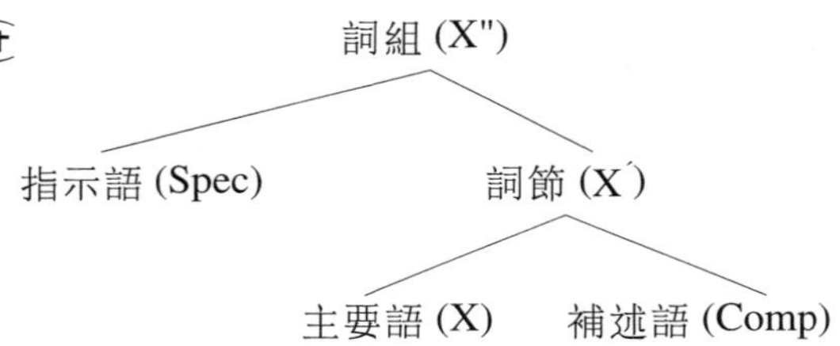

試以下列的動詞組(5) a 和名詞組(5) b 為例：

(5) a: criticized the book.（批評了這本書）

b: John’s criticism of the book.（約翰對這本書的批評）

如果不用變項X，分別寫成(6) a 和(6) b：

(6) a:

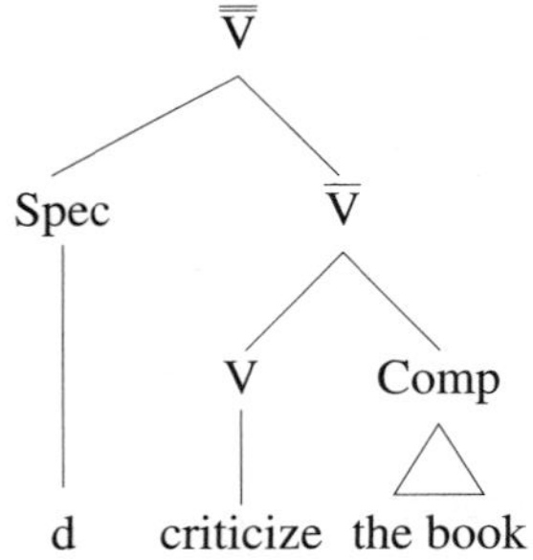

b:

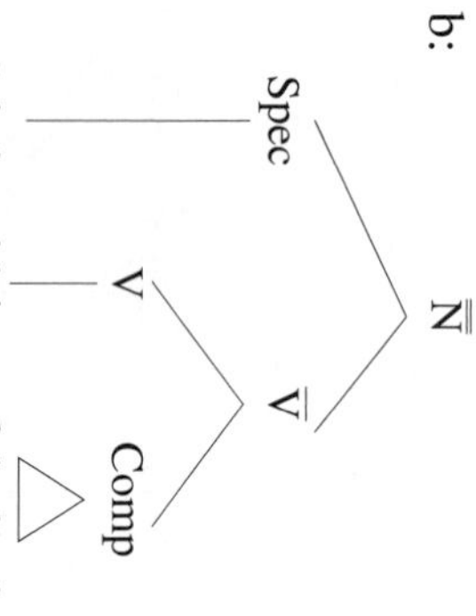

採用變項X取代a和b中的V和N，就可以概括成(4)的規律母式了。如果嚴格把(4)看作一切詞組結構必須服從的必要條件，那麼，一切詞組都是向心(endocentric)結構，都有一個中心語（主要語），X一定要直屬$\bar{X}$，$\bar{X}$一定要直屬於$\bar{\bar{X}}$，依此類推。Chomsky (1981) 把英語的形態變化 INFL 看作句子的中心語，從某種意義說它是聯繫主語與動詞的橋樑，若用I代表 INFL，句子S就是$\bar{\bar{I}}$，謂語就是$\bar{I}$，結構如下：

(7)

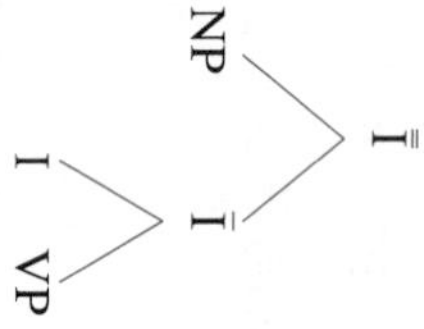

杭氏一九八六年提出「擴充的標槓理論」更把X標槓結構從「詞彙結構」擴展至「(小)句子」(S)和「大句子」(S')等「功能範疇」。把S寫成 IP($=I''$)，把主語看作指示語。把S'寫作 CP($=C'$)，把「補語連詞」(complementizer) 看作 CP 的中心語，以句子（$\bar{\bar{S}}$）為補述語。這樣，IP（句子）和 CP（大句子）都是向心結構了，其他學者（如 Jackendoff 等）也主張把附加語 (adjunct) 納入X標槓理論，(3)的規律母式就擴展為(8)的規律母式了。

(8) a: $X'' \rightarrow X''*, X'$（指示語規律）

b: $X' \rightarrow X', X''*$（附加語規律）

c: $X' \rightarrow X, X''*$（補述語規律）

原來的指示語 (Spec)、補足語 (Comp) 和新加的附加語 (Adjt) 都改寫為變項 $X''*$（右上角加變數星號）。以上所述的「X標槓理論」只是杭氏七個原則系統中的一項理論，限於篇幅，其餘理論就不介紹了。（本節主要參考湯廷池〔一九八九〕、王鋼〔一九八八〕和徐烈炯〔一九八八〕。）

(三)語意學與語用學

1. 語意學的一般課題

傳統語意學 (semantic) 是哲學的分支，最重要的是討論意義是什麼？討論詞、事物和概念三者之間的關係，有一個著名的符號三角形，來說明詞彙意義的客觀性。

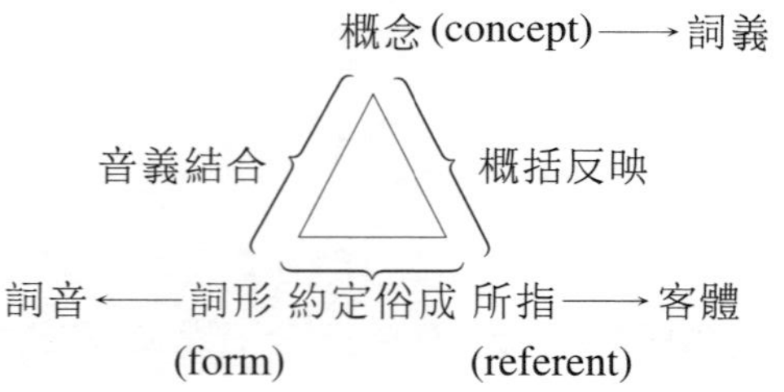

順此一路，發展成意義 (sense) 與指涉 (reference) 的理論，應屬於「語言哲學」的課題。現代語意學的興起，在結構主義語言學的興起之後，三〇年代初歐洲的結構語意學派，首先提出語意場 (semantic field) 理論。此後語言學的語意理論，大抵可分描寫語意學 (descriptive semantics) 和歷史語意學 (historical semantics) 兩派。描寫語意學派中，又有美國和英國兩派。美國語意學是變形衍生語言學的一部分，由於對語意處理的不同，而分為以 Chomsky 為首的解釋語意學和以雷柯夫 (G. Lacoff) 和麥考萊 (J. P. McCawley) 為首的衍生語意學。而在英國的語意學家如利奇 (G. Leech)、萊恩斯 (J. Lyons) 等人則吸收變形衍生語意學的營養，而提出對語意本身的研究。美國派提出的「語意成分分析法」(componential analysis)，成為語意學的一種基本方法。利奇《語意學》(一九八三) 一書，有更廣大的視野，例如：〈七種不同的意義〉(第二章)、〈語意學具有科學性嗎〉(第五章)、〈成分分析的擴展和問題〉(第七章)、〈句子的語意結構〉(第八章)、〈日常語言的邏輯〉(第九章)、〈語意學和句法學〉(第十章)、〈顏色與親屬關係：「普遍語意學」的兩個研究實例〉(第十二章)、〈前提〉(第十四章)、〈語意學和語用學〉(第十六章)。

語意學作為一門獨立的語言科學，已十分充分。

2. 語意成分分析法與語意場

現代語意學中語意的基本單位是義素 (sememe)，它是語意成分 (semantic features)，把詞或詞素看作語意成分的組合，正如音素是由辨音成分組合一樣，在成分的分析上，有相同之處，不過辨音成分有一定的數量，而辨義成分卻尚無定論，一般常用詞比較容易用矩陣來表示，如：

	男人	女人	男孩	女孩
〔人類〕	＋	＋	＋	＋
〔陽性〕	＋	－	＋	－
〔成年〕	＋	＋	－	－

〔人類〕這一成分是四個詞項共有的，它是用來與其他詞項區別用的，這四個詞只要〔±陽性〕、〔±成年〕兩個成分就可以區別，但是我們立刻發現，可以用來作矩陣分析的詞項，都是共有某些語意成分的。如果我們捨異求同，就發現語言的詞與詞之間，並不是孤立的，而往往某一類詞具有語意的結構系統，這種結構性的語意關係，就是語意場 (semantic field)，一種語言中同一語意場的詞，它們的意義互相關聯，互相制約。例如：顏色詞、親屬詞、軍階、各級學校名稱、飲料詞等等，都各自成場，以英語的飲料為例：

drinks（飲料）
- beverage（茶類）
  - tea（茶）
  - coffee（咖啡）
- wine（酒類）
  - claret（紅葡萄酒）
  - hock（白葡萄酒）

較大的語意場裡，往往可分出若干子場，具有層次性，子場裡的所有詞義都是原語意場的下位詞義(hyponym)。語意場還具有民族性，最有名的是親屬場，例如「同輩直系親屬場」，漢、日、英、德有如下列的對應：

漢語	哥	哥	弟	弟	姐	姐	妹	妹
日語	あに		おとうと		あね		いもうと	
英語	brother				sister			
德語	Geschwister							

漢語和日語完全相同，都是既分性別，又分長幼，而英語只有〔±陽性〕一項對立，德語 Geschwister 一詞則為「兄弟姐妹」的通稱，其語意成分只有共同的〔＋同輩，＋直系〕而沒有下位詞，而漢語、日語則可分為兄、弟，是一個子場〔＋陽性〕，姐、妹是另一個子場〔－陽性〕。英語還有一個 cousin 是〔＋同輩，＋旁系〕，相當於漢語中的「堂兄弟姐妹、姨表兄弟姐妹、姑表兄弟姐妹、舅表兄弟姐妹」，漢語

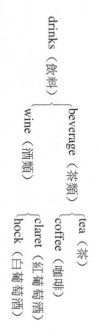

則可分為「父系親屬場」（如堂兄弟姐妹、姑表兄弟姐妹）與「母系親屬場」（如姨表兄弟姐妹、舅表兄弟姐妹）。

3. 語意的聚合關係

語意關係主要表現為聚合關係和組合關係。聚合關係是根據語言體系中語意之間的對比而確定，前述的語意場就是一種聚合。其他的聚合關係表現為：⑴多義關係——包括詞的多義和句的多義；句的多義有語法性的歧義和詞彙性的歧義。語法性的歧義句為詞組結構的差異，如：{〔訪問〕V〔美國的朋友〕NP} VP 和 {〔訪問美國的〕限定詞〔朋友〕名詞} 名詞組。詞彙性的差異如：他一天不吃飯也不行，「不吃飯」可能指「不進三餐」，可能指「不吃米飯」，這是「飯」字有歧義。⑵同義關係——完全的同義詞，如「青黴素＝盤尼西林」，「自行車＝腳踏車」，只佔少數，多數表現為近義關係。同義句也是一樣，如：「我打一個電話給老李」＝「我給老李掛個電話」，是完全同義。但是「王小姐是個老處女」並不等於「王小姐還未結婚」。⑶反義關係——是語義既互相對立又相互聯繫的聚合關係，世間並無絕對的相反詞，它們只是二元對立，如長短、黑白、美醜、善惡。但並非所有對立都是二項分類如生死（生＝非死，死＝非生），但黑≠非白，白≠非黑。Leech (1983) 就作如下的區分：

a. 分類對立
- 二項分類：如：生、死。
- 多項分類：如：金、銀、銅、汞等。

b. 極性對立：如：貧富、老幼、深淺、大小等。

c. 關係對立：如：上下、左右、前後、東西、師生、父子等。

d. 等級對立：如：度量衡單位、日期、月份、星期幾等。

e. 倒置對立：如：全部／一些、可能／必然、許可／強迫等。

(4)並義關係：語義平行並列的詞，如春夏秋冬，東南西北，金木水火土，漢滿蒙回藏。(5)位義關係：一個語義中包含另一個語義的全部義素，二者就處於上下位關係。如「植物、動物」是「生物」的下義詞，植物是花、草、樹木的上義詞。(6)類義關係：語意的廣泛聚合，與語意場大體相當，同義、反義、並義、位義都可併入。如：褒詞、貶詞，或褒貶詞，都可自成類義。

4. 蘊涵 (entailment)，前提 (presupposition) 和涵義 (implicature)

這三個概念都在哲學和語言學領域中有過大量討論，其中尤以「前提」（或稱「前設」）最具有關鍵性，它對解釋語意學和語用學的關係問題，尤其根本。利奇（一九七四）曾舉出三組例句來說明三者的不同：

(1)X蘊涵Y

X：他與一位金髮女繼承人結婚。

Y：他與一位金髮女郎結婚。

(2)X以Y為前提

X：與他結婚的姑娘是位女繼承人。

Y：他與一位姑娘結婚。

(3)X的涵義是Y

X：與金髮女繼承人結婚的男子很少。

Y：有的男子與金髮女繼承人結婚。

前提有一個重要定義：「(a)如果X是真實的，那麼Y必須是真實的。(b)如果X是不真實的，那麼Y仍然必須是真實的。」而「蘊涵」經不起(b)這條否定測試。前提又有邏輯前提和語用前提之分，語用學並不注重區分前提和蘊涵，而注重區分前提和陳述。語用學認為應該把前提看作話語中的已知部分，而把陳述看作話語中的未知部分，即含有新信息的部分，這樣，前提對於開展話語交際就起著根本作用，當兩人交談時，他們有著各方面的共同背景知識，他們不僅對談話的某一特定場合有共同的知識，而且對整個世界有共同的知識。講話雙方已陳述過的命題，可以成為下一個命題的前提。

5. 語用學的範圍

語用學 (pragmatics) 主要研究語境對於人類用言語交際的作用，而「語言行為」(speech acts) 是它研究的重點。這是數十年來新興的領域，也是被利奇形容為「語言研究中比較富有生氣的領域之一」。探討語言行為，主要受三位哲學家的影響，他們是：英國哲學家 J. L. Austin (1962) 寫的《論言有所為》，他的學生 J. R. Searle (1969) 寫的《言語行為》及美國語言哲學家 J. R. Ross (1970) 寫的《論陳述句》。語意學和語用學都研究意義（雖然大體上可以區別為前者研究意義，後者研究用法，或者籠統地說，就是語言能力和語言行為之間的區別），但是角度有所不同，語意學研究句子和詞語本身的意義，而語用學研究的是在一定的交際環境下說出的話語的意義。利奇更指出它們各自的研究處於兩個不同的平面上，語意學研究句子的意義是回答：「X表示什麼意義？」(What does X mean?) 而語用學研究話語的意義是回答：

「你說X是要表示什麼意義?」(What do you mean by X?)

具體的範圍，綜合謝國平（一九八五）和王鋼（一九八八），有下列各項子題：

A・語言行為。分為四種：發聲/說話行為（敘事行為）、非表意行為（行事行為）、遂事行為（成事行為）、命題行為。

行事句 (performative sentence) 或稱「施為句」是指具有典型的「非表意行為」的語言，例如宣判、宣誓、命令、命名、保證、許諾等行事語言 (performative utterance)，所用的動詞如判、宣布、命令、答應等叫做行事動詞。例如：

a. 我答應準時到達那裡。

b. 我和你賭五塊錢明天會下雨。

c. 我把這條船命為伊麗莎白女皇號。

d. 我判你五年的勞役。

e. 我道歉。

說話者在說出a.的同時也就做了許諾；說出b.的同時也就進行了打賭；說出c.的同時也就進行了命名；說出d.的同時也就做出了宣判；說出e.的同時也就進行了辯解。

行事句的特徵是：⑴主語是說話人；⑵句子在形式上都是陳述句、肯定句；⑶行事動詞都用第一人稱現在式。

非表意行為的方式也有五種：

a. 直接而表示字面語意。如：我現在很忙。

b. 直接而非字面語意。如：這種東西拿去餵豬，豬也不會吃。

c. 間接而非字面語意。如：我的口好乾。(請求)

d. 間接而字面語意。如：車子快撞過來了。(警告)

e. 用直接而非字面語意達成間接而非字面語意。如：笑什麼？你牙齒白呀？(詢問→命令／禁止)

B・語用的前提 (pragmatic presupposition)。

C・指示功能 (deixis)。包括：人稱、時間、地方。

D・會話涵義 (conversational implicature)。格賴斯 (P. Grice) 的合作原則與交談準則（量的準則，質的準則，關係準則，方式準則）。

E・會話結構或言談分析 (discourse analysis)。

語用理論的研究方興未艾，因此只做一個輪廓性的介紹。

三、語言學的其他領域

㈠語言的變化與歷史語言學

所有語言都在不斷地變化，包括它們的語音、句法和意義。不過這種變化總是十分緩慢的、漸變的。但如果回顧一下喬叟 (G. Chaucer, 1340–1400) 和莎士比亞的著作，就可知英語在數百年間發生多大的變化。把語言放到時間中去研究，就是語言的歷時研究。語言系統的演變，大致可以分為語音的演變、語法的演變和詞彙的變遷。

1.語音的演變

從歷史的音韻變遷看，語音的演變最常見的是「分化」和「合流」，分化是生出新的音位，例如漢語古無輕脣音（脣齒擦音），現代的 f，是從上古的 p, pʻ, b 分化出來的。合流則是合併音位，例如切韻時期的韻母具有 -m, -n, -ŋ 三種鼻音尾，現代國語 -m 全併入 -n，濁聲母 b-, d-, g- 也分別清化而併入 p, pʻ; t, tʻ; k, kʻ 中了。另一種情形是新的音位的集合，例如國語無聲母來自中古的喻、于、影、疑、微、日（一部分）諸母。總括來說，語音變化可以涉及：語音總數的改變、語音規律的改變、語音規律的消失，進而引起語言結構的重組。

2.語法的演變

廣義的語法演變包括構詞法及造句法的改變。語法的演變一般較語音或詞彙慢得多。構詞法方面的變化，如漢語的複音詞化，增加了不少的前綴和後綴，後綴「子」普遍使用在魏晉以後，「兒」作為後綴至少唐代已出現。五四以後大量名詞後綴產生，如「性」、「論」、「觀」、「界」、「學」、「家」、「員」等。構形後綴，如複數的「們」約在十～十一世紀之間產生，動詞後綴「了」（表完成體）開始出現於唐末，「著」到宋代才開始出現。句法方面，最重要的是詞序，古漢語有些特殊句式，如在否定句中作賓語的代名詞常在述語之前，如：「民莫我欺」、「時不我與」；介詞的賓語，在同一條件下也置於介詞之前，如：「不我以歸」（＝不以我歸）、「莫之與京」（＝莫與之京），這些詞序或倒敘，在白話中早已消失。英語句法中，代名詞 I（我，主格）和 me（我，賓格）的用法正在變化，過去一直以為 “It’s I” 是正確的，

而現在多數人說 "It's me"，me 傾向於使用在動詞後，而 I 則在動詞前。

3. 詞彙的演變

詞彙是語言中最活動的因素，它的變動往往較快，經常有新詞產生和舊詞消亡。新詞的產生不外是新造或借用，漢語構詞法曾經也有過使用語音交替，從來被複合法取代。漢語大量吸收借詞的兩個時期，一是漢唐，一是晚清到五四。前者如葡萄、世界、地獄，後者如馬力、科學、象徵、俱樂部。另外詞義通過擴大、縮小或轉移，也是重要演變。

歷史語言學研究這些演變的規律，主要集中在三個課題上：(1)構擬；(2)變化的方向；(3)變化的原因。關於構擬，這是歷史比較語言學家一、二百年來的工作。構擬分為(a)外部構擬，建立在兩個基本假說上：一為語言學符號本質上是任意的；一為語音變化基本上是有規律的。其成果為：確定親屬語言，建立語言系譜樹，構擬原始語。(b)內部構擬。(c)類型構擬，把語言分為不同類型，並確認每種類型的基本特點。要想成功地構擬原始語的正確形式幾乎不可能，其中存在許多限制，但語言學家認為：擬測古語的意義，不在還原古音，而在對音韻的演變，提供一個可能的解釋（見何大安，〔一九八七〕，頁八一）。

關於音韻變遷的方式，大抵有重配 (redistribution)、移位、語位結構的改變、音韻規律的增減。從音韻系統的「內在機制」又有連鎖反應 (chain effect)、平行演變 (parallel development) 等，用淺近的話說，連鎖反應是以連接的順序發生變化，因此它也是類推的變化。社會學家已證明，語音的變化並非即在所有單詞中同時發生，而是從一個詞到另一個詞，從一個人到另一個人逐漸地擴散。在擴散過程中，個別詞未受到波及（造成例外）是不足為奇的。至於語言演變的原因，分為(a)社會原因，(b)生理和心理的原因，(c)語言系統內部的原因。前兩部分正是社會及心理語言學家熱門的研究課題。

(二)心理語言學淺說

語言結構系統其實是隱藏在心理和社會兩個層面，廣義的語言包括語言（系統）和言語在內的活動，它可以從系統（結構）、功能和過程三個不同角度分別加以研究，從系統角度研究語言的是理論語言學，從功能角度研究語言的是社會語言學，而從過程研究語言的便是心理語言學。

綜合近人的論述，心理語言學通常包括四方面的研究，即：1.語言的心理基礎和歷程（或言語的理解和產生過程）；2.兒童的語言習得；3.語言與大腦；4.語言與認知。其中「語言與大腦」已有一門「神經語言學」，因此成為附帶的項目。儘管不會有兩本意見完全一致的教材，但是八十年代以來，有三個課題仍是這門科學關注的焦點：

(1)人類的語言能力 (competence) 是與生俱來的嗎？

(2)由語言學家提出的語法——特別是變形衍生語法，具有心理上的真實性 (psychological reality) 嗎？

(3)人怎樣接收和發出話語？

語言天賦的問題雖然沒有結論，但是語言具有所有的成熟性控制行為的特性，換句話說，這種行為隨著成長而被掌握，對於它是固有的還是習得的爭論是無用的，因為本性和教養，遺傳和環境都是重要的，而自得與習得的爭論，也環繞在兩個課題上，有人認為言語發展的一致性表示兒童天生就具有語言共性的藍圖，另一派認為兒童不可能具有具體的語言共性原則，相反的，他們天生就被裝置起來去習得語言素材。這種爭論並非兩極化，心理學家至少對「兒童語言受規則支配」這一點是一致的，他們積極尋找那些規則，提出假說，還不時套用變形衍生語法學的各種語法模式及其分支的學派，來分析兒童語法，例如有人用 Fillmore 的格語法，做出不少適合兒童語料的描述。近來更有以語意為中心，從語用學的觀點去描述兒童語料。

對語法是否具有心理真實的問題，心理語言學家也做了不少這方面的實驗，包括：(1)辨音成分的心理真實性；(2)詞組結構的心理真實性；(3)深層結構的心理真實性；(4)變形律的心理真實性；(5)語音感受的基本單位等，可參考謝國平（一九八五）的介紹。其他如句子的理解和產生，也並不像看起來那麼簡單，都須透過不斷改進的實驗，例如兩位 Clark (1977) 列舉十四種策略來解釋我們分析輸入（感知）的語訊時的心理歷程；句子的產生也有幾個分析的模式（如從左至右模式；從上到下模式；直接接合模式等）及以觀察語誤 (speech error) 作為線索，都是一些新鮮的題目。

(三)社會語言學鳥瞰

社會語言學雖然同心理語言學一樣產生於五十年代，但是人類從語言與社會關係的角度來研究語言的社會本質和變異，卻比心理觀點更早。

鑑於心理語言學家專注於尋找人類語言各種變異中的一致性，社會語言學家致力剖析的是這種變異的社會因素。社會語言學的焦點是語言差別，尤其是某種具體語言中的各種變體。我們也比照上一節先列出社會語言學的研究題目的清單：1. 語言的地域變體（方言）；2. 語言的社會變體（社會方言）；3. 語言與禮貌；4. 語言接觸；5. 語言規劃。

社會語言學家需要解答的第一個問題是「什麼是語言？」具體的答案在於語言和方言的區別，語言的概念可以從地理、國籍或者根據使用者相互理解程度三個角度來確定嗎？答案是否定的。社會語言學家基於「言語共通的社會」這個概念，似乎回答了問題，所謂「言語共通的社會」就是「任何自認為在講著同樣語言的人群」。艾奇遜 (Jean Aitchison) (1983) 指出，儘管荷蘭語和德語相似，但是荷蘭人認為他們講的是荷蘭語，而德國人認為他們講的是德語，而所有漢語方言都會被歸為一種語言，儘管方言之間的差異（包括相互理解程度）極大，但是講各種漢語方言的人都認為他們在講漢語。

在語言變異的研究上，採取傳統語言學中的方言調查法，美國的拉波夫 (W. Labov) 一九六二年改進了這種調查方式，為了調查紐約市內不同階層的人說英語時使用元音後的〔r〕音的情況，自己扮成顧客，到百貨店分售高、中、低三種價位的三層售物櫃找售貨員談話再私下作紀錄，這就保證了自然語境的可靠性。並由此證實了元音後的〔r〕音被認為是社會中上層人士說話的標誌。

語言的社會變體就是所謂「社會方言」，還可以細分為：階層變體、職業變體、年齡變體、性別變體及風格變體，它們可以分開來觀察，也可以結合來觀察，這種研究必須精心設計問題，並和統計學相結合，才能從數據中顯示意義，並繪製各種分布圖。

當不同的言語社團的人在一起，為了溝通方便，他們可能選擇一種「通用語」(lingua franca)，不過拿一種自然語言為通用語的情況並不普遍，為了政治因素及民族自尊，往往以某一種語言為基礎，再加上自己語言的某些特點混合而成一種「混雜語」(pidgin)，如過去上海灘有所謂「洋涇濱語」。它不是使用者的母語，一旦它發展為某一社會集團的母語，就成為一種「克里奧語」(Creole)，這種新生語言的研究和某些言語社群內存在的「雙語現象」(bilingualism)或「多語現象」(multilingualism)，成為近幾十年來社會語言學家和語言教育家投注較多的課題，而「語言規劃」也成為某些新興的及開發中國家教育政策的一環。

四、語言學入門推薦書目

語言學作為國學導讀項目，應以傳統語言文字學的闡揚為目標，但是語言科學的特質是日新月異，吸收新理論與新觀念，才能推陳出新。導讀雖以中文系及一般未涉語言學概念者為對象，但限於篇幅，仍不得不以西學為主，但西方語言學著作汗牛充棟，對初學者並不方便，因此本文力求符合國人需要，介紹國內研究成果。由於中國語言學文獻屬於具體語言學領域，非此概論之作所能兼顧，為彌補此一缺憾，書目以中文著作及譯本之介紹為主，西文著作為輔。大抵以本文涉及的共時研究為限，排列則先中文後西文，為配合本篇行文，一律以作者及出版年份起頭。西文譯本皆列於該條下，出版年度後有＊者為該書指引性很強或有分章推薦書目，讀者可按圖索驥，以補充本目錄之不足。

㈠通論

1. 董同龢（一九五七），《語言學大綱》，中華叢書委員會；東華書局（一九八七）。
2. 岑麒祥（一九五八），《語言學史綱要》，科學出版社。
3. 趙元任（一九五九），《語言問題》，臺灣大學；臺北：商務（一九六八）。
4. 高名凱、石安石（一九六三），《語言學概論》，北京：中華。

5. 鄭錦全（一九七三），《語言學》，學生書局。
6. 趙世開（一九八三）**，《現代語言學》，上海知識出版社。
7. 謝國平（一九八五）*，《語言學概論》，三民書局。
8. 戚雨村（一九八五），《語言學引論》，上海外語教育出版社。
9. 郭谷兮等（一九八七），《語言學教程》，陝西人民教育出版社。
10. 王鋼（一九八八），《普通語言學基礎》，湖南教育出版社。
11. 王德（一九九〇）**，《語言學通論》，江蘇教育出版社。
12. 鍾榮富（二〇〇三）*，《最新語言學概論》，文鶴出版公司。
13. Saussure, F. de. (1916), *Cours de Linguistique générale*.（英譯本：*A Course in General Linguistics*, McGraw Hill, 1959；中譯本：《普通語言學教程》，高名凱譯，商務，一九八〇；臺北：弘文館，一九八五。）
14. Sapir, E. (1921), *Language: An Introduction to the Study of Speech*, Harcourt, Brace & World.（中譯本：《語言論》，陸卓元譯，商務，一九六四。）
15. Bloomfield, L. (1933), *Language*, Holt, Rinehart and Winston.（中譯本：《語言論》，袁家驊等譯，商務，一九八〇。）
16. Hockett, C. (1958), *A Course in Modern Linguistics*, Crowell Collier and Macmillan.（中譯本：《現代語言學教程》上、下，索振羽等譯，北京大學，一九八六。）

17. Chomsky, N. (1957), *Syntactic Structures*, The Hague: Mouton.（中譯本：❶《變換律語法理論》，王士元、陸孝棟譯，臺北：虹橋，一九六六；❷《句法結構》，邢公畹等譯，中國社會科學出版社，一九七九。）

18. Bolinger, D. (1975), *Aspects of Language*, Harcourt Brace Jovanovich.（文鶴出版公司，一九七六。）（中譯本：《語言要略》，方立、李谷城等譯，外語教學與研究出版社，一九九三）

19. Fromkin, V. & Rodman, R. (1974)*, *An Introduction to Language*, Holt, Rinehart and Winston, 3rd edition.（文鶴出版公司，一九八三。）（中譯本：《語言學新引》，黃宣範譯，據一九九八年第六版。文鶴出版公司，一九九九）

20. Smith, N. and Wilson, D. (1979)*, *Modern Linguistics: the Results of Chomsky's Revolution*, Harmondsworth: Penguin.（中譯本：《現代語言學：喬姆斯基革命的結果》，外語教學與研究出版社。）

21. Akmajian, A., Demers, R. A. & Harnish, R. A. (1984)**, *Linguistics: An Introduction to Language and Communication*, Holt, Rinehart and Winston, 2nd edition.

(二)語音

22. 羅常培、王均（一九五六），《普通語音學綱要》，科學出版社。

23. 朱川（一九八三），《實驗語音學基礎》，華東師範大學出版社。

24. 王士元（一九八八），《語言與語音》，文鶴出版公司。（內含《實驗語音學講座》，在語言學論叢II，商務，一九八三。）

25. Denes, P. B. & Pinson, E. N. (1963), *The Speech Chain: the Physics and Biology of Spoken Language*, Achor Press.（中譯本：《言語鏈——說和聽的科學》，曹劍芬、任宏謨譯，中國社會科學出版社，一九八三。）

26. Chomsky, N. & Halle, M. (1968), *The Sound Pattern of English*, Harper & Row.

27. Schane, S. A. (1973), *Generative Phonology*, Englewood Cliffs, N. J.: Prentice-Hall.（中譯本：《孳生音韻學》，黎明光譯，文鶴出版公司，一九八二。）

28. Hyman, S. A. (1975), *Phonology: Theory and Analysis*, Holt, Rinehart and Winston.

29. Kenstowicz, M. J. & Kisseberth, C. (1979)*, *Generative Phonology: Descriptive and Theory*, Academic Press.

30. 何大安（一九八七），《聲韻學中的觀念與方法》，大安出版社。

(三)語法

31. 趙元任（一九六八），*A Grammar of Spoken Chinese*, Univ. of California Press.（中譯本：《中國話的文法》，丁邦新譯，香港中文大學出版社，一九八〇；呂叔湘節譯，《漢語口語語法》，商務印書館，一九七九。）

32. 湯廷池（一九七七）*，《國語變形語法研究第一集・移位變形》，學生書局。

33. 龔千炎（一九八七），《中國語法學史稿》，北京：語文出版社。

34. 湯廷池（一九八八），《漢語詞法句法論集》，學生書局。

35. 湯廷池（一九八九），《漢語詞法句法續集》，學生書局。
36. 徐烈炯（一九八八），《生成語法理論》，上海外語教育出版社。
37. Chomsky N. (1965), *Aspects of the Theory of Syntax*, Cambridge, Mass.: The MIT Press.
38. Jacobs, R. A. & Rosenbaum, P. S. (1968), *English Transformational Grammar*, Blaisdell Publishing Company.
39. Backer, C. L. (1978), *Introduction to Generative-transformational Syntax*, Englewood Cliffs, N. J.: Prentice-Hall.
40. Radford, A. (1981)**, *Transformational Syntax: A Student's Guide to Chomsky's Extended Standard Theory*, London: Cambridge Univ. Press.
41. van Riemsdijk, H. & Williams, E. (1986), *Introduction to the Theory of Grammar*, The MIT Press.

(四)語意及其他

42. 黃宣範（一九八三），《語言哲學——意義與指涉理論的研究》，文鶴出版公司。
43. 賈彥德（一九八六），《語義學導論》，北京大學出版社。
44. 伍謙光（一九八八），《語義學導論》，湖南教育出版社。
45. Austin, J. L. (1962), *How to Do Things With Words*, Oxford Univ. Press.
46. Leech, G. N. (1974), *Semantics*, England: Penguin, revised ed., 1983.（中譯本：《語意學》，李瑞華等譯，上海外語教育出版社。）

47. Palmer, F. R. (1981), *Semantics*, 2nd ed., Cambridge Univ. Press.

48. 陳原（一九八四），《社會語言學——關於若干理論問題的初步探索》，商務印書館香港分館。

49. 祝畹瑾編（一九八五），《社會語言學譯文集》，北京大學出版社。

50. 周振鶴、游汝杰（一九八六），《方言與中國文化》，上海人民出版社。

51. 朱曼殊、繆小春（一九九〇），《心理語言學》，華東師範大學出版社。

52. Chomsky, N. (1963), *Language and Mind*.（中譯本：《語言與心理》，牟小華、侯月英譯，華夏出版社，一九八九。）

53. Hudson, R. A. (1981), *Sociolinguistics*.（中譯本：《社會語言學》，盧德平譯，華夏出版社，一九八九；又，丁信善等譯，中國社會科學出版社，一九九〇。）

54. Comrie, B. (1981), *Language Universal and Linguistic Typology*, The University of Chicago Press.（中譯本：《語言共性與語言類型》，沈家煊譯，華夏出版社，一九八九。）

55. 陳新雄等（一九八九），《語言學辭典》，三民書局。

文字學

許錟輝

第一節　中國文字綜述

一、文字的初義

文和字在今天已混用無別，而且「文字」二字已合成一個複詞，凡是有形體寫出，可以表示一個聲音，表達一個完整意義的，都稱為「文字」。但是「文」和「字」在古代是有分別的。

許慎〈說文解字敘〉說：「倉頡之初作書，蓋依類象形，故謂之文；其後形聲相益，即謂之字。文者物象之本，字者言孳乳而寖多也。」依許慎的說法，文是依類象形的，類有物類、事類之別，依物類而象物形的，是象形文；依事類而象事形的，是指事文。字是形聲相益的，形與形相益，是會意字；形與聲相益，是形聲字。文是物象之本，是先造的；字是由文孳乳而寖多，是後造的。為什麼依類象形而先造的稱為文，孳乳寖多而後造的稱為字呢？這就要先了解「文」和「字」的初義了。

《說文解字》說：「文，錯畫也。象交文。」「文」象二對相交的筆畫，引伸之，凡是用各種筆畫來象物之形、象事之形的文字，就稱為文。《說文》又說：「字，乳也。从子在宀下，子亦聲。」段玉裁注：「人及鳥生子曰乳，獸曰㹌。」「字」是生子之義，引伸之，孳乳產生稱為字。象形、指事，是運用各種筆畫來象事、物之形，所以稱為文；會意、形聲，是由象形、指事之文會合而產生，所以稱為字。文由錯畫形成，是單體的；字由文字結合而成，是合體的。所以段玉裁說：「析言之，獨體曰文，合體曰字。」

「文」和「字」初義有別，春秋以後才混用不分。文字在古代有各種不同的名稱：

1.稱為「名」。《周禮・春官・外史》：「掌達書名于四方。」鄭注：「古曰名，今曰字，使四方知書之文字，得能讀之。」《儀禮・聘禮》：「將命，百名以上書於策，不及百名書於方。」可知古代把文字稱為名，這是就其聲音而說的。

2.稱為「書」。〈說文解字敘〉：「倉頡之初作書。」又說：「箸於竹帛謂之書。」把文字稱為書，這是就其書寫而說的。

3.稱為「文」。《左傳》宣公十二年：「於文止戈為武。」《中庸》說：「書同文。」把文字稱為文，這是就其形體而說的。

4.稱為「字」。《史記・呂不韋列傳》：「呂不韋乃使其客人人著所聞，……號曰『呂氏春秋』，布咸陽市門，懸千金其上，延諸侯游士賓客，有能增損一字者予千金。」把文字稱為字，這是就其發展而說的。

二、文字的發生

語言是表達情意的工具，但是語言不能保持長久，也不能傳達遠方，為了克服這層障礙，於是產生了文字來替代語言，傳達思想。但是從語言到文字的創造，其間有許多用以替代語言的方法和工具，略述於下，以明文字發生的淵源。

(一)結繩

《易・繫辭下》：「上古結繩而治。」〈說文解字敘〉：「及神農氏，結繩為治，而統其事。」段玉裁注：「謂自庖犧以前，及庖犧及神農，皆結繩為治，而統其事也。」可見中國古代，曾以結繩記事。至於結繩之法，《周易正義》引鄭玄注：「結繩為約，事大，大結其繩；事小，小結其繩。」可以窺知一二。朱熹說：「結繩，今溪洞諸蠻猶有此俗。」是宋代苗民猶用結繩記事。嚴如熤《苗疆風俗考》說：「苗氏不知文字，……性善記，懼有忘，則結於繩。」是近代苗民仍用結繩記事。

(二)書契

《易・繫辭下》：「上古結繩而治，後世聖人易之以書契。」〈偽孔安國尚書序〉：「古者伏羲氏之王天下也，始畫八卦，造書契，以代結繩之政。」可見中國古代，在結繩記事之後，曾以書契記事。書是筆畫，契是刀刻，二者不同，後來混而為一，甚至還把書契和文字相混。書是用筆或者是木條、竹枝，在布帛、樹葉、樹皮上畫成人物的圖形，藉以記事表義的一種方法，中國古籍未見有此類記載，但是在外國則不乏此例。如：英國人伊文斯 (Arthur Evans) 在地中海東部，希臘東南端的克雷特島 (Crete)，發現西元前二二〇〇年至一五〇〇年之古物，其中有一份繪在兵車輪上的圖形，上記其車造時所費的錢數。（見 Arthur J. Evans, *Scripta Minoa*, volume I, p. 47. 如附圖。）

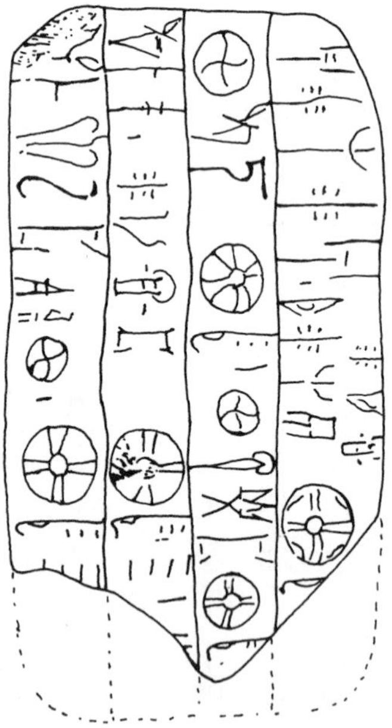

契，本作栔，《說文》云：「栔，刻也。」《釋名》說：「栔，刻也。刻識其數也。」契是用刀在木條、木板上刻些人物圖形，藉以記事表義的一種方法。有的刻成齒形，所以又稱為齒。《墨子・公孟》篇說：「是數人之齒，而以為富。」俞樾《諸子平議》說：「齒者，契之齒也。古者刻竹木以記數，其刻處如齒，故謂之齒。《易林》所謂『符左契右，相與合齒』是也。《列子・說符》篇：『宋人有遊於道，得人遺契者，歸而藏之，密數其齒，曰：吾富可待矣。』此正數人之齒以為富者。」陸次雲《峒谿纖志》說：「木契者，刻木為符，以志事也。苗人雖有文字，不能皆習，故每有事，刻木記之，以為約信之驗。」是近代苗民仍用書契記事。

(三)八卦

《易・繫辭下》：「古者庖犧氏之王天下也，仰則觀象於天，俯則觀法於地，觀鳥獸之文，與地之宜，近取諸身，遠取諸物；於是始作八卦，以通神明之德，以類萬物之情。」八卦相傳是伏羲所作，是八種自然形象的符號，並不是文字，蔣伯潛《文字學纂要》說：「《周易・說卦》固有乾為天，坤為地，震為雷，艮為山，離為火，坎為水，兌為澤，巽為風之說，但這是八卦所代表之物，不是說八卦就是這八個字。」八卦以「⚊」和「⚋」兩種符號交互組合，形成八個圖形，古人曾以卦記事表義。

(四)河圖、洛書

《易・繫辭上》：「河出圖，洛出書，聖人則之。」《竹書紀年》說：「黃帝軒轅氏五十年秋七月，龍圖出河，龜書出洛，赤文篆字，以授軒轅。」《水經注》也說：「黃帝東巡河，過洛，修壇沉璧，受龍圖于河，龜書于洛，赤文篆字。」〈繫辭〉並未說河圖、洛書與文字的關係，《竹書紀年》、《水經注》提到「赤文篆字」，河圖、洛書於是與文字有了關聯。但是，晉太康時汲冢出土的《竹書紀年》，明時已亡佚，今所見沈約注二卷本《竹書紀年》，係後人偽作。其言河圖、洛書之事，與《水經注》相類，當係襲《水經注》之說而偽作。《水經注》係北魏酈道元所撰，成書甚晚，所言「受龍圖于河，龜書于洛，赤文篆字」的話，也不可信。河圖、洛書可能也是和書契相類的一種古人記事表意的方式。也許古人觀龜背上的花紋，魚龍身上的圖形而繪作書圖，藉以記事，於是有河出圖、洛出書，赤文篆字等的附會。至於後人所傳的河圖、洛書，只是由圈點組成的聯珠（如附圖），和《水經注》所說「赤文篆字」，更是不相關了。

河圖

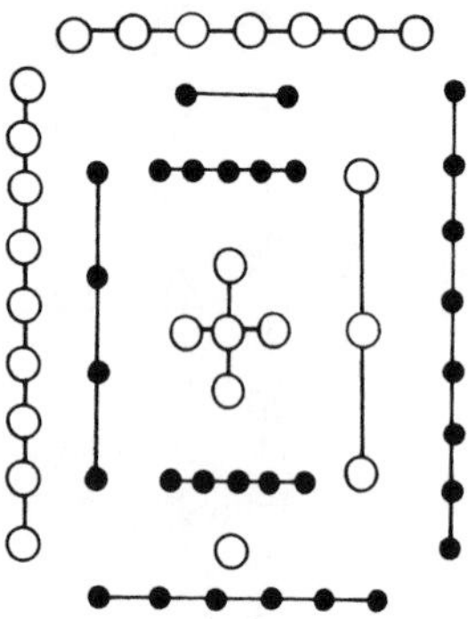

洛書

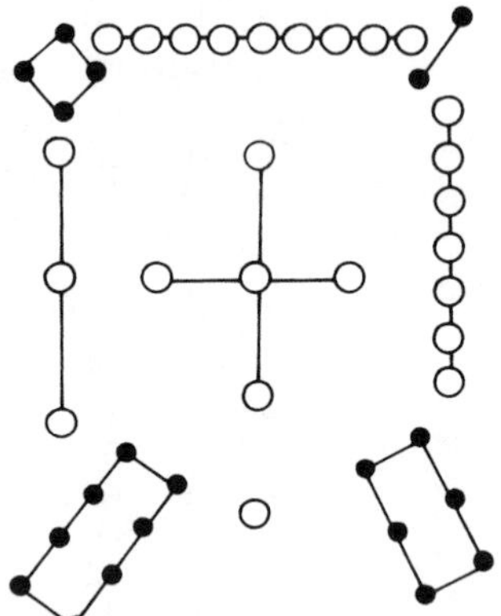

要之，由於語言表意，有時、空的隔閡，於是有結繩、書契、八卦、河圖、洛書等記事表意的方法出現，這些方法無非是想代替語言，克服時、空的障礙，去有效地表情達意，但都不夠理想，最後終於有文字的發生。

中國文字發生的時代，〈說文解字敘〉說：「黃帝之史倉頡，見鳥獸蹏迒之迹，知分理之可相別異也，初造書契。」依許慎之說，文字是黃帝時史官倉頡所造。但是書契只是文字發生之前，藉以記事的工具，不能就視為文字。而且倉頡的年代，說法不一，頗多疑問。再說，文字也不是一人、一時、一地之作，倉頡一人不可能創作這許多文字的。自從河南安陽縣小屯村出土了甲骨文，學者斷定為商朝的文字。近年來，大陸出土的文物，顯示夏朝已有文字，然則，中國文字發生的時代，雖不能確定在黃帝之時，而夏代以前已有文字，應該是可信的。

三、文字的三要素

字形、字義、字音三者，是文字的三要素，缺一不可。如果徒有形、義，只能說是圖畫或符號；徒有音、義，則只是語言，都不能稱為文字。

字形有本形、變形。本形是指造字之時的形體，變形是指後世演變後的形體。有的文字，即使到了楷書，仍然保存造字時的本形，如：大，商代的甲骨文作，象人正面站立之形，周代金文作，小篆作，也都和楷書大致相同，都是本形。有的文字，在流傳的過程中就變形了，如：伐字，商代甲骨文作，从人从戈會意，而戈加在人頸之上，所以伐字本義是擊殺。周代金文有的作，仍然保存本形，而有的卻作，戈已離開人頸，擊殺之義便不明顯了，小篆作，楷書由小篆而來，也都已變形了。

字義有本義、變義。本義是指造字時所賦予的原始義，本義只有一個。變義是指後世用字時變動後的意義。變義有二類：其一是引伸義，由本義擴大運用而來。其二是假借義，憑藉聲韻的條件，或同音、或雙聲、或疊韻，由他字或他義假借而來。變義可能是零個，也可能是無窮個，要看此字被用的情形而定。如果把文字比成一棵樹，本義就好比樹幹，變義就好比樹枝，有的樹枝由樹幹蔓衍生出，這就是引伸義，是由樹幹內發衍生的，所以引伸義和本義有或親或疏的血緣關係。又有的樹枝是由別的樹幹上的枝條接枝生長在這棵樹上的，這就是假借義，是由外來而衍生的，所以假借義和本義沒有血緣關係。茲舉例說明如下：

林，《說文》：「平土有叢木曰林。从二木。」

林字的本義是平地叢生的樹木，這是造字時的原始義，所以造字者以二木相合來表示平地叢生樹木的意思。後來就由此本義而擴大運用，衍生出下面的引伸義：

(1)山上的叢木。如：《穀梁傳》僖公十四年：「林屬于山為麓。」

(2)叢生的草。如：陸機〈招隱詩〉：「激楚佇蘭林。」

(3)叢生的竹。如：《晉書・嵇康傳》：「遂為竹林之游。」

(4)野外。如：《爾雅・釋地》：「野外謂之林。」

(5)山野隱居的處所。如：《高僧傳・義解傳・竺僧朗》：「與隱士張忠為林下之契。」

(6)故鄉。如：張說〈和魏僕射還鄉〉詩：「富貴還鄉國，光華滿舊林。」

(7)眾多。如：柳宗元〈貞符〉：「惟人之初，總總而生，林林而群。」

(8)國君。如：李湛然〈太子少傅竇希瑊神道碑〉：「佐林蒸而平水土。」

(9)人物的繁多。如：《文選・任昉・王文憲集序》：「蔡公儒林之亞。」

這些引伸義，都是從本義「平地叢生的樹木」直接或間接而擴大運用出來的，與本義都有或親或疏的血緣關係。就如一棵樹，有的樹枝直接從樹幹長出，有的細枝則從粗樹枝長出。所以，引伸義有的直接從本義擴大，稱為一級引伸，有的則從引伸義再擴大，稱為二級乃至三級、四級引伸。例如上述的這些林字的引伸義中，山上的叢木、叢生的草、叢生的竹，都是直接從本義擴大的。此外，樹木多生長在原野郊外，由此引伸為野外之義；樹木叢生而繁多，由此引伸為人物的繁多；樹木可為人的居處，由此引伸為故鄉之義；這些也都是直接從本義擴大出來的，都是一級引伸義。其次，人物的繁多，引伸為一切眾多之義；野外引伸為山野隱居的處所，這都是二級引伸義。其次，國君是由眾多人民所擁戴，所以眾多引伸為國君之義，這是三級引伸義。試將上述各義列表如下：

- 平地有叢木
  - 山上的叢木
  - 叢生的草
  - 叢生的竹
  - 野外——山野隱居的處所
  - 人物的繁多——眾多——國君

林字除了上述各義之外，尚有姓氏之義。而此義與平地有叢木的本義不相關，與其他引伸義也沒有關聯，這是林字的假借義。

至於字音也有本音、變音。本音是指造字時所依據的語音，變音則是指後來用字時變動後的讀音。導致文字變音的原因很多，有的是由於時代的不同而改變，這是古今音變。例如：漣，今音ㄌㄧㄢˊ，但是《說文》云：「瀾，大波為瀾。从水闌聲。漣、瀾或从連。」則古代漣、瀾一字，音ㄌㄢˊ，段玉裁注云：「古闌、連同音，故瀾、漣同字。後人乃別為異字、異義、異音。」有的變音是因為地域的不同而改變的，這是方言異讀。例如，《說文》云：「𡖊，齊謂多也。」《方言》也說：「大物盛多，齊、宋之郊，楚、魏之際曰夥。」𡖊、夥一字，中夏雅言謂物盛為多，音ㄉㄨㄛ，而齊地方言則音ㄏㄨㄛˇ，後來便於多字旁加「果」為聲符，「鮇」字是根據方言造的字。有的變音則是由於假借而改變的。例如，《說文》云：「鮮，鮮魚也，出貉國。从魚羴省聲。」鮮的本義是魚名，音ㄒㄧㄢ。《說文》又云：「尟，是少也。是少，俱存也。从是少。」尟的本義為是少，引伸為一切少義，音ㄒㄧㄢˇ。後來少義假借「鮮」字為之，段玉裁注鮮字云：「按此乃魚名，經傳乃叚為新鱻字，又叚為尟少字，而本義廢矣。」「鮮」字音變為ㄒㄧㄢˇ。有的字音則是由於引伸而改變的，例如，《說文》云：「常，下帬也。从巾尚聲。裳、常或从衣。」是常、裳古為一字，音ㄕㄤˊ。下帬不離身體，所以引伸為經常之義，音變為ㄔㄤˊ。字音雖然有時由於假借或引伸而變音，但是，並非凡是假借或引伸就會使字音改變，也有許多文字在假借或引伸之後，還是保持本音而不變的。

四、中國文字的特質

世界各國的文字雖然種類繁多，但是歸結起來，不外兩大系統，其一是音系文字，其二是形系文字，而中國文字在本質上是屬於形系文字，它具有下列六點特質：

㈠本質的一貫

亞述(Ashur)、巴比倫(Babylon)的楔形文字，埃及的圖畫文字，以及中國文字都屬於形系文字。然而亞述、巴比倫的楔形文字，以及埃及的圖畫文字，早成了歷史的陳跡。就以埃及文字來說，古代以形表意的圖畫文字，早就終止使用，今日埃及使用的文字，是以音表意的拼音文字。換言之，埃及的文字早已在本質上發生變化，由形系文字變為音系文字了。然而中國文字則不然，它由商代的甲骨文字，到今日普遍使用的楷書，在本質上始終保持以形表意的特質而一貫不變。例如休字，甲骨文作，鐘鼎文作，篆文作，這些形體和楷書「休」的形體完全一樣，都是由「人」和「木」二部分結合而成，這在六書稱為「會意」。由人依木的「休」形，表示出息止的義。

㈡形音義的密合

文字包括字形、字音、字義三部分。音系文字利用字母的綴合來記錄語言，所以它的特色在於字形和字音的密合，而字義則與字形的關係疏遠，例如英文的"BOOK"一字，利用"B"、"O"、"O"、"K"四個字母的綴合來記錄語音，我們看到"BOOK"的形，就能讀出它的音，至於「書本」的字義卻無法從它的字形上看出來。中國文字則不然，以象形、指事、會意來說，字義和字形都有密切的關係，而字音則與字形的關係疏遠。例如鳥字，篆文作，字形像一隻側立鳥的形狀，所以看到「」形，即知鳥義。又如信字，由「人」和「言」二文結合而成，看到「信」形，即知信實之義。這是字形與字義的密合。至於形聲字，它的字形更進一步而與字義、字音密合。例如詁字，由「言」和「古」二文結合而成，「言」是形符，主在表義，而聲符「古」，不僅注明「詁」字的音，也表明「詁」字的義，所以看到「詁」形，即知其字音ㄍㄨˇ，其義為古言古義。

㈢六書的齊全

亞述、巴比倫的楔形文字，埃及的圖畫文字以及中國文字，都是屬於形系文字，它們最主要是利用線條來表義。譬如「山」字，古埃及文作，中國文字甲骨文作，小篆作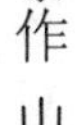，都用線條顯示山峰起伏的樣子，這在六書屬於「象形」；又如古埃及文「夜」字作，上象天空，下象星下垂，這是用線

條表示抽象的意念，六書屬於「指事」。但是這種用線條表形表義的文字，由於線條本身有限，不外乎「、」「一」「丨」「丿」「乙」「○」這幾種變化，到最後不免會混淆不清。而且線條有限，物體和意念無窮，在造字上也會遇到無法造出字來的困境，所以這種靠線條表形義的楔形文字、圖畫文字，以及中國文字中的象形文、指事文，都會到達山窮水盡的地步。於是，亞述、巴比倫的楔形文字，以及埃及的圖畫文字，都只有放棄原來用線條表形義的形系文字，轉而改變為用字母表音的音系文字。然而中國文字卻由線條造字的象形、指事，突破而成為文字與文字組合的會意、形聲。這使得中國文字獲得無限擴展的契機。譬如原有「十」、「口」二字，「十」是指事文，「口」是象形文，二者組合之後，可成為「古」字，是从十口的會意字，又可成為「叶」字，是从口十聲的形聲字。再以「十」重複組合，可成為从二十的「廿」字，从三十的「卅」字。再以「口」字重複組合，又可成為从二口的「吅」（音ㄒㄩㄢ，驚呼之意）字，从三口的「品」字，从四口的「㗊」（音ㄐㄧˊ，眾口之意）字，這些都是由「十」、「口」二字組合而成的會意字。再以「口」和「古」組合，又可成為「咕」字，是从口古聲的形聲字。如此由「口」、「十」二字轉相結合，可以孳生許多新的文字，而這些文字仍然保持以形表義的特質，都還是形系文字。這些象形、指事、會意、形聲四種基本造字的方法，再加上轉注、假借二種輔助的造字方法，便形成了所謂的六書。其中象形、指事，在其他形系文字，如早期的亞述、巴比倫的楔形文字，埃及的圖畫文字，乃至晚近的印第安文字、麼些文字都可以發現，至於會意、形聲、轉注、假借，在其他形系文字中則未有發現。在河南省安陽縣小屯村出土的商代甲骨文字，是目前所能見到規模完備的最早的中國文字，其中六書齊全，這可說是中國文字的特質之一。

㈣音節的單一

外國拼音文字，採用多音節或單音節的方式，而中國文字則只用單音節的方式。譬如英文的"sun"一字，記錄語言〔sʌn〕一個音，屬單音節，而"summer"一字，記錄語言〔sʌ〕、〔mɚ〕兩個音，屬多音節。而中國文字不論是象形、指事、會意、形聲，不管是名詞、動詞，都只是記錄語言的一個音，也就是說，一個音節可以表示一個名物，或表示一個意念。譬如：「上」字記錄語言「ㄕㄤˋ」的一個音，「江」字記錄語言「ㄐㄧㄤ」一個音。這可以代表一個音，也可以代表一個事物。我們可以說它是音字，也可以說它是形字。這種單音節的文字，單字可以成為單詞，在表達使用時，簡明方便，變化多端，形成中國文字的特色。

㈤外形的方正

中國文字是方塊文字，不論象形、指事、會意、形聲，大致呈現方正的外形。譬如：「日」、「口」等象形文，「十」、「乃」等指事文，「信」、「料」等會意字，「江」、「園」等形聲字，外形大致都是方正的。以獨體的象形、指事來說，外形方正比較容易，但以合體的會意、形聲而言，把兩個以上的文字結合起來，外形要保持方正，就需要一些技巧的配合了。譬如「河」字，「水」和「可」以上下結合的方式，成為「氵可」外形便不方正，必如現今左右結合的方式，成為「河」，外形才方正。又如「問」字，「門」和「口」以上下結合的方式，成為「門口」或「口門」，外形便不方正，必如現今內外結合的方式，成為「問」，外形才方正。又如「花」字，「艸」和「化」以左右結合的方式，成為「艸化」字，外形便不方正，必如現今上下結合的方式，成為「花」字，外形才方正。這種方正的字形，形成中國文字的藝術美，與中國書法的蓬勃發展，有密切的關係。

(六)豐富的義蘊

中國文字有本義、引伸義和假借義。譬如「林」字，本義是平地叢生的樹木，然後有山上的叢木、叢生的草、叢生的竹、野外、山野隱居的處所、故鄉、眾多、人物的繁多、國君等的引伸義，又有姓氏的假借義。如此一個「林」字，包含這許多的義，本義卻只有「平地叢生的樹木」一義，其他各義或是由本義而擴大運用，或是由於聲音相同相近而假借，可說是義蘊豐富而不雜亂，這是中國文字的特質之一。

第二節　中國文字學的名稱和範圍

一、中國文字學的名稱

中國古代稱文字學為小學。因為古代孩童八歲入小學，先學認字，認字必須知道文字的結構和文字的運用，因此教初入小學的童子，便先教他們懂得六書。《漢書・藝文志・六藝略・小學類・序》云：

古者八歲入小學，故周官保氏掌養國子，教之六書。

許慎〈說文解字敘〉也說：

> 周禮八歲入小學，保氏教國子，先以六書。

所以把文字學稱為小學。

但是，小學的課程，不是只有識字而已。朱熹《大學章句・序》說：

> 人生八歲，則自王公以下，至於庶人之子弟，皆入小學。而教之以灑掃應對進退之節，禮樂射御書數之文。

然則把教小學孩童識字、明六書的課程稱為「小學」，似乎有些名不副實。

事實上，早在唐、宋之時，在「小學」的名稱之外，已有「文字之學」之名了。《漢書・杜鄴傳》：「尤長小學。」唐顏師古注云：「小學謂文字之學也。周禮八歲入小學，保氏教國子以六書，故因名云。」宋晁公武《郡齋讀書志》也說：「文字之學凡有三：其一體製，謂點畫有縱橫曲直之殊。其二訓詁，謂稱謂有古今雅俗之異。其三音韻，謂呼吸有清濁高下之不同。」雖然如此，「小學」之名仍然被普遍採用，一直沿用到清末。

首先注意到「小學」以名文字之學的不適宜，是章太炎先生，他在《國粹學報》發表〈論語言文字之學〉一文說：

> 語言文字之學，此固非兒童佔畢所能盡者，然名為小學，則以襲用古稱，便於指示，其實當名語言文字之學。

自從章先生提出了「語言文字之學」的名稱之後，他的學生錢玄同、朱宗萊合編了一本文字之學的書，稱為「文字學」，於是「文字學」之名便一直沿用到今天。

二、中國文字學的範圍

文字包含字形、字音、字義三部分，所以中國文字學自當以此三者為範圍。再者，中國自有文字至今，有刻寫在陶器上的夏代陶文，有刻寫在甲骨上的商代、周代的甲骨文，有鑄在銅器上的商代、周代的金文，有寫在帛繒上的東周帛書，有寫在竹木簡上的戰國簡書，有刻在石器上的周代石鼓文，這些保留在古器物上的文字，歷代陸續出土，而受到學者的重視，中國文字學自亦應以此為範圍。

自從漢代許慎著《說文解字》，對文字的字形、字義、字音，作了有系統的說明之後，研究文字的人，都奉《說文解字》為圭臬。要研究認識漢代以前的文字，諸如甲骨文、金文等，都要以《說文》為基始。唐蘭在所著《古文字學導論》的引言中說：

古文字學好像只是文字學的一支，但它卻是文字學裡最重要的部分。

把古文字學納入文字學的範圍，此後，古文字學的研究成果愈來愈豐碩，研究古文字的人也愈來愈多，於是中國文字學便自然而然地劃分為兩大範疇，其一以研究《說文》為中心，其二以研究漢代以前古文字為中心，而前者為文字學，後者則稱為古文字學。

文字雖以字形、字義、字音三者為要素，但是仍以字形為主，所以中國文字學便分為廣義的和狹義的兩個範圍。廣義的中國文字學，包含字形、字義、字音三部分，而狹義的中國文字學，則指字形部分而言。《漢書‧藝文志‧六藝略‧小學類》著錄《史籀》、《蒼頡》、《凡將》、《急就》、《元尚》、《訓纂》等，內容都是偏重在字形方面的。至於以字義為主的《爾雅》、《小爾雅》則列於《孝經》類，視為釋經總會之書。其後《隋書‧經籍志‧小學類》著錄《三蒼》、《埤蒼》、《說文》等以字形為主的書，《聲韻》、《聲類》、《韻集》等以字音為主的書，以及《古今字詁》、《雜字解詁》等以字義為主的書，並於〈小學類‧序〉云：

> 魏世又有八分書，其字義訓讀，有〈史籀篇〉、〈蒼頡篇〉、〈三蒼〉、〈埤蒼〉、〈廣蒼〉等諸篇章，《訓詁》、《說文》、《字林》、《音義》、《聲韻》、《體勢》等諸書。

包含了字形、字義、字音等三方面。到了宋代，王應麟《玉海》也分「小學」為體制、訓詁、音韻三項，而清代《四庫全書》小學類則把《爾雅》等書列為訓詁之屬，《說文》等書列為字書之屬，《廣韻》等書列為聲韻之屬。由此看來，西漢時代，小學著重字形的辨識，屬於狹義的文字學，而西漢以後，小學推廣到字形、字音、字義的研究，屬於廣義的文字學。目前一般大學中文系、國文系，設有文字學的課程，以講授字形為主，屬於狹義的文字學，而以字音為主的，設有聲韻學，以字義為主的，則設有訓詁學。然而，在中文研究所入學考試科目中，有文字學一門，分別測驗字形、字義、字音三方面，則屬於廣義的文字學。

第三節　研究中國文字學的目的和要領

一、研究中國文字學的目的

文字學是一門工具學科，研究它，是為了要使它發揮功效，達到如下的目的：

㈠辨明六書

六書是中國文字的特質，世界各國的文字，只有中國文字是六書齊全的，所以，研究中國文字學，首要的目的，就是在辨明六書。許慎著《說文解字》，是我國第一本說解文字結構的書，我們從《說文》說解文字的形構，便可以知道每一文字的六書所屬，譬如，《說文》云：「米，粟實也。象禾黍之形。」我們便知道「米」字的六書屬「象形」。又如《說文》云：「邑，國也。从囗，先生之制，尊卑有大小，从卪。」我們便知道「邑」字的六書屬「會意」。但是，《說文》說解形構也會錯誤，譬如《說文》云：「虎，山獸之君。从虍从儿，虎足象人足也。」「虎」字實際上是象一隻側立老虎的形狀，上半部「虍」象虎頭，下半部「儿」象虎足，甲骨文「虎」字作虎，也是象老虎側立的形狀，六書應該屬「象形」，而《說文》卻說「从虍从儿」，以為「虎」字屬「會意」，這是許慎的錯誤。研究中國文字學，首先要根據《說文》，或是甲骨文、金文等古文字來辨明文字的六書。

㈡探求文字的本義

中國文字是形系文字，形系文字的特色即在以形表義。文字的本義，是造字時所依據的原始義。當時依據什麼義，就造出什麼形，所以形和義必定相合。譬如「豆」是古代的一種食器，「豆」字便是依據此一器形而造的，《說文》云：「豆，古食肉器也。」正是「豆」字的本義。但是，後來「豆」字假借為「尗」字，於是「豆」字便有「豆麥」之義，這是「豆」字的假借義，和「豆」的形構便不相合，我們從「豆」的形體可以看出「食肉器」之義，卻看不出「豆麥」之義。研究中國文字學的目的之一，便是根據字形去探求文字的本義。有的文字的字形，今日已經改變了，我們從這些變形，無法探求它的本義，必須根據《說文》中的篆文、古文，才能求得本義。譬如「武」字便已變形，必須根據《說文》「武」形，才能知道它的形構是由「止」「戈」二字組成，「止」是阻止、遏止之義，「戈」是武器，表示戰爭之義，然後才能求得「定功戢兵」的本義。有時《說文》中的篆文也已變形，還要根據甲骨文、金文等初形，才能探求文字的本義。

㈢方便研讀古籍

古籍中許多的文字，都還保有本義，如果依照今日通用的字義，往往無法讀通古籍。譬如《史記・魏公子列傳》：「魏有隱士曰侯嬴，年七十，家貧，為大梁夷門監者。公子聞之，往請，欲厚遺之。」句中的「往請」，謂前往求見，如釋為邀請、請求，都與「欲厚遺之」義不相連貫，《說文》云：「請，謁也」，正是求見之義。又如《論語・子罕》：「沽之哉，沽之哉，我待賈者也。」「沽」字从水古聲，從字形無法求得沽買之義。《說文》云：「沽，沽水出漁陽塞外，東入海。」「沽」字本義為水名，故字从水。又《說文》云：「夃，秦人市買多得為夃。从乃从夊，益至也。」段注：「乃夊者，徐徐而益至也。」「夃」字从乃从夊會意，表示徐徐益至，市買多得之義。市買之義本字作「夃」，音與「沽」

同，故借「沽」為之。《論語》「沽之哉」的「沽」字，即是「夃」的假借。透過文字學的知識，了解文字的本義，掌握本字，才能讀通古籍。

二、研究中國文字學的要領

中國文字自夏代的陶文，至今日通用的楷書，時間是那麼的長久，字形、字義、字音都有很多的變化。再以數量來說，商代的甲骨文約四千餘字，漢代許慎著《說文解字》，收錄九三五三字，至清代的《康熙字典》收四九〇三〇字，字數是那麼的繁多。所以，歷代研究中國文字的學者，都曾提出各人研究的方法要領。這裡只是把研究中國文字學的基本方法要領提出來，作為初學者的參考。

㈠掌握初形本字

中國文字是形系文字，它的特色是以形表義，但必須是本形，才能表現本義，如果字形改變了，便無法從形體看出本義了。譬如「止」字，我們已無法從字形看出它「人足」的本義，因為形體已改變，而篆文作「」，也看不出「人足」之義，《說文》云：「止，下基也。象艸木出有阯。」似乎也沒什麼不對。但是「止」字甲骨文作，或，顯然象足掌和足趾之形，可見要探求文字的本義，就先要掌握文字的初形。再者，中國文字義蘊豐富，除了本義，還有引伸義、假借義。本義是造字時的原始義，所以與字形相合，引伸義、假借義都是文字的變義，與字形不能相合。但是，今日通用的字義，往往不是該字的本義，而是它的變義，尤其多半是假借義。如此透過假借義所認識的字，只是假借字而不是本字，譬如《論語．學而》：「巧言令色，鮮矣仁。」「鮮」本音ㄒㄧㄢ，是一種魚名；鮮少之義，本字作「尟」，

音ㄒㄧㄢˇ。《說文》云：「鮮，鮮魚也。」正是它的本義。《說文》又云：「尟，是少也。」正是「鮮」的本字，《論語》作「鮮」是假借字，而今日通用的，是假借字「鮮」，不是本字「尟」。然則，要研究中國文字學，就先要掌握本字。

(二)從《說文解字》著手

許慎著《說文解字》，說解九三五三字的本義和形構，是今日所見中國最早的字書，所以研究中國文字學，必先從《說文解字》著手。譬如「焉」字本義是一種鳥名，字形象焉鳥側立的形狀。但是古籍中，「焉」字用作代名詞、介詞、連詞、助詞，都是假借義，本義只保留在《說文》中，《說文》云：「焉，焉鳥，黃色，出於江淮。象形。」要明瞭「焉」字的本義和形構，必須先從《說文》著手。又如甲骨文有，是「囿」字的初形，怎麼知道呢？《說文》云：「囿，苑有垣也。从囗有聲。，籀文囿。」從《說文》囿下所列籀文的形體，便知甲骨文的形體，是「囿」字的初形。要認識甲骨文、金文等古文字，必須先從《說文》著手。

(三)通曉《說文》段注的凡例

許慎著《說文解字》，對於分部、釋義、釋形、釋音、引書等，都有一定的原則，這些原則，有的在〈說文解字敘〉中有所說明，譬如：「其建首也，立一為耑，方以類聚，物以群分，同條牽屬，共理相貫，襍而不越，據形系聯，引而申之，以究萬原，畢終於亥，知化窮冥。」這是說明分部的原則。《說文》分為五百四十部，從「一」部始，至「亥」部終，所以說「立一為耑」，「畢終於亥」。五百四十部排列的次序，大致依據形體相近而相連，所以說「據形系聯」。而且形體結構相同的字，便分在同一部，所以說

「方以類聚，物以群分」。但是很多原則許慎都沒有說明，清代段玉裁注《說文解字》，列舉許多凡例，譬如《說文》云：「天，顛也。」段注云：「此以同部疊韻為訓也，凡門，聞也；戶，護也；尾，微也；髮，拔也；皆此例。」這是說明《說文》釋義的原則中聲訓的例子。又如《說文》云：「毳，數祭也。从示毳聲。讀若舂麥為毳之毳。」段注云：「凡言讀若者，皆擬其音也。凡傳注言讀為者，皆易其字也。注經必兼茲二者，故有讀為，有讀若。讀為亦言讀曰，讀若亦言讀如。字書但言其本字本音，故有讀若無讀為也。」這是說明《說文》注音的方式。這些段注凡例，必須逐條整理，融會貫通，才能讀通《說文解字》。

第四節　六書總說

一、六書緣起

「六書」這個名詞，首先見於《周禮》。《周禮・地官・保氏》說：「保氏掌諫王惡，而養國子以道，乃教之六藝：一曰五禮，二曰六樂，三曰五射，四曰五馭，五曰六書，六曰九數。」所謂「六書」，就是指六種造字的方法。在國子初入小學的時候，由保氏用六書教導學童識字。六書的名稱，《周禮》並沒有說明，而鄭玄注《周禮》，引鄭司農云：「六書：象形、會意、轉注、處事、假借、諧聲也。」這六書的名稱，和一般常說的：象形、指事、會意、形聲、轉注、假借，不完全相同，下面再加討論。

二、六書的名稱

關於六書的名稱，有三種不同的說法：

1.《周禮・地官・保氏》注引鄭司農云：「六書：象形、會意、轉注、處事、假借、諧聲也。」

2.《漢書・藝文志・六藝略・小學類・序》云：「古者八歲入小學，故周官保氏掌養國子，教之六書：象形、象事、象意、象聲、轉注、假借，造字之本也。」

3.許慎〈說文解字敘〉云：「周禮八歲入小學，保氏教國子，先以六書。一曰指事，二曰象形，三曰形聲，四曰會意，五曰轉注，六曰假借。」

比較三者的名稱，其中相同的有：象形、轉注、假借。而不同的有：指事或稱處事、象事；會意或稱象意；形聲或稱諧聲、象聲。

「指事」是用符號指明事物的位置、觀念、狀態或抽象動作。譬如「上」字，古文作二，長畫表示某一平面之義，短畫指明在長畫之上，表示高上之義，所以《說文》云：「二，高也。此古文上。」又如「下」字，古文作二，短畫在長畫之下，表示底下之義，所以《說文》云：「二，底也。」這都是用符號指明位置的指事文。再如「八」字，是以二撇指明分別相背的觀念，所以《說文》云：「八，別也。象分別相背之形。」再如「丿」（音ㄆㄧㄝˇ）字，是以一撇指明自右而向左彎曲的狀態，所以《說文》云：「丿，又（右的本字）戾也。象ナ（左的本字）引之形。」再如「予」字，篆文作[illegible]，「⊠」表示甲乙二方，「丿」指明推予的動作，所以《說文》云：「予，推予也。象相予之形。」鄭眾稱為「處事」，「處」是處所、位置之義，未能包含觀念、狀態、動作的部分，此一名稱，有以偏概全的缺點。至於班固稱為「象事」，「象」是「像」的假借，謂相似之義。物體有實形可象，位置、觀念、狀態、動作是虛象，固然可以稱為「象」，如「八」字，《說文》就說是「象分別相背之形」，但說為「指明」，更為貼切。然則這類用符號表示事物位置、狀態、觀念、動作的文字，稱為「指事」較為適宜。

「會意」是會合兩個以上的文字成為另一個新的文字，表達一個新的意義。譬如「信」字，會合「人」和「言」二個文字，把二字的意義結合起來，即是人能實現諾言，這就是誠信的意思，所以《說文》云：「信，誠也。从人言。」段玉裁注云：「人言則無不信者，故从人言。」班固稱之為「象意」，固然會意字也有它的意義，但不是用形體或符號去顯示，而是由文字與文字的會合來顯示，所以這類的文字，稱為「會意」比較適當。

「形聲」也是會合兩個以上的文字成為另一個新的文字，表達一個新的意義。但是，會意所會合的兩個文字，是形和形的結合，或者說是義和義的結合。而形聲所會合的兩個文字，其中一個作「形符」，另一個作「聲符」，二者是形和聲的結合。譬如「江」字，會合「水」和「工」二個文字，「水」字作形符，表示「江」是水名的一種，「工」字作聲符，注明「江」字在語言中的讀音。所以《說文》云：「江，江水出蜀湔氐徼外崏山，入海。从水工聲。」鄭眾稱為「諧聲」，表示聲符和形聲字的語音和諧一致，這只說到「聲符」的部分，至於「形符」的部分，並未言及。班固稱為「象聲」，也是表示「聲符」和形聲字的語音相像一致，也只說到「聲符」而沒有提到「形符」，這兩個名稱，都有以偏概全的缺失。不如許慎所稱「形聲」的名稱，包含「形符」、「聲符」二部分來得適宜貼切。

先民造字，最先是依據目之所見，耳之所聞，體之所觸的各種事物，造成各種文字，但並不知道這些文字是用什麼方法造出來，可以說是在不知而行的情況下造字。等到文明進步到相當程度，就有人去做整理文字的工作，依照文字的類型歸納出六種造字的法則，這就是六書。由於整理文字的人非一人，所以「六書」的名稱便有了三種不同的說法。從上面的比較，三種名稱，應是以許慎的名稱最能名實相符，最為適宜。

三、六書的次第

關於六書的次第，也是有三種說法：

1. 鄭眾的次第是：象形、會意、轉注、處事、假借、諧聲。
2. 班固的次第是：象形、象事、象意、象聲、轉注、假借。
3. 許慎的次第是：指事、象形、形聲、會意、轉注、假借。

六書的次第，主要在顯示文字發生的先後次序。關於文字發生的先後，有三個基本的原則：其一是具體的早於抽象的，其二是簡單的早於複雜的，其三是基本的早於輔助的。在六書中，象形是象物體之形，是具體的，指事是指明事物的位置、狀態、觀念、動作，是抽象的，二者比較起來，應是象形先發生，指事後發生。再者，象形、指事是用線條來顯示物體的實形或虛象，都是獨體的；會意、形聲是用文字的組合來表義，都是合體的。比較起來，獨體的象形、指事較為簡單，應是先有的，而合體的會意、形聲較為複雜，應是後有的。其中形聲、會意二者，會意是形符和形符結合，而形聲則是形符和聲符結合。比較起來，會意較為單純，應是先發生的，而形聲較為複雜，應是後發生的。六書之中，象形、指事、會意、形聲四者，是基本的造字方法，應是先有的。而轉注、假借二者，是輔助的造字方法，應是後有的。關於此點，後面談到六書的相互關係時再作進一步的說明。

從文字發生的先後來說，班固所稱象形、象事、象意、象聲、轉注、假借的六書次第，最為符合文字發生先後的原則。至於許慎所稱，指事先於象形，違背了先具體後抽象的原則。形聲先於會意，則違背了先簡單後複雜的原則。而鄭眾之說，會意先於處事，違背了先簡單後複雜的原則。轉注先於處事，假借先於諧聲，則又違背先基本後輔助的原則。六書的次第，應以班固之說最為適宜。

四、六書的相互關係

關於六書的相互關係，有二種不同的說法：

㈠四體二用的關係

清人段玉裁注〈說文解字敘〉，引到他老師戴震的話說：「指事、象形、形聲、會意四者，字之體也；轉注、假借二者，字之用也。聖人復起，不易斯言矣。」戴震把六書分為二部分，指事、象形、形聲、會意四者是字之體，也就是造字之法；轉注、假借二者是字之用，也就是用字之法。

段玉裁注《說文》「下」字云：「許氏解字多用轉注，轉注者互訓也。底云下也，故下云底也，此之謂轉注。」《說文》「下」字釋云：「底也」，「底」字釋云：「下也」，「底」、「下」二字互相解釋，稱為互訓。〈說文解字敘〉解釋轉注之義說：「轉注者，建類一首，同意相受，考老是也。」而《說文》「老」

字釋云：「考也」，「考」字釋云：「老也」，二字也是互相解釋，戴震、段玉裁有鑑於此，便把「轉注」和「互訓」看作一事，而「互訓」是訓詁的方式，屬於文字的應用，所以戴震把轉注看作「字之用」。〈說文解字敘〉解釋假借之義說：「假借者，本無其字，依聲託事，令長是也。」許慎之意，縣令、縣長本無字，而依託聲音相同的關係，借用本義為發號的「令」字作為縣令之字，借用本義為久遠的「長」字作為縣長之字。本來無此字，借用他字來表達此義，這應是文字的運用，所以戴震把假借看作「字之用」。

(二)四體六法的關係

班固在《漢書・藝文志・六藝略・小學類・序》云：「周官保氏掌養國子，教之六書：象形、象事、象意、象聲、轉注、假借，造字之本也。」把六書看成是造字的方法。魯實先先生在他所著《假借遡原》說：「準是而言，文字因轉注而繁衍，以假借而構字，多為會意、形聲，亦有象形、指事。是知六書乃造字之四體六法，而非四體二用。」魯先生從班固六書皆造字之本的說法，進而提出四體六法之說，把六書分為二部分，象形、指事、會意、形聲四者，是造字的基本方法，謂之四體；轉注、假借二者，是造字的輔助方法，合前四者，謂之四體六法。

依班固之說而推論，先有文字，後有六書，六書是依據文字整理出來的六種造字之法。依魯先生之說而推論，象形、指事、會意、形聲四者，是文字必須具備的，亦即凡是文字，必須依此四種方法之一而創作，屬於造字的基本方法。轉注、假借二者，不是每一文字必須具備，亦即文字中有依此二種方法，或依此二種方法之一而創作，也有不必依此二種方法而創作，屬於造字的輔助方法。

以上對於六書關係的二種說法，都各有它們的道理。但是依照戴震之說，認為轉注、假借是用字之法，有矛盾未妥之處。六書是根據已造的文字整理出來的，如果其中包含用字之法，則引伸也是用字之法，何以當初整理文字之時，未將引伸列於六書之中？由此可以反證轉注、假借不是用字之法，與引伸不同，所以轉注、假借列於六書，而引伸則否。再者〈說文解字敘〉解釋轉注之義，引考、老二字為例，並不能據此而確定轉注是用字之法。戴震〈答江慎修論小學書〉說：「數字共用一義者，如：初、哉、首、基之為始；卬、吾、台、予之為我；其義相為注曰轉注。」段玉裁注〈說文解字敘〉云：「建類一首，謂分立其義之類而一其首，如《爾雅・釋詁》第一條說始是也。同意相受，謂無慮諸字意恉略同，義可互受，相灌注而歸於一首，如：初、哉、首、基、肇、祖、元、胎、俶、落、權輿，其於義或近或遠，皆可互相訓釋，而同謂之始是也。」戴、段二人，以為《說文》所云「建類」，是建立事義之類；「一首」，是齊一數字之義的基首，引《爾雅・釋詁》說始之例，以為一切訓釋相同的字，都是轉注。如此解釋，失之廣泛，已是訓詁學的範圍。劉師培對於戴氏「建類一首」之說，已加以評論，他說：「轉注當以互訓言，非以轉注該一切訓釋也。」但是，劉氏之說也有可議之處，他對於戴、段二人「轉注即互訓」之說，表示贊同，卻又說：「許書轉注雖僅指同部互訓言，然擴而充之，則一義數字，一物數名，均近轉注，如：及逮、邦國之屬，互相訓釋，雖字非同部，其為轉注則同。」認為同一部首而互訓者為轉注正例，異部首而互訓者為轉注變例。其「同部互訓」之說，把「建類一首」的「首」釋為「部首」，與戴、段二氏釋為「字義的基首」者不同，而與江聲說為「部首」者相同；但「異部互訓」之說，卻又推翻「首」為「部首」之說。要之，對於「建類一首」之義，戴、段二氏的解說，失之汎濫，而劉氏的解說則或此或彼，含糊不清。他們只從「同意相受」以及「考」、「老」二字之例，說明「轉注」即「互訓」，認定「轉注」為用字之法，這是有待商榷的。魯實先先生《轉注釋義》說：「其云建類一首者，謂造聲韻同類之字，出於一文。其云同意相受者，謂此聲韻同類之字，皆承一文之義而孳乳。」魯先生之意，《說文》所言「同類」者，謂聲韻同類；其云「一首」者，謂轉注必據一初文而造出後起字；其云「同意相受」者，謂所造後起字之義，即由此初文之義而孳乳。如：《說文》引「考」、「老」之例，「老」字从人毛匕會意，係初文，其後由於古今音變、方言異讀的緣故，「老」字或音變如「丂」（音ㄎㄠˇ），就以「老」字為初文，造出後起的「考」字，而「考」字之義，即從「老」而孳乳，二字同義，所以《說文》云：「老，考也」，又云：「考，老也」，「考」、「老」二字，是為「轉注」。然則「考」字从老省丂聲，六書屬形聲，這是基本造字之法；「考」字乃由「老」字而造，六書屬轉注，這是輔助造字之法。

〈說文解字敘〉解釋「假借」之義為「本無其字，依聲託事」，引「令」、「長」二字為例。許慎之意，縣令、縣長本無字，而依聲託事，借用發號之義的「令」字為縣令之字，借用久遠之義的「長」字為縣長之字。乍看之下，既是借用，自然可以說為用字之法。但是細玩許慎之義，也有矛盾欠當之處。「令」字本義為發號，縣令之義實由發號之義而引伸，因為縣令是一縣發號施令的人，這是由發號本義而擴大運用，並非假借。又「長」字本義為久遠，縣長之義也是由久遠之義而引伸，因為縣長是一縣之中地位權勢最大的人，這也是由久遠本義而擴大運用，也不是假借。所以段玉裁注〈說文解字敘〉也說：「縣令、縣長本無字，而由發號、久遠之義引伸展轉而為之。」引伸是本義的擴大，假借是他義他字的借用，二者不同。許慎解釋假借之義，而引「令」、「長」為例，顯然是錯誤的，而段氏把假借和引伸牽合為一，也有未當。許慎在《說文》中解釋字形時，對於「假借」之義，又有另一種說法。《說文》云：「若，擇菜也。从艸右。右，手也。」許氏之意，「若」字之義為「擇菜」，故从艸右會意，表示以手擇菜之義。但是《說文》云：「右，助也。从又口」，「右」字本義是幫助，故从又口會意，表示用口和用手以助人之義。《說文》又云：「又，手也。象形。」「又」字本義是右手，故字象右手之形。因為「右」、「又」同音，所以右手之「又」，借用幫助之「右」為之。許慎解釋「若」字的形構為「从艸右」之後，又補充說：「右，手也」，即謂「若」所从之「右」，為「又」的假借。「若」字从艸右會意，這是基本造字之法；「若」字本當从「又」，表示以手擇菜之義，今借用「右」為之，這於六書屬假借，是輔助的造字之法。至於《說文解字敘》云：「本無其字，依聲託事」，這是用字假借，如「焉」字本義為鳥名的一種，今「焉」字用為助詞、介詞、連詞等義，本是在語言中有「ㄧㄢ」之音而為助詞、介詞、連詞等義，卻無其字，乃借用「焉鳥」的字形，以託助詞、介詞、連詞之義，這就是許慎所謂「本無其字，依聲託事」。用字假借屬文字的運用，六書的假借屬文字的創作，二者名同而實異。許慎在「若」字下云：「右，手也」，說明「若」字造字之時，假借「右」字代替「又」字，屬造字之法，這是六書的假借；《說文解字敘》云：「本無其字，依聲託事」，這是用字假借。

由上所述，戴氏「四體二用」之說，把轉注、假借說為「字之用」，實有待商榷。班固「六書皆造字之本」的說法，以及魯先生「四體六法」之說，以轉注、假借說為造字之法，較為適宜。

五、六書界義淺釋

(一)象形

《說文解字敘》云：「象形者，畫成其物，隨體詰詘，日月是也。」「象形」意謂象物體的形狀。隨著物體的外形，用線條畫出物體的形狀，這就是「象形」。如：「日」字甲骨文作 ⊖ ，金文作 ⊙，「〇」象太陽的外形，中間「-」象太陽的光源。《說文》說：「日，實也。大昜之精不虧。从〇一。象形。」「大昜」即「太陽」。太陽光源不虧缺，這是解說「日」字的本義。「从〇一」，段玉裁注云：「〇，象其輪廓，一，象其中不虧。」又如「月」字，甲骨文作☽，象月亮殘缺之形。《說文》說：「月，闕也。大侌之精。象形。」「大侌」即「太陰」，謂月亮晶瑩潔白，這是解說「月」字的本義。「象形」，段玉裁注云：「象不滿之形。」

㈡指事

《說文解字敘》云：「指事者，視而可識，察而見意，上下是也。」「指事」意謂指明事物的意象。用符號表示事物的通象，使人看見此一符號，便識其事象，細察此符號，便明白它所表示的事意，這就是「指事」。如「上」字，古文作𠄞，以「一」長畫表示平面，以「-」短畫指明它的部位，表示在此平面之上，便為「上」。又如「下」字，古文作𠄟，以「一」長畫表示平面，以「-」短畫指明它的部位，表示在此平面之下，便是「下」。「指事」以符號指明事象，所指之事，指觀念、狀態、部位以及動作。如「上」、「下」是指明上下的部位。「八」是以二撇指明分別相背的觀念。「凶」是指明交陷其中的狀態。「予」是指明兩方推予的動作。「部位」、「觀念」、「狀態」、「動作」是虛象，但有形可象，所以許慎解說指事文，也常說它「象某之形」，班固則稱之為「象事」。如「八」字，《說文》云：「八，別也。象分別相背之形。」這是象事之形，屬於虛象，所以六書屬「指事」，而不是「象形」。

㈢會意

〈說文解字敘〉云：「會意者，比類合誼，以見指撝，武信是也。」「會意」意謂會合文字以見新意。「比類」謂會合各類文字；「合誼」謂會合各字之義，以成一新義。「誼」是仁義、意義的本字，段玉裁注「誼」字云：「周時作誼，漢時作義，皆今之仁義字也；其威儀字則周時作義，漢時作儀。」「以見指撝」，謂明白新合成之字的意向。「撝」，音ㄏㄨㄟ，《說文》云：「撝，一曰手指撝也。」段玉裁注〈說文解字敘〉云：「指撝與指麾同，謂所指向也。」「會意」是會合兩個以上的文字，而形成另一個新的文字。如「武」字，《說文》云：「楚莊王曰：夫武定功戢兵，故止戈為武。」會合「止」、「戈」二字而形成「武」字，表示定功戢兵之義。「止」是象形文，「戈」也是象形文，把兩個象形文「止」、「戈」會合起來，這便是「比類」。「止」本義是足，引伸有阻止、遏止之義。「戈」本義是平頭戟，是武器的一種，引伸有戰事之義。會合「止」、「戈」二字的本義、或引伸義、或假借義，這便是「合誼」。從「止」、「戈」二字的會合，得到如下的了解——「武」字所从之「止」，表示阻止之義，所从之「戈」，表示戰事之義。「止戈為武」，意謂阻止一場侵略性戰爭的發生，所謂「定功戢兵」，這就是「武」的本義。造字者會合「止」、「戈」以成「武」字，其用意在此，這便是「以見指撝」。又如「信」字，《說文》云：「信，誠也。从人言。」會合「人」、「言」二字而形成「信」字，表示誠信之義。「人」是象形文，「言」是形聲字，把「人」、「言」會合起來，這便是「比類」。「信」字所从之「人」，取其本義；所从之「言」，取其一切言語之義，是為引伸義，這便是「合誼」。會合「人」、「言」二字，了解「信」為誠實之義，這便是「以見指撝」。

「會意」是「比類合誼」而成。「比類」即指會意字組成分子而言。此組成分子，不外象形、指事、會意、形聲四類。初有會意字時，只是比合「象形」、「指事」二類。後來既有會意、形聲，才比合「象形」、「指事」、「會意」、「形聲」四類。「合誼」即指會意字結合方式而言。此結合方式又分兩方面來說：其一是指字義的結合方式，亦即指組成分子取本義、或引伸義、或假借義而相互結合。如「武」字即取「止」的引伸義，和「戈」的引伸義結合而成定功戢兵之義。「信」字即取「人」的本義，和「言」的引伸義結合而成誠實之義。其二是指組成分子相互關係的結合方式。又分為三類：

1. **順遞為義**：即會合兩個以上的文字，就其組成分子，順讀下來，便可得到新字的意義。如：「公」字从八厶會意。八是相背、相反的意思，「八厶」即是不自私。把「八厶」順讀下來，便可得到平分、公正之義。

2. **並峙為義**：即會合兩個以上的文字，就其組成分子，排比並列，細加察辨，才能得到新字的意義。如「名」字从口从夕會意，《說文》云：「名，自命也。从口夕。夕者冥也，冥不相見，故以口自名。」「名」从夕，表示自名的時機，傍晚昏暗看不清楚，就要自稱己名，向對方招呼。从口，表示用口稱名。必須把「口」、「夕」二字排比細察，才能得到自命之義。

3. **以位為義**：即會合兩個以上的文字，就其組成分子的位置關係而得到新字的意義。如「杲」字从日从木會意，《說文》云：「杲，明也。从日在木上。」從「日」在「木」上的位置關係，便可得到明亮之義。又如「杳」字，也从日从木會意，《說文》云：「杳，冥也。从日在木下。」從「日」在「木」下的位置關係，便可得到幽冥之義。

(四)形聲

〈說文解字敘〉云：「形聲者，以事為名，取譬相成，江河是也。」「形聲」意謂會合形符、聲符以見新意。「以事為名」，謂以代表各類事物的文字作為「形符」。段玉裁注云：「事兼指事之事，象形之物，言物亦事也。名即古曰名、今曰字之名。」事兼指事和物；名謂文字，指表義的「形符」。「取譬」謂取一可以注明語音的文字作為「聲符」。譬即注明、說明之義，謂注明此一新字之音。「相成」謂將此表義的「形符」和表音的「聲符」彼此結合起來，成為另一個新的文字，即是形聲字。如「江」字从水工聲，「水」是表義的形符，「工」是表音的聲符，二者結合而成「江」字。又如「河」字从水可聲，「水」是表義的形符，「可」是表音的聲符，二者結合而成「河」字。

(五)轉注

〈說文解字敘〉云：「轉注者，建類一首，同意相受，考老是也。」轉注之說，說者紛紜。有主形轉的，認為二字的形體正反、倒側相轉，即為轉注。如「考」字形向左回，「老」字形向右轉，考老轉注。唐代裴務齊主其說。又有主義轉的，認為二字義同而相轉，即為轉注。如考、老二字義同，考老轉注。其中又分為三派：其一、部首派。把「建類一首」的「首」釋為「部首」。以為在同一部首中，字義相同的，即為轉注。如考、老同在「老」部，二字同義，即為轉注。清江聲主其說。其二、互訓派。把「建類」的「類」釋為義類，「一首」的「首」釋為字義的基首。以為數字同義者即為轉注。清戴震、段玉裁主其說。其三、形聲派。把考、老二字，分開解釋。以為老是會意，考是轉注。轉注字是以會意字為母，而省略其形體，以得聲之字為子。把「建類一首」釋為母字的形模，把「同意相受」釋為母字之畫省而意存。如「考」字以「老」字為母，而省略形體，以「丂」字為子，「考」从老省丂聲，即為轉注。清曾國藩主其說。又有主聲轉的，認為聲類相同，意義相同而形體不同的文字，互相注釋，即為轉注。把「建類一首」的「類」釋為聲類，「首」釋為語基。如考、老二字疊韻，字義相同，以考釋老，以老釋考，考老轉注。章太炎主其說。又有主形音義並轉的，認為形類相通，聲類相同而數字共一義的，謂之轉注。把「建類」的「類」釋為物類、形類，「一首」的「首」釋為語基、音首。朱宗萊主其說。諸家之說，大致從〈說文解字敘〉「建類一首」立說，有他們的看法和道理，但也都不免有所缺失。前面談到六書的相互關係，認為六書都是造字之法，班固「六書皆造字之本」的說法，應是正確的。而魯實先先生更補充班氏之說，提出四體六法的說法，認為轉注、假借是輔助的造字之法。今就此說法對轉注之義加以說明。

「轉注」意謂母字的音或義轉變，而據母字另造後起字，是為轉注。轉謂轉變，注謂注釋。母字轉變音義，另造後起字以注釋其與母字的關係，這種造字的方法，即是轉注。魯實先先生《轉注釋義》說：「其云建類一首者，謂造聲韻同類之字，出於一文。其云同意相受者，謂此聲韻同類之字，皆承一文之義而孳乳。轉謂轉移，注謂注釋，故有因義轉而注者，有因音轉而注者，此所以名之曰轉注也。」如「老」字从人毛匕會意，「老」字音轉如「ㄎㄠˇ」，因此據「老」字而另加「丂」聲，造出「考」字。「考」从老省丂聲，即以母字「老」為形符，是謂「一首」，而以「丂」聲調適造「考」字之地的語音，是謂「建類」，「考」字之義即由母字「老」孳乳而來，是謂「同意相受」。由「老」而言，謂之「轉」，謂音有轉變；由「考」而言，謂之「注」，謂注釋「考」、「老」二字的關係。「老」是初文，「考」是後起字，「老」、「考」轉注。轉注除了音轉而注之外，還有義轉而注的轉注。如「然」字本義為燃燒，《說文》云：「然，燒也。

从火肰聲。」後來假借而轉變為語詞之義，因此據母字「然」，另加形符「火」而造出「燃」字。「然」與「燃」轉注。就「然」而言，謂之「轉」，謂義有轉變；就「燃」而言，謂之「注」，謂注釋「燃」、「然」二字的關係。

「考」字从老省丂聲，六書屬形聲，這是基本造字之法；「考」字據「老」字而造，是以母字造字的方法，六書屬轉注，這是輔助的造字之法。

(六)假借

〈說文解字敘〉云：「假借者，本無其字，依聲託事，令長是也。」所謂「本無其字」，是指語言中已有表示其義的音，而字形尚未造出。所謂「依聲託事」，是指記錄語言時，依靠聲同的他字，寄託此有音而無形的「義」。依照許慎之意，只是借他字之形，寄託此音之義，並未另外為此音義造出文字來，則許慎所言「假借」，只是用字之法，不是造字之法，是訓詁學上的「用字假借」，而不是六書中的「假借」。許慎舉「令」、「長」為例，段玉裁注云：「如漢人謂縣令曰令長，縣萬戶以上為令，減萬戶為長。令之本義發號也，長之本義久遠也。縣令、縣長本無其字，而由發號、久遠之義引伸展轉而為之，是為叚借。」依段氏之意，「假借」是由本義引伸展轉而為之。其實依許慎之說，「假借」是憑藉聲音為媒介，二種不同之義，而語音相同，其一已造出文字，另一尚未造出，在使用之時，便借用已造出的文字，來表達未造出字形的「義」。至於「引伸」，是指本義的擴大運用，二者截然不同。段氏把引伸和假借混為一談，是欠當的。不過，依許慎舉「令」、「長」為例，「令」字由本義發號，用為縣長之義；「長」字由久遠之本義，用為縣長之義，的確是「引伸」而為之，這應是許慎舉例的欠當。

班固謂六書皆造字之本，魯實先先生提出「四體六法」之說以為補充，認為六書中的假借，是輔助造字之法。其實許慎在《說文》中釋形之時，已明白提出造字之時有假借之例。如《說文》云：「庸，用也。从用庚。庚，更事也。」「庸」字从用庚會意，而「庚」，《說文》釋為「位西方，象秋時萬物庚庚有實」，把「庚」字本義說為「干支」之名。如此，則會合「用」、「庚」以成「庸」字，其義便難明了。所以許慎補充說：「庚，更事也」，許慎之意，「庸」字所从之「庚」乃「更」之假借。表示事情經歷的過程，所以說：「庚，更事也。」這便是明白提出造「庸」字時，也使用「假借」之法。魯先生《假借遡原》，即在證成許慎此說，指出形聲字的形符、聲符，會意字的組成分子，以及合體象形、合體指事的主體，都有假借之例。如「庸」字从用从庚會意，這是基本造字之法。而所从「庚」，是「更」的假借，這是輔助造字之法。

第五節　說文解字述要

《說文解字》是東漢許慎所著。許慎撰寫《說文》，始於東漢和帝永元十二年（西元一〇〇年），終於東漢安帝建光元年（西元一二一年），前後費時二十一年。

《說文解字》是今天所見最早的一部文字學的書，其內容簡述於後。

一、篇卷

《說文》全書分為十四篇，每篇分為上、下。書後第十五卷，卷上是序文與五百四十部目，卷下是

〈後序〉與許慎之子許沖上給安帝的奏表。

二、分部

《說文》分為五百四十部，始於「一」部，終於「亥」部。部與部之間，依照形體相近的原則排列次序，即〈說文後序〉說：「據形系聯」。如「二」(上)字形體與「一」字相近，所以「二」部之後列「二」部；「示」字形體與「二」字相近，所以「二」部之後列「示」部，以此類推。各部之內的文字，則依照字義相近的原則排列次序，此即〈說文後序〉所說「方以類聚」。如牛部有四十五字，其中牡、犅、特等字，都與牛的性別有關，所以排列在一起；犢、㹀、犙、牭等字，都與牛的年齡有關；犛、㸬、犡、犅、㹇、犖、㸷、㹃、犥、犉、㸱、犫等字，都與牛的毛色形狀有關；牲、犨、牟等字，都與牛的動作有關；諸如此類，都是把字義相近的字，聚在一起，前後排列。

三、字數

《說文》共收錄九三五三文字，重文一一六三文字，解說字形、字義、字音的文字，共十萬三千四百四十一字。

四、說解文字的方式

《說文》說解每一文字，先列出它的小篆，其次解釋它的字義，其次解釋它的字形結構，其次解釋它的字音，其次列出它的重文，或徵引古書。

㈠解釋字義

《說文》只解釋本義，如：「八，別也」，謂分別是「八」字的本義。有時也會兼釋引伸義，如：「初，始也。从刀衣。裁衣之始也。」「初」字从刀衣會意，「裁衣之始」是初字的本義，「始也」是初字的引伸義。有時也會兼及假借義，如：「我，施身自謂也。或說：我，頃頓也。」段玉裁注云：「人部曰：俄，頃也。然則古文以我為俄也，古文叚借如此。」是知「頃頓」乃「我」的假借義。《說文解字》是字書，以解釋本義為目的，在解釋本義之外，兼及引伸、假借義，嚴格說，應是《說文》體例上的瑕疵。

㈡解說字形的結構

這是許慎的創見，我們今天便是依據《說文》的釋形來辨別文字的六書。如：「月，闕也。大侌之精。象形。」「月」字象月亮殘缺之形，六書屬「象形」。又如：「丿，又戾也。象ナ引之形。」「丿」字象自右向左彎曲牽引之形，這是虛象，六書屬「指事」。又如：「分，別也。从八刀。刀以分別物也。」「分」字由「八」、「刀」二字會合而成，六書屬「會意」。又如：「咽，嗌也。从口因聲。」「咽」字由「口」、「因」結合而成。「口」表義，是「形符」；「因」表音，是「聲符」。「咽」字六書屬「形聲」。

㈢解說字音

《說文》釋音採用二種方式：其一是形聲字的「聲符」注音，這是注明各字的本音，是造字時所依據的語音。其二是讀若，這是注明漢代的音讀。如：「噲，咽也。从口會聲。讀若快。」造字之時，「噲」、「會」音同，所以用「會」作聲符，注明「噲」的音。但是漢代「噲」字之音已與「會」音有別，所以

《說文》又用「讀若快」來注明「噲」字在漢代的音讀如同「快」字之音。

㈣列重文

〈說文解字敘〉云：「今敘篆文，合以古籀。」《說文》所列字形以小篆為主，如果小篆之形已改古文、籀文，換言之，古文、籀文之形異於小篆，便於小篆之後附列古文、籀文。由於古文、籀文的形體，對小篆而言，是重複出現的，所以稱為「重文」。如：「近，附也。从辵斤聲。𣥌，古文近。」「近」是小篆，而「𣥌」是古文，从止斤聲，形體與小篆不同，所以列於小篆之下為重文。

㈤徵引古書

〈說文解字敘〉云：「其偁《易》孟氏、《書》孔氏、《詩》毛氏、《禮》周官、《春秋》左氏、《論語》、《孝經》，皆古文也。」《說文》於說解字義、字形、字音之後，有時會徵引古書，尤其是經書來補充說明字義、字形、字音等之不足。如：「蹻，舉足小高也。从足喬聲。《詩》曰：小子蹻蹻。」這是引《詩經・大雅・板》篇「小子蹻蹻」之文句，來說明「蹻」字的引伸義。又如：「公，平分也。从八厶。八，猶背也。《韓非》曰：背厶為公。」這是引《韓非子・五蠹》篇「背厶為公」之文句，說明「公」字从八厶會意的形構。

五、說文解字的注者

《說文》的注，以清代段玉裁《說文解字注》，王筠《說文句讀》、桂馥《說文義證》、朱駿聲《說文通訓定聲》等四家最為著名，四家注又以段注最為傑出。

六、說文解字的價值

胡樸安《中國文字學史》，列舉《說文》的價值有八點：

1. 分部之創舉：創立五百四十部。
2. 明字例之條：解說字形以明六書條例。
3. 字形之劃一：以小篆為主，劃一文字的形體。
4. 古音之參考：以形聲、讀若注明古音。
5. 古義之總匯：解說本義，總匯文字的古義。
6. 遡文字之原：列小篆、古文、籀文之形體，以明文字之初形。
7. 為語言學之輔助：收錄方言、古音，可作語言學之參考。
8. 為古社會之探討：由字義、字形，以明古社會之情況。

七、參考書目

1. 《怎樣學習說文解字》，章季濤著，群玉堂出版公司。
2. 《說文釋例》，李國英著，南嶽出版社。
3. 《說文假借釋義》，張建葆著，文津出版社。
4. 《轉注釋義》，魯實先著，洙泗出版社。

5.《假借遡原》，魯實先著，文史哲出版社。
6.《說文重文形體考》，許錟輝著，文津出版社。
7.《文字學概要》，裘錫圭著，萬卷樓圖書公司。

聲韻學

應裕康

一、前言

大學中文系或國文系的課程裡，三年級有門必修課，叫做「聲韻學」。這門課，講的是中國語（實際上指漢語）語音系統的學問。假如拿文字作為代表，那麼這門學問講的是漢字字音古今的不同和變遷。羅常培在〈舊劇中幾個音韻問題〉（商務印書館《東方雜誌》三十三卷一號）一文中說：

> 音韻學就是分析漢字或漢語裡所含的「聲」、「韻」、「調」三種元素，而講明它們的發音和類別，並推究它們的相互關係和古今流變的。

大致說來，他把這門學問的內容，已簡單地概括在一起。可是中文系的學生，這門課學好的人很少，而重修的比例卻最多。原因很多，最主要的，就是這門課所牽涉的問題，沒有成為定論的也最多。就拿名稱來說，似乎至今沒有定論。有的學者用「聲韻學」，而有的則用「音韻學」。

贊成「聲韻學」名稱的學者，認為漢語在音方面的研究，主要在聲母跟韻母，然則「聲」代表「聲母」，「韻」代表「韻母」，豈不正好。

反對的學者，則認為漢語語文的研究，一向有「文字、音韻、訓詁」的分法，何況英語討論語音系統的 phonology，一向譯成「音韻學」，所以何必捨「音韻學」而取「聲韻學」。

有些學者則認為凡是單音節的語言，都可以分成聲母跟韻母兩部分，因此聲韻學也好，音韻學也好，都非漢語專有的。為了界限清楚，這門學問上面必得加上「漢語」兩個字，以明所屬，至少也要加上「中國」兩個字。但反對的學者，卻認為太累贅，莫非所有中文系的課程，都得加上「漢語」或「中國」不成？若不會引起嚴重的誤解，則簡單明瞭，也未嘗不好。

本文屬於導讀的性質，不能在這問題上多加討論，要聲明的是，所以仍沿用「聲韻學」的名詞，主要是跟部定課程名稱相應而已。

我們再談到初學的人，為什麼會對聲韻學望而生畏呢？羅常培氏有一段話說得非常好❶，現在把他的話歸納成下列幾點：

1.自來講韻學的書，過於玄虛幽渺，甚至跟陰陽五行相配，形成愈說學者愈糊塗的境地。

2.音韻學本是口耳之學，需要語音學方面的知識。但以前的學者，往往「考古功多，審音功淺」，往往把簡單明白的道理，說得玄虛難曉了。

3.舊的韻學書裡，往往有很多同名異實及異名同實的現象，使得初學者要浪費很多的時間，先求正

❶ 羅常培氏的話見於他替王力《中華音韻學》所作的序，署民國二十四年九月十六日。我見到的王書本子，是臺北泰順書局的影印本。

名，把這些名詞弄清楚。

4.聲韻學的材料太多，又太瑣碎。一本好的聲韻學書，必得對於語音在時間和空間上的演變，能夠不偏不頗，縱橫兼顧。同時在敘述上，又必須深入淺出，使學者產生興趣。

這幾點我都覺得很中肯，但以我多年來濫竽聲韻學講席的經驗，覺得下列兩點也是初學者學不好聲韻學的原因：

第一，聲韻學的基礎在審音，所以除了有先修科目語音學的中文系之外，講聲韻學的老師必得要講語音學的知識，一般的初學者覺得名稱太多，又太枯燥，往往一開始就失去興趣。因此不論教師、學生，對於這門學科，應該有一個共識，即是「慎始」。教師在一開始就應培養學生的興趣，而不要以「難」，使得學生望而卻步。學生也不要先存難的觀念，先行退縮，應該先打好基礎，慢慢地產生興趣，就會自動自發地加以鑽研。

第二，目前部訂聲韻學課程的時間，為每週兩小時，共兩個學期，以前是每週三小時，共兩個學期，兩相一比，課程縮短了三分之一左右。以前教師尚且抱怨時間不夠，遑論目前。因此教師在趕進度、塞資料的情形之下，學生不易了解，往往囫圇吞棗，既不消化，也不易有正確的觀念。所以我覺得教師教學，應以正確的觀念為主。學生若無正確的觀念，雖多無益。

二、聲韻學的內容

其次略談聲韻學的內容問題，坊間有關聲韻學的書籍很多，考其內容的編排，大約有三種方式，第一種是把聲韻學的內容，先分門別類，大致把它分為「聲」（聲母、聲類）、「韻」（韻母、韻部）、「調」（聲調）、「反切」等幾個門類，以此為綱，分別說明各時代對於這些問題的研究與進展。像本師林景伊（尹）先生的《中國聲韻學通論》，及姜亮夫氏《中國聲韻學》，就是這樣分章敘述的。

第二種是採取史的方式來敘述。如張世祿氏《中國音韻學史》就從〈周漢間的訓詁和注音〉，歷經〈「反切」和「四聲」的起源〉、〈魏晉隋唐間的韻書〉、〈「字母」和「等韻」的來源〉、〈宋後「韻書」和「等韻」的沿革〉、〈明清時代的「古音學」〉，最後敘述〈近代中國音韻學所受西洋文化的影響〉。這樣的敘述，跟張氏的書名稱為「史」，大致相應。

第三種方式大致是把語音分成幾個時期來敘述。如董同龢氏《漢語音韻學》，把語音分成五個時期：

1. **上古音**：上古音代表的時代，大約是周代。主要的資料是諧聲字與先秦典籍中的韻語。其他經傳異文與假借字，材料還需要搜集整理。

2. **中古音**：中古音代表的時代，大約是隋及唐初。主要的材料是切韻系的韻書、早期的等韻圖，以及現代的各地方言。

3. **近古音**：主要的材料是宋以後的韻書，而以宋末黃公紹《古今韻會舉要》為代表。黃書在各韻內的字音，用等韻知識重新標音，又加以重新排列，所顯示的語音系統，大略與實際情況相合，所以正好做中古到近代的橋樑。

4. **近代音**：代表的時代，大約是元代，地域是北方。主要的材料，是專為北曲押韻而作的元周德清《中原音韻》；現代的北方官話，也可以用來旁證近代音的演變。

5. **現代音**：研究現代音可以分為兩部分來說，一是以現代北京話作為基礎的國語，一是各地的方言。這兩部分都有活的材料，作為研究時的使用。國語語音的研究，歷史已相當的長，聲韻學家要作的工作，大概只是敘述和介紹。至於各地的方言，因為我國疆域遼闊，方言眾多，方言調查的工作，還需要長期有計畫有系統地去做。

分法如此，但是講述的步驟，卻是以現代音為出發點，由近而遠：先講現代，以為了解古代的階石基礎；次講近代；再講中古；近古部分因篇幅關係，只在中古部分略提，大部皆略而不講；最後則講到上古。

王力氏《中華音韻學》雖沒有明確的將語音分期，但是他把全書分為前論及本論兩大部分：前論敘述語音學常識、聲韻學名詞及等韻學知識，本論部分主要是《廣韻》研究，再以《廣韻》上推古音及今音。此種以《廣韻》作為樞紐來講聲韻學的方法，王、董二氏是一致的❷。

王力氏在他一九五七年出版的《漢語史稿》裡，有關語音的一章，定名〈語音的發展〉，也是以《廣韻》代表中古音作為基礎，先談《廣韻》的聲母和韻母，其次再談上古的語音系統，以中古音和上古音為橋樑，來敘述上古的聲母、韻母和聲調的發展。最後一部分則敘述中古到現代的語音發展，包括現代國語的各類聲母、韻母跟聲調的來源。

本文是導讀性質，應該把聲韻學各重要的部分都加以敘述和介紹。不過每一本聲韻學的書都用相當的篇幅來介紹語音學方面的常識，而這一部分要講則必欲其全，不能夠簡略，簡略了就失去敘述的目的。

---

❷ 實際上，因為材料的關係，所有講聲韻學的書籍，莫不以《廣韻》作為中心，這一點特別需要弄清楚。

且這一部分又相當佔篇幅，不是這篇小文所能包含，所以我就把這部分省略了。還好坊間的聲韻學和語音學的書籍很多，學者不難找到其中一兩種，用作補充和參考。

三、《中原音韻》與近代北方官話

《中原音韻》，元代周德清著，書成於泰定元年（西元一三二四年）。此書主要為北曲押韻而作，然周氏編著本書，是以當時北方的語音為根據，因此學者大多以為是近代（十四世紀）北方官話的實錄。民國以後，學者們研究《中原音韻》的很多，下面所述《中原音韻》所顯示的語音現象，大抵是他們研究的結果：

1. 《中原音韻》先分韻，再在韻裡按照字的聲調分列。觀察《中原音韻》所分的調類，共有四個，即平聲陰、平聲陽、上、去。這樣的四個調類，跟傳統韻書的平、上、去、入不同，而與現代北方官話比較，大略相合。可見在北方官話中，入聲的消失，至少在十四世紀時，已經如此了。

2. 《中原音韻》分十九個韻類，各個韻類都以兩個字作為名稱，各個韻類的名稱，跟學者們所擬的音值❸，大略如下：

(1)東鍾　uŋ, iuŋ。

(2)江陽　aŋ, iaŋ, uaŋ。

(3)支思　ï。

❸ 音值根據董同龢氏《漢語音韻學》。

(4) 齊微　i, iei, uei。

(5) 魚模　u, iu。

(6) 皆來　ai, iai, uai。

(7) 真文　ən, iən, uən, yən。

(8) 寒山　an, ian, uan。

(9) 桓歡　on。

(10) 先天　ien, yen。

(11) 蕭豪　ɑu, au, iau, (uau)。

(12) 歌戈　o, io, uo。

(13) 家麻　a, (ia), ua。

(14) 車遮　ie, ye。

(15) 庚青　əŋ, iəŋ, uəŋ, yəŋ。

(16) 尤侯　ou, iou。

(17) 侵尋　əm, iəm。

(18) 監咸　am, iam。

(19) 廉纖　iem。

有幾點應該說明一下。第一點，《中原音韻》時代，雙脣鼻音 -m 的韻尾，還顯著的保留著。(17) 侵尋、

⒅監咸、⒆廉纖這三個韻的分別，就是很好的一個證明。在國語裡，侵尋韻的字與真文韻的字不分；監咸與寒山不分，廉纖與先天不分。

第二點，王力氏《漢語史稿》認為舌面後圓脣高元音 u 與舌面前圓脣高元音 y 的分別，最晚在十六世紀已經完成了。潘耒的《類音》作於十七世紀末，它的四呼所代表的音，正好是 ï, i, u, y。潘耒所根據的音總有來源，不能突然產生，所以王力氏認為早一百年是合理的。不過根據《中原音韻》的語音現象看，y 的產生，至少在十四世紀就是如此了。又董同龢氏《漢語音韻學》認為⑸魚模的兩個韻母之分別是 u 跟 iu。他說：

> 凡 -iu 韻的字，現代官話差不多都是 -y，北曲時代如也是 -y，怕不能與 -u 押韻。

我個人認為《中原音韻》時代既已經有了 y（見真文、先天、車遮、庚青諸韻），則把魚模一部分的字定為 -iu 而不定為 -y，不免有點怪怪的。若說為了押韻，則 -iu 跟 -y 的區別並不大，周德清的分韻，既是以當時的口語作為標準，可能不會分得那樣細緻。如此說來，東鍾韻的 -iuŋ 定為 -yuŋ，真文韻的 -yən 定為 -yn，都比較自然些。

《中原音韻》分韻分聲調，然後只是把同音字歸在一起，用一個易識字做頭，以一個「○」和別的不同音的字隔開。這些不同的字音，既在同一韻類之中，又在同一聲調之下，再有不同，當然就是聲母或者介音部分。學者們研究當時的聲母系統，就是以此為線索，再和現代方言作對照，比較而得。現在也將其聲母系統列述如下❹：

p（斑辨）	p′（盤判）	m（慢）	f（反飯）	v（晚）
t（丹但）	t′（壇歎）	n（難）		l（闌）
ts（贊尖）	ts′（殘餐錢）		s（珊先）	
tʃ（展棧）	tʃ′（廛）		ʃ（山）	ʒ（然）
k（干堅）	k′（看牽）		x（漢現）	
o（安顏彎元）				

《中原音韻》時代的聲母系統，大略與現代國語的聲母系統相合。有不同的地方，說明如下：

1. 現代國語沒有脣齒濁擦音 v- 的聲母，而《中原音韻》還保留著 v- 的聲母。像「忘」與「王」，國語都是無聲母 o-，但在《中原音韻》「江陽」的平聲，兩個字音分列，可見不同音，比較現在官話方言作為實證，可見它們的不同就是 v- 跟 o-。

2. 現代國語裡舌面塞擦音及擦音的聲母 tɕ, tɕ′, ɕ，在《中原音韻》裡都沒有。像江陽韻平聲裡，「將」字與「姜」字分列。它們在國語裡都以 tɕ 作聲母，在《中原音韻》中分列，可見它們的聲母不同。在現代方言中，「將」字也有與「姜」字讀不同聲母的，它們不同的情形，分成兩種：

(1)「將」讀 ts-，而「姜」讀 k-。這一種方言裡，k- 也與 i、y 等介音配。

(2)「將」讀 ts-，而「姜」讀 tɕ。這一種方言裡，k- 不與 i、y 等介音配。

❹ 同❸。

在《中原音韻》裡，「姜」這類字的聲母是要與 i、y 等介音配的，所以學者們認為《中原音韻》裡，「將」與「姜」的不同，是 ts- 與 k- 的不同，這是有現代方言的實證做根據的。如此說來，《中原音韻》所代表的語音實況，是沒有 tɕ, tɕ', ɕ 這類聲母的。

3.《中原音韻》裡，展、廛、山、然等字的聲母定為舌尖面混合塞擦音及擦音的 tʃ、tʃ', ʃ, ʒ，而不像國語一樣，定為捲舌塞擦音及擦音 tʂ, tʂ', ʂ, ʐ，主要是它們要與 i、y 等細音相配，而 tʂ, tʂ', ʂ, ʐ 等與細音相配是極不自然的。假如說《中原音韻》裡，這類聲母再分成兩類，當它們不與細音配的是 tʂ, tʂ', ʂ, ʐ，與細音配的是 tʃ, tʃ', ʃ, ʒ，也說不過去。因為這樣，《中原音韻》所代表的語音，就有三套塞擦音及擦音的聲母了❺，這也是極不自然的。

研究十四世紀以後官話系統語音的，還有下列一些資料值得注意：

明正統年間的《韻略易通》，蘭茂（廷修）作。

明崇禎年間的《韻略匯通》，畢拱辰作。

清初《五方元音》，樊騰鳳作。

此外，明天啟年間，有西方傳教士金尼閣 (Nicolas Trigault) 用羅馬字拼漢字字音，所作名《西儒耳目資》，也是研究官話系統語音很好的材料。以上各書，限於篇幅，從略不贅。

---

❺ 即前面提到的「將」這一類字是 ts, ts', s 這一系，加上 tʂ……及 tʃ……便有了三套塞擦音及擦音作為聲母，這是極不自然的。像國語有 tʂ……及 ts……而沒有 tʃ……。英語有 ts……及 tʃ……而沒有 tʂ……，都可作為證明。

四、《切韻》系韻書與等韻圖

聲韻學家把韻書當作考訂當時中古語音的最重要的材料，主要是因為韻書有幾個特色：按聲調分卷；每個聲調內再分韻；每個韻內都把同音字聚在一起，與其他不同音的字分開，同音字中，在第一個字下用反切注音。

所謂反切，就是用兩個字來拼注一個字的音，第一個字（稱為反切上字），只取其聲母，第二個字（稱為反切下字），則取其韻母與聲調，兩相拼合，便成為所要拼的字音。在這種注音法使用前，我國大約都使用直音法，就是用一個同音字去注音。直音法的缺點，簡單地說有三點：第一，有時候容易讀認的字，假如要注音，只有用難字去注音，這樣注了就等於沒有注。第二，假如一個字沒有同音字，基本上就無法注音。第三，同音字少的字，往往會發生循環注音的現象，即是用甲注乙的音，又用乙注甲的音。因此，用反切去注音，便沒有這些缺點。而且反切要取上字的聲母及下字的聲調及韻母，必經分析乃能選用，所以用反切注音，既不會發生沒有適當的字用來注音的問題，準確性也比較大。

反切注音的發明，乃是導源東漢而盛行六朝，因當時佛經正傳入中國，而一般文士受印度拼音文字的影響，逐漸了解分析字音的門徑而創造。

聲調是我漢語所固有的，學者發現漢語之有四聲，也在佛經傳入之同時，因轉讀佛經，知道印度古時《聲明論》有所謂三聲，藉此領悟我漢語中也有聲調存在。字音釐訂的工具已備，加以當時文學講究聲律之美的環境之要求，於是別四聲、分韻類、逐字注音的韻書，便就應運而生了。

相傳李登《聲類》為韻書鼻祖，但其書久佚，內容如何，不得而知。今傳最早的韻書，當推隋陸法言的《切韻》。《切韻・序》說：

昔開皇初，有儀同劉臻等八人❻！同詣法言門宿。夜永酒闌，論及音韻。以今聲調，既自有別，諸家取捨，亦復不同。……欲廣文路，自可清濁皆通；若賞知音，即須輕重有異。……因論南北是非，古今通塞。欲更捃選精切，除削疏緩，蕭、顏多所決定。魏著作謂法言曰：「向來論難，疑處悉盡，何不隨口記之。我輩數人，定則定矣。」法言即燭下握筆，略記綱紀。博問英辯，殆得精華。……

由此可知：

1. 《切韻》前有所承，它本身是集六朝韻書大成的作品。
2. 陸氏等分別部居，顧到「南北是非，古今通塞」的。因此，並不是依據當時的某一種方言，而是包羅古今方言的許多音系，我們不能把它當作隋代的某地方言實錄去研究。

《切韻》成書以後，其他各家韻書都漸趨淹沒。而增修訂補者，也皆以《切韻》為對象。久了之後，《切韻》原書反而少見，甚至增訂諸家，也多不見全本。在故宮全本王仁昫《刊謬補缺切韻》出世前，完整的《切韻》增訂本，當以宋朝陳彭年、邱雍等奉敕修輯的《大宋重修廣韻》❼為最早。

---

❻ 據《廣韻》所載，八人除劉臻外，為顏之推、魏淵、盧思道、李若、蕭該、辛德源、薛道衡。

❼ 唐代增訂《切韻》中的一家——孫愐，書名「唐韻」，僅存殘葉一種。據學者考證，其書又名「廣切韻」，又或略

陸氏《切韻》分韻一百九十三，《廣韻》二百零六，雖然多出十三韻，是《廣韻》分韻較嚴，並非系統上之歧異。又兩書之反切，依現存資料相互比對，也是大同小異。是以學者們皆以《廣韻》作為研究中古音之主要材料，而以之取代《切韻》，大致的方向，是正確的。民國以後，故宮全本王仁煦《刊謬補缺切韻》出世，也並不足動搖《廣韻》的地位。

清代的陳澧（字蘭甫，西元一八一〇～一八八二年），他作《切韻考》，是第一個歸納《廣韻》反切以探求中古音系的學者。他用的方法是「系聯」，分別有三個條例，來「系聯」《廣韻》的聲類和韻類，現在簡述如下：

㈠基本條例

1. 同用

冬：都宗切；當：都郎切。冬、當同用都字，聲必同類。

東：德紅切；公：古紅切。東、公同用紅字，韻必同類。

2. 互用

當：都郎切；都：當孤切。當、都二字互用，聲必同類。

公：古紅切；紅：戶公切。公、紅二字互用，韻必同類。

3. 遞用

冬：都宗切；都：當孤切。冬用都，都用當，冬都當三字聲必同類。

稱「切韻」或「廣韻」。《大宋重修廣韻》之名本此。

東：德紅切；紅：戶公切。東用紅，紅用公，東紅公三字韻必同類。

(二)分析條例

原則是《廣韻》同音之字不分兩切語，所以兩個切語之中，上字同類，下字必不同類；下字同類，上字必不同類。如紅：戶公切；烘：呼東切，公跟東字韻同類，戶、呼二字聲必不同類。

(三)補充條例

這是由於本屬同類之上、下字，因兩兩連用，不能系聯，於是陳氏以此補充條例來補救。聲類方面，如多：得何切，得：多則切；都：當孤切，當：都郎切。多與得，都與當兩兩互用，於是四字不能系聯。但《廣韻》一字兩音互注切語，同一音之兩切語上字，聲必同類。一東「涷：德紅切，又都貢切」；一送「涷：多貢切」，可見都貢、多貢同一音，則知多、都實同一類。因此多、得與都、當雖不能系聯，但據此可併為一類。

韻類方面，因四聲相承之韻，其分類也多相承。陳氏乃認為「切語下字」既不系聯，而相承之韻又分類，乃據以定其分類，否則，雖不系聯，實同類耳。

陳氏的條例似乎很完善，但是他並沒有完全依著條例去做，如他歸納《廣韻》的聲類，得四十類，如僅用基本條例，所得當比四十類多得多，若兼用補充條例，所得又比四十類少得多，出入之間，陳氏大多訴諸主觀，這是學者們認為陳氏歸類，不能完全成功的原因。

然而，反切本不為系聯而作，反切的錯誤有時又往往不能從反切本身即可發現，所以批評陳氏者雖多，繼續陳氏工作者也多，但卻並沒有誰完全成功。各家分類之說太繁，限於篇幅，不一一介紹。總之，反切的歸類，只能顯示中古音系的間架，而不是中古聲母、韻母的真正類別。因為韻書之作，乃為詩文押韻而設，四聲分卷，卷內分韻，只是告訴人同韻的字可以押韻而已，韻跟韻之間的關係，除了所謂「同用」、「通用」的韻，有點消息可尋外，其他各韻，就毫無痕跡可尋了。所以聲韻學家在考訂中古音的時候，一定要尋其他材料，以彌補其不足。

談起其他材料，首先就得提起自唐代中葉以後興起的有系統的語音研究——字母與等韻。唐末沙門守溫，參照梵文和藏文的字母，從而歸納出我國聲母的類，共有三十個類❽。經過後人增補，便成為現今流傳的三十六字母。

各韻圖所載的三十六字母，在次序和「五音」❾、「清濁」等都小有差異，後來逐漸統一，現在列表如下：

❽ 見敦煌唐寫本《守溫韻學殘卷》。與三十六字母相較，守溫脣音不分重、輕脣，少了四母。又不分泥、娘，不分禪、床，所以一共少了六母。

❾ 五音指脣、舌、齒、牙、喉。加上半舌、半齒，即為七音。把半舌、半齒併為舌齒，脣音析為重脣、輕脣；舌音析為舌頭、舌上；齒音析為齒頭、正齒，即是所謂九音。

		全清	次清	全濁	次濁	全清（又次清）	全濁（又次濁）
脣音	重脣	幫	滂	並	明		
	輕脣	非	敷	奉	微		
舌音	舌頭	端	透	定	泥		
	舌上	知	徹	澄	娘		
齒音	齒頭	精	清	從		心	邪
	正齒	照	穿	床		審	禪
牙音		見	溪	群	疑		
喉音		影	曉	匣	喻		
半舌					來		
半齒					日		

將這些名詞，簡單地用現代語音學加以解釋，以助了解：

重脣：雙脣音　　輕脣：脣齒音

舌頭：舌尖塞音　　舌上：舌面塞音

齒頭：舌尖塞擦音及擦音　　正齒：捲舌、舌尖面混合或舌面的塞擦音與擦音

牙音：舌根音　　喉音：喉音

半舌：舌尖邊音　　半齒：或即舌面鼻音

全清：不送氣的清音　　次清：送氣清音

全濁：濁塞或塞擦音　　次濁：邊音、鼻音等

又次清：清擦音　　　　又次濁：濁擦音

所謂等韻，則是受了佛經「轉唱」的影響，把韻書各韻比較異同，分作四個「等」，進而依四等與四聲相配的關係，合若干韻母為一「轉」。

把字母與等韻分析字音的成果，具體表現出來的，就是「等韻圖」，它把字母橫列，縱分四等，作成若干圖表（轉），然後把韻書中每一個字音的代表，分別填入，所有的字音都可在縱橫交錯中求得。如此一來，韻書所有的材料，就變成具體的語音系統了。

今傳最早的等韻圖，當推南宋鄭樵《通志》中的〈七音略〉與南宋紹興年間張麟之刊行的《韻鏡》。有幾個特點，足以說明它們的地位：

1. 它們的底本，都是宋以前的作品，根據的韻書都較《廣韻》早。
2. 兩者都分四十三個圖，稱四十三轉。
3. 完全保存切韻系韻書的語音系統，韻書中不同音切的字音，在兩種韻圖中都各有不同的地位，絕少遺漏跟混淆。可算正韻書之失及補韻書不足之好資料。

幫助歸納中古音資料的韻圖，另一個重要的就是《四聲等子》，書的作者佚名，但序中提到遼僧行均的《龍龕手鑑》，所以不會早於宋遼。《四聲等子》把四十三轉併為十六攝，早期韻圖中開合對待的兩轉，就併為一攝，不過開口與合口依舊分圖。相近的轉而開合又是相同的，也併為一攝。於是十六攝的分圖，分開合的攝有兩個圖，不分開合（稱為獨韻）就只有一個圖，十六攝共有二十個圖，比四十三個圖要少二十三個圖。把相近的轉合起來，有一個優點，就是可以看出中古韻母一個比較大的類別。

《韻鏡》在各轉下注明「開」、「合」、「開合」。「開」與「合」相當於近代的廣義的開口與合口。「開合」可能是「開」或「合」誤添而成，可能有另一種意思，但是現在限於材料，還不明白。

《七音略》用的名詞很怪，歸納起來，大略：

重中重，重中重內重，重中重內輕，重中輕內重，重中輕，這些都相當於廣義的開口。

輕中輕，輕中輕內重，輕中重，輕中重內輕，這些都相當於廣義的合口。

《四聲等子》的開口、合口、獨韻用得相當一致，所以拿它去矯正《韻鏡》的開合，和《七音略》的重輕，可以說是非常適當的。

至於這些韻圖都分四個等⑩，這其間的差別究竟何在？根據學者們的研究與推斷，大約有下列幾點線索⑪：

---

⑩ 我國等韻學家把漢語韻母因韻頭（介音）的不同，而分成四個類型，這就是等韻學裡的等呼。明清學者討論等呼的很多，以清潘耒在《類音》裡說得最清楚，根據他的原理，四呼的意義是：

開口呼：沒有介音，而主要元音又不是〔i〕〔u〕〔y〕。

齊齒呼：介音或主要元音是〔i〕的。

合口呼：介音或主要元音是〔u〕的。

撮口呼：介音或主要元音是〔y〕的。

開口與齊齒合稱廣義的開口，合口與撮口合稱廣義的合口。

⑪ 關於等的說法，學者們還不能完全一致，此處用的是董同龢氏《漢語音韻學》中的說法，讀者如要更詳盡的資料，可以檢閱原書。

1. 一等韻與二等韻原來都沒有介音 i。一等韻的元音部位比較偏後，而二等韻的元音則偏前，因偏前所以有時會產生新的介音 i。如皆字為二等韻，中古是 -ai，現代國語是 -ie。

2. 三等韻的介音是輔音性的 j，四等韻的介音是元音性的 i。

3. 因此，如果某攝的主要元音是較低的元音，它的開合四等應該是：

	一等	二等	三等	四等
開	ɑ	a	jæ	iɛ
合	uɑ	ua	juæ	iuɛ

4. 在十六攝裡，有半數的攝，是同時既無二等韻又無四等韻的。在此情形下，其三等韻只要加上 j 就可以了。

以上我把研究中古音的材料，以及跟這些材料有關的名詞，大略作了一番介紹。其實有很多等韻方面的問題，乃至很多相關的名詞，都需要解釋，限於篇幅，只得從略，後面有一小節，我會開列一個書目，讀者有興趣的，便可以檢閱原書。

但是在敘述中古聲母韻母系統之前，還是把聲母、韻母的幾個相關名詞，先解釋一下：

現代聲韻家，在分析字音的時候，往往借用舊有的名詞，譬如他們把漢語的一個字音，一樣的分為聲母、韻母和聲調三部分。聲母的定義，則是「字音起首有辨義作用的輔音」，譬如爸 pa˥，p- 是輔音，又在字音起首，且有辨義作用（若在 a 前換一 m 時，就變成 ma 了），因此 p- 在此處就是聲母。又如南

nan」，有兩個輔音 n，前面一個在字音起首，是為聲母，後面一個不在字音起首，就不是聲母。又如哀 ai」字，有些北方人發哀 ai 的音時，會在前面加一個喉塞音 ʔ，變成 ʔai」，這個 ʔ 加不加，都沒有辨義作用，所以也不是聲母。因此有些字音是沒有聲母的，稱為無聲母，或者零聲母。

但是在歸納中古的聲類時，有些聲類是屬於無聲母的，但我們並不就稱它為無聲母，而照樣稱它為一個類別。例如三十六字母裡的喻母（或稱喻紐或喻類），它以現在的觀點，是無聲母，但我們照樣把它看作是一個類，跟其他的聲類（聲紐）一樣。因此，現代所謂聲母的內涵，與中古聲類（聲紐）的內涵，不完全相當，這是要注意的。

韻母的組織比較複雜，很難下一個定義，通常聲韻家會說：「一個字音，除了聲母，全是韻母。」換言之，假如一個字音，沒有聲母，就全是韻母。

最簡單的韻母是只有一個元音，如烏 u，那麼這個 u 就是韻腹（主要元音）。假如是一個複元音，那麼舌位低的那個元音是韻腹，在它後面的是韻尾，在它前面的是韻頭（介音）。如 au，a 是韻腹，u 就是韻尾；如 ua，a 是韻腹，u 是韻頭。

由於韻頭或韻腹的不同，韻母可以分為四個類型，即四呼，前面已經說過。由於韻尾的不同，韻母也可以分為下面幾個類型：

一個韻母沒有韻尾的，稱開尾韻；韻尾是元音的，稱陰聲韻，開尾韻也包含在陰聲韻內。

一個韻母的韻尾是鼻音的，如 -m, -n, -ŋ，稱陽聲韻。

一個韻母的韻尾是塞音的，如 -p, -t, -k，稱入聲韻。中古入聲調各韻，都有塞音 -p, -t, -k 的韻尾。

古音中常有一個陰聲韻的字，變成它相當的陽聲韻，或者陽聲韻的字，變成相當的陰聲韻，這種現象，稱為「陰陽對轉」。這名稱起自清儒戴震和孔廣森。所謂相當，如 a 這個陰聲韻，跟它相當的陽聲韻，就是 am, an, aŋ。簡單地說，就是主要元音相同，而鼻音韻尾的有無，就構成了相當的陽聲韻和陰聲韻。

此外，還有所謂「旁轉」，名詞起於章太炎先生。即是一個陰聲韻轉到相近的陰聲韻，或者一個陽聲韻轉到相近的陽聲韻，所謂相近，就是主要元音的相近，並不是隨便亂轉的。

五、中古音系

以韻書中的反切作為主要的依據，再以等韻字母及韻攝、開合、等第為輔助，並以現代各地方言作為旁證，這些年來，聲韻學家在中古語音的音類及音值方面，都有很好的進展及成就。其中瑞典漢學家高本漢氏 (**Bernhard Karlgren**) 雖非中國人，但卻是第一個拿西洋語言學來研究漢語語音的學者，他對漢語中古音研究的成果，見於他所著的《中國音韻學研究》(*Etudes sur la phonologie chinoise*)。其他學者都有修正，現在將中古聲韻母的系統，簡述於下[12]：

---

[12] 中古音系的分類、類名、音值，各家都有不同。如王力氏《漢語史稿》、董同龢氏《漢語音韻學》、李榮《切韻音系》，所述各有不同，可見至今尚無定論。本文是導讀性質，略作介紹，以供讀者作個依據。當時教學時習慣以董氏音值為主，所以此處大體上都是依據《漢語音韻學》的說法。王、李二氏及其他學者的著作，讀者皆可一一檢閱，以見其所以不同之處。

(一)聲母部分

	全清	次清	全濁	次濁	又次清	又次濁
重脣	幫 p	滂 p′	並 b′	明 m		
輕脣	非 f	敷 f′	奉 v	微 ɱ		
舌頭	端 t	透 t′	定 d′	泥 n		
舌上	知 ȶ	徹 ȶ′	澄 ȡ			
齒頭	精 ts	清 ts′	從 dz′		心 s	邪 z
正齒	章 tɕ	昌 tɕ′	船 dʑ′		書 ɕ	禪 ʑ
	（以上五母，韻圖置於三等）					
	莊 tʃ	初 tʃ′	崇 dʒ		生 ʃ	俟 ʒ
	（以上五母，韻圖置於二等）					
牙音	見 k	溪 k′	群 g′	疑 ŋ		
喉音	影 ʔ	曉 x	匣 ɤ			云 ɣ (j)（韻圖置三等）
						以○（韻圖置四等）
半舌半齒				來 l 日 ȵ		

(二)韻母部分

1. 通攝

一等	東董送	uŋ	屋	uk
	冬湩宋	uoŋ	沃	uok
三等	東　送	juŋ	屋	juk
	鍾腫用	juoŋ	燭	juok

2. 江攝

二等	江講絳	ɔŋ	覺	ɔk

3. 止攝

	開口		合口	
三等	支紙寘（一類）	je	支紙寘（一類）	jue
	支紙寘（二類）	jĕ	支紙寘（二類）	juĕ
	脂旨至（一類）	jei	脂旨至（一類）	juei
	脂旨至（二類）	jĕi	脂旨至（二類）	juĕi
	之止志	i		
	微尾未	jəi	微尾未	juəi

4. 遇攝

	開口		合口	
一等			模姥暮	uo

三等	魚語御	jo	虞麌遇	juo	

5. 蟹攝

	開口		合口	
一等	咍海代	Ai	灰賄隊	uAi
	泰	ɑi	泰	uɑi
二等	皆駭怪	ɐi	皆　怪	uɐi
	佳蟹卦	æi	佳蟹卦	uæi
	夬	ai	夬	uai
三等	（栘）（茝）祭（一類）	jæi	祭（一類）	juæi
	祭（二類）	jæ̌i	祭（二類）	juæ̌i
	廢	jɐi	廢	juɐi
四等	齊薺霽	iɛi	齊　霽	iuɛi

6. 臻攝

	開口				合口			
一等	痕很恨	ən	（紇）	ət	魂混慁	uən	沒	uət
二等	臻	en	櫛	et				

三等	真軫震（一類）	jen	質一	jet	諄準稕（一類）	juen	術一	juet
	真軫震（二類）	jĕn	質二	jĕt	諄準稕（二類）	juĕn	術二	juĕt
	欣隱焮	jən	迄	jət	文吻問	juən	物	juət

7. 山攝

	開口				合口			
一等	寒旱翰	ɑn	曷	ɑt	桓緩換	uɑn	末	uɑt
二等	刪潸諫	an	鎋	at	刪潸諫	uan	鎋	uat
	山產襇	æn	黠	æt	山產襇	uæn	黠	uæt
三等	仙獮線（一類）	jæn	薛一	jæt	仙獮線（一類）	juæn	薛一	juæt
	仙獮線（二類）	jæ̆n	薛二	jæ̆t	仙獮線（二類）	juæ̆n	薛二	juæ̆t
	元阮願	jɐn	月	jɐt	元阮願	juɐn	月	juɐt
四等	先銑霰	iɛn	屑	iɛt	先銑霰	iuɛn	屑	iuɛt

8. 效攝

一等	豪晧號	ɑu
二等	肴巧效	au
三等	宵小笑（一類）	jæu
	宵小笑（二類）	jæ̆u

四等	蕭篠嘯	iɛu					

9. 果攝

	開口				合口		
一等	歌哿箇	ɑ			戈果過	uɑ	
三等	戈	jɑ			戈	juɑ	

10. 假攝

	開口				合口		
二等	麻馬禡	a			麻馬禡	ua	
三等	麻馬禡	ja					

11. 宕攝

	開口				合口		
一等	唐蕩宕	ɑŋ	鐸	ɑk	唐蕩宕	uɑŋ	鐸 uɑk
三等	陽養漾	jɑŋ	藥	jɑk	陽養漾	juɑŋ	藥 juɑk

12. 梗攝

	開口				合口		
二等	庚梗映	ɐŋ	陌	ɐk	庚梗映	uɐŋ	陌 uɐk
	耕耿諍	æŋ	麥	æk	耕	uæŋ	麥 uæk

三等	庚梗映	jɐŋ	陌	jɐk	庚梗映	juɐŋ		
	清靜勁	jɛŋ	昔	jɛk	清靜	juɛŋ	昔	juɛk
四等	青迥徑	ieŋ	錫	iek	青迥	iueŋ	錫	iuek

13. 曾攝

	開口				合口			
一等	登等嶝	əŋ	德	ək	登	uəŋ	德	uək
三等	蒸拯證	jəŋ	職	jək			職	juək

14. 流攝（開口）

一等	侯厚候	u
三等	尤有宥	ju
	幽黝幼	jəu

15. 咸攝

	開口				合口
一等	覃感勘	Am	合	Ap	
	談敢闞	ɑm	盍	ɑp	
二等	咸豏陷	ɐm	洽	ɐp	
	銜檻鑑	am	狎	ap	

三等	鹽琰豔	jæm	葉	jæp				
	嚴儼釅	jɐm	業	jɐp	凡范梵	juɐm	乏	juɐp
四等	添忝㮇	iɛm	帖	iɛp				

16.深攝（開口）

三等	侵寢沁	jem	緝	jep

以上是根據切韻系韻書、早期等韻圖以及其他資料，所得到的中古聲韻母的情況，以它們跟現代國語作比較，就可以了解很多古今音變的痕跡。王力氏《漢語史稿》從第十七節到第三十節，都是討論「由中古到現代的語音發展」，本文限於篇幅，當然不能一一敘述介紹。董同龢氏《漢語音韻學》，有幾個表，說明中古到現代國語的演變，現在把它附在後面，以作本節的結束：

表中幾個注解，簡錄於後：

❶洪音指現代韻母的開口與合口，細音則指齊齒與撮口。

❷止攝開口字變 ʂ，其他變 tʂ。

❸俟母平聲僅「漦」一字，現代讀法未詳。

❹東三等、屋三等和尤韻的字是明母，不是微母。

開口表的幾個注解，簡錄於後：

❶溪母與影母為 ai，其他為 ie。又佳韻有些字例外為 ia，和假攝字混。

❷影母為 au，其他為 iau。

聲類	聲調	黃	章	朱	江有誥	嚴	王	孔	段	戴	江永	顧
經類	平上去	青部	青部	鼎部	耕部	耕類	耕部	丁類	第十一部	嬰部	第九部	第八部
京類	平上去	唐部	陽部	壯部	陽部	陽類	陽部	陽類	第十部	央部	第八部	第七部
弓類	平上去	登部	蒸部	升部	蒸部	蒸類	蒸部	蒸類	第六部	膺部	第十部	第九部
公類	平上去	東部	東部	豐部	東部	東類	東部	東類	第九部	翁部	第一部	第一部
宮類	平上去	冬部	冬部		中部	侵部		冬類				
今類	平上去入	覃部	侵部	臨部	侵部		侵部	侵類	第七部	音部	第十二部	第十部
給類	入	合部	緝部		緝部	談類	緝部	（合）		邑部	入聲七部	
甘類	平上去／入	添部	談部	謙部	談部		談部	談類	第八部	醃部	第十三部	
甲類	入	帖部	盍部		葉部		盍部	合類		讘部	入聲八部	第四部
干類	平上去	寒桓部	寒部	乾部	元部	元類	元部	原類	第十四部	安部	第五部	
斤類	平上去	痕魂部	諄部	屯部	文部	真部	諄部	辰類	第十三部	殷部	第四部	
堅類	平上去	先部	真部	坤部	真部		真部		第十二部			

呼」皆疊韻兼雙聲也，今則以「噫」「於」「嗚」屬影母，「嘻」「戲」「呼」屬曉母，「乎」屬匣母。又如「于」「於」同聲亦同義，今則以「于」屬喻母，「於」屬影母。」據此錢氏認為古代影喻曉匣都是雙聲。

錢氏之外，清代學者，對於上古聲母，似乎都無創見。民國以來，研究的學者日漸增多，如章太炎先生有「古音娘日二母歸泥說」，見《國故論衡》。曾運乾氏有「喻四古歸定之說」，見〈喻母古讀考〉。「喻三古歸匣之說」，見〈切韻五聲五十一類考〉。

章太炎先生在《國故論衡》裡還列有一個紐目表，表示古代共有二十一紐，括弧中的聲紐，是表示古代沒有的：

喉音：見　谿　群　疑
牙音：曉　匣　影（喻）
舌音：端（知）　透（徹）　定（澄）　泥（娘、日）　來
齒音：照（精）　穿（清）　床（從）　審（心）　禪（邪）
脣音：幫（非）　滂（敷）　並（奉）　明（微）

黃季剛先生也考定古聲母十九紐，見下表（據錢玄同〈文字學音篇〉頁三〇，《華國月刊》一卷五期）：

深喉：影（喻、于）
淺喉：見　溪（群）　曉　匣　疑
舌音：端（知、照）　透（徹、穿、審）　定（澄、神、禪）　來　泥（娘、日）
齒音：精（莊）　清（初）　從（床）　心（山、邪）

脣音：幫（非）　滂（敷）　並（奉）　明（微）

高本漢氏對於上古聲母也有他一套看法，並擬訂音值。以後受他影響，而在上古聲母的分類及擬音方面，有所訂正，且有具體貢獻的學者很多。因篇幅所限，特舉王了一、董同龢二先生的結果，作為代表。二氏見解相同的，約有下列數端[15]：

1. 王氏第六類脣音	邦 p	滂 p´	並 b´	明 m		
董氏脣音	p	p´	b´	m		
2. 王氏第二類舌頭音	端 t	透 t´	餘 d[16]	定 d´	泥 n	來 l
董氏舌尖音	t	t´	d	d´	n	l
3. 王氏第一類喉音	見 k	溪 k´	群 g´	疑 ŋ	曉 x	匣 ɣ
董氏喉音	k	k´	g´	ŋ	x	ɣ

現在再述二氏不同之點：

1. 董氏根據上古諧聲的現象，中古明母常與中古曉母在一個諧聲系統內，如每 m-：悔 x-、晦 x-、誨 x-。因此認為上古有一聲母 m̥，中古變成 x，王氏不提此點。

[15] 王先生分類及擬音，見《漢語史稿》，董先生分類及擬音，見《漢語音韻學》，一在大陸出版，一在臺北出版，二人著作，都沒有提起對方所著及擬音。據我推測，是二人都沒有見到對方的著作。

[16] 曾運乾氏有喻四古歸定之說。王、董二氏，皆認為上古有一聲母，中古變成無聲母，皆擬為 d，王氏稱為餘母，董氏無稱呼。

2. 董氏根據上古諧聲現象，中古喻母常與中古舌根音在一個諧聲系統內，如衍○-：愆 kˋ-；匀○-：均 k-。因此認為上古有一聲母 g，中古變成○，王氏不提此點。

3. 董氏認為中古影母在諧聲內自成一系統，因此認為上古ʔ到中古伊為ʔ，保持不變。王氏認為「中古的影母是個ʔ，上古也可能是個ʔ，但是，上古既然不另有元音起頭的字，我們儘可以把影母看作元音起頭」。所以把它擬作○。

4. 董氏認為精莊同源，所以他把這一系的聲母，擬為：ts, tsˋ, dzˋ, s, z，到中古受了介音的影響，在一、三、四等韻裡，保持不變，即精系。在二等韻前，即演變成 ʧ, ʧˋ, dʒˋ, ʃ, ʒ（即照二莊系）。王氏認為「莊系和精系在上古是非常接近的。是不是就完全相同呢？這是尚待研究的問題。慎重起見，暫時把它們擬成 ʧ, ʧˋ, dʒˋ，假定它們從上古到中古沒變化。將來更進一步研究，再來解決這一個問題。」⓱

5. 中古的照三系的字，章、昌、船、書、禪、日，二氏都認為是上古的 ȶ, ȶˋ, ȡ, ɕ, ʑ, ȵ 變來。但董氏認為一部分中古照系字，專跟舌根音字一起諧聲，如赤 tɕˋ-：郝 x-；區 kˋ-：樞 tɕˋ 等，例子很多。因此董氏認為它在上古另有一個來源，擬為舌面後音 c, cˋ, ɟˋ, ɲ, ç, j。王氏則未提起。

6. 董氏認為上古有複聲母的存在，但並未擬音，因不能決定他們的形式與出現的範圍。複聲母最早是由高本漢提出的，王氏則力斥其非：

⓱ 既認為它們非常接近，事實上又可證明它們是同出一源，為什麼還說它們在上古是不同的音呢？所以這一點我不太贊同王先生的說法。

……他（高本漢）在上古聲母系統中擬測出一系列的複輔音，那也是根據諧聲來揣測的。例如「各聲」有「路」，他就猜想上古有複輔音 kl- 和 gl-。由此類推，他擬定了 xm-, xl-, fl-, sl-, sn- 等。他不知道諧聲偏旁在聲母方面取樣變化多端，這發現複輔音就太多了。例如「樞」從「區」聲，他並沒有把「樞」擬成 ȶl，大約他也感覺到全面照顧的困難了。⑱

複聲母的問題，竺家寧君博士論文《古漢語複聲母研究》，特別強調中國古代複聲母的存在。民國七十八年七月，他與林慶勳君完成《古音學入門》一書，臺北學生書局出版，對於上古複聲母的主張，代表他最新的看法，讀者可以參閱。

(三)聲調

清儒對於聲調的研究，起自顧炎武。他主張「四聲一貫」，意思是上古沒有聲調的分別。這話自然是不對的，因為齊梁之時，沈約等學者，只是發現漢語有四聲的存在，並不是「發明」四聲。其後江永在《古韻標準》的例言裡，也贊成顧氏的意見。

顧、江以後，學者對於上古聲調的意見漸漸成熟起來。這其中分為兩派：一派是上古有聲調的，但沒有四個之多。如段玉裁主張古人沒有去聲，孔廣森以為古代沒有入聲，黃季剛先生則認為古人只有平

⑱ 很有趣，王先生提到的「樞」與「區」諧聲的問題，董先生並沒有依高本漢的複輔音方面去想，因為這方面材料很多，董先生才認為照三系字，在上古有另一來源，即是舌面後音 C、C'……系。王先生大約把它當作例外諧聲來處理了。另一方面，也可看出王先生未見到董先生的書。當然董先生也沒有看到王先生的書，否則也會辯正。

入兩聲，而沒有上聲和去聲。

一派是主張古人實有四聲的。可以王念孫、江有誥、夏燮為代表。江有誥給王念孫的信，表示「古人實有四聲」，而王氏的回信，也表示「大約皆與尊見相符」。夏燮著有《述韻》，他論古人實有四聲說：

古無四聲，何以〈小雅・楚茨〉之二章，〈魯頌・閟宮〉之三章連用至十一韻十二韻皆平聲？〈小雅・六月〉之六章，〈甫田〉之三章，連用至七韻九韻，〈大雅〉之〈蒸民〉五章，〈魯頌〉之〈閟宮〉之二章，合用至十韻十一韻皆上聲？……此其可證者一也。……〈大雅・泂酌〉三章，分平上去三韻，〈召南・摽有梅〉三章……分平去入三韻，……若古無四聲，何以分章異用，如此疆爾界，不相侵越？……此其又可證者一也。亨饗為古之平聲，詩凡十見，皆不與上同用。慶為古之平聲，詩凡十見，易十二見，皆不與去同用。予為古之上聲，詩凡十見，皆不與平同用。戒為古之入聲，詩凡三見，易一見，皆不與去聲同用。苟古無四聲，何以屢用而不容一韻之出入？此其可證者又一也。……大氐後人多以唐韻之四聲求古人，故多不合。因其不合，而遂疑古無四聲，非通論也。……

現代學者大多以古人實有四聲的學說為準。至於上古漢語的調值已不可詳考，因為中古漢語的調值，至今尚不可考，則上古自是更不可知了。王了一先生《漢語史稿》認為上古的聲調，可分為舒聲和促聲[19]，

[19] 促聲指有 -p, -t, -k 韻尾的韻母，舒聲是指沒有 -p, -t, -k 韻尾的韻母。

各以其元音的長短分為兩類：舒聲長短兩類是平聲和上聲；促聲長短兩類是去聲和入聲。

七、聲韻學重要著作簡介

聲韻學可介紹的書多得很，今以讀者入門為主，介紹幾本有代表性的於後。介紹的書多半偏重於「概論」，有些書已經出了好多版，包括重印翻印，因此若要以所出版書局的出版日期為準，恐怕著作在先的書，還反而列在後面，也說不定。現在一律略其年代，排列方面，也不依出版的年月：

《中國音韻學研究》，高本漢著，趙元任、李方桂譯，上海商務印書館。

《中國聲韻學》，姜亮夫著，臺北：進學書局，又，臺北：文史哲出版社。

《中國音韻學史》，張世祿著，上海商務印書館。

《中華音韻學》，王力著，臺北：泰順書局。

《漢語音韻》，王力著，臺北：弘道出版社。

《中國聲韻學》，潘重規、陳紹棠合著，臺北：東大圖書公司。

《高明小學論叢》，高明著，臺北：黎明文化事業公司。

《中國聲韻學通論》，林尹著，臺北：黎明文化事業公司。

《漢語史稿》，王力著，臺北：泰順書局。

《中國聲韻學大綱》，高本漢著，張洪年譯，臺北：中華叢書編審委員會。

《漢語音韻學》，董同龢著，臺北：學生書局。

《中國音韻學論文集》，周法高著，香港：中文大學。

《中國聲韻學大綱》，謝雲飛著，臺北：學生書局。

《漢語音韻學》，李新魁著，北京：北京出版社。

《聲韻學中的觀念和方法》，何大安著，臺北：大安出版社。

《古音學入門》，林慶勳、竺家寧合著，臺北：學生書局。

國語語音學

張孝裕

導言

語言與語言學：人類很早就會說話。這些經過思想後，把情意表達出來的信號，就是語言。研究語言的性質、種類、系統及其發展規律的科學，就是語言學。

語言的形式分為兩種：如果用聲音說出來的語言，叫做口頭語言；如果用文字寫下來的語言，叫做書面語言。

語音與語音學：語言的聲音就是語音，它是構成語言的一部分。研究語言發音的原理、法則等的科學，就是語音學。

語音學的分類有很多，例如：普通語音學、歷史語音學、方言語音學、生理語音學、物理語音學、描寫語音學、實用語音學、實驗語音學、比較語音學等等。

本篇就中國國語，也就是北京音系，簡要的說明其發音的原理與法則，以供初學者參考。

本篇內容共分為六節：第一節發音原理；第二節注音符號的發音；第三節聲調及拼音方法；第四節

變音與變調；第五節輕聲；第六節儿化韻。

第一節　發音原理

一、語音與物理的關係

語音和其他聲音一樣，也是一種物理現象。聲音的構成由於物體的顫動，振動著周圍的空氣，形成了音波，傳到耳朵裡，就成為聲音。

(一)構成語音的四要素

1. **音高**：就是聲音的高低。聲音的高低是由音波振動快慢多少來決定。振動快的多，音就高；慢的少，音就低。語音的高低，決定在聲帶的長短、鬆緊、厚薄。長、鬆、厚的音低，短、緊、薄的音高。

2. **音長**：就是聲音的長短。發音時間久的音長，發音時間短的音短。

3. **音強**：就是聲音的強弱。聲音的強弱是由音波振動的幅度大小來決定。振幅大的聲音強，小的聲音弱。

4. **音色**：就是聲音的特色。聲音的特色是由音波形成的不同來決定。造成音波形成不同是因為：(1)發音物體的不同；(2)發音方法的不同；(3)共鳴器的不同。

(二)樂音、噪音

從聲學來說，樂音是由一定數目的、有週期性的音波所構成的聲音，它是物體有規律的振動產生的樂音，所以比較和諧悅耳。語音中的元音是樂音。相反的，噪音為沒有週期性的音波所構成的聲音，它是物體無規律的振動產生的噪音，所以是不和諧、不悅耳的聲音。語音中輔音的構成，以噪音成分為基礎。

㈢基音、陪音

聲音中構成主要振動的音，叫做基音。聲音中構成次要振動的音，叫做陪音。

㈣共鳴

兩物間因共振而發聲的現象叫做共鳴。它經過共鳴器，可以使音量增加，就像擴大器一般，人類發音的共鳴器主要的有三：口腔、鼻腔和喉管。

二、語音與生理的關係

人類能發出聲音的器官可分為三部分：呼吸器官、口腔器官和咽喉器官。

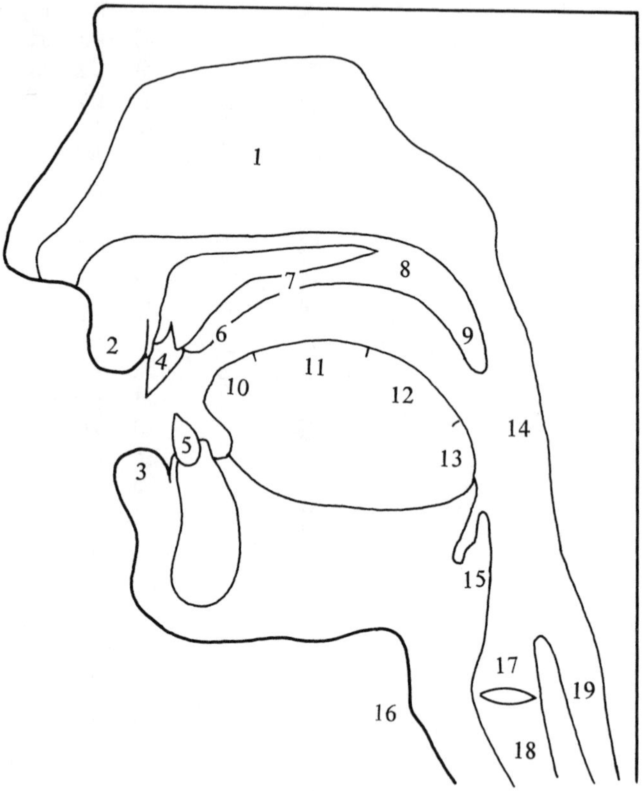

1. 鼻腔　2. 上脣　3. 下脣　4. 上齒　5. 下齒
6. 上齒齦　7. 硬顎　8. 軟顎　9. 小舌　10. 舌尖
11. 舌面前　12. 舌面後　13. 舌根　14. 咽頭
15. 會厭軟骨　16. 喉頭　17. 聲帶（中為聲門）
18. 氣管　19. 食道

發音器官圖

1. **呼吸器官**：有肺、氣管、支氣管、鼻腔。肺是呼吸器官中的主要部分，它是發音的動力站，可以供給發音的氣流。

2. **口腔器官**：有脣、齒、齒齦、上顎、小舌、舌尖（包括舌尖前、舌尖、舌尖後、舌尖面）、舌面前、舌面後、舌根。

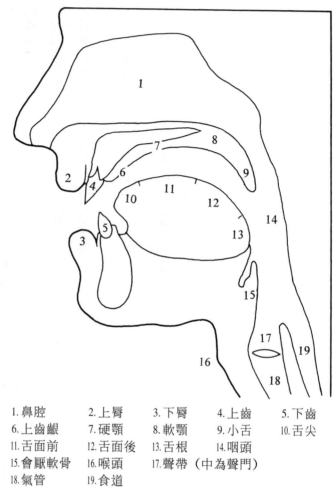

3. **咽喉器官**：有會厭軟骨、咽頭、喉頭、聲門、聲帶。

第二節　注音符號的發音

一、聲母及其發音部位與方法

聲母：聲母是一個字音的前音；氣流從聲門出來，受到某兩個發音器官的阻礙後，破阻而成的音，具有辨義作用，這種音就叫做聲母。代表聲母的符號叫做聲符。例如「ㄋㄚ」中的「ㄋ」。

輔音：因為氣流從聲門出來，受到某兩個發音器官的阻礙後，破阻而成的音，具有辨義作用。因此，聲母一定是輔音，而輔音不一定是聲母。例如「ㄢ」＝「ㄚㄋ」中的「ㄋ」是輔音而不是聲母。輔音相當英語中的子音。

發音部位：氣流經過聲門出來，在哪些發音器官受到阻礙，這些發音器官就是發音部位。國語的發音部位可分為七個，按從前面到後面的次序列述於後：

(1)雙脣音：氣流受上下兩脣的阻礙而成的音，叫做雙脣音。有ㄅ、ㄆ、ㄇ三個。

(2)脣齒音：氣流受到下脣和上齒的阻礙而成的音，叫做脣齒音。有ㄈ一個。

(3)舌尖前音：氣流受到舌尖前和齒背的阻礙而成的音，叫做舌尖前音，又叫做舌齒音或平舌音。有ㄗ、ㄘ、ㄙ三個。

(4)舌尖音：氣流受到舌尖和上牙齦的阻礙而成的音，叫做舌尖音。有ㄉ、ㄊ、ㄋ、ㄌ四個。

(5)舌尖後音：氣流受到舌尖後和前硬顎的阻礙而成的音，叫做舌尖後音，又叫做翹舌音。有ㄓ、ㄔ、ㄕ、ㄖ四個。

(6)舌面前音：氣流受到舌面前和前硬顎的阻礙而成的音，叫做舌面前音，又叫做舌前音。有ㄐ、ㄑ、ㄒ三個。

(7)舌根音：氣流受到舌面後和軟顎的阻礙而成的音，習慣上叫做舌根音，實際是舌面後音。有ㄍ、ㄎ、ㄏ三個。

發音方法：氣流經過聲門出來，到口腔裡遇到某兩個部位的阻礙後，用什麼方法解除這阻礙，使發出聲音來，這個解除阻礙的方法，叫做發音方法。

國語的發音方法有以下各種名稱：

(1)塞音：發音時口腔裡某兩器官全部閉塞，氣流要把它衝開而成爆發的音，又叫做塞爆音。國語裡有ㄅ、ㄆ、ㄉ、ㄊ、ㄍ、ㄎ六個。

(2)擦音：發音時口腔裡某兩器官接近，氣流從狹縫裡摩擦出來而成的音。國語裡有ㄈ、ㄏ、ㄒ、ㄕ、ㄖ、ㄙ六個。

(3)塞擦音：發音時口腔裡某兩器官先閉塞，等氣流要出來時，這兩器官略離開，氣流從狹縫裡摩擦出來而成的音。國語裡有ㄐ、ㄑ、ㄓ、ㄔ、ㄗ、ㄘ六個。

(4)鼻音：發音時口腔裡某兩器官閉塞，使氣流從鼻腔出來的音。國語裡有ㄇ、ㄋ兩個。

(5)邊音：發音時口腔裡某兩器官閉塞後，氣流從舌體的兩邊出來而成的音。國語裡有ㄌ一個。

另外還有「清音」、「濁音」與「送氣」、「不送氣」的分別：

(1)清音：發音時聲帶不顫動的是清音，也叫做不帶音。

(2)濁音：發音時聲帶顫動的是濁音，也做叫帶音。

(3)送氣：氣流送出口腔比較強，叫做送氣。

(4)不送氣：氣流送出口腔比較弱，叫做不送氣；所以不送氣並不是氣流不艾出口腔。

二、注音符號聲母發音表

表母聲

實用順序			1	2	7	3	6	5	4
部位	上阻		上脣	上齒	下齒背（上齒背）	上齒齦	前硬顎		軟顎
方法	下阻		下脣		舌尖		舌尖後	舌面前	舌面後
狀態	聲帶	氣流／簡稱	雙脣	脣齒	舌尖前	舌尖	舌尖後	舌面前	舌根
塞	清	不送氣	ㄅ			ㄉ			ㄍ
		送氣	ㄆ			ㄊ			ㄎ
塞擦	清	不送氣			ㄗ		ㄓ	ㄐ	
		送氣			ㄘ		ㄔ	ㄑ	
鼻	濁		ㄇ			ㄋ			
邊	濁					ㄌ			
擦	清			ㄈ	ㄙ		ㄕ	ㄒ	ㄏ
	濁						ㄖ		

三、聲符形體的來歷與發音

注音符號的各個形體，都是根據古文篆籀，寫成楷書的形體。這是筆畫簡單的整個國字，和日本人借用半個字形的「片假名」不同。

以下第一個是注音符號，第二個是漢語拼音，第三個是國際音標。

ㄅ b 〔p〕 雙脣 塞音 不送氣 清

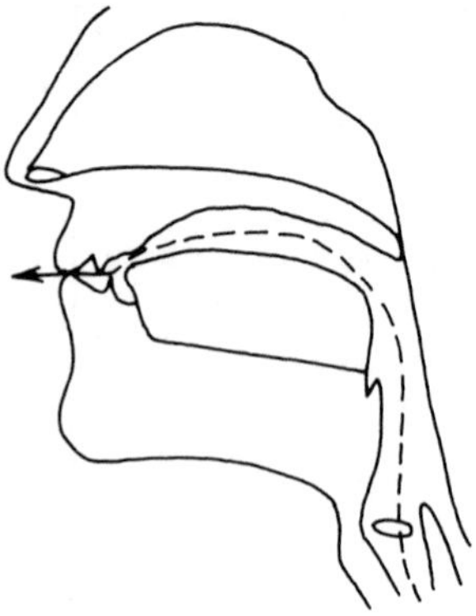

1. 發音情形

(1)上下脣緊閉，然後下脣很快離開，弱的氣流衝出來。

(2)聲帶不顫動。

(3)這樣發的是聲母純粹的音，聽不清楚，為了使聲音聽得見，則配上一個韻音「ㄛ」或「ㄜ」，而讀成「ㄅㄛ」或「ㄅㄜ」。例如：「步兵、表白、標本」的聲母。

2. 符號形體的來歷

(1)原是「布交切」，音「ㄅㄠ」。

(2)是「包裹」的「包」字的古文。

ㄆ

p

〔p‘〕

雙脣塞音送氣清

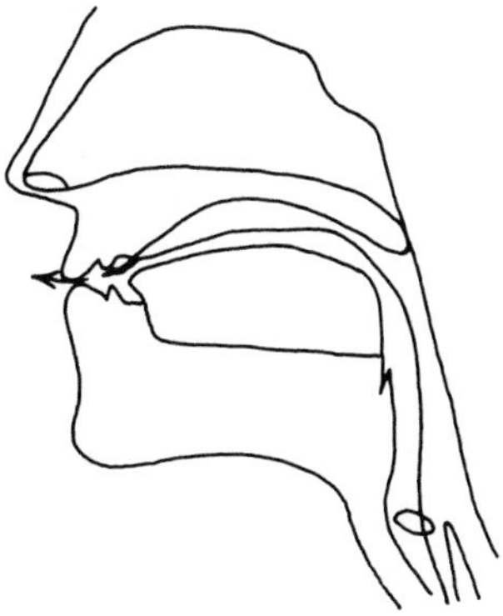

1.發音情形

(1)上下脣緊閉，然後下脣很快離開，強的氣流衝出來。

(2)聲帶不顫動。

(3)這樣發的是聲母純粹的音，聽不清楚，為了使聲音聽得見，則配上一個韻音「ㄛ」或「ㄜ」，而讀成「ㄆㄛ」或「ㄆㄜ」。例如：「批評、匹配、偏僻」的聲母。

2.符號形體的來歷

(1)原是「普木切」，音「ㄆㄨ」。

(2)是「攴」字，字義和「扑打」的「扑」同。

ㄇ m〔m〕 雙脣 鼻音 不送氣 濁

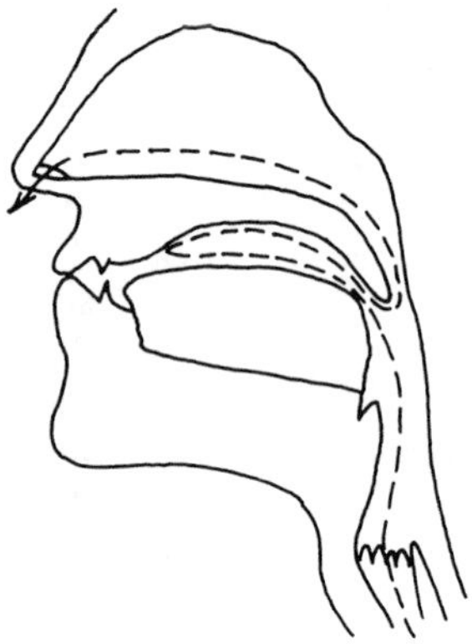

1. 發音情形

(1)上下脣緊閉，然後弱的氣流從鼻腔出來。

(2)聲帶顫動。

(3)這樣發的是聲母純粹的音，濁音雖然聽得見，為了使聲音聽得更清楚，和求與前面兩個雙脣音一致起見，則配上一個韻音「ㄛ」或「ㄜ」，而讀成「ㄇㄛ」或「ㄇㄜ」。例如：「祕密、盲目、買賣」的聲母。

2. 符號形體的來歷

(1)原是「莫狄切」，音「ㄇㄧˋ」。

(2)是「冪」的本字，字義是覆蓋。

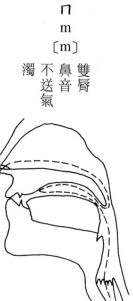

ㄈ f 〔f〕

脣齒
擦音
不送氣
清

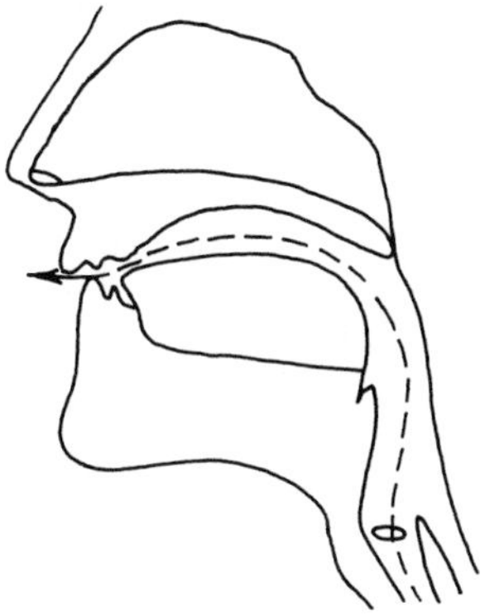

1. 發音情形

(1)下脣與上齒接近，僅留一小縫，然後弱的氣流摩擦出來。

(2)聲帶不顫動。

(3)這樣發的是聲母純粹的音，聽不清楚，為了使聲音聽得見，則配上一個韻音「ㄛ」或「ㄜ」，而讀成「ㄈㄛ」或「ㄈㄜ」。例如：「夫婦、非分、吩咐」的聲母。

2. 符號形體的來歷

(1)原是「府良切」，音「ㄈㄤ」。

(2)是古文「匚」字，字義是方形的容器。

ㄉ d 〔t〕

舌尖
塞音
不送氣
清

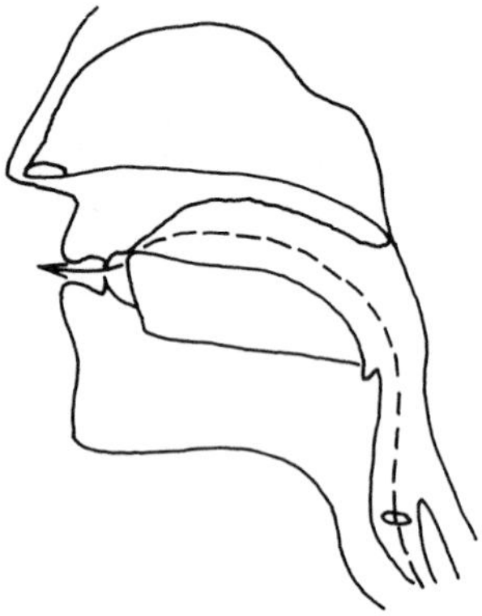

1. 發音情形

(1)舌尖抵住上齒齦，然後很快離開，弱的氣流衝出來。

(2)聲帶不顫動。

(3)這樣發的是聲母純粹的音，聽不清楚，為了使聲音聽得見，則配上一個韻音「ㄜ」，而讀成「ㄉㄜ」。

例如：「大地、調動、打賭」的聲母。

2. 符號形體的來歷

(1)原是「都勞切」，音「ㄉㄠ」。

(2)是「刀劍」的「刀」字的古文。

ㄊ t 〔t'〕

舌尖
塞音
送氣
清

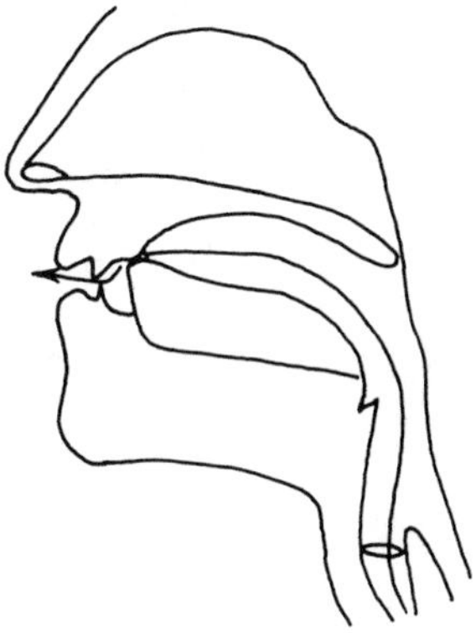

1.發音情形

(1)舌尖抵住上齒齦，然後很快離開，強的氣流衝出來。

(2)聲帶不顫動。

(3)這樣發的是聲母純粹的音，聽不清楚，為了使聲音聽得見，則配上一個韻音「ㄜ」，而讀成「ㄊㄜ」。

例如：「體貼、挑剔、天堂」的聲母。

2.符號形體的來歷

(1)原是「他骨切」，音「ㄊㄨˊ」。

(2)字義與「突出」的「突」字同。

ㄋ n 〔n〕

舌尖
鼻音
不送氣
濁

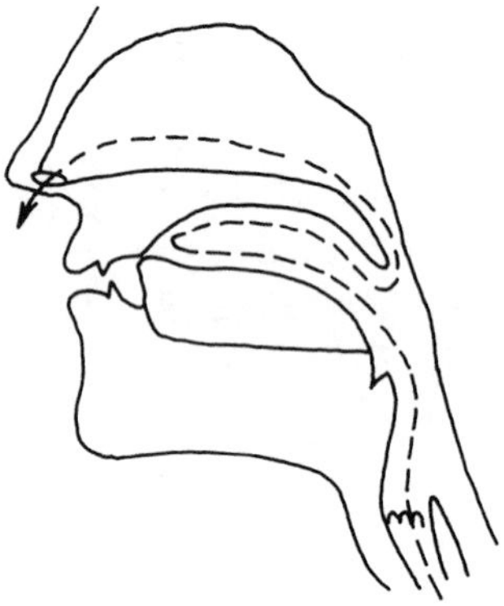

1. 發音情形

(1)舌尖抵住上齒齦，然後弱的氣流從鼻腔出來。

(2)聲帶顫動。

(3)這樣發音是聲母純粹的音，濁音雖然聽得見，為了使聲音聽得更清楚，和求與前面兩個舌尖音一致起見，則配上一個韻音「ㄜ」，而讀成「ㄋㄜ」。例如：「男女、惱怒、捏弄」的聲母。

2. 符號形體的來歷

(1)原是「奴亥切」，音「ㄋㄞˇ」。

(2)是「無乃」的「乃」字的古文。

ㄌ 1 〔l〕 舌尖 邊音 不送氣 濁

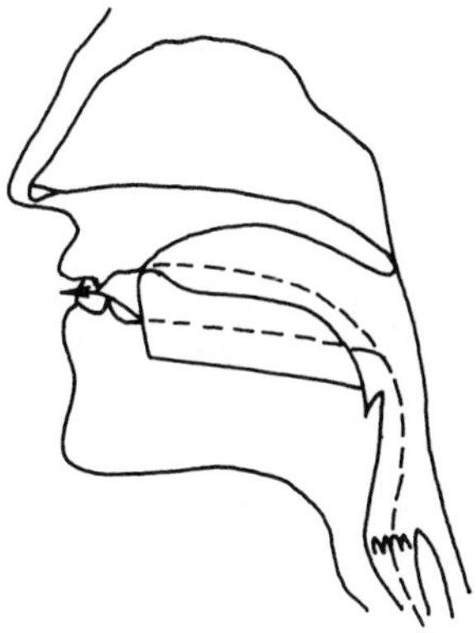

1. 發音情形

(1)舌尖抵住上齒齦，然後弱的氣流從舌體兩邊出來。

(2)顫動聲帶。

(3)這樣發的是聲母純粹的音，濁音雖然聽得見，為了使聲音聽得更清楚，和求與前三個舌尖音一致起見，則配上一個韻音「ㄜ」，而讀成「ㄌㄜ」。例如：「令郎、流浪、理論」的聲母。

2. 符號形體的來歷

(1)原是「林直切」，音「ㄌㄧˋ」。

(2)是「力量」的「力」字的古文。

ㄍ g 〔k〕 舌面後 塞音 不送氣 清

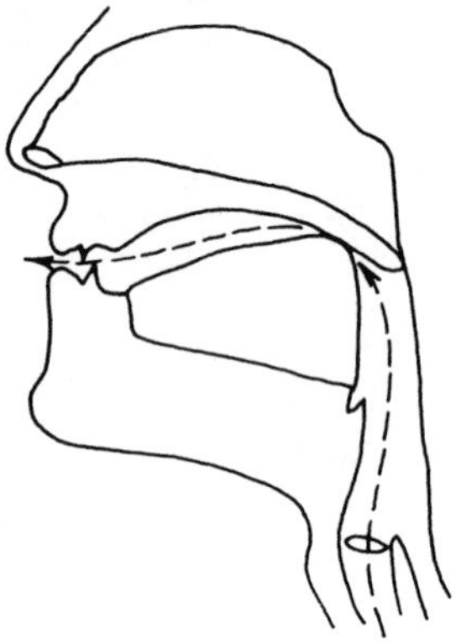

1. 發音情形

(1)舌面後上升碰到軟顎，然後很快離開，弱的氣流衝出來。

(2)聲帶不顫動。

(3)這樣發的是聲母純粹的音，聽不清楚，為了使聲音聽得見，則配上一個韻音「ㄜ」，而讀成「ㄍㄜ」。

例如：「廣告、各國、觀光」的聲母。

2. 符號形體的來歷

(1)原是「古外切」，音「ㄍㄨㄞˋ」。

(2)是「溝澮」的「澮」字的古文。

ㄎ k 〔k‘〕

舌面後
塞音
送氣
清

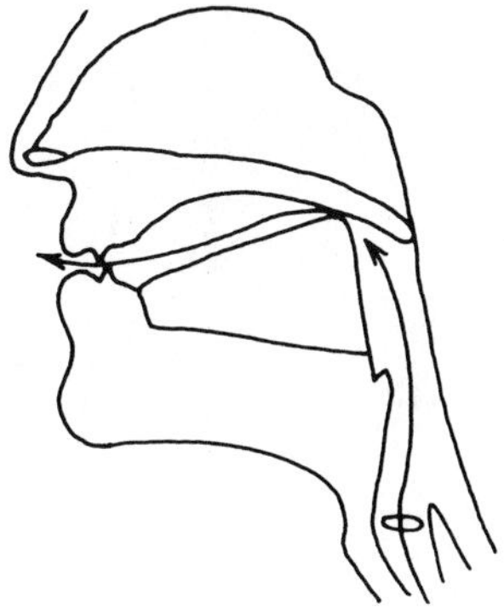

1. 發音情形

(1)舌面後上升碰到軟顎，然後很快離開，強的氣流衝出來。

(2)聲帶不顫動。

(3)這樣發的是聲母純粹的音，聽不清楚，為了使聲音聽得見，則配上一個韻音「ㄜ」，而讀成「ㄎㄜ」。

例如：「刻苦、可靠、開口」的聲母。

2. 符號形體的來歷

(1)原是「苦浩切」，音「ㄎㄠˇ」。

(2)字義是氣要舒出，上方卻有所阻礙。又是「巧妙」的「巧」字的古文。

ㄏ h 〔x〕 舌面後 擦音 不送氣 清

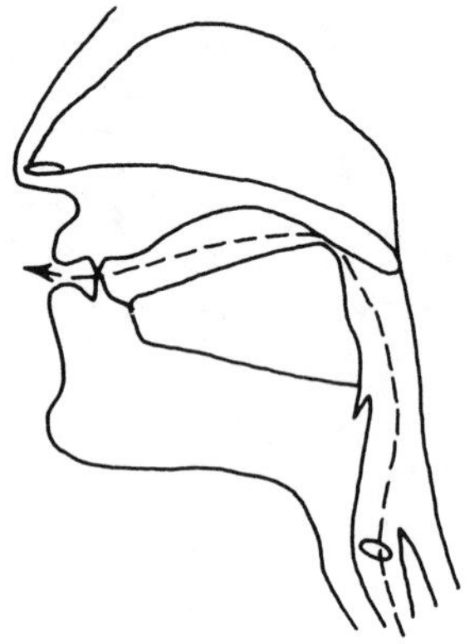

1. 發音情形

(1)舌面後上升與軟顎接近，僅留一小縫，然後弱的氣流摩擦出來。

(2)聲帶不顫動。

(3)這樣發的是聲母純粹的音，聽不清楚，為了使聲音聽得見，則配上一個韻音「ㄜ」，而讀成「ㄏㄜ」。

例如：「荷花、好漢、皇后」的聲母。

2. 符號形體的來歷

(1)原是「呼旰切」，音「ㄏㄢˋ」。

(2)字義是山邊可以住人的厓洞。

ㄐ j(i) 〔tɕ〕

舌面前
塞擦音
不送氣
清

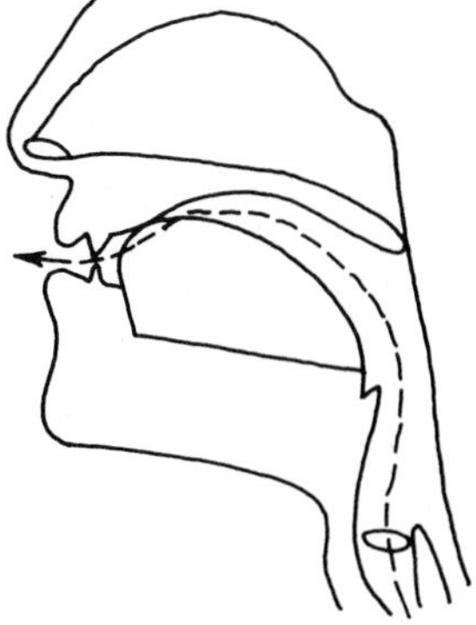

1. 發音情形

(1)舌面前抵住前硬顎，然後緩慢離開一點兒，弱的氣流先衝後摩擦出來。

(2)聲帶不顫動。

(3)這樣發的是聲母純粹的音，聽不清楚，為了使聲音聽得見，則配上一個韻音「ㄧ」，而讀成「ㄐㄧ」。

例如：「經濟、積極、聚集」的聲母。

2. 符號形體的來歷

(1)原是「居尤切」，音「ㄐㄧㄡ」。

(2)是「糾」字的本字，字義是相糾繞。

ㄑ q 〔tɕʻ〕

舌面前　塞擦音　送氣　清

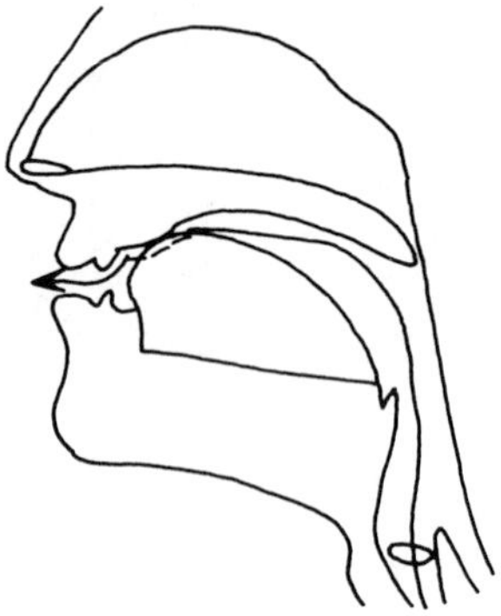

1. 發音情形

(1)舌面前抵住前硬顎，然後緩慢離開一點兒，強的氣流先衝後摩擦出來。

(2)聲帶不顫動。

(3)這樣發的是聲母純粹的音，聽不清楚，為了使聲音聽得見，則配上一個韻音「ㄧ」，而讀成「ㄑㄧ」。

例如：「祈求、漆器、齊全」的聲母。

2. 符號形體的來歷

(1)原是「苦泫切」，音「ㄑㄩㄢˇ」。

(2)是「畎澮」的「畎」字的古文。

ㄒ

x

〔ɕ〕

舌面前

擦音

不送氣

清

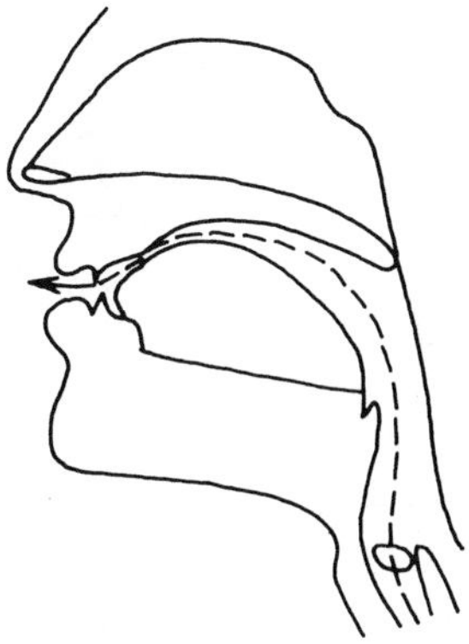

1. 發音情形

(1)舌面前與前硬顎接近，僅留一小縫，然後弱的氣流摩擦出來。

(2)聲帶不顫動。

(3)這樣發的是聲母純粹的音，聽不清楚，為了使聲音聽得見，則配上一個韻音「ㄧ」，而讀成「ㄒㄧ」。

例如：「小心、下鄉、寫信」的聲母。

2. 符號形體的來歷

(1)原是「胡雅切」，音「ㄒㄧㄚˇ」。

(2)是「上下」的「下」字的古文。

ㄓ
zh
〔tʂ〕
舌尖後
塞擦音
不送氣
清

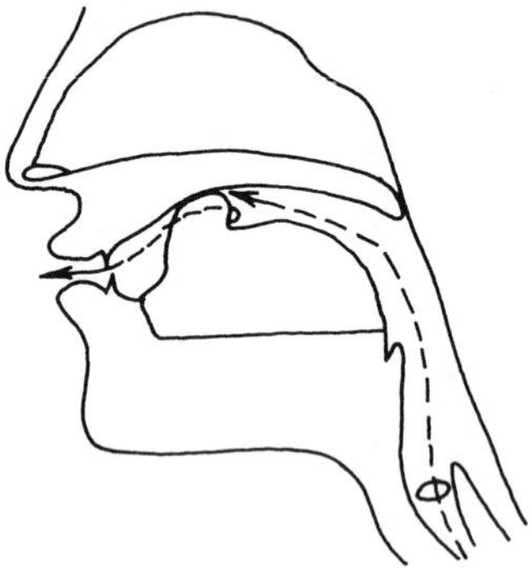

1. 發音情形

(1)舌尖後向上向後翹起，抵住前硬顎，然後緩慢離開一點兒，弱的氣流先衝後摩擦出來。

(2)聲帶不顫動。

(3)這樣發的是聲母純粹的音，聽不清楚，為了使聲音聽得見，則配上一個韻音「ㄭ」(「ㄭ」的發音請參閱頁四〇一)，而讀成「ㄓㄭ」。例如：「站長、忠貞、戰爭」的聲母。

2. 符號形體的來歷

(1)原是「真而切」，音「ㄓ」。

(2)是「之」字的古文。

ㄔ ch 〔tʂʻ〕

舌尖後
塞擦音
送氣
清

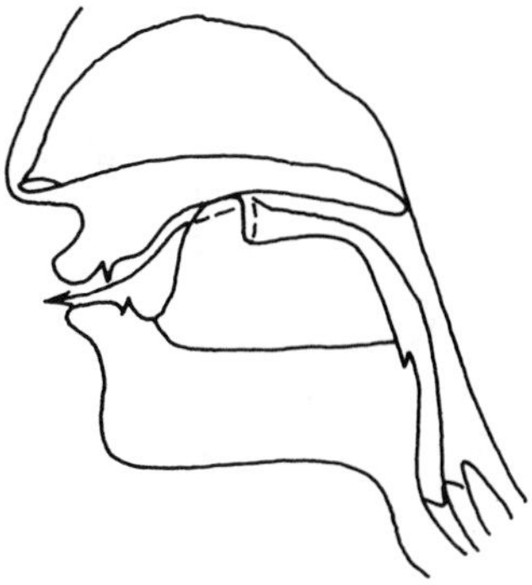

1. 發音情形

(1)舌尖後向上向後翹起，抵住前硬顎，然後緩慢離開一點兒，強的氣流先衝後摩擦出來。

(2)聲帶不顫動。

(3)這樣發的是聲母純粹的音，聽不清楚，為了使聲音聽得見，則配上一個韻音「ㄭ」，而讀成「ㄔㄭ」。

例如：「初春、超車、長城」的聲母。

2. 符號形體的來歷

(1)原是「丑亦切」，音「ㄔˋ」。

(2)是「彳亍」的「彳」字，字義是小步。

ㄕ sh 〔ʂ〕

舌尖後
擦音
不送氣
清

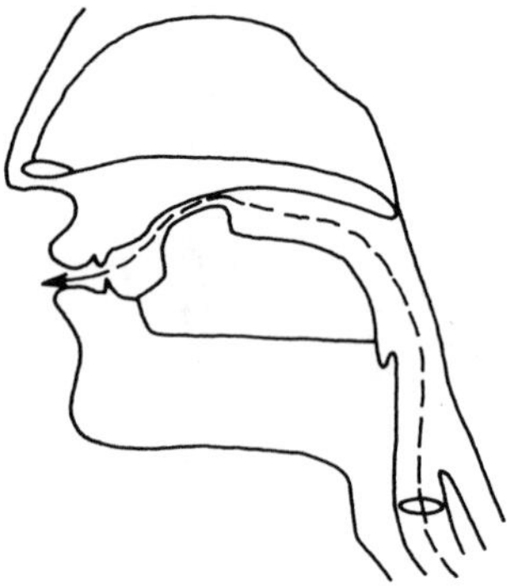

1. 發音情形

(1)舌尖後向上向後翹起，接近前硬顎，僅留一小縫，然後弱的氣流摩擦出來。

(2)聲帶不顫動。

(3)這樣發的是聲母純粹的音，聽不清楚，為了使聲音聽得見，則配上一個韻音「ㄭ」，而讀成「ㄕㄭ」。

例如：「深山、審慎、賞識」的聲母。

2. 符號形體的來歷

(1)原是「式之切」，音「ㄕ」。

(2)是「尸祝」的「尸」字，字義同「屍」。

ㄖ r 〔ʐ〕 舌尖後擦音 不送氣 濁

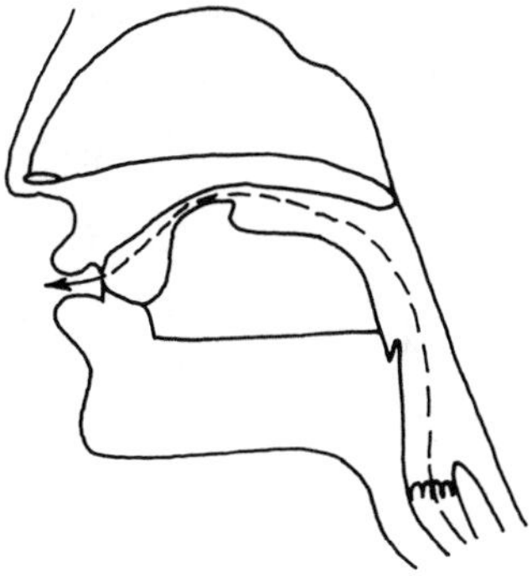

1. 發音情形

(1)舌尖後向上向後翹起，接近前硬顎，僅留一小縫，然後弱的氣流摩擦出來。

(2)聲帶顫動。

(3)這樣發的是聲母純粹的音，濁音雖然聽得見，為了使聲音聽得更清楚，和求與前三個舌尖後音一致起見，則配上一個韻音「ㄭ」，而讀成「ㄖㄭ」。例如：「容忍、荏苒、讓人」的聲母。

2. 符號形體的來歷

(1)原是「人質切」，音「ㄖˋ」。

(2)是「日月」的「日」字。

ㄗ z 〔ts〕

舌尖前
塞擦音
不送氣
清

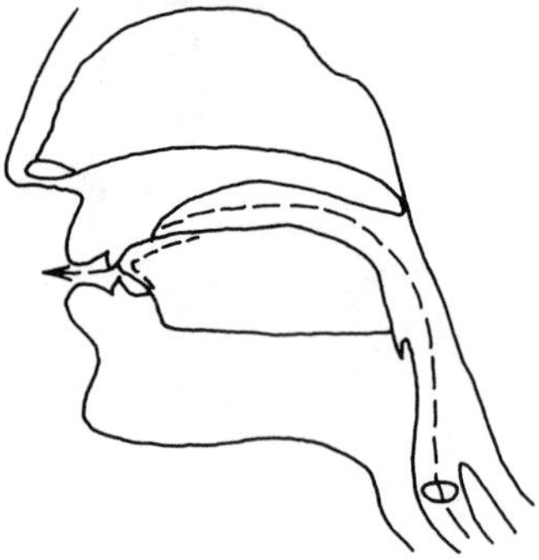

1. 發音情形

(1)舌尖前抵住齒背，然後緩慢離開一點兒，弱的氣流先衝後摩擦出來。

(2)聲帶不顫動。

(3)這樣發的是聲母純粹的音，聽不清楚，為了使聲音聽得見，則配上一個韻音「ㄭ」，而讀成「ㄗㄭ」。

例如：「藏族、曾祖、自責」的聲母。

2. 符號形體的來歷

(1)原是「子結切」，音「ㄗㄧㄝˊ」。

(2)是「符節」的「節」字的古文。

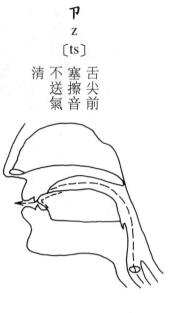

ㄘ c 〔ts'〕

舌尖前
塞擦音
送氣
清

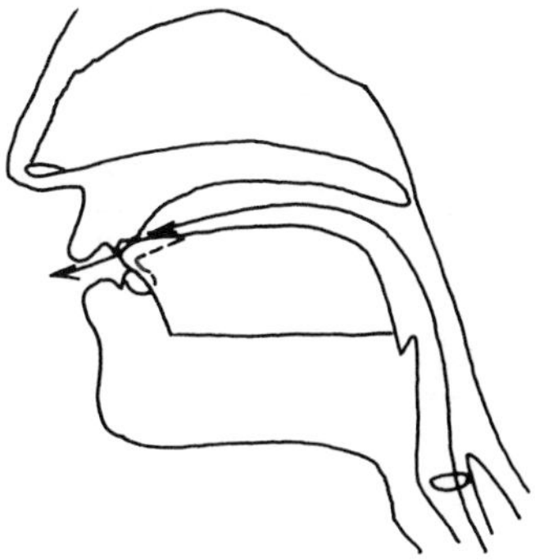

1. 發音情形

(1)舌尖前抵住齒背，然後緩慢離開一點兒，強的氣流先衝後摩擦出來。

(2)聲帶不顫動。

(3)這樣發的是聲母純粹的音，聽不清楚，為了使聲音聽得見，則配上一個韻音「ㄭ」，而讀成「ㄘㄭ」。

例如：「曹操、倉猝、參差」的聲母。

2. 符號形體的來歷

(1)原是「親吉切」，音「ㄘㄧ」。

(2)是「七」字的古文。

ㄙ s 〔s〕

舌尖前
擦音
不送氣
清

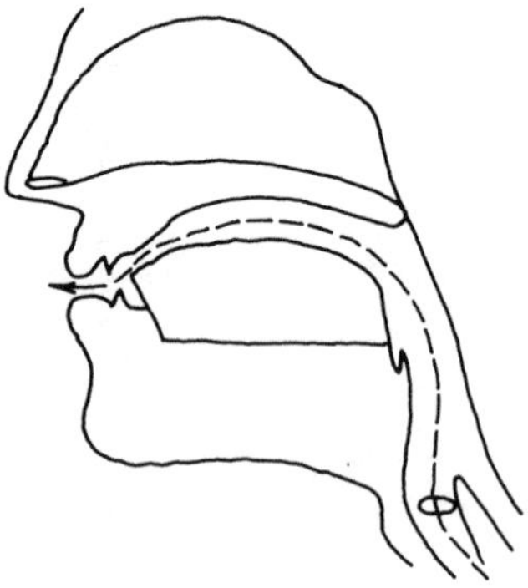

1. 發音情形

(1)舌尖前接近齒背，僅留一小縫，然後弱的氣流摩擦出來。

(2)聲帶不顫動。

(3)這樣發的是聲母純粹的音，聽不清楚，為了使聲音聽得見，則配上一個韻音「ㄭ」，而讀成「ㄙㄭ」。

例如：「四嫂、隨俗、灑掃」的聲母。

2. 符號形體的來歷

(1)原是「相姿切」，音「ㄙ」。

(2)是「私」字的古文。

四、韻母及其構成的條件

韻母：韻母是一個字音的後音；氣流從聲門出來，顫動聲帶，不受任何發音器官的阻礙而發的音，具有辨義作用。記錄韻母的符號叫做韻符。例如「ㄋㄚ」中的「ㄚ」。

元音：氣流從聲門出來，顫動聲帶，不受任何發音器官的阻礙而發的音，具有辨義作用。

因此，韻母一定是元音，而元音不一定是韻母。例如「ㄢ」＝「ㄚㄋ」中的「ㄚ」是元音而不是韻母。

元音相當英語中的母音。

韻母構成的條件：韻母或元音既不受任何發音器官的阻礙，為什麼會發出各種不同的音呢？構成這些不同韻母或元音的條件是決定於舌位的前後、高低和口形的圓展。舌位的前後，因此有前元音、央元音和後元音；舌位的高低，因此有高元音、中元音和低元音（見舌位圖）；口形的圓展，因此有圓脣元音和展脣（不圓脣）元音。

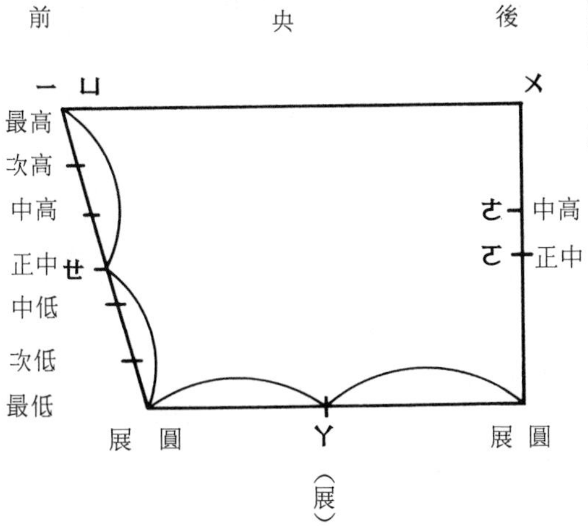

舌位圖

五、韻符形體的來歷與發音

韻母可分為四類：單韻母、複韻母、聲隨韻母和捲舌韻母。

(一)單韻母

只由一個音素構成的韻母。也就是從發音的開始到結束，舌位的前後高低和脣形，始終不變。國音裡有ㄧ、ㄨ、ㄩ、ㄚ、ㄛ、ㄜ、ㄝ七個。

ㄧ
i(y-, yi)
〔i〕

前
高
口形不圓
舌面韻母

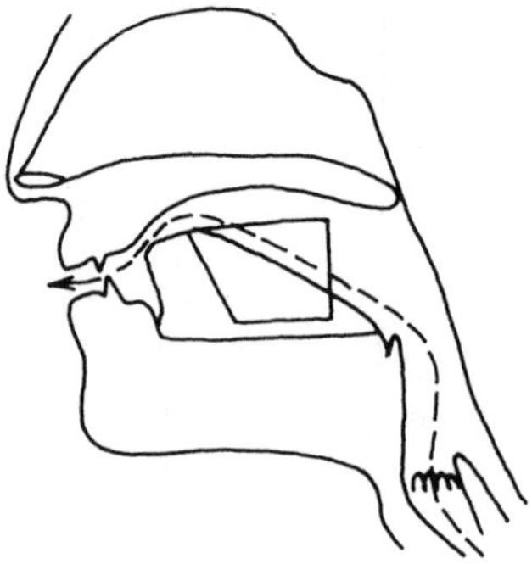

1.發音情形

(1)口略開，舌面向前下降，降到與前硬顎不致有摩擦音的高的位置。

(2)口形不圓。

(3)聲帶顫動，弱的氣流從口腔出來，讀「ㄧ」。例如：「記憶、遺跡、意義」的韻母。

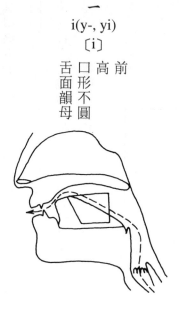

2.符號形體的來歷

(1)原是「於悉切」，音「ㄧˋ」，國音讀「ㄧ」。

(2)是「一二」的「一」字。

ㄨ

u(w-, wu)

〔u〕

後
高
口形圓
舌面韻母

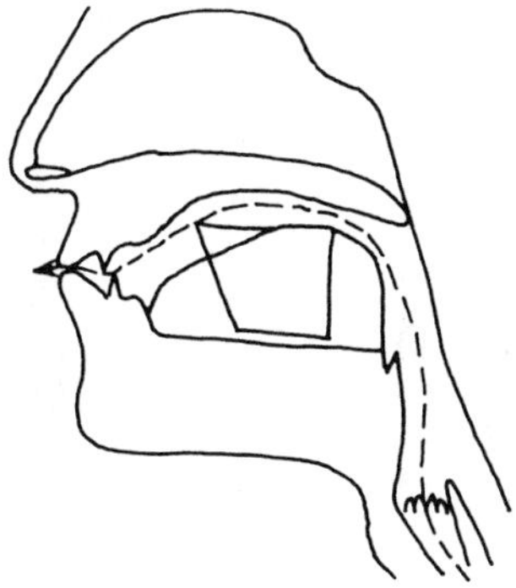

1.發音情形

(1)口略開，舌面向後下降，降到與軟顎不致有摩擦音的高的位置。

(2)口形圓的。

(3)聲帶顫動，弱的氣流從口腔出來，讀「ㄨ」。例如：「樹木、孤獨、讀書」的韻母。

2.符號形體的來歷

(1)原是「疑古切」，音「ㄨˇ」，國音讀「ㄨ」。

(2)是「五」的古文。

ㄩ
ü(yu)
〔y〕

前
高
口形圓
舌面韻母

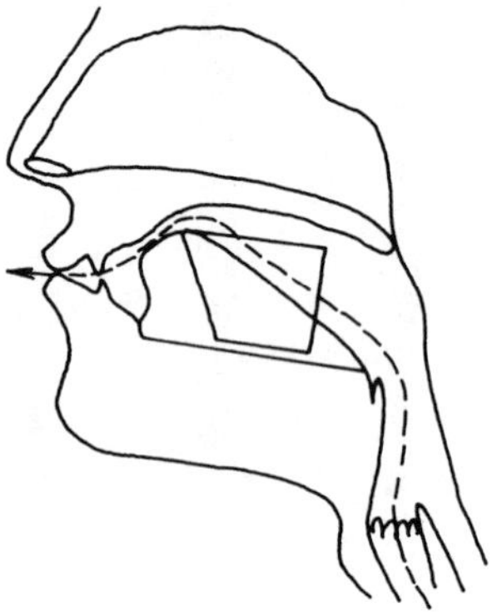

1. 發音情形

(1)口略開，舌面向前下降，降到與前硬顎不致有摩擦音的高的位置。

(2)口形圓的向外撮。

(3)聲帶顫動，弱的氣流從口腔出來，讀「ㄩ」。例如：「玉女、語句、遇雨」的韻母。

2. 符號形體的來歷

(1)原是「丘魚切」，音「ㄑㄩ」，國音讀「ㄩ」。

(2)是「凵盧」的「凵」字，柳條編的飯器。

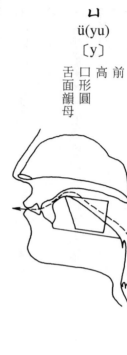

ㄚ ɑ 〔a〕

央低口形不圓舌面韻母

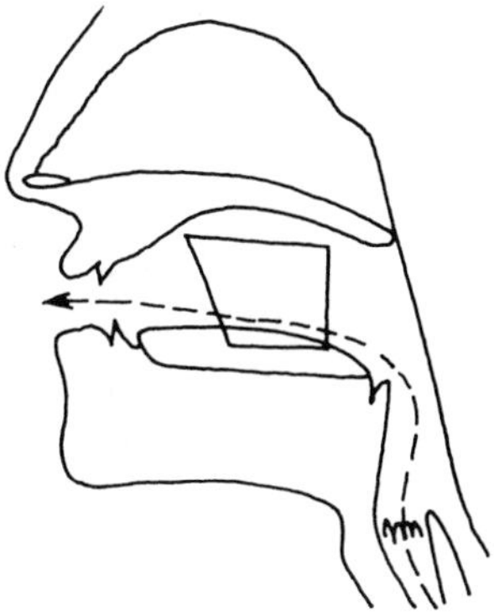

1. 發音情形

(1)口張開，舌面下降，降到最低，央的位置。

(2)口形不圓。

(3)聲帶顫動，弱的氣流從口腔出來，讀「ㄚ」。例如：「喇叭、臘八、麻紗」的韻母。

2. 符號形體的來歷

(1)原是「於加切」，音「ㄧㄚ」，國音讀「ㄚ」。

(2)是「乂丫」（杈椏）的「丫」字。

ㄛ o 〔o〕 後 中 口形圓 舌面韻母

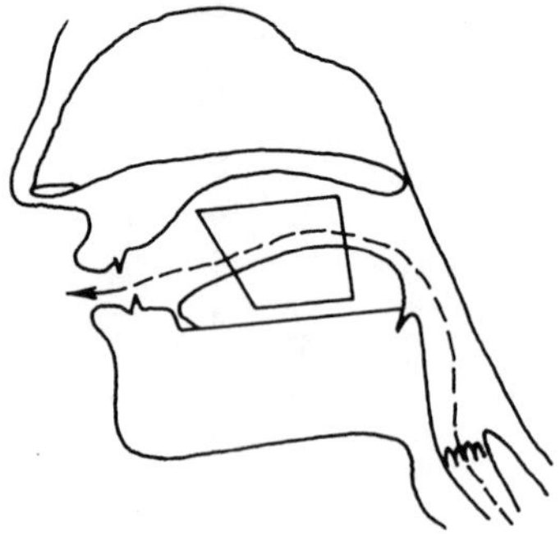

1. 發音情形

(1)口略開，舌面向後下降，降到中的位置。

(2)口形圓的。

(3)聲帶顫動，弱的氣流從口腔出來，讀「ㄛ」。例如：「伯伯、婆婆、餑餑」的韻母。

2. 符號形體的來歷

(1)原是「虎何切」，音「ㄏㄛ」，國音讀「ㄛ」。

(2)是「笑呵呵」的「呵」字的古文。

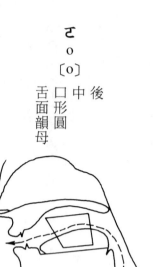

ㄜ e〔ɤ〕

後中高口形不圓舌面韻母

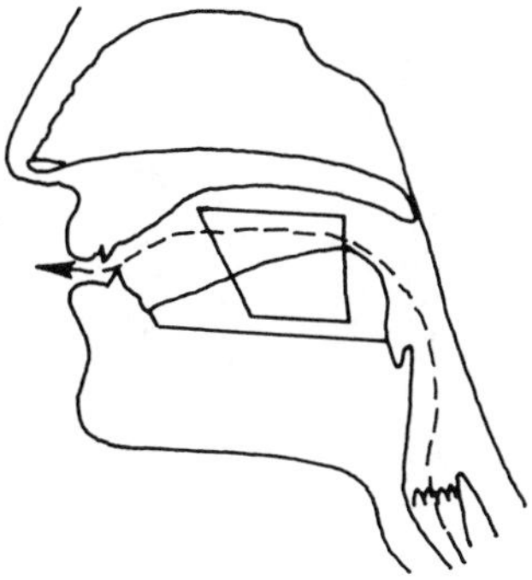

1. 發音情形

(1)口略開，舌面向後下降，降到中高的位置。

(2)口形不圓。

(3)聲帶顫動，弱的氣流從口腔出來，讀「ㄜ」。例如：「苛刻、色澤、合格」的韻母。

2. 符號形體的來歷

原是「ㄛ」符的閏音（方言的音）符號，故在「ㄛ」符的上頭加一個小圓點，而成「·ㄛ」，後為書寫方便，就把這一點連通下面的直畫成為「ㄜ」。

ㄝ ê 〔e〕

前
中
口形不圓
舌面韻母

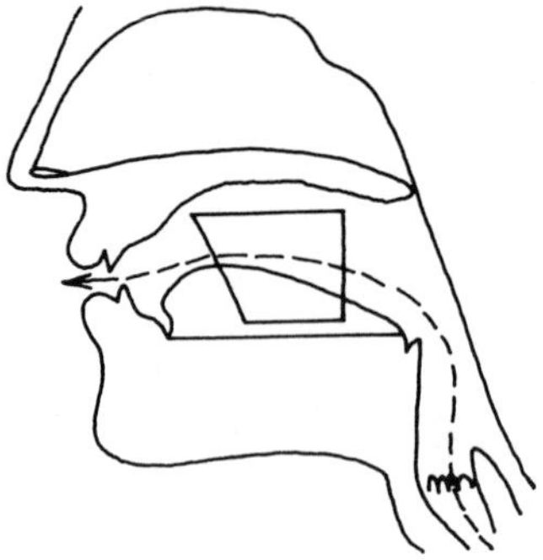

1. 發音情形

(1)口略開，舌面向前下降，降到中的位置。

(2)口形不圓。

(3)聲帶顫動，弱的氣流從口腔出來，讀「ㄝ」。例如：「月夜、解決、學業」的最後一個韻母。

2. 符號形體的來歷

(1)原是「羊者切」，音「ㄧㄝˇ」，國音讀「ㄝ」。

(2)是「也」的古文。

(二)複韻母

有廣義與狹義兩種。廣義的複韻母是由兩個或三個單韻母拼合而成的。例如：ㄞ、ㄟ、ㄠ、ㄡ、ㄧㄚ、ㄧㄛ、ㄧㄝ、ㄧㄞ、ㄧㄠ、ㄧㄡ、ㄨㄚ、ㄨㄛ、ㄨㄞ、ㄨㄟ、ㄩㄝ等都是。狹義的複韻母是兩個單韻母拼合而

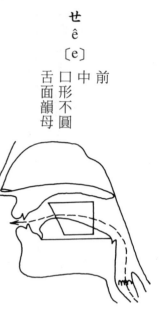

成的，由響度大的到響度小的。國語的複韻母是指狹義而言，只有「ㄞ、ㄟ、ㄠ、ㄡ」四個。

ㄞ　「ㄚ」＋「ㄧ」　ɑi　〔ai〕

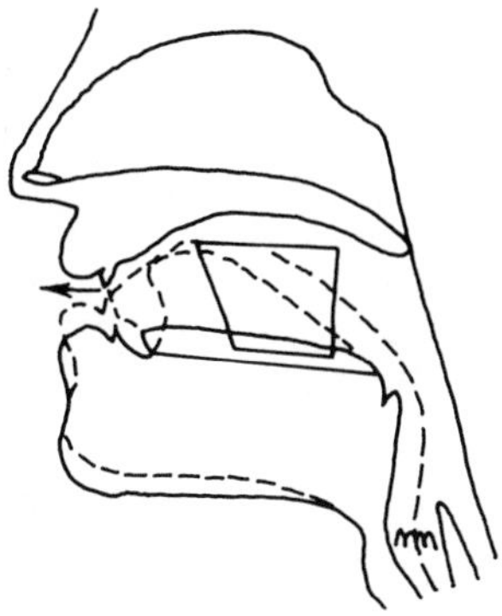

1. 發音情形

(1)口張開，舌面下降，降到最低前的位置，口形不圓，聲帶顫動，發「ㄚ」〔a〕。

(2)然後舌面再向上升起，升到與前硬顎不致有摩擦音的前高位置，口形不圓，顫動聲帶，發「ㄧ」〔i〕。

(3)從「ㄚ」很快到「ㄧ」，緊密拼成一個「ㄞ」的韻音。例如：「白菜、彩帶、買賣」的韻母。

2. 符號形體的來歷

(1)原是「胡改切」，音「ㄏㄞˇ」。

(2)是「亥」字的古文。

ㄟ「ㄝ」+「ㄧ」 ei 〔ei〕

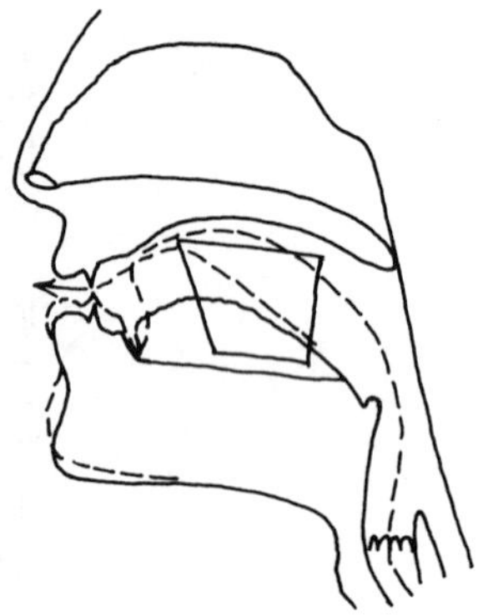

1. 發音情形

⑴口張開，舌面下降，降到前中的位置，口形不圓，聲帶顫動，發「ㄝ」〔e〕。

⑵然後舌面再向上升起，升到與前硬顎不致有摩擦音的前高位置，口形不圓，顫動聲帶，發「ㄧ」〔i〕。

⑶從「ㄝ」很快到「ㄧ」，緊密拼成一個「ㄟ」的韻音。例如：「梅妃、賊類、妹妹」的韻母。

2. 符號形體的來歷

⑴原是「余之切」，音「ㄧˊ」。

⑵是「迻」字的本字。

ㄠ 「ㄚ」＋「ㄨ」 ɑo 〔au〕

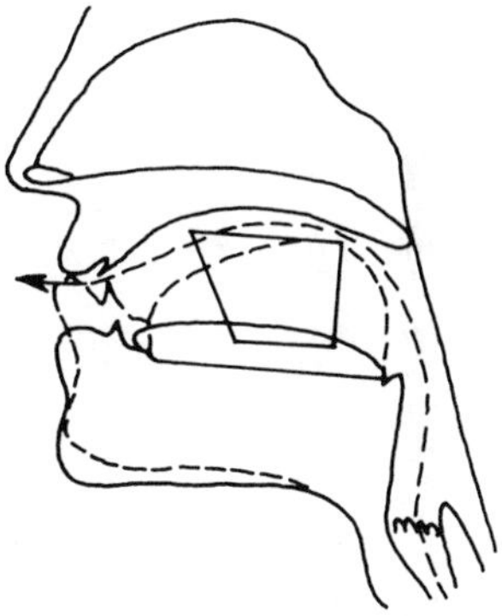

1. 發音情形

(1)口張開，舌面下降，降到最低後的位置，口形不圓，聲帶顫動，發「ㄚ」〔a〕。

(2)然後舌面再向上升起，升到與軟顎不致有摩擦音的後高位置，口形圓的，顫動聲帶，發「ㄨ」〔u〕。

(3)從「ㄚ」很快到「ㄨ」，緊密拼成一個「ㄠ」的韻音。例如：「吵鬧、號召、道貌」的韻母。

2. 符號形體的來歷

(1)原是「於堯切」，音「ㄧㄠ」。

(2)是「幺小」的「幺」字。

ㄡ 「ㄛ」＋「ㄨ」 ou 〔ou〕

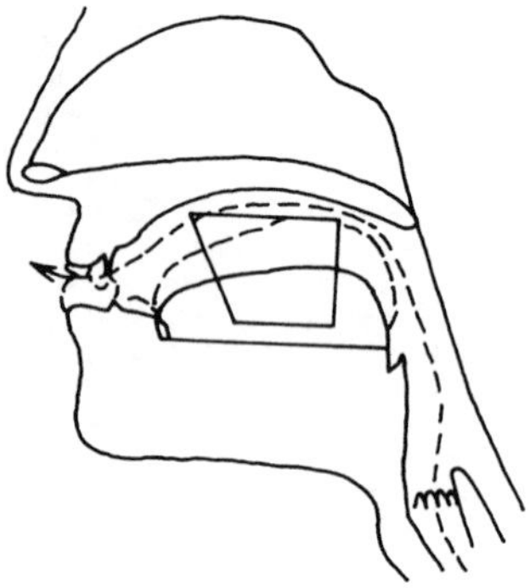

1. 發音情形

(1)口略開，舌面向後下降，降到中的位置，口形圓的，聲帶顫動，發「ㄛ」〔o〕。

(2)然後舌面再向上升起，升到與軟顎不致有摩擦音的後高位置，口形圓的，顫動聲帶，發「ㄨ」〔u〕。

(3)從「ㄛ」很快到「ㄨ」，緊密拼成一個「ㄡ」的韻音。例如：「歐洲、投手、叩頭」的韻母。

2. 符號形體的來歷

(1)原是「于救切」，音「ㄧㄡˋ」。

(2)是「又」字。

(三)聲隨韻母

聲母跟隨在單韻母的後面，叫做聲隨韻母，有鼻聲隨韻母和塞聲隨韻母兩種。鼻聲隨就是鼻音的聲母跟隨在單韻母的後面；塞聲隨就是塞音的聲母跟隨在單韻母的後面。嚴格地說鼻聲隨的鼻聲，應該是鼻輔音，而不是鼻聲母。ㄢ、ㄣ、ㄤ、ㄥ、ㄧㄢ、ㄧㄣ、ㄧㄤ、ㄧㄥ、ㄨㄢ、ㄨㄣ、ㄨㄤ、ㄨㄥ、ㄩㄢ、ㄩㄣ、ㄩㄥ都是，不過國語的鼻聲隨只指ㄢ、ㄣ、ㄤ、ㄥ四個，塞聲隨就是入聲，所以國語沒有。

ㄢ 「ㄚ」＋「ㄋ」 an 〔an〕

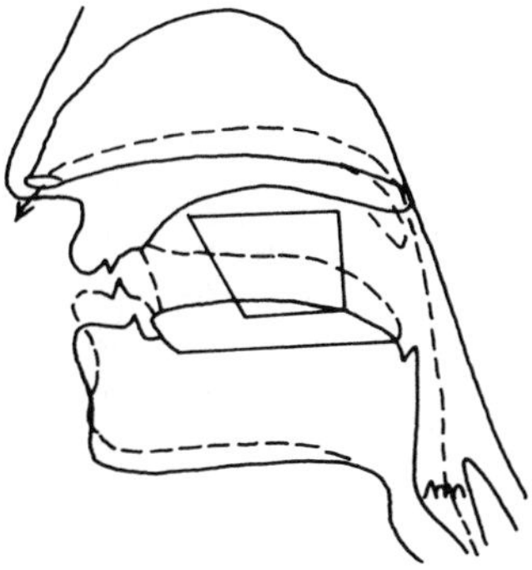

1. 發音情形

(1)口張開，舌面向下降，降到前低的位置，口形不圓，聲帶顫動，發「ㄚ」〔a〕。

(2)然後舌面再向上升起，舌尖抵住上齒齦，聲帶顫動，氣流從鼻腔出來，發純鼻音的「ㄋ」。

(3)從「ㄚ」很快到「ㄋ」，緊密拼成一個「ㄢ」的韻音。例如：「談判、難看、反叛」的韻母。

2. 符號形體的來歷

(1)原是「乎感切」，音「ㄏㄢˇ」。

(2)「ㄢ」是草木的花含苞未發的樣子。

ㄣ　「ㄜ」＋「ㄋ」　en　〔ən〕

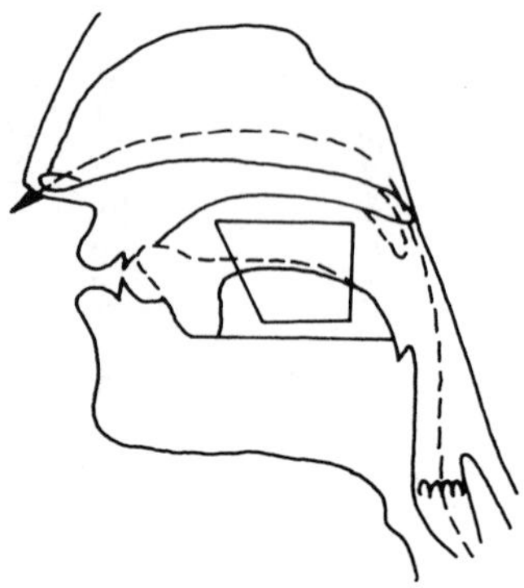

1. 發音情形

(1)口略開，舌面下降，降到央中的位置，口形不圓，聲帶顫動，發「ㄜ」「ə」，「ㄜ」遇到後面有尾音，即韻尾時，不發後中高的ㄜ〔ɤ〕，而發成央中的〔ə〕。

(2)然後舌面再向上升起，舌尖抵住上齒齦，聲帶顫動，氣流從鼻腔出來，發純鼻音的「ㄋ」〔n〕。

(3)從「ㄜ」很快到「ㄋ」，緊密拼成一個「ㄣ」的韻音。例如：「根本、人參、分針」的韻母。

2. 符號形體的來歷

(1)原是「於謹切」，音「ㄧˇㄣ」。

(2)是「隱」字的古文。

ㄤ

「ㄚ」+「ㄫ」

ɑng

〔aŋ〕

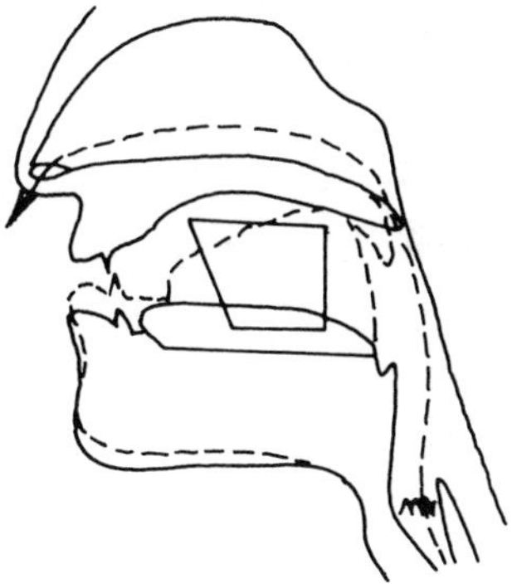

1. 發音情形

(1)口張開，舌面下降，降到後低的位置，口形不圓，顫動聲帶，發「ㄚ」〔ɑ〕。

(2)然後舌面再向上升起，舌面後抵住軟顎，聲帶顫動，氣流從鼻腔出來，發純鼻音的「ㄫ」〔ŋ〕。

(3)從「ㄚ」很快到「ㄫ」，緊密拼成一個「ㄤ」的韻音。例如：「幫忙、商場、帳房」的韻母。

2. 符號形體的來歷

(1)原是「烏光切」，音「ㄨㄤ」。

(2)是「尫」字的古文，字義是曲的跛腳。

ㄥ「ㄜ」＋「ㄤ」 eng 〔əŋ〕

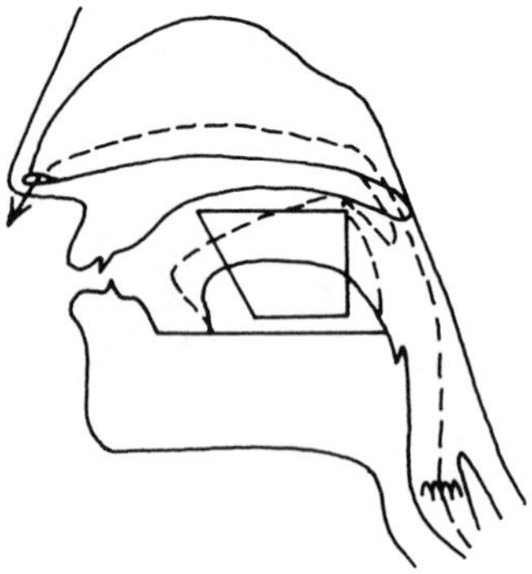

1. 發音情形

(1)口略開，舌面下降，降到央中的位置，口形不圓，聲帶顫動，發「ㄜ」〔ə〕，(「ㄜ」遇後面有尾音，即韻尾時，不發後中高的「ㄜ」〔ɤ〕，而發成央中的〔ə〕)。

(2)然後舌面再向上升起，舌面後抵住軟顎，聲帶顫動，氣流從鼻腔出來，發純鼻音的「ㄤ」〔ŋ〕。

(3)從「ㄜ」很快到「ㄤ」，緊密拼成一個「ㄥ」的音。例如：「登城、生成、奉承」的韻母。

2. 符號形體的來歷

(1)原是「古弘切」，音「ㄍㄨㄥ」。

(2)是「股肱」的「肱」字的古文。

(四)捲舌韻母

舌尖向上向後捲起的叫做捲舌韻母，國語只有「ㄦ」一個。

ㄦ

er

〔ɚ〕

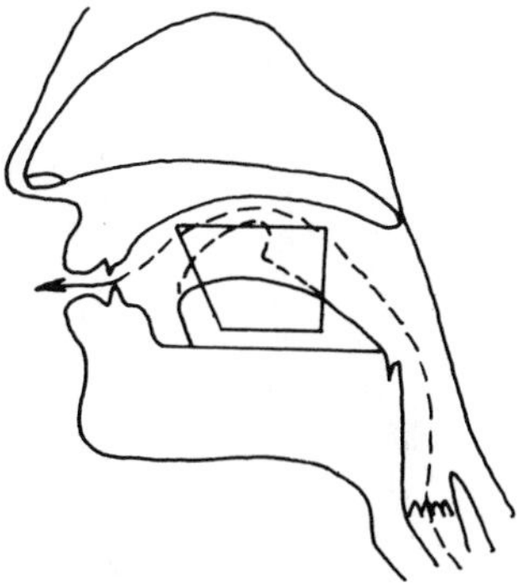

1. 發音情形

(1)口略開，舌面下降，降到央中的位置，口形不圓，聲帶顫動，發「ㄜ」〔ə〕，(「ㄜ」遇後面有尾音，即韻尾時，不發後中高的「ㄜ」〔ɤ〕，而發成央中的〔ə〕)。

(2)然後舌尖向上向後捲起，對著中顎，口不圓，聲帶顫動，發沒有摩擦音的「ㄖ」〔ɹ〕。

(3)從「ㄜ」很快到沒有摩擦音的「ㄖ」，緊密拼成一個「ㄦ」的韻音。例如：「二兒、爾爾」的韻母。

2. 符號形體的來歷

(1)原是「而鄰切」，音「ㄖㄣˊ」。

(2)是「人」字，合體字下偏旁作「儿」。

除了以上十六個韻母之外，還有一個「ㄭ」韻，因為這個韻母只是和舌尖後音ㄓㄔㄕㄖ及舌尖前音ㄗㄘㄙ拼讀時念，可是注音時又省略不標注出來，所以稱它為「空韻」。其發音可分為兩種，一種是拼在ㄓㄔㄕㄖ之後，發音時舌尖後上翹，不要離前硬顎太近，聲帶顫動，像發「ㄖ」而不摩擦的音。漢語拼音作

「i」；國際音標作〔ʅ〕。另一種拼在ㄗㄘㄙ之後，發音時舌尖前向前，不要離齒背太近，聲帶顫動，像發「ㄙ」而不摩擦的音。漢語拼音也作「i」，國際音標作〔ɿ〕。

六、結合韻母

韻的三個部分：一個韻可以分為韻頭（介音）、韻腹（主要元音）和韻尾三部分。以其響度來決定這三部分，就是響度最大的為主要元音；在其前面的ㄧ、ㄨ、ㄩ為介音，如果前面沒有ㄧ、ㄨ、ㄩ，就是沒有介音，在其後面的為韻尾，如果後面沒有音，就是沒有韻尾；前沒有ㄧ、ㄨ、ㄩ，後沒有任何音的，就是沒有介音也沒有韻尾，不過一個韻不能沒有主要元音的。響度的大小，可以用舌位的高低來判斷，也就是舌位低的比舌位高的響度大。

韻母因發音時口腔的形狀不同，可以分四個呼：

1.開口呼

發音時口腔平舒開展，而沒有ㄧ、ㄨ、ㄩ做主要元音或做介音的韻母，都叫做開口呼。國語裡有ㄚ、ㄛ、ㄜ、ㄝ、ㄞ、ㄟ、ㄠ、ㄡ、ㄢ、ㄣ、ㄤ、ㄥ、ㄦ十三個，另外還有一個ㄭ，通常不用。

2.齊齒呼

發「ㄧ」時，上下門齒並齊，因此，凡是用「ㄧ」做主要元音，或做介音和開口呼相拼的都叫做齊齒呼。國語裡有單韻母「ㄧ」，和結合韻母ㄧㄚ、ㄧㄛ、ㄧㄝ、ㄧㄞ、ㄧㄠ、ㄧㄡ、ㄧㄢ、ㄧㄣ、ㄧㄤ、ㄧㄥ。

3.合口呼

發「ㄨ」時，上下脣合攏，因此，凡是用「ㄨ」做主要元音，或做介音和開口呼相拼的都叫做合口呼。國語裡有單韻母「ㄨ」，和結合韻母ㄨㄚ、ㄨㄛ、ㄨㄞ、ㄨㄟ、ㄨㄢ、ㄨㄣ、ㄨㄤ、ㄨㄥ。

4. 撮口呼

發「ㄩ」時，嘴脣撮起向外突出，因此，凡是用「ㄩ」做主要元音，或做介音和開口呼相拼的都叫做撮口呼。國語裡有單韻母「ㄩ」，和結合韻母ㄩㄝ、ㄩㄢ、ㄩㄣ、ㄩㄥ。

結合韻母：凡是用ㄧ、ㄨ、ㄩ做介音，分別和開口呼相拼合的，都叫做結合韻母。國語裡有二十二個。

1. 齊齒呼的結合韻母

ㄧㄚ　發音時，從「ㄧ」很快到「ㄚ」，緊密拼成一個「ㄧㄚ」的音。

ㄧㄛ　發音時，從「ㄧ」很快到「ㄛ」，緊密拼成一個「ㄧㄛ」的音。

ㄧㄝ　發音時，從「ㄧ」很快到「ㄝ」，緊密拼成一個「ㄧㄝ」的音。

ㄧㄞ　發音時，從「ㄧ」很快到「ㄚ」，再到「ㄧ」，緊密拼成一個「ㄧㄞ」的音。

ㄧㄠ　發音時，從「ㄧ」很快到「ㄚ」，再到「ㄨ」，緊密拼成一個「ㄧㄠ」的音。

ㄧㄡ　發音時，從「ㄧ」很快到「ㄛ」，再到「ㄨ」，緊密拼成一個「ㄧㄡ」的音。

ㄧㄢ　發音時，從「ㄧ」很快到「ㄚ」，再到純鼻音的「ㄋ」。後來音起了變化，成為從「ㄧ」很快改到「ㄝ」，再到純鼻音的「ㄋ」。

ㄧㄣ　發音時，從「ㄧ」很快到「ㄜ」，再到純鼻音的「ㄋ」。後來音起了變化，成為從「ㄧ」很快地直接到純鼻音的「ㄋ」。

ㄧㄤ　發音時，從「ㄧ」很快到「ㄚ」，再到純鼻音的「ㄫ」。

ㄧㄥ　發音時，從「ㄧ」很快到「ㄜ」，再到純鼻音的「ㄫ」。後來音起了變化，成為從「ㄧ」很快地直接到純鼻音的「ㄫ」。

2.合口呼的結合韻母

ㄨㄚ　發音時，從「ㄨ」很快到「ㄚ」。

ㄨㄛ　發音時，從「ㄨ」很快到「ㄛ」。

ㄨㄞ　發音時，從「ㄨ」很快到「ㄚ」，再到「ㄧ」。

ㄨㄟ　發音時，從「ㄨ」很快到「ㄝ」，再到「ㄧ」。

ㄨㄢ　發音時，從「ㄨ」很快到「ㄚ」，再到純鼻音的「ㄋ」。

ㄨㄣ　發音時，從「ㄨ」很快到「ㄜ」，再到純鼻音的「ㄋ」。

ㄨㄤ　發音時，從「ㄨ」很快到「ㄚ」，再到純鼻音的「ㄫ」。

ㄨㄥ　發音時，從「ㄨ」很快到「ㄜ」，再到純鼻音的「ㄫ」；遇到前面有聲母相拼時，發音就起了變化，成為從「ㄨ」很快地直接到純鼻音的「ㄫ」。

3.撮口呼的結合韻母

ㄩㄝ　發音時，從「ㄩ」很快到「ㄝ」。

ㄩㄢ　發音時，從「ㄩ」很快到「ㄚ」，再到純鼻音的「ㄋ」。這個結合韻大部分人的發音都起了變化，成為從「ㄩ」很快到「ㄝ」，再到純鼻音的「ㄋ」。

ㄩㄣ　發音時，從「ㄩ」很快到「ㄜ」，再到純鼻音的「ㄋ」。後來音起了變化，從「ㄩ」很快地直接到純鼻音的「ㄋ」。

ㄩㄥ　發音時，從「ㄩ」很快到「ㄜ」，再到純鼻音的「ㄫ」。後來音起了變化，從「ㄩ」很快到「ㄨ」，再到純鼻音的「ㄫ」。

第三節　聲調及拼音方法

一、聲調

聲調是由音的高低起降而形成的，所以它跟音高最有關係。音的高低是由音波振動次數來決定，振動次數多的，聲音就高，振動次數少的，聲音就低。其次聲調跟音長也有點兒關係。

聲調是用來辨別意義的，因此很重要，例如ㄇㄚ（媽）、ㄇㄚˊ（麻）、ㄇㄚˇ（馬）、ㄇㄚˋ（罵），四個不同的聲調代表四個不同的字義。

1. 調類

聲調在國語分為四類，其名稱為陰平（第一聲）、陽平（第二聲）、上聲（第三聲）、去聲（第四聲）。

2. 調值

就是聲調的正確念法。一般都採用趙元任先生的「五度制調值標記法」，先畫一直線，把它分為五度，由下而上，代表調的由低到高，1度最低、2度次低、3度中、4度次高、5度最高（見聲調圖）。國語四聲的調值是：陰平五五度、陽平三五度、上聲二一一四度、去聲五一度。

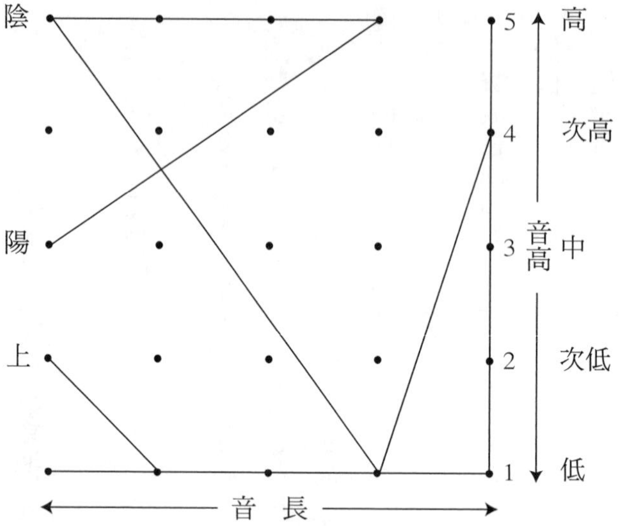

聲調圖

四聲的音長，根據白滌洲先生的測算，上聲最長，陽平次之，陰平又次之，去聲最短。

3. 調號：標注聲調的符號

陰平ㄧ（除了特別指明，一般都不標注。）

陽平ˊ

上聲ˇ

去聲ˋ

調號標寫的位置，無論注音符號直的或橫的注寫，一律標注在最後一個注音符號的右上角。

二、拼音方法

拼音就是把聲母、韻母、聲調三部分，迅速地拼成一個正確的音，其方法通常有兩種：

1. 兩拼法

就是兩個注音符號相拼。不過以前常把聲調看作單獨的一部分，先把兩個注音符號相拼後，再按一、二、三、四聲的次序數著念。例如「ㄇㄚˋ」，先念「ㄇ」再念「ㄚ」，拼成「ㄇㄚ」，然後再「ㄇㄚ」（媽）、「ㄇㄚˊ」（麻）、「ㄇㄚˇ」（馬）、「ㄇㄚˋ」（罵）。現在為了便捷，把聲調當作韻母的一部分。例如先念「ㄇ」再念「ㄚˋ」（阿），就拼成「ㄇㄚˋ」（罵）。

2. 三拼法

就是把聲母和結合韻母相拼，同時用化三拼為兩拼的辦法。例如ㄍㄨㄚ，先念「ㄍ」再直接念「ㄨㄚ」（蛙），就拼出「ㄍㄨㄚ」（瓜）。

第四節　變音與變調

國語裡一個音節大多數有其本音本調，可是說話時，為了發音便利、悅耳好聽，或辨別意義，有時音或調起了變化，不照本音本調念，這種變化的音或調，就叫做變音變調。

一、上聲的變調

國語變調中，要算上聲調變得最多。上聲的變調可分為前半上（也叫半上）和後半上（也叫變陽平）兩種。上聲原來不變的調值是二一一四度，半上是二一一度，其調號作「˪」或「ˇ」。後半上因與陽平很相似，所以又叫做變陽平，調值調號都借用陽平的三五度和「ˊ」了。

上聲的變調分別說明如下：

(一)

上聲調在陰平、陽平、去聲、輕聲各調的前面，變為前半上。

1. 上聲和陰平變成半上和陰平（ˇ一↓˪一）。例如：

老師　廣東　果汁　小說　雨衣

2. 上聲和陽平變成半上和陽平（ˇˊ↓˪ˊ）。例如：

滿足　美人　禮節　組合　警察

3. 上聲和去聲變成半上和去聲（ˇˋ↓˪ˋ）。例如：

普遍　買菜　美妙　滿意　猛獸

4. 上聲和輕聲

(1)上聲和陰平讀的輕聲變成半上和輕聲（ˇ「一」·↓˪「一」·）。例如：

啞巴　母親　眼睛　手巾　喜歡

(2)上聲和陽平讀的輕聲變成半上和輕聲（ˇ「ˊ」・→」「ˊ」・）。例如：

老婆　早晨　起來　我們　枕頭

(3)上聲和去聲讀的輕聲變成半上和輕聲（ˇ「ˋ」・→」「ˋ」・）。例如：

伙計　腦袋　把式　冷戰　體諒

(4)上聲和上聲讀的輕聲，假如是名詞重疊或第二音節是虛字、詞尾，變成半上和輕聲。例如：

姐姐　奶奶　姥姥　嫂子　耳朵

否則，讀變陽平和輕聲，例如：

走走　跑跑　改改　海裡　小姐

(二)

上聲在另一上聲的前面，前面的上聲讀變陽平（ˇˇ→ˊˇ）。例如：

好友　表演　雨傘　舞曲　整理

(三)

多個上聲調連讀的變調：

1.三個上聲調連讀：這必須看怎樣成詞來決定它的讀法。假如是下兩個音節成詞，第一個就讀半上，第二個變讀陽平，第三個不變。例如：

好里長　買稿紙　打野狗　你免禮　給少許

假如是上兩個音節成詞，那麼前兩個都變讀陽平，第三個不變。例如：

總統府　保管股　里長好　虎骨酒　警犬咬

2. 三個以上上聲調連讀，依可頓逗的地方變讀半上，最後一個不變，其餘的都變讀陽平。例如：

你（ˇ）有（ˇ）好（ˇ）友（ˇ）→你（ˊ）有（˪）好（ˊ）友（ˇ）

老（ˇ）李（ˇ）買（ˇ）雨（ˇ）傘（ˇ）給（ˇ）我（ˇ）→老（ˊ）李（˪）買（˪）雨（ˊ）傘（˪）給（ˊ）我（ˇ）

二、「一七八不」的變調

「一七八不」這四個字，在語言中常常受到下一個字調的影響而發生變調。現在將這四個字的讀法分別說明於下：

1.「一」字的基本調與變調

(1)基本調：陰平。單讀及在一個詞語的最後，或者後頭雖然跟別的字相連，可是在意義上含有獨立性的，讀它的基本調——陰平。

一　第一　萬一　「一」字兒　一二三

(2)用在陰平、陽平、上聲調的前面或陰平、陽平、上聲變的輕聲的前面，「一」字變為去聲。

陰平前　一邊　一批　一些　一塌糊塗　一官半職

陽平前　一流　一群　一則　一龍一蛇　一擲千金

上聲前　一表　一口　一筆　一馬當先

(3)用在去聲調或去聲變的輕聲前面，「一」字變讀為陽平。

一類　一律　一塊錢　一步登天　一暴十寒　一個

2.「七」字的基本調與變調

(1)基本調：陰平。單讀或在一個詞語的最後，及用在陰平、陽平、上聲調前面時，讀它的基本調——陰平。

單讀或在最後　七　「七」字兒　第七　七一得七　一九八七

陰平前　七天　七斤　七星　七週　七顛八倒

陽平前　七條　七絕　七情　七言詩　七零八落

上聲前　七寶　七兩　七虎　七巧板　七老八十

(2)用在去聲調或去聲變的輕聲前面，「七」字變為陽平。

七倍　七段　七歲　七件事　七竅生煙　七個

3.「八」字的基本調與變調

(1)基本調：陰平。單讀或在一個詞語的最後，及用在陰平、陽平、上聲調前面時，讀它的基本調——陰平。

單讀或在最後　八　「八」字兒　二十八　一九八八

陰平前　八方　八荒　八仙桌　亂七八糟

陽平前　八德　八旗　八成　八行書　七嘴八舌

上聲前　八寶　八法　八斗才　八百壯士　七大八小

(2)用在去聲調或去聲變的輕聲前面，「八」字變為陽平。

八卦　八字　七拼八湊　七零八落　八個

4.「不」字的基本調與變調

(1)基本調：去聲。單讀或一個詞語的最後，及用在陰平、陽平、上聲調前面時，讀它的基本調——去聲。

單讀或在最後　不　「不」字兒　我不　決不　可不

陰平前　不該　不通　不吃　不經意　不堪回首

陽平前　不同　不能　不群　不成器　不合時宜

上聲前　不滿　不免　不懂　不打緊　不可思議

(2)用在去聲調或去聲變的輕聲前面，「不」字變為陽平。

不備　不便　不配　不在意　不上不下

三、「這那哪」的連音

由於說話的時候，語詞中有些前後音連在一起，發生變化，這種叫做連音變化。「這」、「那」、「哪」三個字的連音變化：

1.「這」字的本音和連音

(1)「這」字的本音：在不限數量，泛指一切，而它的下邊沒有「一」字，又沒有量詞時，就讀本音「ㄓㄜˋ」。例如：

這　這個（數量不只一個的）　這人　這事　這時候　這孩子

(2)「這」字的連音：一定要在專指一個事物單位時候用，不管它的下邊有沒有數字「一」，而下邊只要有量詞，又確係專指一個事物單位意思的，都讀ㄓㄟˋ。「這一」的注音是「ㄓㄜˋ　ㄧ」，讀快時，「ㄜ」和「ㄧ」連音成了「ㄟ」，所以讀ㄓㄟˋ。例如：

「這一輛」（ㄓㄜˋ　ㄧ　ㄌㄧㄤˋ）就是「這輛」（ㄓㄟˋ　ㄌㄧㄤˋ）

「這一隻」（ㄓㄜˋ　ㄧ　ㄓ）就是「這隻」（ㄓㄟˋ　ㄓ）

2.「那」字的本音和連音

(1)「那」字的本音：在不限數量，泛指一切，而它的下邊沒有「一」字，又沒有量詞時，就讀本音「ㄋㄚˋ」。例如：

那　那個（數量不只一個的）　那樣　那麼　那是對的

(2)「那」字的連音：一定要在專指一個事物單位時候用，不管它的下邊有沒有數字「一」，而下邊只要有量詞，又確係專指一個事物單位意思的，都讀ㄋㄞˋ。「那一」的注音「ㄋㄚˋ　ㄧ」，讀快時，「ㄚ」和「ㄧ」連音成了「ㄞ」，所以讀ㄋㄞˋ。因為受「這一」讀「ㄓㄟˋ」的影響，同化成ㄋㄟˋ。例如：

「那一輛」（ㄋㄚˋ　ㄧ　ㄌㄧㄤˋ）就是「那輛」（ㄋㄞˋ　ㄌㄧㄤˋ或ㄋㄟˋ　ㄌㄧㄤˋ）

「那一隻」(ㄋㄚˋ ㄧ ㄓ) 就是「那隻」(ㄋㄞˋ ㄓ或ㄋㄟˋ ㄓ)

3.「哪」字的本音和連音

(1)「哪」字的本音：在不限數量，泛指一切，而它的下邊沒有「ㄧ」字，又沒有量詞時，就讀本音「ㄋㄚˇ」。例如：

哪　哪裡　哪兒　哪有　哪怕

(2)「哪」字的連音：一定要在專指一個事物單位時候用，不管它的下邊有沒有數字「ㄧ」，而下邊只要有量詞，又確係專指一個事物單位意思的，都讀ㄋㄞˇ。「哪一」的注音是「ㄋㄚˇㄧ」，讀快時，「ㄚ」和「ㄧ」連音成了「ㄞ」，所以讀ㄋㄞˇ。也因為同化變讀成ㄋㄟˇ。例如：

「哪一輛」(ㄋㄚˇ ㄧ ㄌㄧㄤˋ) 就是「哪輛」(ㄋㄞˇ ㄌㄧㄤˋ或ㄋㄟˇ ㄌㄧㄤˋ)

「哪一隻」(ㄋㄚˇ ㄧ ㄓ) 就是「哪隻」(ㄋㄞˇ ㄓ或ㄋㄟˇ ㄓ)

四、助詞「啊」的連音

助詞「啊」(˙ㄚ) 表感歎，在詞語中，常受到上一個字音韻尾的影響，而有幾種的連音。

1. 加「ㄧ」成˙ㄧㄚ，「啊」跟隨在ㄧ、ㄩ、ㄚ、ㄛ、ㄜ、ㄝ、ㄞ、ㄟ等韻的後面，讀成「˙ㄧㄚ」，可寫作「呀」。例如：

ㄧ　弟弟呀(˙ㄧㄚ)！　自己呀(˙ㄧㄚ)！

ㄩ　去呀(˙ㄧㄚ)！　造句呀(˙ㄧㄚ)！

ㄚ 騎馬呀（·ㄧㄚ）！ 別怕呀（·ㄧㄚ）！

ㄛ 說呀（·ㄧㄚ）！ 婆婆呀（·ㄧㄚ）！

ㄜ 口渴呀（·ㄧㄚ）！ 快喝呀（·ㄧㄚ）！

ㄝ 姐姐呀（·ㄧㄚ）！ 上街呀（·ㄧㄚ）！

ㄞ 小孩呀（·ㄧㄚ）！ 不在呀（·ㄧㄚ）！

ㄟ 飛呀（·ㄧㄚ）！ 妹妹呀（·ㄧㄚ）！

2. 加「ㄨ」成·ㄨㄚ，「啊」跟隨在ㄨ、ㄠ、ㄡ等韻的後面，讀成「·ㄨㄚ」，可寫作「哇」。例如：

ㄨ 數數哇（·ㄨㄚ）！ 一二三四五哇（·ㄨㄚ）！

ㄠ 笑哇（·ㄨㄚ）！ 大嫂哇（·ㄨㄚ）！

ㄡ 小狗哇（·ㄨㄚ）！ 不夠哇（·ㄨㄚ）！

3. 加「ㄋ」成·ㄋㄚ，「啊」跟隨在ㄢ、ㄣ等韻的後面，讀成「·ㄋㄚ」，可寫作「哪」。例如：

ㄢ 好難哪（·ㄋㄚ）！ 偷懶哪（·ㄋㄚ）！

ㄣ 認真哪（·ㄋㄚ）！ 地震哪（·ㄋㄚ）！

4. 加「ㄫ」成·ㄫㄚ，「啊」跟隨在ㄤ、ㄥ等韻的後面，讀成「·ㄫㄚ」。例如：

ㄤ 香啊（·ㄫㄚ）！ 上湯啊（·ㄫㄚ）！

ㄥ 等等啊（·ㄫㄚ）！ 電燈啊（·ㄫㄚ）！

5. 加「ㄭ」成·ㄭㄚ，「啊」跟隨在ㄓ、ㄔ、ㄕ、ㄖ、ㄦ的後面，讀成「·ㄭㄚ」。因為ㄓ、ㄔ、ㄕ、ㄖ發

音韻母用舌尖後韻母「ㄭ」，ㄦ為捲舌韻，發完ㄦ，舌尖放回常態時，必經過舌尖後韻母ㄭ的位置，故也用「ㄭ」。例如：

ㄓ　樹枝啊（・ㄭㄚ）！　手指啊（・ㄭㄚ）！

ㄔ　主持啊（・ㄭㄚ）！　八尺啊（・ㄭㄚ）！

ㄕ　時勢啊（・ㄭㄚ）！　開始啊（・ㄭㄚ）！

ㄖ　今日啊（・ㄭㄚ）！　八月八日啊（・ㄭㄚ）！

ㄦ　兒啊（・ㄭㄚ）！　第二啊（・ㄭㄚ）！

6.加「ㄭ」成・ㄭㄚ，「啊」跟隨在ㄗ、ㄘ、ㄙ的後面，讀成「・ㄭㄚ」。因為ㄗ、ㄘ、ㄙ發音韻母用舌尖前韻母「ㄭ」。例如：

ㄗ　兒子啊（・ㄭㄚ）！　寫字啊（・ㄭㄚ）！

ㄘ　致辭啊（・ㄭㄚ）！　魚刺啊（・ㄭㄚ）！

ㄙ　公司啊（・ㄭㄚ）！　放肆啊（・ㄭㄚ）！

第五節　輕聲

國語除了陰平、陽平、上聲、去聲以外，還有一種「輕聲」。就是說話的時候，有些常用的多音節詞，必須說得輕、短而含糊些，這種輕、短、含糊的音，就是輕聲。至於輕聲為甚麼聽起來有輕、短而含糊的感覺。因為輕聲在發音時聲帶和口腔肌肉鬆弛，而且輕聲的性質是低弱，同時因為聲調變得短而不穩，所以輕聲聽起來有含糊不清的感覺。其實輕聲並不能算是另外一種聲調，因為輕聲是由原來的調形消失，音長縮短而來的，所以不論陰平、陽平、上聲、去聲都可能讀成輕聲，不過得看它們所用的詞語的意義，或聲音等的不同，來決定罷了。至於哪些詞語在甚麼情形之下不讀輕聲，哪些詞語在甚麼情形之下要讀輕聲，大致說來，文言詞是字字並重，不讀輕聲。如說話時「葡萄」、「琵琶」、「燕子」的「萄」、「琶」和「子」說成輕聲，可是在王翰《涼州詞》：「葡萄美酒夜光杯，欲飲琵琶馬上催」；張炎《清平樂》：「去年燕子天涯，今年燕子誰家」裡不讀輕聲了。此外，口語相傳下來的詞，有一部分就要讀輕聲了，所以越是經常用的語詞，讀輕聲的機會也就越多。

輕聲除了可以使說話時發音便利和優美悅耳外，有時它還有分辨詞義作用。例如「運氣」說成ㄩㄣˋ ㄑㄧˋ是舒展身體，振作體力；要是說成ㄩㄣˋ ˙ㄑㄧ是指命運的意思。「學習」說成ㄒㄩㄝˊ ㄒㄧˊ是名詞。如：主學習；要是說成ㄒㄩㄝˊ ˙ㄒㄧ是動詞。如：學習中國話。

輕聲的形成，應該「輕」、「短」而「含糊」。讀它的時間比其他四個聲調都短；其調值，決定在前面一個字音的聲調：在陰平、陽平後面讀中短調3度，聽起來有點兒像去聲，如屋子、竹子。在上聲後面讀次高短調4度，聽起來有點兒像陰平，如嫂子、姐姐。在去聲後讀低短調1度，聽起來有點兒像特別低的去聲，如兔子、木頭。

輕聲的種類大概可分：

1. 助詞的輕聲

呀（˙ㄧㄚ）　我呀！　坐呀！

呢（・ㄋㄜ）　還沒走呢！

嗎（・ㄇㄚ）　今天考試嗎？

吧（・ㄅㄚ）　你沒事吧！

啦（・ㄌㄜ）　來啦　不去啦。

2. 詞尾的輕聲

子（・ㄗ）　杯子　包子　桃子　李子

頭（・ㄊㄡ）　風頭　苦頭　罐頭　舌頭

們（・ㄇㄣ）　你們　他們　朋友們

些（・ㄒㄧㄝ）　這些　那些　快些

個（・ㄍㄜ）　這個　那個　幾個　十個

上（・ㄕㄤ）　手上　樹上　爬上　鎖上

下（・ㄒㄧㄚ）　床下　燈下　坐下　留下

邊（・ㄅㄧㄢ）　裡邊　前邊　左邊　西邊

裡（・ㄌㄧ）　這裡　哪裡　屋裡　嘴裡

面（・ㄇㄧㄢ）　裡面　上面　前面　北面

3. 重疊名詞、動詞第二個字讀輕聲

(1)名詞：爸爸　媽媽　哥哥　妹妹

含有「每一」的意思，重疊的名詞不讀輕聲。例如：「人人」、「天天」、「個個」、「樣樣」。

(2)動詞：看看　談談　坐坐　歇歇

4.常用詞的輕聲

眼睛　情形　母親　小氣　和氣　怪物　衣裳　腦袋　頭髮　時候　蒼蠅　豆腐　耳朵　老鼠

5.三音節的詞「一」、「不」在第二音節常讀輕聲

打一打（ㄉㄚˇ·ㄧ ㄉㄚˇ）

數一數（ㄕㄨˇ·ㄧ ㄕㄨˇ）

讀一讀（ㄉㄨˊ·ㄧ ㄉㄨˊ）

來不及（ㄌㄞˊ·ㄅㄨ ㄐㄧˊ）

起不來（ㄑㄧˇ·ㄅㄨ ㄌㄞˊ）

可不是（ㄎㄜˇ·ㄅㄨ ㄕˋ）

好不好（ㄏㄠˇ·ㄅㄨ ㄏㄠˇ）

第六節　ㄦ化韻

中國北方音系中常常用「兒」（ㄦ）跟在語詞的後面作詞尾，這種作詞尾用的「ㄦ」韻，都和其前邊的字音連結成一個音節，使韻尾變成捲舌音，所以叫做「ㄦ化韻」。

ㄦ化韻通常都是用在語言裡，文言詞彙都不帶ㄦ。有些語詞帶ㄦ跟不帶ㄦ都可以，例如「果盒」，也可

以說「果盒兒」，「小說」，也可以說「小說兒」。有些語詞一定要帶ㄦ的，例如「過門兒」（指戲劇中唱詞中斷，用拉胡琴來間隔），不能說「過門」，因「過門」變成了女子出嫁。有些詞是不可以帶ㄦ的，例如「圖書館」絕不說成「圖書館兒」。至於哪些語詞可以帶ㄦ，哪些語詞不可帶ㄦ，實際上也很難找出規則來，只能說常用在口語裡，或表示嬌小、伶俐、可愛的，原則上可以帶ㄦ尾，例如：「小辮兒」、「小妞兒」、「小孩兒」。

ㄦ化韻的讀法得看前面一個字的韻音來決定，大體分為變與不變兩類，不過無論變與不變，跟上面的字音都是連起讀成一個音節。

一、變的

1. 變ㄚㄦ的

(1) ㄞㄦ→ㄚㄦ。例如：

小孩兒（ㄏㄞˊㄦ→ㄏㄚˊㄦ）

一塊兒（ㄎㄨㄞˋㄦ→ㄎㄨㄚˋㄦ）

(2) ㄢㄦ→ㄚㄦ。例如：

一點兒（ㄉㄧㄢˇㄦ→ㄉㄧㄚˇㄦ）

竹竿兒（ㄍㄢㄦ→ㄍㄚㄦ）

2. 變ㄜㄦ的

(1) ㄝㄦ→ㄜㄦ。例如：

一些兒（ㄒㄧㄝㄦ→ㄒㄧㄜㄦ）

樹葉兒（ㄧㄝˋㄦ→ㄧㄜˋㄦ）

(2) ㄟㄦ→ㄜㄦ。例如：

味兒（ㄨㄟˋㄦ→ㄨㄜˋㄦ）

一會兒（ㄏㄨㄟˇㄦ→ㄏㄨㄜˇㄦ）

(3) ㄣㄦ→ㄜㄦ。例如：

樹根兒（ㄍㄣㄦ→ㄍㄜㄦ）

混混兒（ㄏㄨㄣˋㄦ→ㄏㄨㄜˋㄦ）

(4) ㄭㄦ（ㄓㄔㄕㄖㄗㄘㄙ）→ㄜㄦ。例如：

姪兒（ㄓˊㄦ→ㄓㄜˊㄦ）

齒兒（ㄔˇㄦ→ㄔㄜˇㄦ）

事兒（ㄕˋㄦ→ㄕㄜˋㄦ）

雞子兒（ㄗˇㄦ→ㄗㄜˇㄦ）

詞兒（ㄘˊㄦ→ㄘㄜˇㄦ）

絲兒（ㄙㄦ→ㄙㄜㄦ）

3. 加ㄜ的

(1) 一ㄦ→一ㄜㄦ。例如：

底兒（ㄉㄧˇㄦ→ㄉㄧˇㄜㄦ）

氣兒（ㄑㄧˋㄦ→ㄑㄧˋㄜㄦ）

(2) ㄩㄦ→ㄩㄜㄦ。例如：

曲兒（ㄑㄩˇㄦ→ㄑㄩˇㄜㄦ）

句兒（ㄐㄩˋㄦ→ㄐㄩˋㄜㄦ）

二、不變的

1. ㄚㄦ

例如：花兒（ㄏㄨㄚㄦ）　說話兒（ㄏㄨㄚˋㄦ）

2. ㄛㄦ

例如：昨兒（ㄗㄨㄛˊㄦ）　戳兒（ㄔㄨㄛㄦ）

3. ㄜㄦ

例如：哥兒（ㄍㄜㄦ）　盒兒（ㄏㄜˊㄦ）

4. ㄠㄦ

例如：棗兒（ㄗㄠˇㄦ）　桃兒（ㄊㄠˊㄦ）

5. ㄡㄦ

例如：溝兒（ㄍㄡㄦ）　後兒（ㄏㄡˋㄦ）

6. ㄤㄦ

例如：網兒（ㄨㄤˇㄦ）　帳房兒（ㄈㄤˊㄦ）

7. ㄥㄦ

例如：空兒（ㄎㄨㄥㄦ）　繩兒（ㄕㄥˊㄦ）

8. ㄨㄦ

例如：壺兒（ㄏㄨˊㄦ）　數數兒（ㄕㄨˋㄦ）

重疊字ㄦ化韻的變調：重疊語詞如有ㄦ化的，下一字變讀陰平，例如：

白白兒（ㄅㄞˊ　ㄅㄚㄦ）的

好好兒（ㄏㄠˇ　ㄏㄠㄦ）的

胖胖兒（ㄆㄤˋ　ㄆㄤㄦ）的

主要參考書目

《國語語音學》，鍾露昇，語文出版社，一九六六。

《漢語語音學研究》，王天昌，國語日報社，一九六九。

《國音學》，臺師大，正中書局，一九八二。

《現代漢語》，張志公等，人民教育出版社，一九八三。

《漢語知識講話》，濮之珍等，上海教育出版社，一九八七。
《中國語發音課本》，張孝裕等，國立編譯館，一九八八。
《中國國音講義》，張孝裕，中華函授學校，一九八八。

附錄　漢語拼音拼寫規則

1. 知（ㄓ）、蚩（ㄔ）、詩（ㄕ）、日（ㄖ）、資（ㄗ）、雌（ㄘ）、思（ㄙ）等七個音節的韻母用 i（ㄭ），拼作 zhi，chi，shi，ri，zi，ci，si。

2. 韻母ㄦ寫成 er（例：érkē 兒科，ěrduo 耳朵）；用做韻尾的時候寫成 r（例：xiǎor 小兒、huār 花兒）。

3. 韻母ㄝ單用的時候寫成 ê（例：ề欸）；在音節中寫成 e，去掉了 ^ 符號。例：ie（ye）、üe（yue）。

4. i（ㄧ）的標寫法：

⑴單獨時用 yi

例如：	衣	姨	以	異
	yī	yí	yǐ	yì

⑵在前面時用 y-

例如：	鴨	爺	有	要
	yā	yé	yǒu	yào

⑶在中間或最後時用 -i-，-i

例如：	家	且	比	系
	jiā	qiě	bǐ	xì

⑷ in（ㄧㄣ）和（ㄧㄥ）單獨時用 yin 和 ying

例如：	音	銀	影	硬
	yīn	yín	yǐng	yìng

5. u（ㄨ）的標寫法：

⑴單獨時用 wu

例如：	烏	吳	五	誤
	wū	wú	wǔ	wù

⑵在前面時用 w-

例如：	窩	歪	胃	溫
	wō	wāi	wài	wēn

⑶在中間或最後時用 -u-，-u

例如：	多	抓	兔	樹
	duō	zhuā	tù	shù

6. ü（ㄩ）的標寫法：

⑴單獨或在前面時用 yu

例如：	淤	于	約	暈
	yū	yú	yuē	yūn

⑵在中間或最後時用 -u-，-u(ü)

例如：	絕	裙	女	婿
	jué	qún	nǚ	xù

7. ü 的韻母跟 j，q，x 拼時，u 上兩點省略，寫成 ju、qu、xu；jue、que、xue。

8. ü 跟聲母 l、n 拼的時候，仍然寫成 lǘ（ㄌㄩˊ驢）、nǚ（ㄋㄩˇ女），u 上兩點不省略（因 l、n 可以跟 u 拼，也可以跟 ü 拼）。

9. iou，uei，uen 前面加聲母的時候，寫成 iu，ui，un；前面沒有聲母的時候，寫成 you，wei，wen。

10. 調號的標法

(1)聲調符號標在主要元音上。如果有兩個或兩個以上的元音時，就標在響度較大的元音上。響度大小的次序是：a > o > e > i, u,ü。

(2)口訣

有 a 不放過，(例：nǎo，guāi)

無 a 找 o、e，(例：léi，kǒu)

i、u 並列標在後，(例：diū，tuì)

單個元音不必說。(例：ā，fó，sè，lǜ，mǔ)

(3) i 上標調時，要去掉上面的小點，例如 tuī，bìn。

11.隔音符號

a、o、e 開頭的音節連接在其他音節後面的時候，如果音節的界限發生混淆，就用隔音符號（'）隔開，例如：fā'nàn（發難）、fān'àn（翻案）。

12.分寫和連寫

分寫原則是以字為單位，連寫是以詞為單位例如：xīn yī（新衣）、yǔyī（雨衣）、gāocáishēng（高材生）、shuō xiánhuà（說閑話）、dú yī wú èr（獨一無二）、bù xiū biānfú（不修邊幅）、liǎngqī dòngwù（兩棲動物）。

13.大寫

(1)每一個句子的第一個字母，例如 Tā zài chī fàn.（他在吃飯）。

(2)姓氏和名字的第一個字母(可不標調號)，例如：Zhang Guoming（張國明）。Situ Weiqiang（司徒偉強）。

(3)地名和其他專名的第一個字母(可不標調號)，例如 Beijing（北京）、Lianheguo（聯合國）。

(4)書名的每一個字母（不標調號），例如：BAOJIAN SHOUCE（保健手冊）。

訓詁學

周　何

第一節　訓詁的名義

「訓詁」是同義連語的複合詞。

《說文》：「訓，說教也。」段注：「說教者，說釋而教之。」就是說明解釋而教導別人的意思。不過需要說明解釋的內容究竟是甚麼，似乎並沒有交代。《爾雅・釋訓》篇的經典釋文說：「訓謂字有意義也。」又《詩・大雅・烝民》篇的孔疏說：「訓者，道也；道物之貌以告人。」這兩處的解釋比較明確地指出，「訓」的主體內容著重在文字的意義及物體狀貌的說明。

又《說文》：「詁，訓故言也。」段注：「訓故言者，說釋故言以教人，是之謂詁。」意思是把從前的語言加以解釋說明，教給現在的人聽。《爾雅・釋詁》篇的經典釋文引張揖《雜字說》云：「詁者，古今之異語也。」又《詩・周南・關雎》篇的孔疏云：「古今異言，通之使人知也。」由此看來，「詁」的主體內容著重於語言的解釋。

「訓」既是重在文字及事物的說明，「詁」則重在語言的解釋，主體內容雖有差異。因此，所謂訓詁，用淺顯的話來說，訓詁就是解釋的意思；即用易懂的語言解釋難懂的語言，用現代的語言解釋古代的語言，用國語解釋方言。但如就對某些事物給予解說的作用而言，卻是沒有甚麼不同。正因為這兩字的解說作用相同，所以才有人加以連用而成為複合詞中的同義連語。這種同義連語的組合，是一種對等並列的關係，就像「尋找」、「增添」、「悒鬱」、「憂煩」等詞語一樣，兩個單字之間，彼此都沒有主從、因果或先後等因素在內，所以往往都可以倒過來使用。如「尋找」可以作「找尋」，「增添」可以作「添增」，「悒鬱」可以作「鬱悒」，「憂煩」可以作「煩憂」等一樣，「訓詁」自然也可以作「詁訓」。只有習慣與不習慣的問題，而沒有合理不合理的毛病。所以《毛詩詁訓傳》作「詁訓」，而揚雄〈答劉歆索方言書〉中作「訓詁」，同在漢代，而兩詞的使用意義並無差異；甚至直到清代，也是「訓詁」、「詁訓」通用無別。目前各大學中文系或國文系課程表內所列的名稱為「訓詁學」是將訓詁視為一門專門的學問，加以有系統的處理，這只是近世習慣的用法；換句話說，如果我們改稱為「詁訓學」，也沒有甚麼不可以的。

「訓詁」，除了可以稱作「詁訓」外，還有許多意義相同的別稱：有稱「訓故」，見於《漢書・儒林傳》，「申公以《詩經》為訓故以教」；又有稱「解詁」的，何休的《公羊解詁》；或稱「解故」，《漢書・藝文志》載《尚書》有「大小夏侯解故」；也有單稱「故」的，《漢書・藝文志》載有《詩魯故》、《詩韓故》。其他如稱「傳」、「注」、「箋」、「解」、「疏」等，名稱雖然各異，其實意義一樣。

第二節　訓詁的範圍

訓詁的範圍相當廣泛，比較重要的有四部分：

㈠語言方面

中國的語言是屬於漢藏語族的中國語系，使用這種語言的人數超過十億以上。人口眾多，幅員廣大，加上歷史的悠久，變亂的頻仍，因此語音語彙隨時隨地都會有其自然的演變。尤其由於山川地形的不同，某些地區因為環境閉塞，形成其語言的保守而孤立；某些地區卻由於平坦開闊，人口遷徙量大，形成其語言的交流與混合。於是從歷史文獻中所保留下來的許多古今異言，方國殊語，在今天都是必須要靠訓詁才能消滅疏通的重要工作。

㈡文字方面

其實有許多古語、方言，實際上仍舊是保存在文字的紀錄中；所以在形態上，有不少的文字可以包括語言。但除了那些代表語言的文字外，字形本身也含有隨著時空條件而不斷變化的種種現象。還有文字在初造時自有其當時賦予的本義，也有後人在行文時，所造成各種使用意義等等的差異。所以在前人運用文字以表達各類名物制度、體貌狀況、思想情感時，當時用字的意義，後人是否都能完全正確地瞭解，往往都是問題。種種因素所形成文字層面的隔閡，也必須要憑藉訓詁來解決。

㈢義蘊方面

語言和文字都是我們用以表達思想和情感的工具，但在從前文言的時代裡，文字的使用尤其是要求精鍊質約，言簡而意賅。於是現在要從那些極其精簡的字裡行間，希望能透徹瞭解前人深刻的思想，切實體會前人豐富的情感，當然不是一件容易的事。有時甚至表面上每個字都認得，然而這些字組合而成的整句，究竟是甚麼意思，卻未必能完全瞭解。就像先秦諸子的著作，或宋明理學家的語錄，其思想的內涵，及對性理的剖析；甚至如唐詩、宋詞等類的文學作品，其情韻的表達，及言外之意；似乎都很難僅靠合併許多單字的解釋說明，就可以獲得滿足的。這些屬於內涵的義蘊，往往必須要靠透徹清晰的闡述發揮方式，才能讓人全部吸收。所以義蘊的闡釋，也是屬於訓詁範疇以內的事。

(四)特殊問題

常有一辭而有很多不同意義的解釋；這些意義究竟是如何產生的？這些不同的意義彼此之間是否有甚麼關係存在？這些意義之間究竟具有怎樣的差異？此外，也有很多不同的語辭卻同指一件事物；同一事物，為甚麼會有那麼多不同的表達方式？這些不同的語辭其來源究竟如何？在運用上其適應的程度有何差別？這些都是比較特殊的問題，也都是比較需要深入研究才能解決的問題。還有某類的字音或語音，往往就會含有某種共同的意義；或是某種文字的偏旁，往往就會帶有某類共同的作用；其原理如何？有無原則可循？類似這些比較特殊的問題，在必要時透過比較深入的研究處理，可以讓讀者能清晰地瞭解作者真正的原意。這類問題的探討或處理，也都歸屬於訓詁的範疇。

以上僅就訓詁範圍所作重點的說明而已，其實當不止此，因為凡是有關語言文字以及事物的詮釋描述等，都可以歸屬於訓詁範圍。當然在訓詁工作的運作中，一定會牽涉到許多其他的相關科目，甚至還有必須以某種科目為基礎的情況，於是對訓詁範疇已有正面相當的瞭解之後，對於訓詁與其他相關科目之間的科際劃分，也必須要有外限範疇的說明。

如果以數學科目為例，微積分必須以代數、幾何、三角函數等為基礎，但這些科目彼此之間的科際劃分還是非常的清楚。說得更明白些，微積分的演算過程中，可以運用代數、幾何、三角等科目中已有的定理或原則，而不必從頭再把這些定理原則的證明過程全部列上。因為如果把那些證明的過程全部列上，便等於是侵犯了各該科目的學理範圍。同樣道理，訓詁學在實際運作時，必然會牽涉到文字學、聲韻學、文法、修辭，以及版本、校勘等科目，這是無法完全隔離的。甚至還可以說，文字學、聲韻學等是訓詁學的重要基礎，然而最多也只限於在實際作業中，可以適當地運用文字學、聲韻學中已成定論的原理原則或條例等，而不必再從事那些基礎理論的證明及探討。否則便會產生在訓詁學中似乎仍然重複地講文字學及聲韻學的詬病，而形成科際分界不清，或侵犯各該科目的不合理現象。正因為文字學、聲韻學是訓詁學的重要基礎，所以在大學中文系的一系列課程中，把文字學和聲韻學列為訓詁學的先修科目。一般情形，總是二年級修文字學，三年級修聲韻學，到四年級才能修訓詁學，這就是系列課程的合理安排。嚴格說來，沒有修完文字學便不能修聲韻學，沒有修完聲韻學當然更不能修訓詁學，這和沒有修習代數、幾何、三角，就無法修習微積分的道理是一樣的。所以如果在訓詁學的科目內，仍舊在講授文字學或聲韻學等基本課程，豈不成了疊床架屋，重複而浪費了嗎？這就是訓詁學的外限範圍。

文字學、聲韻學和訓詁學這三門科目，既然自成系列，自然表示三者之間確實有其密切的關聯。由於關聯相當密切，所以才會容易使人誤以為訓詁學與其他兩門科目之間分界觀念的混淆不清。因此在說明訓詁學自身獨立的體系內容、理論及方法運用之外，單就其與文字學、聲韻學容易使人感覺相混的地方，稍作釐清與界定，也是非常必要的事：

1. 文字學所追求的最終目標，在於文字本形本義的瞭解。首先要認識的是文字最早的形製，和結構的原則；然後再根據早期而正確的形構，推斷創造文字者當初所賦予的概念，也就是文字的本義究竟是甚麼?在研究的過程上因此特別重視「分析字形,以明本義」的原則。

2.聲韻學所探究的目標,在於語言文字的本音及歷來音變的現象。首先必須鑑別各時代的音類;由音類的鑑別建立發音的原理,並分析發音部位與發音方式的配合狀況,從而掌握古今歷來音變的原因及音變現象的說明。

3.訓詁學則是在於探究語言文字在被使用時,由使用者當時所賦予的概念究竟如何?以及該語言文字何以能有此種音義的表達功能。所以首先必須鑑定此語言文字的原始本音及義界,以此音義作為基礎的原點,再由原點出發,探索其音義變遷的歷史軌跡,及其所以形成如此變化的種種原因,進而歸納出若干規律及條例,以備在解釋任何語言文字的疑難困惑時,可以判定其在使用當時比較正確的概念。

以上的說明雖嫌簡略,而且未必周延,然而大體已可以看出這三門關係非常密切的科目,無論在內容重點、研究過程及研究目標上,都各自有其釐然劃分的界限,與獨立研究的主體,不容夾雜混淆。至少對訓詁的內涵與外限,已多少有了些概貌的認識。

第二節　訓詁的歷史

有關歷來訓詁工作的成績,胡樸安著《中國訓詁學史》一書,已經分門別派地介紹得相當詳細;這裡所以還要來談訓詁的歷史,主要目的是在藉此說明歷代訓詁工作的發展情況和演進趨勢,進而可以掌握今後訓詁工作應該努力的方向和重點。

中國訓詁的發展演進,如依時代來分,約有四段時期:

㈠先秦

先秦時期的典籍，其本文中即往往帶有訓詁的成分在內。原因是當時在言語或行文中，偶然用到一些比較生難的詞語，惟恐別人聽不懂或看不懂，於是隨即在言語之後或本文之下，先為那些生難詞語作一解釋，然後再接著說下去，於是就產生了本文夾注的形態，這就是最早期的訓詁工作。如《孟子・滕文公》篇引述《尚書》：「洚水警余」，接著就必須解釋說：「洚水者，洪水也。」又如〈梁惠王〉篇引述逸詩「畜君何尤」，於是立刻接著解釋說：「畜君者，好君也。」這類的訓詁，可以說是情非得已，偶然為之，實際上也不過是隨文解義，談不上甚麼體例或原則。然而卻是合乎標準的訓詁形式，應該可以認作是早期訓詁的萌芽時期。所以阮元的《經籍纂詁・凡例》中列有「經傳本文即有詁訓」之例，也是表示承認這些資料都應該納入訓詁歷史和成績之中的意思。

㈡兩漢

經過秦代的焚書坑儒，到了漢初，書籍殘缺不全，惠、文二帝有意振興文化，獎勵學術，於是派人到各地去訪求前代遺老。由他們就記憶所及，口誦經文，而以當時通行的隸書予以記錄，交給學官去研究和教授，這就是所謂的今文經書。然而無可諱言的，這批今文經書自有其先天的缺憾存焉：

1. 口誦筆錄的結果，往往有只記其音，而並非原來文字者。
2. 這些宿儒遺老大都年歲都已很高，全憑記憶背誦，未必都能保持完整而無缺失。
3. 老年人口齒不清，加上方言上的歧異，筆錄下來的文字難免有誤差。

基於這三種因素，這批被奉若至寶的經書，可以想見必然是阻結橫生，很不容易徹底瞭解。就如鼂錯奉命到濟南伏生家裡去學《尚書》，等他筆錄完成，帶回學官之後，他自己就曾說過「所不知者十之二三」。負責筆錄的本人尚且有十之二三不懂，學官中的人當然更是為難了。因此當時的學術界皓首窮經，充其量也只不過是致力於離經斷句，求其訓詁通而已。

其時又有很多先秦的古書陸續被人發現，雖然學官中已是今文經學的天下，可是民間仍有不少人在流傳及研究這些出世的古文經。從西漢末劉歆的大力提倡後，東漢時期研究古文經學的人愈來愈多。然而這些古文經書本身也有其先天上的缺憾：

1.可能有斷簡殘編、錯亂補綴的現象。

2.王國維曾說這些書上的字體是先秦時代東土通行的文字。所以號稱古文，在漢代恐怕已沒有人能夠完全認得出來。

因此漢代的古文經學家的研究工作，也必須全心全力放在文字的整理和字句的解釋上。

既然兩漢的經學家，無論今文古文，都同樣地必須著力於章句訓詁，因此訓詁的基礎是在他們的手中建立起來的，這便是訓詁的奠基時期。從訓詁的工作成績來看，他們是盡力而為，所以許多訓詁的基本原則、用語、方式等，差不多都是經由他們所開創出來的。他們的時代又去古未遠，而且大多是師承有自，成績自是相當確實可信。不過當時文具的使用還是不如後來方便，所以在形式上總是比較簡略，而且也和前期一樣，大多是隨文解義而已。

(三)唐宋

漢注過於簡略，到了唐代自己感到不夠，於是便興起了所謂的義疏之學。學者大都傾向於對古籍的重新而徹底的整理。如孔穎達等人的群經正義，司馬貞的《史記正義》，楊倞的《荀子注》，李善的《昭明文選注》，無論是經、史、子、集，都作了很多極為詳盡的注解和翻譯。這時期的訓詁特色除了詳盡之外，又注意到注音的工作。原因是由漢至唐，有很多字一般人已不能讀得出來，注音已是必需的了。再者由於佛經的傳入，利用反切注音的方法非常方便而且普遍，所以在訓詁的工作中，自然就會加進了注音的部分。不過在形式上，解義和注音多半還是各自為政，並沒有留意到音義的相關與配合。音義相關與互相配合的訓詁運用，一直到宋儒的手中，才開始有了發展的機運。

宋代理學的昌盛，實際上還是有賴於漢、唐時期訓詁成績的鋪路。沒有前人清掃障礙的訓詁基礎，不可能那麼容易地就能登堂入室，窺義理之堂奧的。如果必須要在古籍中找尋立論的依據，無論如何總離不了訓詁的階梯；所以儘管那些理學家如何講求尊德性，或是主張道問學，還是必須經由訓詁入手。譬如陸派陳經的《易傳》，楊簡的《慈湖詩傳》，朱派蔡淵的《易經評解》，蔡沈的《書集傳》，甚至朱熹自己的《四書集註》，都是以「傳」、「解」、「集註」等的訓詁名稱為題，也就是這個道理。所不同的只是他們以訓詁為過程，而以義理為終極目標而已。所以不能誤以為宋學重視義理，就完全丟棄章句訓詁。他們對於訓詁工作仍然有其相當重大的發展和貢獻，其貢獻即是注意到音義的相關和配合。在他們的手中，對於一般人認為生難的文字，雖然也會注音，但並不很多。倒是普通常見的字，由於歷來使用的方式不同，意義有了轉變，前人為了使不同意義的區別更為明顯，有意造成音讀的歧異；利用音讀的不同以表示同一個字在此處使用意義的不同，早期謂之四聲別義，現代則稱為破音字。宋儒對於這些，往往都會特別留心地加上注音。因此他們訓詁的注音工作，就是為了要表明這些文字的音義之間，確實具有相關與配合的特性而作的。這是一項非常自然，而卻是極其重要的發展關鍵，所以唐宋兩代被看作是訓詁的發展時期。由是而下開清代學者特別注重音義相關的訓詁研究成果，其功不可沒。

(四)清代

清代學者上承唐宋以來音義配合的訓詁發展趨勢，從而特別注重聲音的價值。所以從顧炎武以下，有名的訓詁名家，人人都通聲韻之學。他們時常標榜「詁訓之旨，本於聲音」，「因音以求義」等的口號，並落實於其訓詁工作之內。如段玉裁曾說：「聖人之制字，有義而後有音，有音而後有形。學者之考字，因形以得其音，因音以得其義。」在理論的程序上說，這是絕對合理而應該的原則；但實際的訓詁作業中，我們往往都會是「望文生義」，看到文字的形體，跳過聲音的階段，而立刻直接判斷其為何義。忽略了產生過程中必須經由的聲音關鍵，所得之義是否正確，實在是有問題。所以這些話雖然是非常普通而平淺，但卻是極為重要的基礎觀念。

由此基礎觀念的獲得共識，從而開始研究發展，才會有清代訓詁輝煌的成就。他們注意到聲音的價值，於是先從形聲字的聲符著手，經過歸納整理，在過去許慎《說文解字》五百四十部首，以形為主的傳統觀念之外，另外建立了一套純粹以聲符為主的聲系觀念。從而發現凡是同一聲符的形聲字意義都很相近，至少具有某一部分共同的意義。於是「凡從某聲皆有某義」等的訓詁條例，逐漸由模糊概念終於獲得具體的證實。

接著由於文字聲符的整理過程，又發現可能聲符的字根並不相同，而只要聲音相同或相近，意義上也往往會有相同或相近的現象。更進而分析研究，凡發聲部位或發聲方式相同相近者，或韻類部居相近同者，也往往會有義同或義近的現象。於是訓詁的發展，更從字根的研究跨入了語根研究的領域，由「凡同音多同義」的條例發展到「音義同源」之說。材料方法的運用範圍愈形擴大，而研究的主體也由粗疏平淺而逐漸轉入細密與成熟的階段。

從上述歷來訓詁學的成績，與研究發展的趨勢看來，民國以來，以至今後的訓詁學應走的途徑，除了沿承過去已有的成就繼續求其完滿與周密外，更應掌握聲音訓詁的重要基準，吸收語言學、語意學等新興學科的知識，來幫助我們發展未來訓詁的研究路線。於是在研究方向上，不妨提出一些理想而具體的建議，俾資參考：

1. 調查方言，整理語彙：今日的語言當然不同於古代的語言，但也並不是完全不同。其實古代的語彙仍然有不少遺留在今日的語言之中，尤其是閩、粵一帶，過去交通不甚發達，語言較少混雜的地區，其方言中保存古語的成分也較多些。如果能運用語言學、方言學的知識，調查各地區的方言，加以彙整過濾，提煉出古代的語彙來，依據現在所瞭解的內含意義，對文獻資料的訓詁工作，相信一定能打開一段新的里程。因為那些文獻資料中，必然有不少當時語言成分的保存，而如今都已成為文字，如果只從當時記音作用的文字層面去探索，那可真是走錯了路，不可能瞭解其真正的原意；但如能憑藉今日通用的語言，熟悉的意義，與文獻資料所保存的古代語彙彼此對照，相信收穫一定非常豐富而可貴。

2. 詞義之斷代分類研究：過去的訓詁成績似乎缺乏歷史及區域觀念，只知某字在過去曾經有多少種的使用意義，在作業上只要任意選擇自己認為適合本文需要的一種解釋就行了。其實這是相當危險的事，因為某種意義的使用，可能只適合於某一時代，或某一時代以後；也有可能只適用於某種環境，或某種文體範圍以內；因此精密的訓詁工作就應該注意到此一語詞的時間空間的適應性。如果我們能作好詞義的斷代研究，找出這些詞義適用的上限和下限，給予正確的時空定位，一方面可以藉此瞭解詞義演變的歷史過程，一方面又可確定某時代的文章裡，某字只能適用某種解釋的定詁。如果能更進一步根據文體的分類整理，更能指出某字某詞在某時代某種文體中最正確的用法。

以上是依據過去的訓詁歷史發展的趨勢，提出沿承餘緒、開拓新途的兩項建議。其實前人那麼多年代的努力，那麼多人智慧的累積，給我們所奠定下來的學術基礎既深且厚，應該還有很多工作可以做。而且在接受前人光輝燦爛的成果和遺產之後，更應該有這分責任感，承先啟後，繼往開來，獻身於學術研究的範疇，讓訓詁的歷史在我們的手中寫下去。

第四節　訓詁的內容

訓詁既得稱之為學，其內容至少應包含理論基礎與實際應用兩部分。不過目前在各大學中文系或國文系內開設此項課程的目的，似乎都限於從事學術研究或國文教學的實用方面為主；有關訓詁的理論部分，可能被認為比較深入，應該適合在研究所中教學，大學部中不必要講得太多。所以一般擔任這門課程的老師們也都比較著力於實用方面的講授。既然如此，而且又限於篇幅，關於理論部分姑予從略。由實用的觀點來談訓詁的內容，大約可從以下幾個項目來作說明：

(一)研形

訓詁作業所接觸到的都是文字的層面，而文字必然有其形體的表現，於是文字形體的研討應該是訓詁的基本內容之一。不過就訓詁的範圍而研討文字的形體，必須利用文字學的知識，但卻並不等同於文字學：

1.本義的確認：文字學所追求的終極目標，是依據文字的本形分析，以獲得本義的確認，而訓詁對文字本形本義的確認，只是作業程序上的起點而已。因為依據字形分析所得的本義，相當於以後種種變化的「原點」。原點如果不能正確把握，則由本義的引申軌跡無從追蹤，而假借以代替他字的判斷標準也無從建立，同字而異體的轉注關係也無從審定。因此本義的確認既是一切訓詁的基礎，則字形的分析研討被列為訓詁的內容，也應該是可以理解的。

2.字樣的演變：同一個字，而歷來字形的演變，即謂之字樣。當然，一般所謂的古今字、異體字等，也應該可以歸屬於字樣的範圍。在文獻資料中，時常會遇到一些古體字或俗體字的問題，如果不經訓詁解釋，可能會發生不少的誤會。

3.字根的整理：中國文字，有單體的文，有複體的字。複體字是由兩個或兩個以上的文所組成，因此單體的文實際就是所有文字的根。中國文字雖然有好幾萬個，但單體的字根並沒有多少。如能掌握這些少數的字根，並能瞭解文字組合的方式及規律，則必可以簡馭繁，正確辨識所有文字的形音義。所以有關字根的整理及形義的配合，應該也是訓詁作業的基本內容。

(二)審音

在研讀古書，或從事國文教學的工作，文字的音讀總是應該要知道的；如果遇到的是語言上的問題，則更離不開聲音的關聯。所以訓詁作業必須運用聲韻學的知識，但也並不等同於聲韻學。審定音讀，不是隨便翻查一下字典就能解決的，有幾項重要關鍵必須注意：

1. 正音：所謂正音，是指此字在中古時代的反切以及現代標準國語注音符號所表示的音值。中古時代是指隋、唐的《切韻》、《廣韻》等一系列的韻書時代。那時期的韻書比較完整，而音類的發展也已相當齊全，尤其反切注音的方式也非常精確而普遍。如果以這時期的音讀為基準，往上可推到先秦古音，往下可移到《中原音韻》、《洪武正韻》等，也比較容易掌握其音理變化的現象。至於現代標準國語的音讀，字典、辭典中的注音未必全然可信，必要時仍需依據中古反切以及形聲字的聲符來參考鑑定。

2. 變音：遇到一字而有數種音讀時，可能有以下幾種狀況：

(1)音隨義轉：某字的本義原是名詞，有時也會被引申用作動詞；如果名詞和動詞的意義同樣地為人所熟知，一字而兩義普遍流行，為了明顯區別起見，有意改變其引申義的音或聲調，也是常有的事。現在有人稱之為破音字，其實一字數音，有的是隨著意義的轉移而產生變化；這種變化原因的說明方式，絕非「破音」二字所能表達的。

(2)無聲字多音：文字不是一人一時一地所造，而且早期文字的形構又往往是很簡單的圖形，所以常有完全不同的概念或語言，在用形體表示時，因人時地的不同，而各自所造成的文字形體恰好雷同，而且這兩種概念或語言，都寄附在一個形體上被保存了下來，於是就會發生一字而負有兩種或兩種以上不同音義的責任。這種情形一定發生在沒有聲符的象形、指事或會意字中，因為形聲字有聲符，任何人一看就知道大致的音讀如何，不會發生這樣音讀歧異的事，所以這種情形就稱之為無聲字多音。而這種多音的無聲字，後來也有被用作組成形聲字的聲符，於是從聲符系統所孳乳的文字追索下去，也會明顯地出現兩系或多系音讀不同的現象。

⑶新生音：這種情況和無聲字多音有點相近，也是由於無聲字不帶聲符，此字音讀不能掌握，而形體又很簡單，於是有人憑自己的想像，賦予此字新的音義，與此字原有的音義截然不同，但卻又都流傳下來，結果也會形成一字在本音以外另有變音的現象。

⑷自然音變：語音往往會隨時代的更迭、人口的遷徙等原因而有不斷的變化。如先秦「亡」、「無」同音，「罩」在漢代音「到」等，這些都是屬於口吻之間語音自然演變的情況，可以憑藉音理的分析予以解釋的。

除了上述幾項有關音變現象必須注意的情況外，其他如某段文字的時代、文體、背景，或是否屬於一些特殊用法，如人名、地名等因素，也都應該納入考慮之列。譬如現今國語裡沒有入聲字，可是在近體詩或詞曲等講求平仄的文體中，可能今天念作平聲的入聲字，在詩詞曲中還是要讀作仄聲字。或者在韻文中用作韻腳的字，讀起來可能就為了必須叶韻而有所改變。

3. 聲韻知識的運用：訓詁作業中，聲韻知識的運用是相當廣泛的。一年聲韻學課程所學內容雖多，但在訓詁學中只須運用其重要的結論而已：

⑴聲類

中古：黃季剛先生四十一聲類。

上古：黃季剛先生古聲十九紐。

⑵韻部

中古：《廣韻》二〇六韻。
上古：段玉裁古韻十七部。
　　章太炎先生二十三部。
　　黃季剛先生二十八部。
　（以段氏為主，章、黃二氏為輔）

(3)通轉
聲轉：章太炎先生「同類雙聲」、「同位雙聲」。
韻通：段玉裁「古合音說」。
　　章太炎先生「成均圖」。

(4)運用須知
a.聲韻知識之運用，其最大之功能僅限於說明，而不能證明。即因僅限說明，故其運用層面反而更為廣泛。
b.訓詁作業中，常以上古聲韻作為最終之判斷標準，而上古聲韻之蠡測均屬學理之推定，當時實際語言未必具有想像中之規律性，終有參差之處，故凡從事上古聲韻之研究者，其結果往往大同而小異，難有確切之結論，僅能獲得大致之輪廓而已。其分合異同之間，皆各有見地；是以運用之際，對各家之異說，宜採兼容並蓄之態度，求其適用為主。
c.語音之自然變化，往往聲變大於韻變，是以運用時須知韻之價值高於聲之條件。

㈢析義

這是一般訓詁作業中最普遍的部分。所謂析義，就是經由分析過程，以確定某項詞語文字在使用當時最正確的原義：

1. **本義**：本義當然是指此字初造時的本來意義，本義應該只有一個，這是文字學所追求的目的。使用意義卻往往有很多種，但無論甚麼樣的使用意義，都必須源出於最初的本義或本音，因此本義的確定是訓詁的重要基礎，何況本義上也包含在使用意義的範圍之內。

2. **引申義**：人在使用文字表達意念時，一時找不到適當的文字，而某字的本義似乎差不多，於是就用這意義差不多的某字來表達。這種情形的確是常有的，但某字的原義畢竟是被扭曲使用，而產生了漸變的情況。類似這樣由於人為因素而形成字義的逐漸變化，統稱之為引申。其實仔細說來，「引」和「申」在變化的形態上，還是有些不同的：

(1)「申」是申展，就如滴水紙上，水漬由中心漸漸向四外蔓延；但無論如何，其原點始終包含在內，沒有離失太遠。看起來這屬於一種擴張性的變化形態，但相對的縮小性的變化也可以包容在裡面。因為所謂的擴張與縮小，雖然其活動的方向，有向內或向外的不同，而其實質形態應該還是一樣的，也就不必再細分名目了。譬如「口」字，《說文》的本義是「人所以言食也」，其主體當指人之口，其功能在於「言」和「食」。而使用文字者找不到各種動物專用的口字，不得已只好使用人所專用的「口」來表示犬之口（吠）、鳥之口（鳴），或龍口、虎口之類的意義，自然打破了原本專屬「人」的界限，擴張到可以適用於一切動物的範圍。如果再有人需要表達一種自由出入的概念，苦於找不到適切的文字，想到口的功能有「言」有「食」，正好言從口出，食從口入，既然口具有這種出入的功能，基於差不多的觀念，於是便有了門口、窗口、出入口等的使用情況。這樣一來，又打破了原來泛指一切動物以及言食功能的界限，意義範圍再次地擴張。這些變化的形成，可說完全憑藉聯想力的運用，以減免各別創造文字的繁複與困難。然而由於這種聯想的廣泛運用，以及一再多次申展變化之後，結果自會產生了本義惟一，而引申無限，以及多次演變，本義逐漸隱晦，而後世用義不知所由的困擾。必須要靠訓詁方法，根據本義的原點，勘察其逐漸氾濫擴張的痕跡，加以今日聯想力的運用，給予合理的說明。

(2)「引」是推引，推引就是推和拉。就如車行地上，前引後推，車身移動離開了原來的位置。這是屬於一種轉移性的變化形態，和申展擴張並不一樣。譬如「人之口」可以轉移到表示數量單位的概念，像「人口問題」的口，和「八口之家」的口，雖然還留存在「人」的領域裏，卻已淡化了「所以言食」的成分；至於「三口井」的使用，則更是離失了原來的本義。而後如果再經幾次這樣轉移的變化使用，最後所見，可能與本義完全不相牽繫。於是也必須經由訓詁工作的沿線追蹤，找出其一站又一站日漸遠離的軌跡，給予適當的說明。

3. **假借義**：文字的創造永遠跟不上語言的發展，當人們需要表達意念、記錄語言，而沒有適當的文字時，就和小朋友作文常會寫別字一樣，往往會以同音的字來代替。當時的人大概可以看得懂，而且久而久之，大家都習慣了，也就自然成為通用的假借字了。所以假借字只不過是用以記錄語言聲音的文字符號而已。不論這個語言在事先或事後有沒有本字的創造，假借字的功能只限於代替聲音，應該與所需表達的意義無關。但就該假借字而言，其本身應自有其本義，如今既已代替某一語言，而且通行成為習慣，則除其本義外，又兼有該語言所賦予的意義，這就是所謂的假借義了。因此在理論上，此字的本義和假借義應該是沒有任何牽涉。如果偶然有某種程度的相近或關聯，那也不過是由於凡同音每有義近的現象而已。所謂的音同而義近，也是有限程度的相近。這種意義相近的現象，應該是由於同音代替牽合之後所產生的「果」，而絕不是形成假借的「因」。所以有人說音近而借謂之假借，義近而假謂之通假，這便是倒果為因的誤說了。既然假借義和本義之間通常是沒有關係，在前人的文獻資料裡，如果出現了一些當時熟知的同音假借字，或者是傳抄時發生的偶然筆誤，出現了一些音同的別字，在表面上都具有音相近同，而意義全然無關的條件，究竟是音同而假借，還是音同而譌誤，這就必須要以訓詁的作業方式來加以鑑定了。音同而譌誤是無法鑑定的，程序上必須經過不是假借的證明，才能決定是音同而譌誤，因此假借字義的鑑定便是訓詁工作中重要的內容。所謂鑑定倒並不是全憑猜測，而是有科學的方法和合理的論證。簡單地說，鑑定其是否即是某字的假借，有兩個條件：

(1)必要條件：即聲音關係的說明。說明兩者之間確實有聲音的關係，並不能就此肯定是假借關係，因為也可能是音相近同的譌誤。所以聲音只是一種必備的條件而已。

(2)充分條件：即過去曾經通用，得到普遍公認的驗證。也就是在文獻資料中找到不止一次以此代彼的證明，那就足以肯定當時確實具有公開的習慣性，才足以滿足鑑定的要求，故謂之充分條件。

聲音條件的說明，主要須靠聲韻學的知識，測知兩者在使用當時或往上推至上古時代，是否有同音的可能。至於充分條件的證明，必須找出當時確有其通用的習慣，則比較困難。幸好有一部專收歷來訓詁的工具書——《經籍纂詁》，可以幫助我們找出通用成為習慣的證明。譬如典籍中的異文，前人的校記，多次以此代彼的文例，乃至「讀為」、「讀曰」的用語，音訓的資料等，往往都能充分證明其為假借的關係。雖然這裡無法作更詳盡的說明，但至少可以藉此瞭解，假借字的鑑定，確實是訓詁工作中非常重要而嚴謹的項目。

4. **新生義**：前面曾談到新生音，是指早期形體簡單的無聲字，後人就其形體賦予新的想像，新的音和新的義。如《說文》解釋字形常有兩說，彼此音義也都不同，可能就是這類新生音義的情況。又如《說文》對某字已有其形音義的解釋，然而甲骨卜辭中也有此字，而卜辭的用法完全不同，則《說文》的解釋很可能就是新生的音義。

5. **特殊用義**：所謂特殊，有兩種情況：

(1)字還是那些字，沒有任何不同，但到了某段時間，或某種文體以內，會突然呈現某種特殊的涵義，既非本義的引申，也不是假借的運用，無法查證此義的由來，只好稱之為特殊用義。

(2)由於戰爭變亂、國際的來往，或民族的遷移，原有的語言中往往會平添了許多外來的語彙，當時只是為了記錄聲音，隨便用些同音的文字記了下來。久而久之，大家也都熟悉了，於是這些文字等於是又加添了一些特殊任務。雖然這也算是假借，但卻是沒來由的特殊假借。因為這些特殊意義雖可瞭解，但卻無法說明其假借的本字是誰。

上述無論是那一種性質的詞義，既不像漸變的引申義有其脈絡可尋，可以循線說明其演變的歷程；也不像突變的假借義有其一定法則，可以多方尋求驗證；所以只能列為特殊的使用意義。通常都是採用統計歸納的方法，找出其特殊使用的時代及範圍限制，與使用意義的確定。

㈣說事

除了針對詞語文字的使用，在音義方面必須作完整而有條理的說明外，對於事物的原委真象加以清晰的說明，也是訓詁的內容。如說明物體的狀貌、顏色、大小、輕重、特性、質地等，或陳述事情的先後過程、發生的時間、主要的對象等，也都是訓詁之內容。這些工作有的很簡單，有的也相當的麻煩。麻煩在於能否正確地把握住準確度，而且能以最精當的方式來作詮釋。

譬如有關歷代的禮制、官爵、職掌等這類的問題，很難以最簡單的方式介紹給現代人，或讓這些人能一目了然。因為凡是更朝換代，習慣上不免要除舊布新，於是在制度的內容或名稱上，往往有所改動。如果是內容更動而名稱不改者，那就必須要依照史志的記載，加以整體的說明。譬如唐、宋都有御史，但職權範圍差異甚大。如果內容一樣，而名稱變換，看起來簡單，實際上這種異名而共實的情形，既繁多且又瑣碎；而且異名之間往往沒有任何牽繫，當時只是為了除舊布新，可能是說改就改，沒有甚麼道理好講。譬如年代的「年」，堯舜時稱「載」，禹時稱「歲」，殷商稱「祀」，周謂之「年」，今天我們能夠說明的只不過是時代不同而已，不可能從語言或意義方面來作合理的探討。再加上如果遇到某些制度的內容名稱都有部分的沿革改易，說明起來格外困難，但有時又不得不予以說明，所以說事也是訓詁內容中相當重要的一部分。

㈤闡理

有時會遇上一些字面上很簡單，但內涵深刻而豐富的文字，那就必要運用種種不同的方法，來闡發其深刻的義理，或豐富的內涵，務期能使後人經由我們的訓詁，真正清晰地瞭解前人的思想和用意。譬如《論語》的文字大部分都很簡約平實，如果只憑普通的注解，每個單字也許都懂得，串聯之後，所得可能只是皮層的認識而已。必須再經詳審精深的闡述，才能使孔子對人生的體驗、高超的理想、個人的行為等各方面的指示，獲得深刻的瞭解。即使是相當語體化的《朱子語錄》，也一樣需要深入淺出的闡釋，才能瞭解其義理的精華。因此闡理也是訓詁的重要內容。

㈥辨詞

通常在使用文字時，會發現同一概念可以有很多不同的詞語可供使用，這就是所謂的一義多詞或同義詞。在行文時，這種同義詞愈多，當然感到愈是方便，但有時也會感到不知究竟選擇那一詞語最為適當。其原因還是由於我們對這些詞語的涵義並非真正地瞭解，只是感覺上好像差不多，然而這些所謂的同義詞之間，實際上往往還是會存在著某些差異的。所以有人曾說，可供自由使用的語彙多得很，但真正適合需要，能夠完美表達的應該只有一個。既然如此，則無論是自己行文，或讀前人文章，對這些同義詞間的差異性，即令是非常微細，也應隨時予以留心才是。首先應該考慮的是這些詞語之間的聲音關係，結果是兩個：有聲音關係和無聲音關係。如果具有聲音關係，可以看作是語根相同的轉注字、孳乳字或分化字。在意義上可能密合或者是相近，相距總不會太遠。但如果是無聲音關係，也就是語根並不相同，則意義一定會有相當的差距。

一般的同義詞，往往會合在一起用作聯緜詞，如「言語」、「紛亂」、「研究」、「吉祥」等，意義上似乎彼此差不多，合在一起意味比較強一些而已。但有時也會有細加辨析的必要，譬如《論語・鄉黨》篇「食不語，寢不言」，言語二字就其相同者而言，都可以解釋為說話，套到原句上就成了「吃飯時不說話，就寢時也不說話」，雖然也不能算是錯誤，但總覺似乎泯滅了其間的差異。兩者語根不同，意義必有差距，《說文》曰：「直言曰言，論難曰語。」可見這兩字的差異關鍵就在「一個人」和「兩個人」，原句依此而解釋為「吃飯時不要互相討論，就寢時不要自言自語」，總比剛才的解釋要貼切得多。所以在訓詁析義的作業中，對這些義相近同的詞彙，尤其要作徹底而精密的分析，必須辨其異同，審其意界，同時還要說明其所以混同的原因。這些都是訓詁內容中，決疑定業的重要項目。

以上所列，不過略舉幾種比較常見的使用意義的分析來作說明，其實使用意義的分析當不止此，這裡限於篇幅，就不再多說了。

第五節　訓詁的方法

黃季剛先生曾講過「訓詁述略」（刊載於《制言》半月刊七期），其中說到訓詁的方式有三：一是互訓，二是義界，三是推因。這是大體原則性的說明：

㈠互訓

黃先生曰：「凡一意可以種種不同之聲音表現之，故一意可造多字。即此同意之字互相為訓，謂之互訓。如《說文》『元，始也』之類是。」

就形式而言，這是以單字解釋單字的一種訓詁方式。從理論上來說，人人都有用語言來表達意念的自由，所以同一意念，自可以有各種不同的聲音表現。如表達痛楚的感受，誰也無法統一規定必須如何地喊叫。但在各種不同的喊痛聲中，總會有一種聲音比較容易傳遞意念，或者具有幫助表示某種意念的功能，於是在人們的經驗作用下，自然就會有逐漸集中於這種語言聲音的傾向。到了必須使用文字來保留語言聲音時，所使用的文字符號當然也無法限定一種，無論是代表各種不同聲音，或代表集中某種聲音，所使用的文字都會有各種各樣的形態，這應該是非常正常而合理的。不過如果著眼於聲音集中的特點，予以整理歸納的結果，獲得凡同音多同義的規律，確實有助於訓詁工作的開展。但就普遍存在的現象來說，「一意可以種種不同之聲音表現之」，凡同意者不必同音之說也是非常正確的。故一意可造多字，意相近同，而有音相近同者，也有音不相近同者。這些字既然意相近同，當然在有需要時，就可以相互解釋了，此之為互訓。

這裡所謂互訓的涵義還是比較廣泛，只是很單純地指以某字解某字而已，並非等同於相互為訓的雙向訓詁。雙向的訓詁，如《說文》「玩，弄也」和「弄，玩也」，「蹲，居也」和「居，蹲也」，「改，更也」和「更，改也」之類，即“A↔B”和“B↔A”的形式。也不等同於語根相同，意義也完全密合的轉注字，如「顛，頂」、「孛，艴」之類，即“A＝B”的形式。而此處所謂的互訓，只是以意相近同的另一字來解釋此字而已。如以圖解方式來作說明，猶如兩個圓圈錯疊在一起。有部分重疊，也有部分錯開。重疊的表示相同，錯開的就是不同。就其相同的部分來看，當然似乎差不多，而A字難懂，B字易曉，於是以B訓A，即“A←B”的形式。但就其不同部分而言，如元象人頭，始為人之初始，都有始的意義，而取象於人頭和取象於始胎，畢竟還是有所不同。也就是說無須考慮其語根的相同與否，只要有部分意義相同，就可以「始」解「元」，甚至如《爾雅．釋詁》所云「初，哉，首，基，肇，祖，元，胎，俶，落，權輿，始也」，許多字詞都可以用一個「始」字來解釋，更甚而這許多字詞既然都有「始」義，也就可以彼此相互解釋了，這就是黃先生所謂的互訓理論。

㈡義界

黃先生曰：「綴字為句，綴句為章，字句章三者，其實質相等。蓋未有一字而不含一句之義，一句而不含一章之義者也。凡以一句解一字之義者，即謂之義界。如《說文》『吏，治人者也』之類是。」

就形式而言，這是以一串文字來解釋一個單字的訓詁方式。從理論上來說，以單字訓單字，字義的解釋很難求其滿足，往往需要一句或很多字才能說得清楚。同樣道理，一句話也可能需要一段文字，一篇文章，甚至寫成一本書，才能說得透徹。因此凡是用很多字來解釋其意義內涵者，黃先生即謂之義界。黃先生所謂的義界，是代表傳統訓詁的概念，和現代新興的語意學中所用的義界一詞，字面雖然一樣，而要求的尺度卻有寬嚴之別。傳統訓詁中，「吏」可以解釋為「治人者也」，一般人也都能瞭解。但在語意學裡，至少要解釋為「官以下，庶民之上，在官府服務以治人者也」。

㈢推因

黃先生曰：「凡字不但求其義訓，且推其字義得聲之由來，謂之推因。如《說文》『天，顛也』之類是。」

就形式而言，這是用音義俱相近同的文字來作解釋的一種方式。從理論上來說，凡語根相同的文字，其意義往往相當接近，所以前人曾經歸納而得「凡同音多同義」之說。既然如此，當然也可以反過來說，凡是意義相近或相同的文字，其語言聲音也會往往近同。這就是前文「互訓」條下所說的，在人們的經驗作用下，某一意念的表達，自然會有逐漸集中於某種語言的傾向，因為這種語言具有容易傳遞的特性，或具有幫助表示的功能。因此前人為典籍作注，取用意義相近的某字去解釋某字，這兩字之間往往很自然地會帶有聲音的關係，這就是同義也多同音的現象。起先應該是不經意的，但漸漸有人發現這種現象，而且也會考慮這種現象發生的原因，當會想到這是語言根源相同所致。同時也會想到萬物得名，必有其故；其故或許有不少是和語根有關，所以才會有用同義字去注解時，而發生聲音居然也相近同的事實。於是嘗試著有意地取用音義都相近同的字去作注解，試探著找尋此字而帶有此義者，是否就是由那個音義近同的字衍生而來的原由。於是用「顛」來解釋「天」，用「歸」來解釋「鬼」，用「祥」來解釋「羊」，用「武」來解釋「馬」，形成了一種非常特殊而且奇怪的訓詁方式。其用意在於表示「天」最初的語言可能就由「顛」而來的。開始有天的意識，但無以名之，有需要表示的時候，就指言在頭頂之上的那個東西，久而久之，就會習慣於用「顛」(頂)來稱謂它，造成文字就是「天」了。「馬」是一種動物，無以名之，提到這動物時，可能會以威武的狀貌來形容它，說是那個威武的動物，久而久之，就會以形容它的語言來稱謂它，就稱之為「武」，造成文字就是「馬」了。這種有意取用音義近同的字來作解釋，而含有探測其語言來由的特殊訓詁方式，即謂之「推因」。形式上是以某一特定的文字來作訓詁，倒並不限於非用單字不可。如《說文》「神，天神，引出萬物者也」，「祇，地祇，提出萬物者也」之類，「引」字、「提」字，很明顯就是特意安排以為推因的文字。「吏，治人者也」的「治」字也是一樣，不過不太明顯而已。

黃季剛先生所說的這三種方式，是從大體著眼，原則性的說明。如果根據前人的訓詁成績，及已有的各家論述，歸納整理，細密地予以分類，訓詁的方式應該有幾十項之多。茲擇其比較重要，以及不加說明不容易瞭解的項目略述如左：

㈠形訓

義存於形，視而可識，故依字形而說字義。

早期的文字，造形簡單，即使相配組合，也極容易瞭解，只要依照字形的結構，就可以說明其字義為何。最早的象形文不用說，即以稍後的「屾，二山也」，「皕，二百也」等，就是依形說義，所以《說文》不須再解字形曰「从二山」、「从二百」了，段注所謂「即形為義」是也。典籍所見，也有不少這類形訓方式的資料，如：

《左傳》宣公十二年：「楚莊王曰：於文止戈為武。」

《左傳》宣公十五年：「伯宗曰：……故文反正為乏。」

《左傳》昭公元年：「醫和曰：於文皿蟲為蠱。」

《韓非子・五蠹》篇：「古者倉頡之作書也，自環者謂之厶，背厶者謂之公。」

楚莊王、伯宗、醫和都不是文字專家，但都懂得依形說義，可見形訓之源出於甚古。後來所造文字，組合之間未必都能如此簡單直接，可能需要多一點轉折，添加一點意會才能瞭解。如「靦，面見人也，从面見，見亦聲」，只說「面見」，字義不能那麼明確傳遞；甚至如「面見人也」的添加文字，還是不容易瞭解，必待段注「謂但有面相對，自覺可憎也」的轉折說明，才算能會得其意。到了這個程度，單純而直接的形訓方式當然便不管用，自然就會被逐漸淘汰而不見了。但就訓詁的歷史演進來說，不能否認其實際存在，更不能抹除文獻中所保留的陳跡。

(二)音訓

同義相訓，每或同音；後乃有意專取音相近同之字為訓，藉以推因探源；其後蔚成風尚，習於以同音字解義，而未必有推因之用，是為音訓。

音訓可以分為三個時期來說，首先是以同義字來注釋，由於義同往往音近，於是無意之間彼此帶有聲音關係，這大約是在先秦時代。其次是兩漢時人發現這種解義往往有音近的現象，於是有意地專門取用音相近同的同義字來作訓詁，而形成推因探源的特殊訓詁方式。這時期的代表作，一是《說文》，二是《釋名》。其後魏晉以下，逐漸成為風氣，大家都習慣於取用音近的同義字作訓，但未必都含有推因的作用了。這三段時期都有音訓的成績，但真正賦予推因探源的價值者，只有兩漢。

(三)義訓

此訓詁之常法，通異言，辨名物，前人所以詔後，後人可以識古，胥賴乎是。類例惟繁，要以析言解物為歸。茲舉其重要者，略述如左：

1. **同字為訓**：早期的訓詁資料中，常有解釋者與被解釋者完全相同，根本就是同一個字，解釋跟沒有解釋一樣。如：

《易·序卦傳》：「蒙者蒙也。」「比者比也。」「剝者剝也。」

《孟子·滕文公上》：「徹者徹也。」

《詩・大序》：「風，風也，教也；風以動之，教以化之。」

這種訓詁方式看起來的確很奇怪，但這種情形還不算少，又不能認為是沒有道理。所以只能說後人不瞭解其道理何在，於是認為奇怪；瞭解其原因之後，當不致再以為怪了。〈夏小正〉「三月，拂桐芭」，傳曰：「拂也者拂也。」也是這類的同字為訓。清顧鳳藻《夏小正經傳集解》：「拂猶發也，言發葉也。蓋當時易曉語。」雖然並未說明以「拂」解「拂」的道理，但「當時易曉語」一句，倒是非常重要的關鍵。透徹說明其道理的是宋書升的《夏小正釋義》：「拂重拂者，蓋古人於其文之無深曲者，即還其字之常意解之。……拂其拂動之意，桐花輕而翩反之意也。」所謂「其文之無深曲者」的判斷，一定經過以為其文相當深曲的考慮，而後發現原來並「無深曲」，才有這樣的判斷結果。根據這樣的思考過程及判斷結果，所呈現的當然是一種相當特殊的狀況。為了有意顯示其狀況的特殊，於是採用了這種特殊的同字為訓的方式。如《易・序卦傳》的「蒙」字，被用作卦名，《孟子・滕文公》篇的「徹」字被用作稅法，《詩・大序》的「風」字被用作風雅頌之風，無論是卦名、稅法名，或詩體之名，想像中往往都會以為其文可能相當深曲，涵義一定不簡單。作注解的人經過這樣的考慮之後，最後發現此字雖然是用法特殊，但其取義，還是和平時大家所熟悉的意義一樣，即「當時易曉語」，並無如何的「深曲」。為了表示「還其字之本意」，故意仍用原來的字來作注解，於是形成了這樣的特殊訓詁方式。如果用現代語言來作翻譯，「風，風也」應該譯為：「風雅頌的風字，雖然是用作詩體之名，看起來好像艱深難懂，其實還是平常最熟悉的風雨之風的意思。」這樣自然就把這種特殊方式的用意說清楚了，因此也就和下文「風以化之」可以聯繫起來。當然，這種訓詁方式自有其缺點。譬如「比」字，平時熟悉的意義有排比、比較、每每等，至少已有三種以上，即使已經知道同字為訓的特殊作用，還是不知道「比，比也」究竟取用的是甚麼意思。如果能多加一個字的解釋說是「比，比附」，我們自都懂得原來是「親附」的意思，意義有了定向，也省得後人瞎猜。「蒙」解釋為「蒙昧」，「徹」解釋為「徹法」，畢竟要清楚得多。因此後來增字為訓的方式多了，這種同字為訓自會遭到淘汰了。

2.**互相為訓**：這種方式如果公式化，就是"A↔B"或"A＝B"、"B＝A"，是一種雙向式的訓詁方式，以表示兩字意義無大差異。如《說文》「但，裼也」和「裼，但也」；「垣，牆也」和「牆，垣也」。又如《爾雅・釋宮》：「宮謂之室，室謂之宮。」都是互相為訓的例子。

3.**遞相為訓**：這種方式如果公式化，就是"A＝B,B＝C,C＝D…"。先是用B解A，還是難懂，再用C解B，還是難懂，再用D解C，這樣一直解釋下去，直到解釋的文字容易為人所接受為止。如《說文》：「禎，祥也。」「祥，福也。」「福，備也。」又如《尚書大傳》：「征伐必因蒐狩以閑之，閑之者何？貫之。貫之者何？習之。」以貫（慣）解閑（嫻），再以習解貫，這樣的解釋，內容豐富，答案清楚，應該算是相當有用的一種訓詁方式。

4.**反相為訓**：這是一種頗有爭議的方式。最早起源於《方言》的郭注。《方言》卷二：「逞、苦、了，快也。自山而東或曰逞，楚曰苦，秦曰了。」郭璞注曰：「苦而為快者，猶以臭為香、亂為治、徂為存，此訓義之反覆用之是也。」苦是痛苦，快是快樂，意義完全相反，如何能用快樂來解釋痛苦，實在說不通，於是郭氏首先提出「反覆用之」的意見，其後乃漸漸形成所謂「反訓」的說法。有人贊成，但也有人反對。贊成者自有其論據，反對者也不無道理，所以形成爭議，迄今似乎仍無定論。不過如果雙方都有道理，很難判定誰是誰非時，應該考慮到這種現象可能是一種「有條件的存在」。也就是說具備某些條件時，反訓可以成立，不具備某些條件時就不能成立。贊成者所舉的論據正好具備那些條件，所以說來沒錯；反對者所提出的又正好不在那些條件之內，所以認定其不能成立。因此這個問題的癥結，就在到目前為止還沒有誰思考過那些條件究竟是甚麼？或者甚至還沒有誰想過這其間有甚麼條件的存在。

如今不妨試探著從實例中思考分析，也許能捕捉到一些「條件」的消息。譬如：

《論語・子罕》篇：「求善賈而沽諸。」馬融注曰：「沽，賣也。」

《論語・鄉黨》篇：「沽酒市脯不食。」邢昺疏曰：「沽，買也。」

同出於《論語》，同一「沽」字，一解為買，一解為賣，而且都很正確，從來沒有疑義，然而其意義卻正好相反。這應該是「反相為訓」可以成立的一個實例。在這個實例中，買與賣是相反的兩個立場，而交易卻是一件事實，可見這原是一件行為的兩面。而且有賣才有買，有買才能賣，可見其間還有必須是同時存在，相反卻又相成的性質。因此似乎可以據此提出「一體兩面」、「同時存在」和「相反相成」三個條件來。「亂」與「治」之關係也是一樣的，有亂始需有治，治因亂而起。「徂」與「存」亦相同。但「臭」與「香」則不然。「臭」是各種氣味之總名，「香」是「臭」中之一種氣味，以「香」解「臭」，不過是引申義中的濃縮性變化而已，並非反相為訓，更沒有如上所說的那種條件存在。也許上述的條件確實是決定性的條件，但尚須進一步再求廣泛的驗證。也許「反相為訓」的成立尚有其他不同的條件等待發現，但至少這已是值得大家思考的第一步。至於《方言》「苦」而為「快」，郭璞以「訓義之反覆用之」來解釋，根本就是誤會。《方言》明明說是「楚曰苦」，指楚地的人把「快」念作「ㄎㄨ」，揚雄為了記錄語言，正好用上了「苦」字。所以這裡的「苦」只是記錄聲音的一個符號而已，不能當作文字來看，更無須推敲「苦」字與「快」字之間的意義關係如何。

5. **異字同訓**：在許多同義字中，總會有一個比較上大家熟悉的字，於是在作注解時，往往就會有統一取用此字來解釋其他同義字的現象。如《說文》「祿，福也」、「褫，福也」、「祥，福也」、「祉，福也」等，其作用在使讀者容易懂而已。辭書為求方便起見，更可以把許多同義字堆在一起，最後用大家熟知的那個字來作注腳，如《爾雅・釋詁》：「怡、懌、悅、欣、衎、喜、愉、豫、愷、康、妣、般，樂也。」這種異字同訓的方式，最大的好處就是抓住它們共通性的意義。

6. **一字歧訓**：形式上正好與前條的異字同訓相反。對一個字往往採用兩歧的解釋，最後再把兩種歧義整合起來。這種訓詁方式幾乎已有了相當固定的模式，如鄭玄〈禮序〉：「禮，體也，履也。統之於心曰體，踐而行之曰履。」先把禮字分開作兩種解釋，然後就此兩解的不同方向更作進一步的闡述。雖然「體」「履」方向不同，但一為「統於心」、一為「踐而行」，合在一起，正是知行合一的說明。這種方式的訓詁，看來像是兵分兩路，但一往左轉，一往右拐，最後合成一個面。面的訓詁實際上總要比點及線的方式豐富得多。前引的《詩・大序》「風，風也，教也；風以動之，教以化之」，也正是這類訓詁的典型。又如《周禮・天官・大宰》鄭注：「典，常也，經也，法也。王謂之禮經，常所秉以治天下也；邦國官府謂之禮法，常所守以為法式也。」雖不甚明顯，但也確實是一字歧訓「面」的訓詁。

7. **增字為訓**：某字艱深，如果配上一個字，也許就容易懂了，譬如祈解為祈求，簡解為簡單，就沒有問題了。有時確實需要增字以訓，如《詩・王風・葛覃》「言告師氏」，鄭箋：「言，我也。我告師氏者，我見教告于女師也。」鄭玄在「告」字上面加了「見」、「教」二字，在「師」字上面加了「女」字。告字解為教告，顯示有教導的意思；「見」字一加，顯示這原是被動句；加「女」字以示其性別；類似這些字的增加，確是有其必要。如果不加，句意難明。所以這是一種運用非常普遍，而人人都會用，甚至人人都曾用過，然而也是最容易出錯的訓詁方式。如果所增的字是必要而正確的，當然沒有問題；或者所增的只是同義詞，加個字沖淡一下，也不大會出錯，此外就很難說了。譬如所加的是形容詞或所有格之類的字，就必須要慎重考慮其正確性了。《禮記・檀弓》篇「童子隅坐而執燭」，如果把「燭」解為「蠟燭」，那就錯了。因為「蠟」是形容詞，蠟做的燭，到東晉時才有。這種錯誤就和馬有很多種顏色，硬要指此馬為「白馬」就有問題是一樣的。又如朱熹注《大學》云：「大學者，大人之學也。」以「大」為「大人」，也是增字為訓，其正確性當然值得考慮了。最有趣的是朱熹解釋格物二字云：「格，至也，物猶事也。」此處沒有問題，而下文接著說「窮至事物之理」，在「至」上加了「窮」字，「事」字變成了事物之「理」，已經有點奇怪了；到了補第五章時，乾脆變成了「窮理」，只保存後加的「窮」和「理」，原有的「格」、「至」、「物」、「事」全部丟掉，這種增字為訓，而再脫胎換骨的詮釋方式，在義理層面也許可以，但就訓詁而言，是說不過去的。

8. **相對為訓**：同一事物，常有因身分、立場、程度、環境等的差異，往往各有其適當的表達文字，如果不經過相互對比的方式，確實不容易看得出其差異性。如《左傳》莊公三年：「凡師一宿曰舍，再宿曰信，過信為次。」軍隊駐紮某地，一天、兩天、兩天以上的用辭就有習慣性的不同。又如《禮記・曲禮下》：「天子死曰崩，諸侯曰薨，大夫曰卒，士曰不祿，庶人曰死。」又曰：「壽考曰卒，短折曰不祿。」又曰：「羽鳥曰降，四足曰漬，死寇曰兵。」同樣是「死」，卻因身分、程度、類別等的差異而用字各別，如果沒有這樣方式的訓詁，根本無法瞭解其適當的意義。又如同是行走，而《爾雅・釋宮》卻說是：「室中謂之時，堂上謂之信，堂下謂之步，門外謂之趨，中庭謂之走，大路謂之奔。」

9.**申義以訓**：只是字面上的解釋，有時未必能透徹說明其內涵的意義，必須要靠申述的方式，才能明暢展現作者所要表達的原意，或更清楚地交代其範圍或程度等的限制。如《中庸》「故天之生物，必因其材而篤焉」，上天生養萬物，一定會根據其本質而予加厚，這樣的翻譯應該是沒有錯，但意義總覺得相當的模糊，鄭玄注曰：「善者天厚其福，惡者天厚其毒，皆由其本而為之。」著眼於原文的「材」字加以申述，材有美惡，於是再就善者厚其福、惡者厚其毒作展開式的說明，自然比較明晰得多。又如《儀禮・喪服記》：「朋友麻」，鄭注曰：「朋友雖無親，有同道之恩。」並不是對所有朋友都要穿著緦麻之服，鄭注提出兩個條件，一是「同道」，一是「恩」情，這也是從經文的三個字上看不出來，而必須加以申述的限制。又如《禮記・學記》：「學然後知不足，教然後知困」，鄭注曰：「學則睹己行之所短，教則見道之未達。」用「己行之所短」解釋「不足」，用「道之未達」解釋「困」字，文字雖然多了些，但意義卻能得到相當透徹的說明。

10.**推義以訓**：對於問題的答案，無法獲得正確的驗證，有時只好以懷疑推測的方式來作處理。雖然是不敢十分確定的答案，但有解釋總比沒有解釋的好些。如《禮記・王制》篇說到天子諸侯宗廟的祭禮有礿禘嘗烝之名，鄭注曰：「此蓋夏、殷之祭名，周則改之，春曰祠，夏曰礿，以禘為殷祭。」「蓋」字即有疑而不定之意。又如《儀禮・士冠禮》「前期三日筮賓」，鄭注曰：「賢者恆吉。」這當然是推測過分之辭。

11. **比擬以訓**：對於不容易解釋的問題，也可以用比擬的方式來處理。尤其是有關制度職官等方面的辭語，的確很難解釋清楚，但如果用相當於現代的職官或某類的事務來作說明，可能比較容易瞭解。如《周禮・地官・調人》：「凡有鬬怒者成之。」鄭司農曰：「成之，謂和之也。和之，猶今之二千石以令解仇怨，後復相報，移徙之，此其類也。」當然鄭司農說的「今」是指東漢時事。又如《禮記・禮器》：「君子之於禮也，有直而行也，有曲而殺也。」「直而行」是伸直而行，也就是一切依照常制去做，不因任何狀況影響；「曲而殺」則是在某種狀況之下，必須蒙受委屈而降低等級。這樣的說明，給人的觀念還是很模糊，甚至看不懂。這時最好能打個譬喻，那就容易明白得多了。所以鄭玄的注就用比擬的方式來作詮解，曰：「謂若始死哭踊無節也。」又曰：「謂若父在為母也。」以親人剛去世，孝子哭泣跳腳無法予以節制來說明「直而行」，又以父在為母，必須由齊衰三年之服降為齊衰期服，來說明為母喪有時必須委屈而降減。所以舉例說明的方式，在過去使用很普遍，而且也相當管用。

12. **改字以訓**：如果作注解的人認為原文某字可能是錯誤的，判斷應該是某字才對，於是在注解裡予以說明，接著就以改正後的文字進行詮釋。在過去往往稱為「破字以訓」，為了便於大家容易瞭解，還是用「改字以訓」比較合適。如《禮記・郊特牲》：「周之始郊日以至」，是說周代的郊祭日期用冬至，然而鄭玄認為這是魯國的制度，所以注曰：「郊天之月而日至，魯禮也。」於是在注解〈明堂位〉篇「祀帝于郊」時，就直接把「周」改為「魯」，而注曰：「魯之始郊日以至。」這種改字以訓的方式，有其通行的用語「當為（作）」，只要看到注解裡有「某當為某」的形式，習慣上都知道這是表示上某字是錯字，應當改為下某字的意思。如《禮記・檀弓》：「瓦不成味」，鄭注曰：「味，當作沬。沬，靧也。」沬和靧應該是一個字，原義是洗面，引申而為清潔的意思。喪事期間，沒有心情去注意修飾，所以屋瓦上的灰塵落葉也無心打掃清潔，此之謂「瓦不成沬」，原有的「味」字的確是個錯字。有時同一問題，而各人的判斷不同，所以改字也不一定就是正確的，如《周禮・秋官・掌戮》：「髡者使守積」，鄭司農曰：「髡，當為完，謂但居作三年，不虧體者也。」但是鄭玄卻不同意，仍依「髡」字作解。

第六節　訓詁的用語

兩漢是訓詁的奠基時代，很多訓詁的用語習慣，都是在那個時期形成的；而且漢人對這些用語的界劃也比較嚴密，所以說到用語，當然應該以漢儒的訓詁習慣為準。如果仔細歸納這些用語的類別，項目可說真是不少，但有很多非常簡單，一看就明白，如「……者……也」之類，「者」字以上是提出問題，以下則是解釋的部分，任誰都懂，無須特別說明。然而也有一些比較特殊或生疏的用語，不經說明，不容易瞭解其功能特性者。這裡篇幅有限，只能僅就這些特殊的用語，稍加說明而已。

(一)猶、猶言

習慣上大約有三種用法：

1. **義隔而通之**：解釋的文字和被解釋者之間，意義上有相當大的距離或間隔，當然多少還是有部分可以扯得上關係。在一時找不到適當的文字，或解釋起來可能非常囉唆的不得已情況之下，勉強就用這個大異而小同的字詞來作注解時，中間加上個「猶」或「猶言」來聯繫，以表示上下兩者不能畫等號，只能就其部分相近的意義去體會。如《說文》：「讎，猶譍也。」《說文》的解釋字義字形，很少有這樣用「猶」的形式，段玉裁在三處給予特別的說明。此字下段注曰：「凡漢人作注云猶者，皆義隔而通之。」其實「讎」的本義應該是「以言對之」（見段注），用在好的事物方面就是「讎對」，用得不好則成為「仇讎」。劉向《別錄》：「一人讀書，校其上下得謬誤為校；一人持本，一人讀書，若怨家相對為讎。」因此無論如何，讎字的原意應該是兩人相對談話的情況。「譍」字大徐本《說文》云：「當也」，段玉裁刪此字而併於「應」，云：「凡言語應對之字即用此。」所以「應」即應對、應和、答應之應。必須是先有人對我說話，而後產生我的回應。和「讎」字平等相對而言的意義確實是有所不同，以「回應」來解釋「對談」也確是不大妥當，因此許慎才加上「猶」字以表示「義隔而通之」的作用。又《說文》：「𡨄，窒也。从琵从𠬞窒宀中。琵，猶齊也。」段注曰：「凡漢人訓詁，本異義而通之曰猶。」也是義隔而通之的意思。因為「琵」是「極巧視之也」，精細展視的意思。如能排列整齊，總是有助於精細展視，所以琵和齊之間是有那麼一點關係存在，但未必能畫等號，因此許慎用「猶」字加在中間，以表示不得已的義隔而通之。總之，「猶」字的使用，如用白話來說，應該是「有一點兒像」的意思。

2. **以今語釋古語**：這是屬於語言的訓詁。如《說文》：「爾，麗爾，猶靡麗也。」段注曰：「麗爾，古語；靡麗，漢人語。以今語釋古語，故云猶。」文獻資料中保存的古代語言很多，作注解的人用當時人人都很熟悉的語言去解釋古代語言時，常用「猶」字放在中間，以表示這是語言方面的疏通。所以用現代白話來解釋「猶」的用法，則可以說相當於「像現代語言中的」的意思。麗爾是古語，許慎以漢代當時語言去解釋，云「猶靡麗也」；在今天也可以一樣地套用，云「靡麗，猶美麗也」。

3. **以借字訓借字**：原文如果用的是假借字，通常都會以其本字來作注解。然而遇到根本沒有本字，或本字不常見的情況，只好用另一個大家都很熟知的假借字來解釋這個比較生冷的假借字了。為了表示彼此同樣都是假借字，於是用「猶」作為聯繫。如第二人稱代名詞，根本就沒有造出本字，一般所用的全都是假借字，早期的有「爾」、「而」、「若」等，後來有用「爾」的聲符「尒」字，由「尒」加人旁有「你」，加女旁有「妳」，再加「心」而有「您」等，也可以算是後造專用字。但專用字畢竟不是本字，因為經不起字形結構的分析，一分析就知道沒有任何部分可以顯示第二人稱的本義。所以雖然有專用字，而其來源還是假借字。因此《考工記・梓人》：「惟若寧侯」，鄭注：「若，猶女也。」並不是說「若」字就是女子之「女」；「女」就是「汝」，「汝」就是「你」，是指第二人稱代名詞的意思。又如《大戴禮記・曾子天圓》：「而聞之云乎。」注：「而，猶汝也。」也不是說「而」就是河南汝水的「汝」。

(二)讀如、讀若；讀為、讀曰；當為、當作

以上所列其實是三組訓詁用語，由於文字非常近似，容易混淆不清，所以就併在一起來作說明。關於這三組用語的使用性質，段玉裁《周禮漢讀・序》中已有相當程度的分析，段氏曰：

> 漢人作注，於字發疑正讀，其例有三：「一曰讀如讀若，二曰讀為讀曰，三曰當為。讀如讀若者，擬其音也。古無反語，故為比方之詞。讀為讀曰者，易其字也。易之以音相近之字，故為變化之

詞。比方主乎同，音同而義可推也；變化主乎異，字異而義憭然也。比方主乎音，變化主乎義。比方不易字，故下文仍舉經之本字；變化字已易，故下文輒舉所易之字。注經必兼茲二者，故有讀如、有讀為；字書不言變化，故有讀如、無讀為。」又曰：「當為者，定為字之誤、聲之誤而改其字也，為救正之詞。形近而譌謂之字之誤；聲近而譌謂之聲之誤。字誤聲誤而正之，皆謂之當為。凡言讀為者，不以為誤；凡言當為者，直斥其誤。三者分而漢注可讀，而經可讀。」

依據段氏之說，讀如讀若，只是比擬音讀，也就是純粹注音而已。至於讀為讀曰，段氏只說是「易其字也，易之以音相近之字」，其實就是為假借字找出一個音相近的本字來，因為本字與假借字之間必然具有音相近同的條件。換上了這個「音同」的本字之後，自然「義可推」、「義憭然」了。原有的假借字當然說不通，必須換上本字然後全句才能聯貫，所以他說「下文輒舉所易之字」。總之，讀為、讀曰就是專為交代原文所用的是假借字，而其本字應該是誰的一種特定訓詁用語。段氏沒有說清楚，可能是為了要和讀如的性質來作比較，反而忽略了專用性的說明。前人注中有時對這類用語含有解決假借問題的特性往往就有明顯的交代，如《漢書・文帝紀》：「盡除收帑相坐律令。」注：「帑讀與奴同，假借字也。」「當為」則是改正錯誤的特定訓詁用語，如《禮記・問喪》：「雞斯徒跣。」鄭注曰：「雞斯當為笄纚，聲之誤也。」三者用語，在漢儒注經的習慣上應該是分得很清楚的。不過問題還是在於他們當時判斷的準確性，未必有十分的把握。因為這是假借字，那是錯別字，他們判斷時，全憑經驗及記憶，難免失誤，不過失誤的機率總要比後人少得多。

(三)之言、之為言

《說文》：「祼，灌祭也」，段注引《周禮．大宗伯》注兩言「祼之言灌」，解云：「凡云之言者，皆通其音義以為詁訓。」所謂「通其音義」者，實即「推因」探求語源的特定訓詁用語。詳參前述「推因」節下。

第七節　重要參考書目

(一)參考書

《訓詁學概論》，齊佩鎔，廣文書局。
《訓詁學引論》，何仲英，商務印書館。
《訓詁學概要》，林尹，正中書局。
《訓詁學大綱》，胡楚生，蘭臺書局。
《訓詁學》，洪誠，江蘇古籍出版社。
《訓詁學》，楊端志，山東文藝出版社。
《訓詁學》，陳新雄，學生書店。
《訓詁學通論》，路廣正，天津古籍出版社。
《新訓詁學》，邱德修，五南出版社。
《中國訓詁學》，周何，三民書局。

《中國訓詁學史》，胡樸安，商務印書館。
《訓詁學史略》，趙振鐸，中州古籍出版社。

(二)工具書

《說文解字注》，許慎著，段玉裁注，藝文印書館。
《經籍纂詁》，阮元編，泰順書局。
《說文通訓定聲》，朱駿聲撰，中文書局。
《中文大辭典》，華岡書局。
《大辭典》，三民書局。
《漢語大辭典》，漢語大辭典出版社。

國文文法

張文彬

第一節　概說

一、何謂文法

人類可以使用一套有系統的語言來表達情意，這套語言系統，包含了語音及語法兩大部分。語言是人類所同具的，人類要經由學習，才會使用語言。語言的形成經由約定俗成，不同語言的語音，所代表的意義不相同，其表情達意的構句法當然也不相同。

人類是用語句來表意的，語句的結構法則，就叫文法。文法又名語法，現在大部分的人，都把二者當作同義詞。所謂「國文文法」自然是指我國語文的文法。

二、文法與文法學

文法是語言的結構規則，將這些規則有條理的整理、說明、解釋，而成為一種學術，即稱「文法學」。

世界上任何一種語文，都有結構規則，換句話說，都有文法，但未必都有文法學。我國較具系統的文法學建立於一八九八年馬建忠撰著《文通》以後，在此之前，我們可以說我國沒有完整的文法學，但是從古至今，漢文都有嚴謹的文法。

現在一般人通常把文法與文法學混為一談，其實一些文法著作，都是文法學的著作。本文〈國文文法〉，其實也屬於「國文文法學導讀」。

三、文法的研究法

胡適先生曾提出三種文法的研究法，現將其大意說明如下：

㈠歸納法

歸納文法上個別的事實，以求出綜合性的通則。其方法為：

1. 蒐集並觀察同類例子，以求綜合歸納。
2. 提出假設通則，說明這些例子。
3. 根據所假設的通則，再去觀察新例，如能適合，則此通則便能成立。

現在一般文法學的研究，這種方法為主要方法。

㈡比較法

就中外或同語族方言間文法的同異加以比較，而說明其文法現象的方法。例如英語說："I love my home, my father loves me." 我國文言說成：「吾愛吾家，吾父愛吾。」白話則說成：「我愛我的家庭，我

的父親愛我。」現在將三者的關係比較如下：（見下表）

	主格	所有格	受格	詞彙	詞彙	一般動詞	第三人稱單數動詞
英語	I	my	me	father	home	love	loves
文言	吾	吾	吾	父	家	愛	愛
白話	我	我的	我	父親	家庭	愛	愛

從上表可以知道，英語和中文，句法結構相同，但英語有「格」的形態變化，中文則無，只有在當所有格使用時，白話通常加上助詞「的」；文言白話的詞彙在某些用法上也有不同，如「吾」變作「我」，「父」變作「父親」，「家」變作「家庭」。另外英語的動詞，如其主語為第三人稱單數時，則其動詞之尾要加"s"，與漢語也不同。從這些異同的關係，可以對應說明文法的結構。

這種研究法也普遍被應用於中文文法研究上。

(三)歷史法

同一語族文法，常因時代不同而有所改變，其同異之間，必須具有歷史的觀念，才能區分清楚。這種研究法，通常要注意下列幾個重點：

1. 分析文法材料時，必須注意其時代、區域。
2. 求出各個時代的文法通則，再將各時代通則加以比較同異，則斷代的文法特性可以清楚顯現。

3.各時代通則相同時，則為普遍通則，若不相同，則可求出變化軌跡，從而加以解釋。

顧炎武《日知錄》云：「《論語》之言斯者七十，而不言此；〈檀弓〉之言斯者五十有二，言此者一而已；〈大學〉一卷中，言此者十九。」此可證語言在不同時代有不同用法。

此種研究法也是研究中文文法極應注意及使用的方法。

四、文法基本的研究範圍

文法基本的研究範圍包含：

1.詞的種類、結構及詞類類別。

2.語的結構。

3.句型種類、結構。

廣義的文法，包含了文章作法。在今日科學發達，分工精細的情況下，文章作法已被劃歸為「文章學」的部分了。

五、認識語法單位

語法單位也稱文法單位，它的涵義很廣，一個詞是語法單位，一個語、一個句子都是語法單位，就是構成詞的詞素，也應看成一個語法單位。

我國文字是方塊字，每個方塊字都是單音節，每個單音節的方塊字，都可以構成語法單位。

在語言使用上，基本的語法單位有詞、詞素、語、句及分句。

㈠詞與詞素

「詞」是漢語說寫中能表示單一意義概念的語法單位。「牛」、「寫」、「美」各是一個詞；「美麗」、「葡萄」也各是一個詞。前者一字成詞，後者二字成詞，我們叫一字成詞的為「單詞」，二字以上成詞的為「複詞」。

詞既是能表單一意義概念，因此多半能在語言中獨立運用，譬如：「我愛牛。」「我愛駱駝。」兩句中，「牛」（單詞）、「駱駝」（複詞）皆獨立用作為「愛」的賓語。

「詞素」是構成「複詞」的元素，通常分析複詞，多半將複詞先分成兩個詞素，如「駱駝」的詞素是「駱」和「駝」，「美麗」的詞素是「美」和「麗」，「桌子」的詞素是「桌」和「子」。

「詞素」有虛實之分，上舉三例，「駱駝」是兩個虛詞素的組合，「美麗」是兩個實詞素的組合，而「桌子」則是一實一虛的組合。

至於三音節以上的複詞，如果是合義複詞，則有直接詞素與間接詞素的區別。例如「共產黨」一詞，其詞素為「共產」和「黨」，這兩個詞素為直接詞素。至於「共產」仍舊是個複詞，可以再分解成「共」和「產」兩個詞素，這兩個詞素對於「共產黨」則成為間接詞素，試表解如下：

1.共產黨

2.共產黨

共產　黨

3.共/產//黨

共　產

四個音節以上的合義複詞，依然有直接與間接詞素，例如「三民主義」一詞，就要分析成「三/民//主/義」，其餘類推。

文法上，語意的基本運用單位是「詞」，而「字」是文字學上的名稱。譬如「牛」是一字成詞，「駱駝」是二字成詞，所以「字」是漢語說寫的印象單位，也是記錄語言的書寫單位。

㈡語

「語」是大於詞、小於句的語法單位。兩個以上的詞組合在一起，不能成為句的語法單位都叫做語，如「牛羊」、「高大的房子」等等，都是「語」的結構。「語」的直接成分稱為「語項」。

㈢句

「句」是完整而獨立的語言單位。所謂完整，是它具備了主部（被表述的主題）及謂部（對主題的表述）兩個基本成分。例如：「貓捕鼠」就是句子，主部——貓，謂部——捕鼠。「房子高大」也是句子，主部——房子，謂部——高大。但是句子在特定的語法環境中，往往可以省略其成分，我們依然得視它為句子。譬如我們在黑板上寫上「臺北車站」，它不是句子，因為它不具備完整性，但是如果它寫在「臺北車站」，那就是句子，它代表了「這裡是臺北車站」的意義。又如甲問：「誰打破了玻璃？」乙答：「張三。」雖然乙只說了「張三」兩個字，但依然是個句子，因為它承上省略了謂部「打破了玻璃」，我們把主、謂部都具備的叫「完整句」，把在特定語法環境中有所省略的句子，不能主、謂部兩個成分具備的叫「畸零句」。

所謂「句」的獨立性，指完整句的前後，必須有完全的停頓。譬如「牛吃草」，如無前後文，它是完整句。但是在「牛吃草是天經地義的事」一句中，「牛吃草」的前面可以有完全停頓，後面不能有完全停頓，如要停頓，只能做不完全停頓，所以它失去了獨立性，就不能再看它為句子，只能看它為一種「語」的結構，在句中擔任主部。

㈣分句

句又分單句和複句。例如：「我吃飯」是單句，「我因為肚子痛，所以不能吃飯」是複句，單句、複句都只是一句，但複句卻是由兩個以上的分句構成。

第二節　認識詞

一、詞與詞類區分的方法

能表示單一意義概念的語法單位叫做詞。詞就其構成的音節數來說，有一個音節構成一個詞的，也有兩個音節以上構成詞的。我國文字具有單音節的特性，所以有一個字構成一個詞的，也有兩個字以上構成詞的，前者稱為「單音詞」，簡稱「單詞」；後者稱為「複音詞」，簡稱「複詞」。

無論單詞或複詞，在實際的語文環境中，有一定的文法功能，將文法功能加以區分，就可以分別出詞類來。

詞類的區分，是從其文法功能的共同特性歸納所得，譬如「人」字，它在文法上，一般功能為：

1.可擔任主語。如：「人是萬物之靈」。

2.可擔任賓語。如：「打人」。

3.可受形容詞（定語）修飾。如：「好人」。

4.可以受數量詞的修飾。如：「三個人」。

5.可擔任定語。如：「人情」。

6.不受副詞（狀語）限制。如：不能說成「很人」、「不人」。

這是「人」字在文法上較通常的功能，依此特性，再檢查其他的詞，像：「狗、樹、鐵、旗子、鋼琴、鐘點、臺北、文法、數學」等等，也大都具備此類功能，因此我們可以將這一群字歸納為同一詞類。再將這一群詞的詞彙意義加以分析，就可以發現它們多半是「人、事、物、時、地及學科的名稱」，這一類詞，就被稱為名詞。其他詞類的區分，大致也依據這種方法。

二、實詞與虛詞

文字的三要素為形音義，任何具有意義的文字就是一個詞，但是一個意義有時不止用一個字來表達，所以就有複詞出現。

詞的意義，大致可區分為詞彙意義與文法功能意義兩類。如「木頭」的詞類是名詞，它的詞彙意義是「木本植物，去其葉、皮之部分」，但這個詞一旦進入實際語文環境中，它的意義即轉為文法功能意義。如「一根木頭」的「木頭」，不是普通「木頭」，而是受「一根」修飾的「木頭」；又如「木頭房子」的「木頭」，可解釋成「木頭造的」的意義，與「木頭」的詞彙意義不同，正是它以名詞去擔任定語所產生的文法功能意義。

又如「發於臺中，止於臺北」句中的兩個「於」字，在詞類上都是介詞。依照動作與處所的義理關係，我們可以說第一個「於」是介繫動作的出發點臺中給動作的詞，第二個「於」是介繫動作的停止點臺北給動作的詞，白話一般翻譯成「從臺中出發，到臺北停止」，於是一般人都以為「於」有「從、到」的意義，其實這種意義屬於文法功能意義，這個文法功能意義，實際上是由它的詞彙意義——「對於」轉換而來的。

再如「你喜歡我嗎？」的「嗎」，它的詞彙意義很難具體說得清楚，而其文法功能意義，我們可以說它是表示詢問語氣的詞，它屬於語氣「助詞」。

從以上說明，詞在語句中的意義，是由詞彙意義轉為文法功能意義，這兩種意義之間，它們有些很具體可以指陳說明，有些則較抽象，難於具體指陳說明。因此，文法學家常把上一類的詞歸為實詞，下一類的詞歸為虛詞。其實詞類的實虛，事實上不能截然劃分，實虛的概念只是相對性的，不是絕對性的。

實詞具有具體的詞彙意義，虛詞缺乏具體的詞彙意義，但它跟其他實詞配合起來，具有組成語句的功能，而產生了語法功能意義。

實詞與虛詞，跟詞類的關係，可以表列如下：

- 實詞
  - 名詞
  - 動詞
  - 形容詞
  - 數詞
  - 量詞
  - 副詞
  - 代詞
- 虛詞
  - 介詞
  - 連詞
  - 助詞
  - 嘆詞

三、詞類區分

本文將詞類區分為十一類，但這十一類不是最後的結果。有些學者將「動詞、形容詞」合併為一類；有些學者從「動詞」中，分出「助動詞」；有些學者，不單獨分出「數詞」與「量詞」；有些學者將「介詞、連詞」合併為一類，各家分類，並不完全整齊。

(一)名詞

凡人、事、物、時、地及各種學科所使用的名稱等稱為名詞。名詞的文法特性是：可以受數量詞和形容詞的修飾，不受副詞的修飾；在句中，可作主語、賓語等。如：孔丘、《論語》、臺北、狗、筆、稅單、考試、數學、明天等。

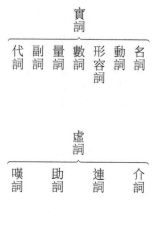

(二)動詞

凡表示動作、事件、發展、存在、類屬等現象的詞叫做動詞。動詞的文法特性是：多半可以受副詞的限制，大多數可以重疊，常在句中作述語，有些動詞可以帶賓語，也可以用肯定、否定相疊的形式表示疑問。

動詞的受事者為他物的叫「及物動詞」，也叫「外動詞」或「他動詞」。及物動詞可以帶賓語。例如：吃、看、做、想、研究、尋找等，就是及物動詞。一般用作繫語的動詞，如：是、非、為、猶、如、等於等，也可以把它們劃入及物動詞中。動詞的受事者如果是跟施事者相同的叫「不及物動詞」，也叫「內動詞」或「自動詞」。不及物動詞多半不帶賓語。例如：睡、坐、哭、走等就是不及物動詞。

比較特殊的動詞有：致使動詞、意謂動詞、能願動詞、趨向動詞。致使動詞和意謂動詞構成的句型相似，它們作句中的述語時，後面常有兼語等文法成分。致使動詞如：使、令、遣、派、教、讓等；意謂動詞如：謂、以、以為、認為、當等。能願動詞常用在動詞前，幫助動詞產生可能、應該、願意等意義。如：能、能夠、可、可以、會、應、應該、要、肯、情願等，這類動詞，也有人稱為「助動詞」，單獨成為一個詞類。趨向動詞常用在動詞的後面，表示動作的趨向。如：來、去、上、下、進、出、上來、下去、進來、出去、回來、過去等。

㈢形容詞

凡用來區別人、事、物的形態、性質的詞叫做形容詞。它的文法特性是可以受程度副詞「很」和否定副詞「不」的限制。單音節形容詞可以重疊，但後面多半要加「的」，雙音節重疊時和動詞不同，動詞是「ＡＢＡＢ」式，如「打掃打掃」；形容詞是「ＡＡＢＢ」式，如「老老實實」。形容詞也能用肯定否定相疊的形式表示疑問。形容詞常擔任句中的表語、偏正結構中的定語等。常見的形容詞如：新、美、好、高、深、紅、糊塗、可愛、乾淨、低級等。

(四)數詞

表示數目多少或次序先後的詞叫做數詞。它的文法特性是常和量詞連用，如「一個」。數詞有一、二……九、十、滿、全、整、半、幾、多、多少、好些、少等。數詞只表示數量的是基數詞，表示數目次序的是序數詞，如「三斤肉」的「三」是基數詞，「三哥」的「三」是序數詞。

(五)量詞

凡表示人、事、物及動作行為的單位的詞叫做量詞。使用量詞是漢語語法中很特殊的語法現象，量詞的前面，多半有數詞，後面多半會跟著名詞，如「一斤肉」的「斤」就是量詞。量詞大致可分為九種：

1. 單位詞或個體量詞。如：個、位、件、架、匹等。
2. 群體量詞。如：對、打、百、排、組、桌、種、流等。
3. 部分量詞。如：堆、捲、頁、股、筆等。
4. 容器量詞。如：盒、箱、筐、包、罐、桶等。
5. 暫時量詞。如：身、頭、嘴、桌子等。
6. 標準量詞。如：尺、分、里、寸、公分、畝、秒等。
7. 準量詞。如：國、省、鄉、筆、科、系等。
8. 動詞用量詞。如：遍、趟、步、關、拳等。
9. 數目量詞。如：十、百、千、萬、億等。

檢查這些量詞的使用法，只要在它的上面加「一」字，就可以明瞭了，如：容器量詞的「盒」加「一」成為「一盒」，就可以做「一盒珠子」、「一盒飯」等用途了，其餘類推。量詞重疊時，常帶有「每」的意思，如「個個」就是「每一個每一個」的意思。

㈥副詞

凡對動詞所表示的動作或形容詞所表示的性狀，從程度、狀態、範圍、時間、頻率、語氣、是否等方面加以限制、補充的詞，叫做副詞。表示程度的如：很、非常、太、最、稍微等。表示狀態的如：快、慢、懇切、安詳等。表示範圍的如：都、總、竟、且、一律、全部等。表示時間的如：剛才、適、方、一會兒、一剎那、先、後。表示頻率的如：偶爾、屢次、又、再、還、也等。表示語氣的如：豈、竟然、倒、偏、索性、居然、究竟等。表示是否的如：必、必然、一定、絕對、不、沒、莫、非、未、也許、大概等。

副詞多半只用為限制形容詞或動詞的詞，但偶爾也限制副詞等其他詞類，但它不能限制名詞。成套而相互呼應的副詞，如「越……越……」、「且……且……」、「既……且……」，也具有連接詞的作用，所以有人又稱這類副詞為「關係副詞」或「關連詞」。

㈦代詞

凡能指稱代替名詞、動詞、形容詞、副詞或詞語及句子的詞就稱為代詞。常見的代詞有：

1. 人稱代詞。如：我、你、他、她、咱們、別人、自己、人家、吾、汝、伊、其、自等。
2. 疑問代詞。如：誰、何、什麼、胡、怎樣、孰等。

3. 指示代詞。如：這、那、這裡、這麼、那裡、那麼、彼、此、斯等。

(八)介詞

介詞一名介繫詞。介詞是介繫名詞、代詞或名性詞語給動詞或形容詞，以作為限制用的詞。如：「我在教室裡讀書」、「他死於車禍」的「在」、「於」都是介詞。它和及物動詞一樣，後面可以帶賓語，成為介賓結構，這個介賓結構通常要擺在動詞、形容詞的前面或後面，不能作謂語的中心成分。常見的介詞有：於、在、跟、到、望、向、從、對於、因為、依照、用、以、除了、連等。「美麗之島」的「之」也是介詞，它和一般介詞用法稍有不同。

(九)連詞

連詞一名連接詞。凡是連接詞與詞、詞語與詞語，使它們成為並列結構的詞；或連接句子與句子，使它們成為複句關係的詞叫做連詞。常見的連詞有：和、與、同、跟、及、或、而、且（以上多用為連接並列結構）、不但、而且、雖然、如果、假如、縱使、縱然、只要、因為、所以、但是、然而（以上多用為連接複句）等。

(十)助詞

沒有獨立的詞彙意義，而附著在實詞、詞語、句子的前面、中間或後面，產生輔助作用，使被輔助的成分，能成為語法單位而表示為某種結構、時態或語氣的詞，稱為助詞。分為：

1. 結構助詞：

(1)前附。如：「所能」的「所」等。

(2)中附。如：「比得上」的「得」等。

(3)後附。如：「美好的」的「的」等。

2.時態助詞。如：矣、了、著、過等。

3.語氣助詞。如：啊、呀、啦、呢、嗎、罷、乎、哩、焉、耶、也、哉、耳等。

(十)嘆詞

嘆詞一名感嘆詞。它是永遠獨用的詞類，它不和別的詞語連結，獨立在句子外，表示感嘆的語氣。嘆詞通常獨立在句首或句末，偶爾也可用在句子中間，但在中間時，嘆詞前後都要有停頓，必須有標點隔開。常見的嘆詞有：喂、唉、嗯、嗄、啊、喔、哼、哎、哎呀、哎喲、呸、嘖嘖、哈、吔等。

四、複詞的類別

複詞可分為五大類：「衍聲」、「重疊」、「附加」、「合義」和「翻譯」複詞。

(一)衍聲複詞

衍聲複詞是純粹由於聲音關係構成的複詞。又可分為下列二種：

1.雙音節衍聲複詞

這類複詞古人稱為「聯緜詞」，合兩個字以成一詞，如「糊塗」、「參差」都是這類複詞，「糊塗」拆開了，個別的「糊」和「塗」都沒有意義，必須把兩字合起來才代表一個意義。

這類複詞一般特性為：

(1)意在音中，不能分開解釋。

(2)記錄多形，例「方弗」、「仿佛」、「彷彿」、「髣髴」，乃至「仿佛」、「髣佛」……都是同一個詞，其所以多形之故，乃因義在音中，文字只在記其音而已，而所記者又非一人所產生。唯後世運用，漸趨統一，例如目前我們多用「彷彿」一詞。

(3)後世運用結果，有些衍聲複詞的某個詞素，慢慢代替了整個複詞的意義，如「蝶」代替了「蝴蝶」、「仿」代替了「仿佛」等。

這類複詞根據兩字間的聲韻關係，又可分為：

(1)雙聲雙音節衍聲複詞：所謂雙聲是兩字的聲母相同。如：「崎嶇」的聲母相同；「坎坷」的聲母相同。其他的例子如：「藍縷」、「參差」、「吩咐」、「慷慨」、「叮噹」、「玲瓏」、「彷彿」等。

(2)疊韻雙音節衍聲複詞：所謂疊韻是兩字的韻母收音相同。如：「糊塗」的韻母相同；「顢頇」的韻母相同。其他的例子如：「徜徉」、「窈窕」、「須臾」、「蹣跚」、「荒唐」、「婆娑」、「伶仃」等。

(3)非雙聲疊韻雙音節衍聲複詞：構成衍聲複詞的兩字，既非雙聲，也非疊韻。如：「薔薇」、「芙蓉」、「衚衕」、「蚯蚓」、「蝴蝶」、「茉莉」等。

(4)雙聲疊韻雙音節衍聲複詞：廣義的疊韻，只要韻母的收音相同，不必韻母全同，所以衍聲複詞的兩字，可以具有既雙聲又疊韻，但不是同音的現象。如：「繾綣」（ㄑㄧㄢˇ ㄑㄩㄢˇ），兩字聲母都是「ㄑ」，雙聲；韻母「ㄧㄢ」與「ㄩㄢ」，收音為「ㄢ」，可以算是廣義的疊韻，所以兩字是既雙聲又疊韻。又如：「燕琬」（ㄧㄢˋ ㄨㄢˇ），聲母都是零聲母，所以是雙聲；韻母的收音都是「ㄢ」，所以也是這一類複詞。

2. 多音節衍聲複詞

三個音節以上依聲音的關係構成複詞的，歸入此類。如：「嘰哩咕嚕」、「唏哩呼嚕」、「劈哩叭喇」、「叮呤噹啷」等。這一類衍聲複詞，多半第一字與第二字、第三字與第四字疊韻，第一字與第三字、第二字與第四字疊韻，它們可以表示較複雜的聲音。

㈡重疊複詞

一個字重疊起來變成複詞的，就叫重疊複詞，古人稱為「重言」。這類複詞可以分為三類：

1. 衍聲的重疊複詞

這類複詞拆開來，單獨一個字不能表達該複詞的意義。如：《詩經・小雅・蓼莪》中的「蓼蓼」、「烈烈」、「發發」、「律律」、「弗弗」；〈木蘭詩〉中的「唧唧」、「濺濺」、「啾啾」。此外又有「悠悠」、「蒼蒼」、「翩翩」、「滔滔」、「洋洋」、「惺惺」等。

2. 重義的重疊複詞

這類複詞所構成的字，原來都可以代表一個意義，但重疊以後，構成複詞，其意義與原來的單詞意義相同或相近。如「爸爸」等於「爸」，「爸爸」是重疊複詞，而「爸」是單詞。有關人倫上的稱謂，大都屬於這類。如：「媽媽」、「公公」、「婆婆」、「爺爺」、「奶奶」、「舅舅」、「伯伯」、「叔叔」、「嬸嬸」、「哥哥」、「姐姐」、「弟弟」、「妹妹」等。

屬於形容詞的重疊，如「輕輕」、「漸漸」等，它們的意義，分別和單詞的「輕」、「漸」意義相近而不完全相等。例如「漸」只表示單一時間內的情況，而「漸漸」則表示一段時間內連續的現象。

3. 複雜的重疊複詞

這種複詞都是三個以上的音節構成的，但其中有兩個音節以上屬於重疊形式。這種複詞包含下列幾種形式：

(1)ＡＢＡＢ型：叮噹叮噹、溜達溜達。
(2)ＡＡＢＢ型：乾乾淨淨、零零碎碎。
(3)ＡＡＢ型：崩崩脆。
(4)ＡＢＢ型：黑漆漆。
(5)Ａ裡ＡＢ型：糊裡糊塗、囉哩囉唆（「裡」、「哩」只代表聲音，可以通用，但習慣上寫法有分別）。
(6)Ａ不ＢＣ型：酸不溜丟、花不棱登。

第(5)的兩個例子，「糊塗」和「囉唆」都是衍聲複詞，而頭一個字的「糊」、「囉」都是語音的重疊，「裡」字純粹是衍聲，構詞的方法和前舉「多音節衍聲複詞」相同。「傻裡傻氣」的「傻氣」則是合義複詞，其中有「傻」字重疊，所以可列入重疊複詞中。

(三)附加複詞

漢語複詞有一類是「詞根」和「詞綴」複合而成的。「詞根」是複詞意義的中心，而「詞綴」則是沒有實際意義，卻有構詞能力的附加成分，這附加成分，有的加在詞頭，稱為「前加成分」、「前綴」或「詞頭」，如「老鼠」的「老」；有的加在詞尾，稱為「後加成分」、「後綴」或「詞尾」，如「桌子」的「子」。

英語的詞彙，往往在字首或字尾加上一些通用的字母，就成為不同的意義或改變詞性。如：uneasy,

nonsense, disagree, inability, impossible 等諸詞中，其字首的 un-, non-, dis-, in-, im- 都是屬於詞綴。又如：lovely, saying, abjected, harder, national 等諸詞中，其字尾的 -ly, -ing, -ed, -er, -al 也都是屬於詞綴，它們有很大的構詞能力，這種詞綴是利用字形首尾的變化而產生的。

漢語則不然，漢語的詞彙是利用構詞法產生的，所以講詞綴，不能比照英語的標準來談，應該從結構的觀點來分析歸類，不宜以形態的觀點來分析歸類。例如有人把「第一」、「初一」的「第」、「初」都當作詞頭，其實「第一」是「次第為一」的概念，「初一」是「起初的一」的概念，它們和「老鼠」、「阿兄」的「老」、「阿」是絕不相同，似不宜視為詞頭（前綴）。又如有人也把「標準化」、「國際性」的「化」與「性」皆當作詞尾，實則「化」與「性」皆為實詞素，和「桌子」、「石頭」的「子」、「頭」為虛詞素迥然有別，自亦不能一律視為詞尾（後綴）。

辨別是否為附加複詞，從其結構立場出發，宜有下列幾個標準：

(1) 附加成分為虛詞素，凡屬實詞素者，宜歸入合義複詞的範疇。

(2) 附加成分必須有構詞能力，所構成的詞，具有同類的意義，其詞類多半相同。

(3) 附加成分所構成的詞有定量，這些詞可以收入詞典。

現在以這三個標準來分析舉例如下：

如：「子」——「桌子」的意義為「桌」，「子」純為虛詞素；「桌子」、「椅子」、「鼻子」……多為名詞性；它雖有構詞能力，但並非所有名詞都可帶「子」，例如我們不能說「手子」、「肉子」等；而所構成的附加複詞，如「桌子」等，皆可收入詞典中。

又如：「第」——「第一」不是「一」，是“the first”的意思，不是“one”的意思，它的「次第」義並未消失，所以是實詞；「第」雖然可以和所有的數目配合，但所配合成的並非單一概念，很難視為詞，也很難定其詞類（第二、第五等為複姓除外）；而且「第」和數目配合數不完，自然無法收入詞典，所以「第」不宜視為附加成分（詞頭、前綴），「第一」似仍宜視為主謂結構的語，而非詞。

趙元任先生在《中國話的文法》裡，將「禁、可、好、難、自、家、貴、尊、令、世、單、多、汎、準、偽、不、無、非、反、阿、老、第、初」等都視為詞頭，而把「者、然、來、人、師、士、親、夫、家、心、性、錢、氣、和、騰、是、化、的、論、觀、率、法、界、炎、學、員、儿、子、頭、巴、們、了、著、過、起來、下去、地、麼、乎、的慌」等都當作詞尾，這樣歸類，乃混結構與形態為一。趙先生所講的詞頭詞尾應該是形態學上的詞頭詞尾，而我們分析複詞種類，是從結構來分析的，因此我們的詞頭詞尾要比趙先生的少得很多，我們認定是否為詞頭詞尾，係依照上列三個標準。而且我們把詞頭稱為前加成分，把詞尾稱為後加成分，統稱為附加成分，而把有附加成分構成的複詞稱為附加複詞。

附加複詞可分二類：

1. 前加附加複詞

常見的「前綴」有：

(1)老：老鼠、老虎、老么、老表、老鷹等。（老張、老師等的老為實詞素，不宜視為前綴。）

(2)阿：阿姐、阿兄、阿伯等。

(3)有：有唐、有宋等。

2.後加附加複詞

常見的「後綴」有：

(1)兒：花兒、鳥兒等。（兒不自成音節，儿化與上面一字連讀成一個音節，但因為仍用一個字來記錄，權且把它歸入此類。）

(2)子：桌子、椅子等。

(3)頭：石頭、木頭等。

(4)巴：尾巴、泥巴等。

(5)其：尤其、與其等。

(6)們：我們、人們等。

(7)麼：這麼、那麼等。

(四)合義複詞

合義複詞是由意義關係合成的詞。此類複詞的詞素，雖然原都有意義，但相合後，成為凝固的詞，在語文使用上，和單詞用法相同，為一獨立而可自由運用的語言單位。

辨認合義複詞的標準，大致可依下列四項：

(1)零擴展或低擴展：所謂擴展，是詞的中間可以插字上去，零擴展就是不能插字上去，如「美麗」不能說成「美和麗」，「大方」不能說成「大的方」。低擴展是指有些複詞的凝固性不能頂堅實，中間可以插入少數有限的詞，如「續絃」一詞，可以說成「續了絃」、「續過絃」等，複詞如經擴展，則成為語的結構。至於可以擴展的，尤其高擴展的，絕非詞，如「吃飯」的擴展度很高，它不是詞，而是「述賓結構」的語。

(2)外中心意義：詞的意義是詞素意義的總和，稱為內中心意義，如「法律」。詞的意義不是詞素意義的總和稱為外中心意義。如「龍頭」指「領袖」，不是「龍的頭」，「乾淨」只有「淨」的意義，沒有「乾」的意義。凡是具有外中心意義的，必為複詞。

(3)凝固性與復呈性：合義複詞凝固成為複詞時，多半成為固定體式，譬如「身體」是並列式複詞，它不能改說成「體身」，可見它已凝固成固定形式。「言語」雖然可以另作「語言」，但二詞意義不同。凡此具有凝固性的複詞，必然以其固定形式見用於一般語文環境中，而具備一再出現的復呈性。

(4)末字輕聲：合義複詞的末字，有些可以讀成輕聲，輕聲有固定和非固定兩類，凡固定輕聲的必為詞，凡可讀輕聲的也多半為詞。如「孔子」一詞，「子」讀輕聲時指「小洞」，讀上聲時指「孔丘」，當小洞義解的「孔子」為固定輕聲。至於「糊塗」一詞的「塗」，可讀輕聲，卻非固定輕聲。

合義複詞又可分為：並列式、偏正式、主謂式、述賓式、主賓式、後補式、節錄式和簡縮式八種。

1.並列式合義複詞

兩字以並列等立的關係表示一個意義就叫並列式合義複詞。依照兩詞素間，其意義的關係，又可分為同義、反義、相關義三類：

(1)同義類：如「語言」、「巨大」等。

(2)反義類：如「得失」、「開關」等。

(3)相關義類：如「山水」、「身體」等。

第(2)(3)兩類，往往可以構成外中心意義，即複詞的意義，不是兩字意義的總和，而產生「偏義」的現象。如〈出師表〉中「不宜異同」的「異同」，只有「異」的意思，沒有「同」的意思。又如「乾淨」一詞中，只有「淨」的意思，沒有「乾」的意思。這類複詞，有人稱為「偏義複詞」，也有人稱為「仄義複詞」。

2. 偏正式合義複詞

兩個語法成分以修飾關係構成的複詞，叫做偏正式合義複詞。這類複詞以中心成分原屬詞性而分，大致可分為四類：

(1)以名詞為中心成分的偏正複詞。如：火車、冬天、信封、良心、虛心、快嘴、觀眾、學生、請帖、渡船、三角、五金、布匹、車輛、書本等。

(2)以動詞為中心成分的偏正複詞。如：步行、槍斃、公立、先生、相信、自由等。

(3)以形容詞為中心成分的偏正複詞。如：膚淺、神勇、鵝黃、蛋白、滾熱、透明、自私等。

(4)以副詞為中心成分的偏正複詞。如：何必、不但等。

三個音節以上構成的偏正複詞，如：教育部、三角架、馬後炮、門外漢等，是上二下一的偏正組合；曾祖父、老頑童、髮夾子等，則是上一下二的偏正組合；有限公司、中華民國等，則是上二下二的偏正組合，其餘類推。

3. 主謂式合義複詞

句子是由「主部——謂部」構成的，如果複詞的兩個基本成分（詞素）是由造句關係構成的，就叫做主謂式偏正結構。如：地震、春分、海嘯、霜降、聲張、神往、肉麻、年輕等。

三個音節以上的主謂式合義複詞，如：腦出血、《三娘教子》、《火燒紅蓮寺》（後兩個複詞都是戲劇名）等。

4. 述賓式合義複詞

兩個成分，前一個表示動作，後一個是動作所及的對象，而結合成為複詞的就叫述賓式合義複詞。如：出差、註冊、辭職、嘆氣、告辭、值日、注意、留心、行政、衛生、討厭、混帳、照例等。

5. 主賓式合義複詞

敘述句的基本成分是「主語——述語——賓語」，如果「述語」為「使」的意義卻隱去不說，只留下「主語」、「賓語」兩個成分，這兩個成分結合成一個複詞的就叫做主賓式合義複詞。如「革新」是「革——使——新」的意思，「使」隱去後，結合成「革新」。其他如：改良、說明、拒絕、減輕、加重、修正、打死、催眠等。

這種複詞，王力先生稱為「使成式仂語」，也有些文法學家歸為後補式複詞。

6. 後補式合義複詞

一個動詞之後，如加上補充說明的詞，兩個詞結合起來成為一個複詞的就叫做後補式合義複詞。如「擱淺」是「擱於淺」的意思，去「於」字而成為「擱淺」。其他如：傷風、傷寒等，這類複詞為數不多。

7. 節錄式合義複詞

節錄式合義複詞是從古文上節錄出來的詞彙，譬如《詩經》上有「之子于歸」的句子，後人節錄「于歸」二字，成為「出嫁」意義的複詞。其他的例子像「式微」、「友于」、「譬如」、「勢必」等都是。

8. 簡縮式合義複詞

簡縮式合義複詞是從合義複詞或語的成分中簡縮成一個簡單式的複詞的，叫簡縮式合義複詞。如「立法委員」簡縮成「立委」，「臺灣大學」簡縮成「臺大」。其他的例子如「經貿」（經濟貿易）、「國教」（國民教育）、「彩視」（彩色電視）等。

(五)翻譯複詞

漢語中，有些複詞是翻譯外國語言而產生的。以翻譯的方法分，大致可分為下列四類：

1. 音譯翻譯複詞

這類複詞，照外語的聲音用我國音同音近的字翻譯出來的。如：咖啡（翻 coffee）、可口可樂（翻 coca cola）。其他如：巴士、坦克、愛因斯坦、吐司、威士忌、巧克力等。

2. 義譯翻譯複詞

這類複詞按照外國語詞彙的意義翻成中文。如：馬力（翻 horse power）、熱狗（翻 hot dog）。其他如：白宮、遠東等。

3. 半音半義合譯翻譯複詞

這類複詞按外國語詞彙一半譯其音、一半譯其義拼合而成。如：冰淇淋（翻 ice cream，ice 義譯為冰，cream 音譯為淇淋）、美利堅合眾國（翻 United States of America，America 音譯為美利堅，United States 義譯為合眾國）等。

4. 加類名翻譯複詞

這類複詞先音譯或義譯外國詞彙，然後再加上類名成為複詞。如：橋牌（橋是義譯 bridge，牌是加上去的類名）、吉普車（吉普是音譯 jeep，車是加上去的類名）等。

我國自古以來，與外族文化交流，吸收外來語的現象很普遍，上古時期姑且不說，中古時期，由西域傳入的「蒲桃」、「秋千」、「琵琶」、「枇杷」等，由印度傳入的佛教用語等；而晚近由日本、歐美輸入的詞更為繁多，要判斷它是否為翻譯複詞，要以母語是否存在為依據。如母語已亡，又無義可說，只好定為衍聲複詞。

最好的翻譯方法是既能翻音，又能兼顧意義，如 index 翻成「引得」就是例子。

第三節　認識語

一、語的結構類別

兩個或兩個以上的詞或語組合起來，能表達比一個詞複雜的意思，而不能獨立成句的叫做「語」，「語」的異稱是短語、詞組、詞語、片語、仂語、詞群等。詞（或語）與詞（或語）的配合，有各種不同的方式，說明這些不同方式的配合關係就是「語的結構」。文法上，「語」是大於詞、小於句的語法單位，通常作為構句、構語的成分。依照語的結構方式，可分為下列八種：

(一)並列結構

兩個或兩個以上同性質的詞或語，以並列等立的方式配合起來的語法形式，就叫做並列結構。並列結構的兩個（以上）語素，詞類應該相同，下列分項舉例說明：

1. 名詞（語）與名詞（語）並列：兄弟姐妹；牛和羊；花呀、草呀；賣報的、寫書的。
2. 動詞（語）與動詞（語）並列：跑跳；又說又笑；且戰且走；不想吃、不想睡；能彈、能唱。
3. 形容詞（語）與形容詞（語）並列：長寬；美麗善良；細又長；美而廉。
4. 代詞與代詞並列：你我他；這個那個。

並列結構的成分之間，可以使用連詞聯繫，如上舉的「兄弟姐妹」可以說成「兄弟跟姐妹」。常用的連詞，聯繫名詞、代詞的有：和、跟、及、與、同等，聯繫動詞、形容詞的有：而、且、又……又、既……且、且……且等。

(二)偏正結構

凡相連的兩個語法成分（或是詞，或是語），如果它們的關係是上一個成分對下一個成分產生修飾或限制的，就叫偏正結構。

偏正結構又可以分為「定心式」、「狀心式」與「主謂式」三類：

定心式→定語＋中心語。中心語是名詞（語）或代詞。如：高樓；高大的他。

狀心式→狀語＋中心語。中心語為動詞（語）或形容詞（語）。如：一定來；很美麗。

作為定語的詞語，對於中心語，不是形容性，就是領屬性或同一性。形容性的如：「一枝」筆；「長遠」計畫；「好」書。領屬性的如：「我的」父親；「張三的」錢；「汝」之詩文。同一性的如：「總統」李登輝先生。

「我的父親」與「汝之詩文」兩例中的「的」是結構助詞，與「我」合成一個語法單位；「之」則是介詞，把「我」介紹給「父親」，成為偏正結構。

在文言中，可以將主謂結構（見下述）轉換成偏正結構，只要在主語和謂語之間加上介詞「之」就可以了，這種結構叫做「主謂式偏正結構」。主謂式偏正結構和一般偏正結構語法功能相同，它不再是獨立的句子，而且能做一般偏正結構可以擔任的成分。例如韓愈〈師說〉：「師道之不傳也久矣！」句中，「師道之不傳」是主語，它是「師道不傳」（主謂結構）加「之」而成的，加「之」以後，成為偏正結構，不能獨立成句，而它是由主謂結構變來的，所以稱它為主謂式偏正結構。其他例子如：〈蘭亭集序〉：「後之視今，亦猶今之視昔」中，「後之視今」、「今之視昔」就是這類結構。〈鈷鉧潭西小丘記〉：「其衝然角列而上者，若熊羆之登于山」中，「熊羆之登于山」也是這類結構。

(三)主謂結構

兩個語法成分，上一個成分如果作為下一個成分所表述的主題，而下一個成分作為這個主題的表述，就構成主謂結構。主謂結構如前後都可停頓，就可成為一個句子；它也可不獨立成句，而作為句子或語的結構成分。如「牛吃草」是獨立的句子，它是「主部——牛」和「謂部——吃草」構成的。如果在「牛吃草是本性」中，「牛吃草」是以「主語＋謂語」構成的主謂結構充當主部；「我喜歡他誠實用功」中的「他誠實用功」，也是以主謂結構充當「喜歡」的賓語。

㈣述賓結構

兩個語法成分，以述語和賓語構成的結構。述語多半由動詞擔任，表示動作，賓語則是這個動作所涉及的對象。如：「吃飯」、「打籃球」都是。又如「吃三碗飯」中，「吃」是述語，「三碗飯」是以偏正結構充當賓語。

㈤主賓結構

合義複詞中，有一類「主賓式合義複詞」。如果一個語依主賓式方式構成，就稱為主賓結構。它多半是一個動詞（語）為主要成分，後面帶著一個動詞（語）、形容詞（語）或副詞（語），以補充說明上面動詞動作產生的結果、德性或性狀的結構。這種結構的兩個語項間，可加「使」以了解它的意義。如：「殺死」是「殺使死」的意思，「打倒」是「打使倒」的意思。

㈥正補結構

一個動詞的後面，往往可帶補充說明動作的時量、動量、時間、處所、原因、憑藉等等的詞或語，或者是形容詞的後面帶著表示處所方向、比較等有限制作用的詞或語，整個的結構就稱為後補結構。正項的動詞稱為述語，形容詞稱為表語；而補項是指正項之後所帶的詞或語，可稱為補語，因此後補結構又可分為述補式、表補式兩類：

1. 述補式。如：「睡三天」、「打三下」、「生於去年」、「睡在床上」、「死於車禍」、「殺以刀」……

2. 表補式。如：「精於技擊」、苛政「猛於虎」……

㈦附助結構

有些助詞與實詞組合起來成為一個語的，就叫做附助結構。又分前助、後助二類。前助附助結構如：「所愛」、「所以傳道」等。後助附助結構如：「可愛的」、「愉快地」、「打得（好）」、「喜歡嗎」、「痛死了」等等。

(八)兼語結構

一個動詞作述語，後面所帶的賓語如果兼作它下面所跟謂語的主語，這種語就叫兼語結構。如：「我叫他買東西去了」句中，「他」是第一個述語「叫」的賓語，又是其下謂語「買東西去了」的主語，「叫他買東西」就叫兼語結構，「他」就叫兼語。這個句子和「我看到他買東西」不一樣，「他買東西」是主謂結構作「看到」的賓語，因為「他買東西」是自己買，不是我使他買的。其他例子如：「太守即遣人隨之往」（〈桃花源記〉）句中的「人」是兼語。「以叢草為林」句中的「叢草」也是兼語。兼語結構中也有連環兼語的，如：「我請你叫他找人寄信」，句中「你」、「他」、「人」就是連環兼語。

二、語的中心成分

在各種語的結構中，其語項有主從之分，凡為主的部分，即為該語的中心成分。

在並列結構中，諸語項同等重要，皆為中心成分。

在偏正結構中，其中心成分為中心語，定語或狀語是次要成分，如果中心語是名詞性，那麼整個的偏正結構就可稱為名詞性的語，簡稱名語。如：「花」是名詞，「美麗的花」就是名語。如果中心語是動詞，那麼整個的偏正結構就可稱為動詞性的語，簡稱動語。如：「跑」是動詞，「快快地跑」就是動語。

依此類推，就可以有形容語、副語等詞語了。名詞和名語在使用上功能相同。譬如：「花謝了」，「花」是名詞作主語；而「美麗的花謝了」，則是名語──「美麗的花」當主語，它本身是個偏正結構。

在主謂結構中，一為主題，一為表述，皆為中心成分。主語多半是名詞或名語，而謂語的結構往往要比主語複雜，它可以是主謂、並列、偏正、述賓、正補、兼語等各種結構。

在述賓結構中，述語與賓語的關係是支配和被支配的關係。這種結構的中心成分在支配部分，所以構成動語。但是在判斷句中，謂語的中心成分是繫語和斷語兩個成分。

在正補結構中，也以正項的述語或表語為中心成分，所以整個的結構也屬於動語或形容語。

在附助結構中，助詞雖是虛詞，但它也是文法上不可缺少的成分。譬如：「你喜歡。」和「你喜歡嗎？」兩句，就由於「嗎」這個助詞而產生疑問的意義，而其中心成分為助詞以外之語項。

至於兼語結構的成分分析，要配合述賓、主謂結構的分析法來分析。

了解語的中心成分，就可以將複雜的句子抓出中心成分而成為簡單的句型。如：

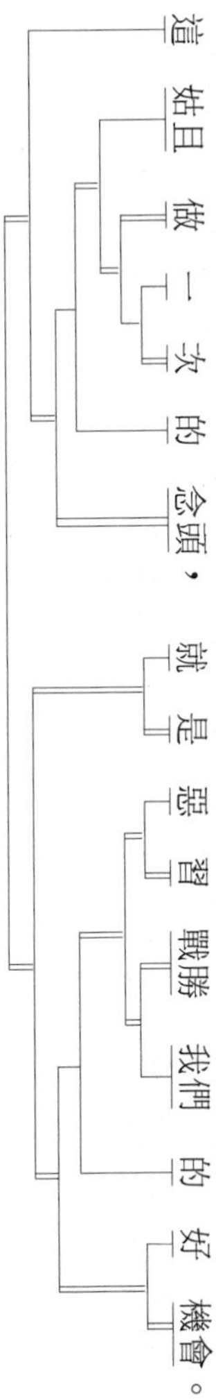
這 姑且 做 一 次 的 念頭，就 是 惡 習 戰勝 我們 的 好 機會。

這個表解中，字下的橫線是以詞為單位，而每一個結構中，雙直線為中心成分，層層推求，剩下來的中心成分是「念頭是機會」，其餘的都是修飾性的詞語，用以修飾「念頭」和「機會」。所以分析語的中心成分是了解語意的要件。

三、語的結構層次

語是兩個或兩個以上的詞或語組合起來的，分析語的結構，基本上要先分出兩個直接的成分——語項，如果語項還是個語，再加分析，分析到詞為止。

在並列結構裡，兩個成分的並列最容易分析，三個成分以上，則有直接成分和間接成分的區別。如：

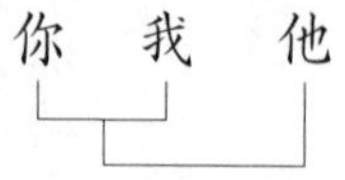

「你我」和「他」構成直接成分的並列結構。

「你我」則為間接成分的並列結構。

又如：

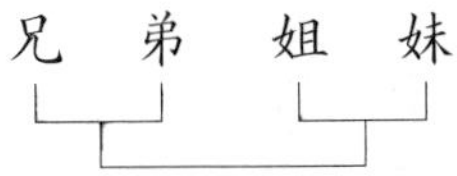

「兄弟」和「姐妹」是直接成分的並列結構。
「兄」和「弟」、「姐」和「妹」是間接成分的並列結構。

再舉句子為例：

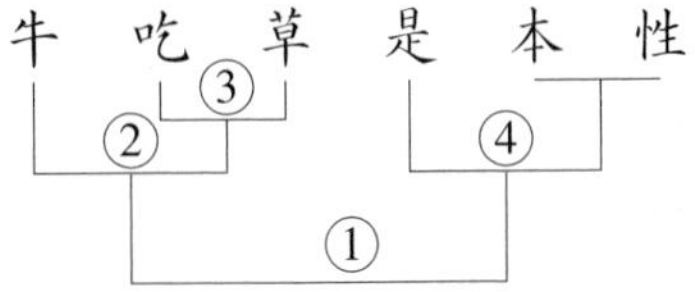

①是主謂結構，直接成分，獨立成句。
②是主謂結構，間接成分，當全句之主部。
③是述賓結構，次間接成分，當主部之謂語。
④是述賓結構，間接成分，當全句之謂部。
注：「本性」是偏正式合義複詞。

上例分析中，「直接成分」、「間接成分」、「次間接成分」……就是語的結構層次。其實這種層次，是由「樹狀結構」(tree structure) 分解的逆向說明。

「牛吃草是本性」的樹狀結構分析為：

第四節　認識句

一、何謂句

句就是句子，是獨立而完整的語言單位。所謂獨立，是指它前後都可以有完全停頓，如：「牛吃草」，如果沒有上下文，那麼它前後都可以有完全停頓，是句子。如果改成「牛吃草是本性」，那麼「草」後不能作完全停頓，「牛吃草」就失去做句子的條件，而降為主謂結構。所謂完整，是指句子要有「主部」作為被表述的主題，要有「謂部」作為對主題的表述。所以「主部」和「謂部」便成為句子的直接成分，凡具備這兩種成分的，就叫完整。但是人類在說話寫文章時，往往因為有特定的環境，可以省略主部或謂部，或是主部謂部中的某些成分，在形式上雖然不完整，但是在意義上還是完整的，因此也要看作句子，試看下面的對話：

甲：誰打破了玻璃？

乙：張三。

乙回答時只說「張三」，但是它是承上省略了「打破了玻璃」，所以「張三」也要算是句子。

二、句型分類

句型分類有兩套標準，所分得的句型種類也不同。兩套標準為：

1. 以傳達的情意分類：可以分為陳述、疑問、命令、感嘆四種句型。

2. 以謂部的中心成分分類：可以分為敘述、表態、判斷三種句型。

(一)以情意分類的句型

1. 陳述句是對主語有所陳述、表態、說明的句子。如：「狗咬人。」「房子很大。」「張三是中國人。」等都是。這種句子的末尾多半要加句號。

2. 疑問句是對主語有所懷疑或詢問的句子。如：「狗咬人嗎？」「房子多大？」「張三是不是中國人？」等都是。這種句子的末尾多半要加問號。

3. 命令句是對主語有所命令、祈使、差遣、建議、請求等的句子。如：「給我滾出去！」「快去做事！」「替我買份報紙。」等都是。說這種話的結果，對方不是順從，就是拒絕。這種句子的末尾多半要加驚嘆號，有時也可用句號。

4.感嘆句是對主語發抒某種強烈感情的句子。這種句子末尾常用驚嘆號外，也常配合獨用的嘆詞一起出現。如：「哎呀！他真棒啊！」

(二)以謂部中心成分分類的句型

1.敘述句

謂部是敘事的，以動詞作述語為其中心成分。

敘述句的結構是：主部＋謂部（述語＋賓語）

如：李密〈陳情表〉：「舅奪母志」一句，「舅」是主部，「奪母志」是謂部，謂部由述語「奪」和賓語「母志」組成。又如：韓愈〈師說〉：「余嘉其能行古道」一句，「余」是主部，「嘉其能行古道」是謂部，述語是「嘉」，賓語是「其能行古道」。作為述語的動詞，如果是不及物的，那麼謂部就只有述語，而沒有賓語。如：「鳥飛」，「鳥」是主部，「飛」是謂部，這個謂部只有述語的成分。

以「有」、「無」、「沒有」等動詞作述語的，也屬於這一類句子。如：韓愈〈師說〉：「古之學者必有師」一句，主部是「古之學者」，謂部是「必有師」，「必有」是偏正結構當述語，「師」是賓語。以「有」、「無」等動詞為述語的句子，如：連橫〈臺灣通史序〉：「臺灣固無史也」，句中的主部「臺灣」是時地性的詞。蘇軾〈赤壁賦〉：「客有吹洞簫者」，句中的主部「客」是分母性的詞。曹丕《典論・論文》：「徐幹有齊氣」，句中的主部「徐幹」是領屬性的詞。

有些學者，把以「有」、「無」、「沒有」等動詞作述語的句子，獨立成「有無句」。

2. 表態句

謂部是表態的，以形容詞作表語為其中心成分。

表態句的結構是：主部＋謂部（表語）

如：文天祥〈正氣歌并序〉：「單扉低小」一句，「單扉」是主部，「低小」是謂部。

表態句謂部的結構變化較大，如：

⑴以單詞作謂部。如：山高、花紅等。

⑵以複詞作謂部。如：白間短窄、南山烈烈等。

⑶以語的結構作謂部。如：

a.雨潦四集（文天祥〈正氣歌并序〉）：「四集」是偏正結構。

b.將軍向寵，性行淑均，曉暢軍事（諸葛亮〈出師表〉）：「性行淑均」是主謂結構，「曉暢軍事」是述賓結構。

c.今之眾人，其下聖人也亦遠矣（韓愈〈師說〉）：「其下聖人也亦遠矣」是主謂結構。

3. 判斷句

謂部是判斷的，以名詞作斷語為其中心成分。

判斷句的結構是：主部＋謂部（繫語＋斷語）

如：黃宗羲〈原君〉：「孟子之言，聖人之言也」一句，主部是「孟子之言」，其餘是謂部。謂部中，「聖人之言」是斷語，「也」是句末助詞，表肯定語氣。這句判斷句不帶繫語，如帶繫語可以說成：「孟子之言為聖人之言。」

文言文中，判斷句的繫語可帶可不帶，如上例。白話文中，判斷句要帶繫語，如：徐志摩《志摩日記》：「數大便是美」，句中的「是」便是繫語。

判斷句的繫語：文言文用「為」、「是」、「非」等，白話文則用「是」或「不是」。這種句子的功能是在解釋事物的涵義與屬性或判斷事物的是非與異同。屬於異同的判斷是判斷句，如果是相似的判斷就成為準判斷句了。

準判斷句和判斷句的句子結構相同，唯一的區別在繫語和準繫語的不同。常用的準繫語有：為、成為、化為、謂、曰、猶、如、像……等。如：荀況〈勸學〉：「問一而告二謂之囋」，句中的「謂」是準繫語，陶淵明〈桃花源記〉：「捕魚為業」，句中的「為」是準繫語。「為」如果解釋為「叫做」、「作為」等等意義時是準繫語，解釋為「是」的意思時是繫語，如：「我為長公主也」，句中的「為」是繫語。

三、單句與複句

單句的直接成分是只包含了一個主部和謂部的句子（有省略者除外），複句是有兩個或兩個以上單句形式，彼此不作句子成分的結構。

複句的直接成分稱為分句，分句可能是單句形式，也可能是複句形式，分句與分句間彼此有制約關係，不能各自獨立。

例如：

1.他不能來。——單句。

2.他不能來。我不能去。——兩個單句，兩句間無制約關係，各自獨立。

3.他不能來，我不能去。——複句，兩個分句（皆為單句形式）間，可能是因果或其他的關係。兩個分句不能各自獨立。

4.他長得帥Ⓐ，又很有學問Ⓑ，所以很多女孩子喜歡他Ⓒ。——複句，ⒶⒷ以聯合關係的複句形式作為第一分句，與第二分句Ⓒ，構成因果關係複句。

四、特殊的單句

㈠兼語句

凡是句中的謂部由述賓結構和主謂結構套在一起而組成的就叫兼語句。前面述賓結構的賓語同時又充當後面主謂結構的主語。如：「我請你幫忙」句中，「我」是主部，「請你幫忙」是謂部。謂部中的「你」既作「請」的賓語，又作「幫忙」的主語。兼語句可以有連環兼語現象，如：「我請你叫他找人寄這封信。」「他託人請張先生教徒弟們做菜。」

兼語句中，第一個述語如果是致使動詞，就可以使兼語有所動作或有所變化，這樣的句子，可以稱為致使句。如：《老子》第十二章：「五色令人目盲。」常用的致使動詞像：叫、教、讓、差、派、使、令、遣等。

兼語句中，第一個述語如果是意謂動詞，主語對兼語就可以產生某種認定。如：《史記・魏公子列傳》：「市人皆以羸為小人。」述語「以」是意謂動詞，所以構成意謂句。常用的意謂動詞有：以、以為、謂等。

(二)倒裝句

漢語文法，從古至今，在句型結構上，它的語序相當穩定。譬如一般的句子是主部在前，謂部在後。但是有時為了需要，改變了原有的語序，就叫倒裝句。我們所稱的倒裝句，是指句中的語序和通行的常見語序相異，它們是語意表達的另一種形式而已，並不是錯誤的句子。如：

1. 《論語・述而》：「甚矣，吾衰也；久矣，吾不復夢見周公。」
2. 《列子・湯問・愚公移山》：「甚矣，汝之不惠！」
3. 徐志摩〈我所知道的康橋〉：「靜極了，這朝來水溶溶的大道。」
4. 「有信嗎？我。」
5. 「來吧！你十二級的颱風！」
6. 「都是我的好朋友，你們。」

(三)被動句

漢語的句法很靈活，只要將要加以表述的主題提出來，給予表述，就可以成句子。而這個主題，可以是施動者，也可以是受動者。主部是施動者，如：「勞心者治人。」主部是受動者，如：「勞力者治於人。」前者一般人稱為主動句，後者稱為被動句。

被動句的認定，完全從義理觀點出發，也就是義理上的受動者居於主位者，就成為被動句。如：「您請坐」一句，「您」實際上是「請」的受動者，全句的意思等於「您被請坐」。又如「老馬之智可用也」一句，「老馬之智」也是「用」的受動者提到主位，等於「老馬之智可被用」的意思。所以兩句的述語「請」和「用」都是被動性動詞，兩句也就被認為是被動句。

被動句的形式有多種，分別介紹如下：

1. 受動者居主位，動詞為被動性，不說出施動者。如：

(1)連橫〈臺灣通史序〉：「荷人鄭氏之事，闕而弗錄。」

(2)荀況〈勸學〉：「鍥而舍之，朽木不折。」「朽木不折」等於「不折朽木」。

2. 受動者居主位，動詞為被動性，用介詞「於」說出施動者。如：

(1)《孟子・滕文公上》：「勞心者治人，勞力者治於人。」第二分句是被動式。

(2)《漢書・賈山傳》：「兵破於陳涉，地奪於劉氏。」「破」、「奪」都是被動性動詞。

3. 受動者居主位，下接使動性動詞「見」，再接被動性動詞。其下也可接介詞「於」和施動者，成為：主語＋見＋述語＋(於＋施動補語)。例如：

(1)《莊子・秋水》：「吾長見笑於大方之家。」這句話的謂語是「長使被笑於大方之家（之事）見」的意思，白話可以翻譯成「長被大方之家笑」。

(2)《孟子・盡心下》：「盆成括見殺。」這句話的「於＋施動者」沒有說出。

4. 受動者居主位，下接「受」、「被」、「遭」等有接受意義的動詞，再接動詞，下接介詞「於」和施動者，成為：主語＋(遭、被、受)＋述語＋於＋施動補語。例如：

(1)王生受欺於其友。

(2)《史記・魯仲連鄒陽列傳》：「燕以萬乘之國，被圍於趙。」「燕被圍於趙」就是這種被動句式。

5.受動者＋為＋施動者＋所＋動詞。成為：主語＋為（繫語）＋偏正結構（斷語）。例如：

(1)鄭燮〈與弟墨書〉：「好人為壞人所累。」

(2)沈復《浮生六記・閒情記趣》：「舌一吐而二蟲盡為所吞。」

這種句式，有時「所」字可以省略，例如：

(3)《史記・屈原賈生列傳》：「身客死於秦，為天下笑。」「為天下笑」等於「為天下所笑」。

以上多半見於文言文句式，白話文的被動式，除第(1)式外，尚有：

6.受動者＋(叫、被、讓、給)＋施動者＋動詞。這種句式，可以理解成：主語（受動者）＋述語（被——有遭受義)＋賓語（主謂結構——主語為施動者、謂語為述語）。例如：

(1)「他被他哥哥罵了。」這句話中，「他哥哥罵」是主謂結構當「被」（等於「遭受」的意思）的賓語，「了」是助詞。

(2)佚名〈孤雁〉：「孤雁自然又得被啄了。」「啄」上施動者「大家」，承上省略了。

從以上的分析，漢語的被動句，實際都是屬義理的認知，只要受動者居於主位，句中有被動性動詞，或有「遭受」類意義的動詞擔任述語，就成為被動句。

(四)獨語句

在實際語文環境中，會有一個詞或語構成句子，這個句子就叫獨語句。例如臺北火車站的大樓上鏤著「臺北車站」，這四個字就是獨語句。又如一本書上印著「國文」，這個詞也是句子，意思等於說：「這一本書是『國文』。」其他如看到蛇叫「蛇！」或發出「唉呀！」一聲；招呼人用：「喂！」「嗨！」「來！」「先生！」「哥哥！」等；回答別人時說：「有！」「到！」「是！」「好的！」「不！」等；賣東西的叫「便當！」「冰淇淋！」等，啦啦隊喊「加油！加油！」等；馬致遠〈天淨沙．秋思〉的「枯藤、老樹、昏鴉。小橋、流水、人家。古道、西風、瘦馬。」等等，都是獨語句。

五、複句

複句是由兩個分句為其直接成分，在義理上相互制約依存，且彼此不作另一分句的成分的結構。所謂分句是具有句子或複句的形式，但失去獨立性的結構。

複句的分句間的聯繫，常常使用連接詞，如：「他因為生病，所以不能來上課。」「因為」、「所以」都是連接詞。也常常使用副詞，如：「我認識這個人，他也認識這個人。」「也」字就是副詞。但也有不用連接詞或副詞的，如：「你不來，我不去。」

複句依照兩個分句之間的義理制約關係，可分為聯合、偏正、主謂三大類複句。

(一)聯合複句

聯合複句是兩個分句平等地連接起來的較大的語言單位。常用或可能用表示聯合關係的副詞、連接詞或關連詞。又可分為四小類：

1. 並列關係

兩個分句以平行並列關係構成，常用或可能用的連詞、副詞或關連詞為：「又……又」、「既……且」、「既……又」、「也……也」等。下列例句，凡是屬於聯合複句的分句用（　）括出：

(1)《左傳》襄公二十三年：「既（有利權），又（執民柄），將何懼焉？」

(2)李密〈陳情表〉：「既（無叔伯），終（鮮兄弟）。」

(3)范仲淹〈岳陽樓記〉：「（陰風怒號），（濁浪排空）。」

(4)《論語・子張》：「（仕而優則學），（學而優則仕）。」

(5)《孟子・盡心上》：「（仰不愧於天），（俯不怍於人）。」

2.承接關係

兩個分句按時間先後或事情發生的順序依次相承。常用或可能用的連詞、副詞或關連詞為「而」、「乃」、「則」、「然後」、「於是」、「接著」、「一……就」、「便」、「就」、「亦」、「也」等。如：

(1)方苞〈左忠毅公軼事〉：「（公閱畢），即（解貂覆生）。」

(2)《三俠五義》第五回：「（急忙放下盒子），（撂了竹杖），（開了鎖兒），（拿了竹杖），（拾起盒兒），（進得屋來），（將門頂好）。」

(3)劉鶚〈明湖居聽書〉：「（這曲彈罷），就（歇了手）。」

(4)歸有光〈項脊軒志〉：「（余既為此志），（後五年，吾妻來歸）。」

(5)忙什麼呢？才（來）就（去）。

3.遞進關係

兩個分句在語意上前後依次推進。常用或可能用的連詞、副詞或關連詞為「不但（不僅）……而且（並且）」、「何況」、「甚至」、「尚且……何況」、「不但……反而」、「而」、「且」、「連……都」、「非徒……又」等。如：

(1)《孟子・公孫丑上》：「非徒（無益），而又（害之）。」

(2)劉義慶《世說新語・言語》：「服五石散，非唯（治病），亦（覺神明清朗）。」

(3)司馬光〈訓儉示康〉：「（汝非徒身當服行），（當以訓汝子孫，使知前輩之風俗云）。」

(4)白居易〈與元微之書〉：「（此句他人尚不可聞），況（僕心哉）！」

(5)蔣夢麟〈故都的回憶〉：「中國的名畫，不僅（力求外貌的近似），而且（要表現動態、聲音、色澤和特徵）。」

4. 選擇關係

兩個分句所表示的事物不能同時並存，不是任選其一，就是必居其一。常用或可能用的連詞、副詞或關連詞為「或」、「或者」、「還是……還是」、「要麼……要麼」、「不是……就是」等。如：

(1)「（你是繼續升學呢）？還是（就業去）？」

(2)《孟子・梁惠王上》：「兵刃既接，棄甲曳兵而走。或（百步而後止），或（五十步而後止）。」

(3)這一向不是（下雨），就是（颳風），簡直沒遇到好天。

(4)《孟子・公孫丑下》：「（前日之不受是），則（今日之受非也）；（今日之受是），則（前日之不受非也）。」

以上四例中，前二例是相商的（第一例用詢問語氣，第二例用敘說語氣），是任選其一的；後二例是相消的，是必居其一的。

(二)偏正複句

偏正複句之間的關係是不平等的，有主從正副之分，常用或可能用表示偏正關係的連詞或關連詞。又可以分為四小類：

1.因果關係

兩個分句中，有一個表示原因，是偏項，常用或可能用「因為」、「由於」、「既然」等連詞或副詞；另一個表示結果，是正項，常用或可能用「所以」、「因此」、「從而」、「以致」等連詞或副詞。原因分句前置的，如：

(1)因為（你沒有來），所以（大家的興致都差了）。

(2)諸葛亮〈出師表〉：「（先帝知臣謹慎），故（臨崩寄臣以大事也）。」

(3)李密〈陳情表〉：「（臣以供養無主），（辭不赴命）。」

(4)陶淵明〈桃花源記〉：「（先世避秦時亂），（率妻子邑人來此絕境）。」

後果分句前置的，如：

(1)《孟子・離婁上》：「（舜不告而娶），為（無後也）。」

(2)王禹偁〈黃州新建小竹樓記〉：「（竹工破之，刳去其節，用代陶瓦，比屋皆然），以（其價廉而工省也）。」

（3）蘇軾〈題西林壁〉：「（不識廬山真面目），（只緣身在此山中）。」

2. 條件關係

兩個分句有條件和結果的關係。偏項分句表示條件，正項分句表示結果。有些假設性的條件，也屬於這一類複句。表示條件的分句常用或可能用「如果」、「假如」、「倘若」、「若是」、「除非」、「除了」、「只有」、「不管」、「無論」、「誠」、「令」、「苟」等連詞或副詞。表示結果的分句常用或可能用「那麼」、「那就」、「才」、「都」、「則」、「將」等連詞或副詞。如：

（1）蘇軾〈赤壁賦〉：「苟（非吾之所有），（雖一毫而莫取）。」

（2）蘇軾〈教戰守策〉：「（天下果未能去兵），則（其一旦將以不教之民而驅之戰）。」

（3）王昌齡〈出塞〉：「（但使龍城飛將在，不教胡馬度陰山）。」

（4）梁啟超〈最苦與最樂〉：「（處處盡責任），便（處處快樂）。」

（5）韓愈〈祭十二郎文〉：「（吾力能改葬），（終葬汝於先人之兆）。」

（6）（除了不能唱歌以外），（別的都可以奉陪）。

3. 轉折關係

兩個分句所敘述的事不諧和，或是意相背戾，多半是後違反前或否定前。常用或可能用「然」、「而」、「乃」、「然而」、「但是」、「可是」、「只是」、「不過」、「顧」、「反」、「卻」等連詞或副詞。如：

（1）曹丕《典論・論文》：「（孔融體氣高妙，有過人者）；然（不能持論，理不勝辭）。」

（2）諸葛亮〈出師表〉：「（先帝創業未半），而（中道崩殂）。」

(3)徐志摩〈我所知道的康橋〉：「（英國人是不輕易笑人的），但是（小心他們不出聲的皺眉）。」

(4)歸有光〈先妣事略〉：「（孺人不憂米鹽），乃（勞苦若不謀夕）。」

4.擒縱關係

兩個分句處於對立地位，先承認或容許一個分句所表示的事實或理由的存在，然後用另一分句表示正意，又稱讓步關係。表示讓步的分句是偏項，表示轉折的分句是正項。讓步分句常用或可能用「雖」（文言）、「雖然」（白話）、「縱」（文言）、「縱然」（白話）、「儘管」、「即使」、「哪怕」等連詞或副詞；轉折分句常用或可能用「但是」、「然而」、「而」、「卻」、「不過」、「可是」等連詞或副詞。又可分兩種：

(1)容認關係：承認偏項分句為事實，但容許正項分句成立。如：

a.歸有光〈先妣事略〉：「雖（至箠楚），（皆不忍有後言）。」

b.司馬遷《史記．李將軍列傳》：「（此言雖小），（可以喻大也）。」

c.別看（他年紀輕），倒是（事事精通）。

d.陳之藩〈哲學家皇帝〉：「雖然（眼前景色這樣靜、這樣美），但（在我腦筋中依然是日間同事們的緊張面孔和急促步伐的影子）。」

(2)縱予關係：偏項分句承認假設的事實，不像容認關係所承認的是事實。如：

a.《左傳．定公元年》：「縱（子忘之），（山川鬼神其忘諸乎）？」

b.袁枚〈祭妹文〉：「然而汝已不在人間，則雖（年光倒流，兒時可再），而亦（無與為證印者矣）。」

c.即使（明天下雨），（我也要去郊遊）。

d.哪怕（你殺了我），（我也不幹）。

擒縱關係複句和轉折關係複句很接近，但轉折關係的偏項分句不表示正項分句將有轉折，擒縱關係的偏項分句已預作勢，表示正項分句將有轉折。

(三)主謂複句

兩個分句，一個總括地提出了一種現象，另一個對它解釋說明。這種現象，一如句的主謂關係一般，因此列為主謂複句。又可分為兩小類：

1. 解證關係

一個分句解釋另一分句，可能用「如」、「似」、「例如」、「即」等連詞或副詞。如：

(1)（我有一個哥哥），（他在臺北讀書）。

(2)李煜〈虞美人〉：「（問君能有幾多愁）？恰似（一江春水向東流）。」

2. 分說關係

第二分句以複句形式分別說明第一分句，或第二分句總括說明具有複句形式的第一分句。如：

(1)（歷史上的戰爭分為兩類）：（一類是正義的，一類是非正義的）。

(2)《孟子・滕文公下》：「（富貴不能淫，貧賤不能移，威武不能屈）。（此之謂大丈夫）。」

六、省略

人類用語句來表達情意，但在實際語言環境中，對於所要表達的內容有所省略，但依然能表達所要表達的內容。

依照文法結構來觀察，省略可分兩類：

1.句成分的省略

所謂「句成分」是指句的直接成分，句由主部謂部構成，但在特定文法環境中，可以只具有主部或謂部一個成分的句，不具備的成分是省略的結果，而成為「畸零句」。對話中的畸零句如：

(1)甲：「這本書賣多少錢？」乙：「三百元。」乙所回答的，是全句謂部中的賓語，全句應該是「這本書賣三百元。」「這本書賣」四個字省略了，「三百元」仍要看成句。

(2)媽媽：「誰打破了茶杯？」姐姐：「弟弟。」姐姐的回答只說出主部，如果用完整句回答，應該是「弟弟打破了茶杯。」姐姐省去了全句的謂部，只用主部回答，仍是句。

文章中的畸零句如：

(1)陶淵明〈桃花源記〉：「晉太元中，武陵人，捕魚為業，緣溪行，忘路之遠近。」「緣溪行」以下兩分句的主部「武陵人」都承上省略了，雖然不能個個具備「主部」、「謂部」完整結構，每句只有「謂部」成分，仍然要看成句。

(2)潘希珍〈母親的書〉：「我就知道媽媽今兒晚上心裡高興，要在書房裡陪伴我，就著一盞菜油燈光，給爸爸繡拖鞋面了。」這一段中有四個分句，除第一分句有主部，為完整性外，第二分句以下，都承上省略了主部「媽媽」，而成為畸零句。

2.句成分之成分的省略

所謂「句成分之成分」是指句的間接成分。

下列諸句中，省略的部分用（　）括出，它們不直接當句的主部或謂部，只是主部或謂部的某一成分（含其間接成分）而已。如：

(1)韓愈〈祭十二郎文〉：「吾力能改葬（汝），終葬汝於先人之兆。」

(2)我吃牛肉麵，他吃牛肉麵，你（吃不吃牛肉麵）呢？」

(3)《論語・學而》：「學（之）而時習之，不亦說乎？」

至於產生省略的原因，大致可分為兩大類：

1.文法省略

所省略之成分，可從上下文找出，凡可在上找到的，稱「承上省略」，凡可在下找到的，稱「探下省略」，如：（原文省略部分用（　）附出）

(1)方苞〈左忠毅公軼事〉：「公閱畢，（公）即解貂覆生。」——承上省略。

(2)甲：「這本書賣多少錢？」乙：「（這本書賣）三百元。」——承上省略。

(3)《論語・學而》：「學（之）而時習之，不亦說乎？」——探下省略。

(4)《詩・豳風・七月》：「五月斯螽動股，六月莎雞振羽，七月（蟋蟀）在野，八月（蟋蟀）在宇，九月（蟋蟀）在戶，十月蟋蟀入我床下。」——探下省略。

2.義理省略

所省略之成分，雖不能從上下文找出，但能以推理方式理解出所省略者為何，又可分為：

(1)當前省略：(原文省略部分用（　）附出)

a.主人：「(您)請坐。」訪客：「(我)謝謝(您)。」

b.(本廠)謝絕參觀——工廠門口豎牌。

c.書信用語：「(君)近讀何書?」「(我)昨晤令兄，(我)備悉(君)佳況。」

(2)概括省略：凡屬人人皆可通用者，其對象多予省略。格言或口號，多半不帶主部，《論語》為孔子語錄，泰半為格言，常無主部，如：「學而時習之」的主部為「人人」，省略不說，即為此例。

(3)推理省略：在特定的語文環境中，由推理方式可確定所指為何人何事何物而不說出的屬之。如李密〈陳情表〉中「慈父見背」句，背的對象，由推理可知一定是李密本人。很多在上文或下文不能找到省略的原文，但在通篇中，卻可確指省略者為何的，大多屬於此類。

以上兩大類可合稱「文法省略」，此「文法省略」為廣義的意義。

第五節　國文文法學相關知識

一、國文文法學簡史

國文文法學綜合古今及臺海兩岸發展情況，約略可分為四個時期：

1. 草昧時期：戰國時代至晚清（西元前四七五～西元一八九七年）。
2. 創始時期：晚清至五四運動（西元一八九七～一九一九年）。

3.奠基時期：五四運動至臺海兩岸隔離（西元一九一九～一九四九年）。

4.宏揚時期：臺海兩岸隔離至今（西元一九四九～）。

茲簡單分述四期特點：

草昧期：只要有語言，就有語法，因為語法是語言的結構規則，而語法學（文法學）即是將這些規則抽象出來，作系統地研究與說明的科學。在草昧期，尚未有此種科學出現，在一些著作或訓詁注釋中，雖有些許涉及文法現象之說明，終難稱為完整之系統。像劉淇之《助字辨略》、王引之之《經傳釋詞》，詮釋虛詞頗為詳盡，然虛詞只是文法的詞類之一，而諸作充其量也只能說為虛詞的訓詁書或詞典而已。此期介紹完整文法體系的著作尚未產生，故稱為草昧期。

創始期：馬建忠於西元一八九八年出版《文通》，《文通》是我國第一部系統地研究古代漢語文法的著作，它仿效拉丁語的文法著作編寫而成，是我國文法學著作的鼻祖。這本書有幾個特點：

1.在文法學上，開創吸收外國文化的先例。

2.以漢語文言文為基礎作文法研究。

3.確立了文法學的科學。

4.解釋了一些前人未說及的漢語特殊性事實。

但這本書也有不少缺點，較重要者為：

1.對於西洋語法機械模仿，生搬硬套，於是詳於所同，略於所異。

2.全以意義方面研究文法，與訓詁學未能劃清界線。

3. 認為詞無定類，不符合實際情況。

4. 混同字與詞、語法與修辭、上古文法與中古文法。

這本書儘管有缺點，但它畢竟為中國文法學點燃了火種，繼踵者不乏其人，至五四運動期間，所作大抵沒有脫離《文通》格局，但或多或少作了補充。

奠基期：這一期前期以黎錦熙的《新著國語文法》為代表。黎書與《文通》相同處固不在少，但相異處亦多，其要者為：

1. 取材之異：《文通》討論文言，黎書討論現代漢語。

2. 所重之異：《文通》重詞法，黎書重句法。

3. 分類之異：

(1)《文通》分主次、賓次、偏次、同次四個次；黎書分主位、賓位、補位、領位、副位、同位、呼位七個位。

(2)《文通》分句子成分為起詞、語詞、止詞、加詞；黎書分為主語、述語、賓語、補足語、形容的附加語、副詞的附加語，且用圖解法分析句子。

(3)《文通》分句子為傳信、傳疑兩類；黎書則分決定、商榷、疑問、驚嘆四類。

以上這些不同，正是開啟後世文法發展的催化劑。

這一期的後期，有幾個重要文法工作者出現，在此之前，文法難免羈絆於對西洋語法的模仿，後期的學者則不然。一九三八年，在大陸引起中國文法革新討論，探索了漢語語法的特點和研究方法，建立了漢語語法的新體系，於是文法進入了革新階段。這次討論後新著作陸續出版，重要著作有王力的《中國現代語法》、《中國語法理論》、呂叔湘《中國文法要略》及高名凱《漢語語法論》等。這一期作者，多半能從中國文法事實中，擺脫西洋文法羈絆，就事論事，自立門戶，獲得不惡成績。但畢竟各有所見，即有所偏，諸家著作，仍不能達到至高權威的境地，但比起創始期，則跨出了一大步，而成為後世發展的奠基，則無可疑。

宏揚期：大陸與臺灣分隔後，漢語文法發展，依循不同路線發展。大陸方面，以現代漢語為中心，先後有《現代漢語語法講話》、《漢語語法常識》、《暫擬漢語教學語法系統簡述》等，雖多以普及為目的，要皆各有特點，而有其獨特的文法學術價值。

宏揚期後期在文化大革命動亂之後。一九七八年先後兩次會議，討論了許多文法體系問題。經此討論之後，雖然意見未能統一，但對文法解釋，也有了較統一的解釋，大致以文法功能和意義統合為一而加以解釋，張靜的《新編現代漢語》，黃伯榮等主編的《現代漢語》，則成為全國高等學校文科統編教材。

在臺灣，以師範教育為中心，許世瑛先生的《中國文法講話》成為臺灣教育界文法教學主流。《講話》實際以王力與呂叔湘的著作為基礎綜合而成。許先生教授於臺灣師範大學，臺灣的教育界文法系統多出其下，因此數十年來，臺灣的文法系統仍多維持奠基期的說法，雖有學者繼起，但學術與教學分割為二，因此中等教育以上文法教學系統，仍以許先生之說為其主流，包括國定教科書編輯者，亦多出於許先生門下，其文法詮釋，以許先生之說為說，自不待多言。

臺海兩岸，現正出現統合交流新契機，自文法學創始至今只近百年，此後統合發展，前程正無限量。

總而言之，中外文法容有許多相似處，然相異處正為各語族本身之特色，發展漢語文法而至至美至善，正是我們這一代的責任。

二、國文文法學重要參考資料

1. 草昧期

王引之：《經傳釋詞》

劉淇：《助字辨略》

2. 創始期

馬建忠：《文通》

楊樹達：《高等國文法》、《詞詮》

陳承澤：《國文法草創》

3. 發展期

黎錦熙：《新著國語文法》

陸志韋：《國語單音詞詞彙——序論》

王力：《中國現代語法》、《中國語法理論》

呂叔湘：《中國文法要略》

高名凱：《漢語語法論》

許世瑛：《中國文法講話》、《常用虛字用法淺釋》

斐學海：《古書虛字集釋》

4.宏揚期

呂叔湘、朱德熙：《語法修辭講話》

中國科學院：《現代漢語語法講話》

黎錦熙、劉世儒：《漢語語法教材》

人民教育出版社：《暫擬漢語教學語法系統簡述》

張靜：《新編現代漢語》、《漢語語法問題》

黃伯榮、廖東序：《現代漢語》

呂叔湘：《漢語語法分析問題》、《現代漢語八百詞》

陸志韋：《漢語的構詞法》

趙元任：《中國話的文法》

朱德熙：《現代漢語語法研究》

上海教育出版社：《漢語知識講話》（六冊）

周法高：《古代漢語語法》

以上只是列舉重要而實用的中文文法著作，至於單篇論文及外文著作，以不勝枚舉，姑且從略，大抵有心研究中國文法者，能閱讀上述著作，當有整體概念而不必外求矣。

修辭學

黃慶萱

第一節　修辭學的定義

修辭學是研究在不同的語境下，如何調整語文表意的方法，設計語文優美的形式，使精確而生動地表出說者或作者的意象，期能引起聽者或讀者共鳴的一種藝術。分析地說：

修辭的原素，是作者的意象。這兒所說的「作者」，包括寫作者和說話者。所謂「意象」，是由作者主觀意識所選擇而組織成的客觀形象。

修辭的媒介，是語辭和文辭。語辭和文辭都是傳情達意的符號。修辭不但要修飾文辭，使文章寫得精確而優美；也要修飾語辭，使話說得得體而動人。

修辭的方式，分調整和設計。感歎、設問、引用、轉品、誇飾、示現、譬喻、借代、轉化、映襯、雙關、呼告……，都屬於表意方法的調整。類疊、對偶、回文、排比、層遞、頂針、鑲嵌、錯綜、跳脫……，都屬於優美形式的設計。

修辭的原則，要求精確而生動。大致上說，科學的說明或記述僅僅要求精確，以平實地傳達客觀的真實為目的，力避主觀的色彩。而文學的語言以藝術地表現直覺的感受為目的，除精確描述自己的感受之外，更要求生動。

修辭的目的，要引起別人的共鳴。當修辭的媒介是語辭的時候，它以說服別人為目的；當修辭的媒介是文辭的時候，它以感動別人為目的。其實都是要引起別人的共鳴。

修辭的性質，屬於價值學科的一種。關於學術，通常可分下列六種層次：一、形式科學，如數學、邏輯等；二、物理科學，如物理、化學等；三、生物科學，如動物學、生理學等；四、行為科學，如政治學、語言學等；五、價值學科，如美學、倫理學等；六、哲學，乃對宇宙人生各種問題，作全盤性的深入研究，窮究其基本原因，並企圖作徹底解決，因而成立系統的理論。在這六種層次裡，修辭學的雙腳踩立在行為科學中的語言文字學的基礎之上；它的理想要求修辭立誠，讓頭腦伸入哲學的領空；而其本身是價值學科的一種，是一種追求文辭語辭之美的藝術。

第二節　修辭學的內容

傳統的修辭學，常以「謀篇」、「裁章」、「鍊句」、「遣詞」為主要內容。所謂謀篇，是指全篇的營構，包括命意、選材和布局。所謂裁章，是指一段的營構，也就是積句成段的方法。所謂鍊句，是指一句的營構，務使文句生動、有力、華美而富變化。所謂遣詞，是指詞彙的營構，包括詞的選擇、鍛鍊和運用。由於段的營構每雷同於篇的營構；遣詞的方法又多為鍊句的方法；所以，近代修辭學者逐漸少用這種分類法。

代之而起的，有所謂修辭學的兩大分野：「消極修辭」和「積極修辭」。所謂消極修辭，是用普通的方法，來敘述、說明一件事物或一種道理，講求客觀和條理。敘述事物，必須合乎事物的真相；說明道理，必須遵守論理的規則。其高下常視敘述之切合事實的程度，與說明之清晰程度而決定。於是，語意明確，用詞貼切，前後通貫，就成為消極修辭的必要條件。學術論文、史實記載、法規條文、學校教科書，大抵都採用消極修辭法來寫作。所謂積極修辭，則刻意使用特殊的方法或形式，來表現自己的情感和意見。這種情感，固然也出於對事物的直覺感受；這種意見，固然也包含一些道理；但是，並不拘限於事實和道理，而以生動地呈現個人巧妙的文思為其目的。有時甚至如蘇軾所說的：「以奇趣為宗，反常合道為趣。」於是，表意方法的調整，優美形式的設計，就成為積極修辭的必要手段。抒情的書信、動人的演說和所有傑出的文學作品，都比較喜歡採用積極修辭法。

消極修辭、積極修辭的界限何在？在實際的談話與寫作中，是否有只用消極修辭而不用積極修辭，或只用積極修辭而不用消極修辭的現象？還有，所謂消極修辭，其屬於語法學的成分與屬於修辭學的成分，究竟何者為多？顯然，兩大分野說問題仍多，無法圓滿解決修辭現象的分類問題。

本文分修辭的內容為「表意方法的調整」和「優美形式的設計」，大抵偏重於積極修辭方面；而消極修辭的明確、貼切、通貫等原則自在其中。至於風神、氣骨、情韻、意境等等，這些更高層次的修辭講究，不僅講方法，更重在素養與功力，就留給學者將來進一步去修鍊了。

一、表意方法的調整

我個人有一種想法：辭格的排列應該考慮到文化演進、邏輯結構、學習心理諸方面，方能作合理安排。包括語言在內，人類所有的文化乃淵源於對事物的驚歎，所以列「感歎」為第一，而「感歎」也正是最原始的修辭法！如果僅僅只在感歎，解決不了問題。子入太廟，不是每事問嗎？故列「設問」為第二。儘管春去秋來，秦月漢關，這個地球還是這個地球；歷經生老病死，離合悲歡，我們人類還是人類。客體與主體在變中有不變者在。今天發生的狀況，千百年前可能發生過了。當你描述時，參考一下古人所寫的如何？你甚至可以整句抄寫下來，來支持你自己所寫的：因而有「引用」第三。演變到此，峰迴路轉，再就文字語法上講求變化，於是有「轉品」第四。由字、詞而語句，你可以把語句講得誇張些。於是有「夸飾」第五。你更可以把實際上不聞不見的事說得如見如聞，於是有「示現」第六。以上大致上屬單一意念之表出。單一意念之外，還有複合意念。有以甲喻乙的，是「譬喻」第七；有借甲代乙的，是「借代」第八；有視甲為乙的，是「轉化」第九；有甲乙相對照的，是「映襯」第十；有說甲意兼指與甲音義相關的乙的，是「雙關」第十一；至於「呼告」第十二，中有帶示現性質、譬喻性質與轉化性質的，就學習心理而言，必須在「示現」、「譬喻」、「轉化」之後才可以討論，所以放在此篇之末，與首章「感歎」，正好構成呼應的關係。表意方法的調整，當然不只這十二種，拙著《修辭學》還提到「摹況」、「仿擬」、「藏詞」、「飛白」、「析字」、「婉曲」、「倒反」、「象徵」。唐松波、黃建霖主編，中國國際廣播出版社出版的《漢語修辭格大辭典》（一九八九）分辭格為語義類、佈置類、辭趣類、文學類，計四大類一百五十六格。其中除佈置類自四十四至九十，計四十七格外，其餘一百〇九格全屬表意方法的調整。方式就更多的，真有點累人的！

㈠感歎

當一個人遇到可喜、可怒、可哀、可樂的事物，常會以表露情感的呼聲，來強調內心的驚訝或贊歎、傷感或痛惜、歡笑或譏嘲、憤怒或鄙斥、希冀或需要。這種以呼聲表露情感的修辭法，就叫「感歎」。

感歎的方式有三：

1. 利用歎詞構成的感歎句

(1)噫！微斯人，吾誰與歸？（范仲淹〈岳陽樓記〉）

(2)噯喲，那可真危險了！（梁啟超〈為學與做人〉）

(3)又是螞蟻幹的好事，哦，可惡！（蘇梅〈禿的梧桐〉）

(4)喝！還不賴，居然賽個平手。（馬森〈孤絕〉）

2. 利用助詞構成的感歎句

(1)飽食終日，無所用心，難矣哉！（《論語・陽貨》）

(2)小人之好議論，不樂成人之美，如是哉！（韓愈〈張中丞傳後敘〉）

(3)最奇怪的是昨天街上的那個女人，打她兒子，嘴裡說道：「老子呀！我要咬你幾口纔出氣！」她眼睛卻看著我。（魯迅《狂人日記》）

(4)故鄉啊！我只熟悉你，熟悉你的形，你的影，你的神。（蕭蕭〈美的激動〉）

3. 利用歎詞和助詞構成的感歎句

(1)今人乃以儉相詬病，嘻，異哉！（司馬光〈訓儉示康〉）

(2)嗚呼！此其所以為子房歟？（蘇軾〈留侯論〉）

(3)哦，不，不，她笑了，而且很和藹地對他說：「你弄錯了，那是鏡子呀！」（蔣夢麟〈故都的回憶〉）

(4)喲，同年嫂，我們是肚飢裝出飽相人，也難著呢！（鍾理和〈雨〉）

㈡設問

為了引起對方注意，講話行文故意採用詢問語氣，叫做「設問」。設問可能由於心中確有疑問，我們就稱之為「懸問」。也可能心中早有定見，只是為促使對方自省，這種「內心已有定見的設問」，方式有二：其一，為激發本意而發問，叫做「激問」。激問的答案必定在問題的反面，所以也稱「反問」。其二，為提起下文而發問，叫做「提問」。提問之後，一定附有答案。

現分別舉例說明於下：

1. 懸問：答案不知道。

(1)以君之力，曾不能損魁父之丘，如太形、王屋何？且焉置土石？（《列子・湯問》）

(2)貧者語於富者曰：「吾欲之南海，何如？」富者曰：「子何恃而往？」（彭端淑〈為學一首示子姪〉）

(3)諸君啊！你現在懷疑嗎？沉悶嗎？悲哀痛苦嗎？覺得外邊的壓迫你不能抵抗嗎？（梁啟超〈為學與做人〉）

(4)誰來告訴我們生命的定義？誰來指定我們奉獻的祭壇？誰來詮釋理想和信仰？誰來揭開永恆的奧

秘？（張曉風〈給我們一個年輕人〉）

2.激問：答案在問題的反面。

(1)無父何怙？無母何恃？（《詩經・小雅・蓼莪》）

(2)兩兔傍地走，安能辨我是雄雌？（佚名〈木蘭詩〉）

(3)是君子之所難，而小人之所易也。此豈近於人情哉？（歐陽脩〈縱囚論〉）

(4)遇到這樣沉悶、無聊、淒清、難受的天氣，誰不希望有朋友來訪？誰不希望跟朋友無拘無束的談笑？（繆天華〈寒花墜露〉）

3.提問：答案在問題的後面。

(1)夫當今生民之患，果安在哉？在於知安而不知危，能逸而不能勞。（蘇軾〈教戰守策〉）

(2)你道鐵公是誰？就是明初與燕王為難的那個鐵鉉。（劉鶚〈大明湖〉）

(3)什麼叫做大事呢？大概地說，無論那一件事情，只要從頭至尾徹底做成功，便是大事。（孫文〈立志做大事〉）

(4)甚麼是路？就是從沒有路的地方踏出來的，從只有荊棘的地方開闢出來的。（魯迅〈生命的路〉）

(三)引用

語文中援用別人的話或典故、俗語等，叫「引用」。引用是一種訴之於權威或訴之於大眾的修辭法，利用一般人對權威的崇拜及對大眾意見的尊重，以加強自己言論的說服力。下面舉例說明引用的兩種方式：

1. 明引

明白指出所引的話出自何處，叫做「明引」。

(1)孔子曰：「求！周任有言曰：『陳力就列，不能者止。』」（《論語・季氏》）

(2)試用於昔日，先帝稱之曰「能」。（諸葛亮〈出師表〉）

(3)客曰：「『月明星稀，烏鵲南飛。』此非曹孟德之詩乎？」（蘇軾〈赤壁賦〉）

(4)古人說：「人在畫圖中。」實在不錯。（吳敬梓〈王冕的少年時代〉）

2. 暗用

引用時不曾指明出處，就叫「暗用」。

(1)棄燕雀之小志，慕鴻鵠以高翔。（丘遲〈與陳伯之書〉）

案：暗用《史記・陳涉世家》：「燕雀安知鴻鵠之志哉？」而有所改動。

(2)孔文子「不恥下問」，夫子賢之。（劉開〈問說〉）

案：語見《論語・公冶長》：「……子曰：『敏而好學，不恥下問，是以謂之文也。』」

(3)夢湘先生論得透徹極了，「於我心有戚戚焉」。（劉鶚〈明湖居聽書〉）

案：「於我心有戚戚焉」語見《孟子・梁惠王上》。

(4)「吹面不寒楊柳風」，不錯的，像母親的手撫摸著你。（朱自清〈春〉）

案：「吹面不寒楊柳風」，是宋朝僧人志南的詩句。

(四)轉品

一個詞彙，改變其原來詞性而在語文中出現，叫做「轉品」。

漢語自古即多轉品，這是因為漢語是一種孤立語，其詞彙很少因為語句上的功用不同而產生文字形式上的變化，多半從其在語句中的位置判別詞性。換句話說，漢語中的同一詞彙，由於在句中位置次序的不同，可以作名詞、動詞、形容詞等使用，而不需改變字形。這就是轉品修辭法在語言學上的基礎。

1. 名詞用作動詞

(1)於是齊侯以晏子之觴而觴桓子。（錢公輔〈義田記〉）

(2)公奈何不禮壯士？（宋濂〈秦士錄〉）

(3)我只是為學問而學問，為勞動而勞動。（梁啟超〈為學與做人〉）

2. 名詞用作形容詞

(1)割雞焉用牛刀？（《論語・陽貨》）

(2)錦衣玉食。（司馬光〈訓儉示康〉）

(3)我是很拉丁的，每年，有一次文藝復興。（余光中〈我是很拉丁的〉）

3. 名詞用作副詞

(1)蠶食諸侯，使秦成帝業。（李斯〈諫逐客書〉）

(2)飄飄乎如遺世獨立，羽化而登仙。（蘇軾〈赤壁賦〉）

(3)紅的火紅，白的雪白。（劉鶚〈大明湖〉）

4. 動詞用作名詞

(1)有不虞之譽，有求全之毀。(《孟子・離婁》)
(2)席不正不坐，割不正不食。(韓嬰《韓詩外傳》)
(3)不該向築路的人，寄予由衷的感謝嗎？(熊崑珍〈路〉)

5. 動詞用作形容詞

(1)落英繽紛。(陶淵明〈桃花源記〉)
(2)遷客騷人，多會於此。(范仲淹〈岳陽樓記〉)
(3)有幾隻歸鳥從他們頭上飛過。(陳醉雲〈鄉下人家〉)

6. 動詞用作副詞

(1)爭割地而賂秦。(賈誼〈過秦論〉)
(2)廣殺其二人，生得一人，果匈奴射雕者也。(司馬遷《史記・李將軍列傳》)
(3)他斬釘截鐵地說了這幾句話，然後詢問地望著我。(劉賓雁〈在橋樑工地上〉)

7. 形容詞用作名詞

(1)今我告爾以老，歸爾以事。(鄭玄〈戒子益恩書〉)
(2)吾資之昏，不逮人也；吾材之庸，不逮人也。(彭端淑〈為學一首示子姪〉)
(3)你分不清他們究竟是唱出了快樂，還是唱出了哀愁。(吳延玫〈火鷓鴣鳥〉)

8. 形容詞用作動詞

(1)親賢臣，遠小人。(諸葛亮〈出師表〉)

(2)白了少年頭。(岳飛〈滿江紅〉)

(3)這時候，春光已是爛漫在人間。(徐志摩〈我所知道的康橋〉)

9. 形容詞用作副詞

(1)視吾家所寡有者。(《戰國策‧馮諼客孟嘗君》)

(2)微升古塞外，已隱暮雲端。(杜甫〈初月〉)

(3)細細欣賞山水，時時出外旅行。(李霖燦〈山水與人生〉)

(五)誇飾

語文中誇張鋪飾，超過了客觀事實的，叫做「誇飾」。

誇飾的主觀因素是作者要出語驚人；誇飾的客觀因素是讀者的好奇心理。

誇飾的對象，有空間的、時間的、物象的、人情的種種，在我國文學作品中，存在著不少誇飾的例子。

1. 空間的誇飾

(1)太形、王屋二山，方七百里，高萬仞。(《列子‧湯問》)

(2)陰風怒號，濁浪排空，日星隱耀，山岳潛形。(范仲淹〈岳陽樓記〉)

(3)忽有龐然大物，拔山倒樹而來，蓋一癩蝦蟆也。(沈復〈兒時記趣〉)

(4)柔嘉雖然比不上法國劇人貝恩哈脫，腰身纖細得一粒奎寧丸吞到肚子裡就像懷孕，但瘦削是不能否認的。(錢鍾書《圍城》)

2.時間的誇飾

(1)子在齊聞〈韶〉，三月不知肉味。(《論語・述而》)

(2)愁腸已斷無由醉，酒未到，先成淚。(范仲淹〈御街行〉)

(3)我們個人的生命……短促地曇華一現。(蔣中正〈為學做人與復興民族〉)

(4)左邊的鞋印才下午，右邊的鞋印已黃昏了。(洛夫〈煙之外〉)

3.物象的誇飾

(1)班聲動而北風起，劍氣沖而南斗平。(駱賓王〈為徐敬業討武曌檄〉)

(2)草木為之含悲，風雲因而變色。(孫文〈黃花岡烈士事略序〉)

(3)義大利的麵包倒不黑，可是硬得像鞋底。有些父母喜歡在飯桌上教訓兒女，在義大利可不妥當。萬一愈說愈氣，拿起麵包當戒尺，非把小嫩肉打出血來不可。(鍾梅音〈生活與生存〉)

(4)每一棵竹子都在不顧一切的往上鑽挺，看起來就好像要去捕星星、摘月亮，也好像是大家一起去搶奪那片藍藍的天空。(張騰蛟〈溪頭的竹子〉)

4.人情的誇飾

(1)竭誠則胡越為一體，傲物則骨肉為行路。(魏徵〈諫太宗十思疏〉)

(2)初聞涕淚滿衣裳。(杜甫〈聞官軍收河南河北〉)

(3)論其摧剝，金石可銷，況於血氣？(汪中〈先母鄒孺人靈表〉)

(4)過了紅磚道，一群挾書的男女擋住了他，不知談到什麼新鮮事，大家哄地笑起來，笑得陽光碎成

千萬金片。（李赫〈煙火〉）

㈥示現

利用人類的想像力，把實際上不聞不見的事物，說得如見如聞的修辭方法，就叫做「示現」。示現是作者把觀察及想像所得，活神活現地描述一番，使讀者感官上也似有所見，如有所聞，因而產生情緒上的共鳴。從心理學方面來觀察，最能引起人的注意力的，不是過去的事，不是未來的事；也不是遠方的事，別人的事；而是現在自己跟前正在發生的事情。示現恰好滿足了這種心理要求。

示現依其性質，又可分為「追述的」、「預言的」、「懸想的」三種：

1. 追述的示現

就是把過去的事跡說得彷彿還在眼前一樣。如：

(1)長橋臥波，未雲何龍？複道行空，不霽何虹？高低冥迷，不知西東；歌臺響暖，春光融融。（杜牧〈阿房宮賦〉）

(2)在初夏陽光漸暖時你去買一隻小船，划去橋邊蔭下躺著，念你的書或是做你的夢，槐花香在水面上飄浮，魚群的唼喋聲在你的耳邊挑逗。（徐志摩〈我所知道的康橋〉）

(3)看！凱阿西斯的刀就是從這裡戳進去的；看凶狠的喀司客弄了這麼大的一個裂縫；大家愛戴的布魯特斯是從這個地方戳進去的，他拔出那把凶惡的刀子的時候，你們看西撒的血是怎樣的跟著流了出來，就好像是急急的竄出門外，看看究竟是不是布魯特斯來下這樣的毒手！（莎士比亞著、梁實秋譯《朱利阿斯・西撒》）

2. 預言的示現

就是把未來的事情說得彷彿已經發生在眼前一樣。如：

(1)子胥曰：「今王棄忠信之言，以順敵人之欲，臣必見越之破吳。豸鹿游於姑胥之臺，荊榛蔓於宮闕。」(趙煜《吳越春秋》)

(2)君問歸期未有期，巴山夜雨漲秋池。何當共翦西窗燭，卻話巴山夜雨時。(李商隱〈夜雨寄北〉)

(3)綠葉叢中紫羅蘭的囁嚅，芳草裡鈴蘭的耳語，流泉邊迎春花的低笑，你聽不見嗎？我是聽得很清楚的：她們打扮整齊了，只等春之女神揭起繡幕，便要一個個出場演奏。現在她們有點浮動，有點不耐煩，春是準備的，等待的。(蘇梅〈青春〉)

3. 懸想的示現

把想像的事情說得像真在眼前一樣。如：

(1)今夜鄜州月，閨中只獨看。遙憐小兒女，未解憶長安。香霧雲鬟溼，清輝玉臂寒，何時依虛幌，雙照淚痕乾。(杜甫〈月夜〉)

(2)「第二首曲子是〈揚子江〉，若是你們沒有看過長江，運用你們的想像力吧。」我便在音樂匯同文學的領域裡，輕而易舉的神遊起來。嗚嗚清越的笛聲，時而是一瀉千里的大江境界，時而是李白筆下的「兩岸猿聲啼不住，輕舟已過萬重山」，或是「孤帆遠影碧空盡，唯見長江天際流」，時而是諸葛亮的「八陣圖」，後來竟出現酈道元筆下的《水經注》，時而重嶺疊嶂，時而湍流清澈。(鍾玲〈夢斗塔湖畔〉)

(3)剛查耳斯遺憾地表示道：像這樣的天氣，既不太熱，又不下雨，對於球賽真是十全十美。然後他開始盡其可能的從事於想像——更衣室中那股熟悉的藥油氣味，觀眾擁塞的看臺，球員們的綠色球衣在褐色土地上襯得鮮明奪目。休息時間的檸檬，以及那能以萬點清涼而爽潤焦喉的成瓶檸檬水。（卡繆著、周行之譯《瘟疫》）

(七)譬喻

譬喻是一種「借彼喻此」的修辭法。凡二件或二件以上的事物中有類似之點，說話作文時，運用「那」有類似點的事物來比方說明「這」件事物的，就叫做「譬喻」。例如《論語．為政》：「為政以德，譬如北辰，居其所而眾星共之。」「為政以德」與「北辰」有類似之點，那就是：「居其所而眾人共之」，於是用那「北辰」比方說明這「為政以德」，就是譬喻了。

譬喻，是由「本體」、「喻體」、「喻詞」三者配合而成的。所謂本體是所要說明的事物主體，如上例中的「為政以德」；所謂喻體是用來比方說明此一主體的，如上例中的「北辰」；所謂喻詞是連接本體和喻體的語詞，如上例中的「譬如」。由於本體、喻詞的省略或改變，譬喻可分為四種，茲舉例說明於下：

1.明喻

凡本體、喻詞、喻體三者具備的譬喻，叫做「明喻」。

(1)人生不相見，動如參與商。（杜甫〈贈衛八處士〉）

(2)那雙眼睛，如秋水，如寒星，如寶珠，如白水銀裡頭養著兩丸黑水銀。（劉鶚〈明湖居聽書〉）

(3)在萬里無雲的月夜，這些譙樓更像是月亮中的神仙宮闕，可望而不可即。（蔣夢麟〈故都的回憶〉）

(4)快樂總像點水蜻蜓，煩惱卻如結網蜘蛛。（鄭明娳〈葫蘆，再見〉）

2. 隱喻

凡具備本體、喻體，而喻詞由繫語如「是」、「為」代替者，叫做「隱喻」。

(1)吾師肺肝，皆鐵石所鑄造也。(方苞〈左忠毅公軼事〉)

(2)花是無聲的音樂，果實是最動人的書籍，當它們在春天演奏，秋天出版。(楊喚〈花與果實〉)

(3)牠們是天上落下來的，一朵一朵的祥雲。(吳延玫〈火鷓鴣鳥〉)

(4)菜花耀眼的黃，是染坊裡新調和的色彩，成片潑濺出來的結果。(陳幸蕙〈碧沉西瓜〉)

3. 略喻

凡省略喻詞，只有本體、喻體的譬喻，叫做「略喻」。

(1)不登高山，不知天之高也；不臨深谿，不知地之厚也；不聞先王之遺言，不知學問之大也。(荀子〈勸學〉)

(2)但以劉日薄西山，氣息奄奄。(李密〈陳情表〉)

(3)菊，花之隱逸者也；牡丹，花之富貴者也；蓮，花之君子者也。(周敦頤〈愛蓮說〉)

(4)橋，搭築在兩岸之間；友情，聯繫於兩心之間。(張秀亞〈北窗下〉)

4. 借喻

凡將本體、喻詞省略，只剩下喻體的，叫做「借喻」。

(1)缾之罄矣，維罍之恥。(《詩經・小雅・蓼莪》)

(2)歲寒，然後知松柏之後凋也。(《論語・子罕》)

(3)狡兔有三窟，僅得免其死耳。（《戰國策・馮諼客孟嘗君》）

(4)月宮裡的明鏡，不幸失落人間。一個完整的圓形，被分成了三片。（艾青〈西湖〉）

(八)借代

所謂「借代」，是指談話或行文中，放棄通常使用的本名或語句不用，而另找其他名稱或語句來代替。

人類對於一些經常出現的刺激，常產生消極適應。所以古人說：「如入芷蘭之室，久而不聞其香；如入鮑魚之肆，久而不聞其臭。」充分說明了人類對經常刺激的麻木。要想使刺激有效地引起反應，便必須講究刺激的新穎性。新穎的刺激遠較經常的刺激容易引起注意。借代一法，就是在這種心理基礎上架構而成的。

1. 以事物的特徵或標幟代替事物

(1)而黃巾為害，萍浮南北。（鄭玄〈戒子益恩書〉）

(2)你坐在車上被人拉著走，豈不成為四條腿？（蔣經國〈永遠與自然同在〉）

(3)大轟炸帶來大逃亡，親族、鄰居，跟傷兵、難民混在一起，滾滾不息。我東張西望，不見紅頭繩兒的影子，只有校長遠遠站在半截斷壁上。（王鼎鈞〈紅頭繩兒〉）

2. 以事物的所在或所屬代替事物

(1)吾恐季孫之憂不在顓臾，而在蕭牆之內也。（《論語・季氏》）

(2)居廟堂之高，則憂其民；處江湖之遠，則憂其君。（范仲淹〈岳陽樓記〉）

(3)空虛而沒有腳的地平線，我是千萬遍唱不盡的陽關。（張默〈無調之歌〉）

3.以事物的作者或產地代替事物

(1)有龍泉之利，乃可以議於斷割。(曹植〈與楊德祖書〉)

(2)私家收拾，半付祝融。(連橫〈臺灣通史序〉)

(3)攝影者濫拍照片，一般稱是「謀殺菲林」，那麼如果有人濫用文字，就該說是「侮辱倉頡」了。(阿盛〈不要侮辱倉頡〉)

4.以事物的質料或工具代替事物

(1)終歲不聞絲竹聲。(白居易〈琵琶行并序〉)

(2)公閱畢，即解貂覆生。(方苞〈左忠毅公軼事〉)

(3)在早年，弓馬刀劍本是比辯論修辭更重要的課程。(楊牧〈延陵季子掛劍〉)

5.部分和全體相代

(1)錦鱗游泳。(范仲淹〈岳陽樓記〉)

(2)舳艫千里，旌旗蔽空。(蘇軾〈赤壁賦〉)

(3)夏季裡，曾企盼遠海的角帆會是暫時的歸宿。可是過了夏季，仍沒見著角帆。(葉凡〈乘在歌聲的翅膀〉)

6.特定和普通相代

(1)何至作楚囚相對！(劉義慶《世說新語・言語》)

(2)慈烏復慈烏，鳥中之曾參。(白居易〈慈烏夜啼〉)

(3)湖南是中國的斯巴達。（蔣夢麟《西潮》）

7.具體與抽象相代

(1)魯衛之政，兄弟也。（《論語・子路》）

(2)擊空明兮泝流光。（蘇軾〈赤壁賦〉）

(3)所以機器一占領這城市，綠色的共和國就完了。（余光中〈伐桂的前夕〉）

8.原因和結果相代

(1)逾三年，予披宮錦還家。（袁枚〈祭妹文〉）

(2)他們明明知道要滴下眉毛上的汗珠，才能撿起田中的麥穗。（陳之藩〈謝天〉）

(3)老太太發誓說，她偏不死。先要媳婦直著出去，她才肯橫著出來。（張愛玲〈五四遺事〉）

(九)轉化

描述一件事物時，轉變其原來性質，化成另一本質截然不同的事物，而加以形容敘述的，叫做「轉化」。

轉化的方式有三：

1.人性化——將物擬人

(1)少焉，月出於東山之上，徘徊於斗牛之間。（蘇軾〈赤壁賦〉）

案：「徘徊」二字，擬物為人，是「月」的人性化。

(2)嫵媚的康河也望不見蹤跡。（徐志摩〈我所知道的康橋〉）

上〉）

(3)我們是一列樹，立在城市的飛塵裡。（張曉風〈行道樹〉）

(4)雲是有腳的，它們漫山地跑著，我愛看它們成群地向綠色山嶺輕逸地舞上去。（鍾玲〈赤足在草地上〉）

2.物性化——將人擬物

(1)臣不勝犬馬怖懼之情。（李密〈陳情表〉）

案：自稱「犬馬」，擬人為物，是人的物性化。

(2)把我們向來粗浮的腦筋，著實磨鍊它。（梁啟超〈為學與做人〉）

(3)在枯寂的心靈中，插上一枝生命的花朵。（殷穎〈一朵小花〉）

(4)多少顆年輕的心，長起翅膀飛向南方。（李季〈最高獎賞〉）

3.形象化——將虛擬實

(1)逮奉聖朝，沐浴清化。（李密〈陳情表〉）

案：「沐浴」二字，使抽象的「清化」形象化。

(2)我的日子滴在時間的流裡，沒有聲音，也沒有影子。（朱自清〈匆匆〉）

(3)那就折一張闊些的荷葉，包一片月光回去，回去夾在唐詩裡，扁扁地，像壓過的相思。（余光中〈滿月下〉）

(4)我們仍然固執地製造不被珍惜的清新。（張曉風〈行道樹〉）

(十)映襯

在語文中，把兩種不同，特別是相反的觀念或事實，對列起來，兩相比較，從而使語氣增強，使意義明顯的修辭方法，叫做「映襯」。

映襯的修辭方式，又可分為二種：

1.反襯

對於一種事物，用恰恰與這種事物的現象或本質相反的觀點，加以描寫，叫做「反襯」。

(1)尺寸千里，攢蹙累積，莫得遯隱。(柳宗元〈始得西山宴遊記〉)

(2)逝者如斯，而未嘗往也；盈虛者如彼，而卒莫消長也。(蘇軾〈赤壁賦〉)

(3)至於不幸的光緒皇帝是否在這美麗的監獄裡，樂而忘憂，那恐怕只有光緒皇帝自己和跟隨他的人才知道了。(蔣夢麟〈故都的回憶〉)

(4)我達達的馬蹄是美麗的錯誤，我不是歸人，是個過客。(鄭愁予〈錯誤〉)

2.對襯

對兩種不同的人、事、物，用兩種不同或相反的觀點加以形容描寫的，叫做「對襯」。

(1)親賢臣，遠小人，此先漢所以興隆也；親小人，遠賢臣，此後漢所以傾頹也。(諸葛亮〈出師表〉)

(2)信義行於君子；而刑戮施於小人。(歐陽脩〈縱囚論〉)

(3)地位是關係於個人的，達到了什麼地位，只能為個人謀幸福；事業是關係於群眾的，做成了什麼事，便能為大家謀幸福。(孫文〈立志做大事〉)

(4)創業的人都會自然地想到上天；而敗家的人卻無時不想到自己。(陳之藩〈謝天〉)

㈩雙關

一語同時關顧到兩種事物的修辭方式，包括字音的諧聲、字義的兼指、語意的暗示，都叫做「雙關」。其方式有下列三種：

1. 字音雙關

一個字除本字所含的意義外，又兼含另一個與本字同音的字的意義，叫字音雙關。如：

(1)楊柳青青江水平，聞郎岸上踏歌聲；東邊日出西邊雨，道是無晴還有晴。（劉禹錫〈竹枝詞〉）

案：晴、情雙關，一面指晴雨的晴，一面又說情感的情。

(2)牠們飛出巢，到處唱著「七姑姑——苦」，藉以告訴人們去埋葬那位老婆婆。（吳延玫〈火鷓鴣鳥〉）

(3)海灘上的鑼鼓聲喧囂地向空中揚佈，「情！痛！狂！情！痛！狂！」（王拓〈吊人樹〉）

案：〈吊人樹〉描述一個愛情悲劇，充滿著對愚昧、迷信之沉痛，最後男女主角都發狂上吊死去。

2. 詞義雙關

一個詞在句中兼含二種意思的，叫做詞義雙關。如：

(1)始欲識郎時，兩心望如一；理絲入殘機，何悟不成匹。（〈子夜歌〉）

案：「匹」雙關「布匹」和「匹偶」。

(2)高節人相重，虛心世所知。（張九齡〈詠竹〉）

案：「高節」「虛心」相關「竹」與「人」。

(3)人一到西非，氣氛就有點不同，團中人自我解嘲的說：「漸入差境。」因為以往所到各國都是非

洲的黃金地帶，此後就要開始嘗試非人生活了。（郭敏學〈非洲七十日〉）

案：「非人生活」雙關非洲人的生活以及非人類的生活。

3.句義雙關

句義雙關是指一句話，或是一段文字，雙關到兩件事物。如：

(1)欲窮千里目，更上一層樓。（王之渙〈登鸛鵲樓〉）

(2)只要我們有根，縱然沒有一片葉子遮身，仍舊是一株頂天立地的樹。（王蓉芷〈只要我們有根〉）

(3)無論如何，我們這城市總得有一些人迎接太陽！（張曉風〈行道樹〉）

(十三)呼告

對於所敘述的事情，不用平敘的口氣，而用對話的方式來呼喊訴說，叫做「呼告」。呼告通常是呼告面前的人，這種呼告，叫做「普通呼告」；有時還會呼告不在面前的人，這種呼告，把不在面前的人當作在眼前一樣，帶著示現性質，所以叫「示現呼告」；有時甚至呼告「物」，這種呼告，帶著人性化的性質，所以叫「人化呼告」。今試舉例說明於下：

1.普通呼告

(1)南八，男兒死耳，不可為不義屈！（韓愈〈張中丞傳後敘〉）

(2)好兒子！爾他日何以報爾母？（蔣士銓〈鳴機夜課圖記〉）

(3)諸君啊！醒醒罷！（梁啟超〈為學與做人〉）

2.示現呼告

(1)汎彼柏舟，在彼中河。髧彼兩髦，實維我儀，之死矢靡它。母也天只！不諒人只！（《詩經．鄘風．柏舟》）

(2)微之，微之，此夕此心，君知之乎？（白居易〈與元微之書〉）

(3)朋友，在你人生的過程中，已跋涉過幾多道路？（熊崑珍〈路〉）

3.人化呼告

(1)彼蒼者天，曷其有極！（韓愈〈祭十二郎文〉）

(2)糠哪，你遭礱，被舂杵，篩你，簸颺你。（高明《琵琶記．糟糠自厭》）

(3)中國啊中國，你全身的痛楚就是我的痛楚，你滿臉的恥辱就是我的恥辱！（余光中〈地圖〉）

二、優美形式的設計

《老子》四十二章有這麼幾句話：

> 道生一，一生二，二生三，三生萬物。萬物負陰而抱陽，沖氣以為和。

假如把「優美形式的設計」視為一種「道」，首先產生的是「整齊純一」，此之謂「道生一」。然後一分為二，於是有「對稱均衡」、「對比調和」、「迴環往復」，此之謂「一生二」。然後「三」出現了，這時有「比例得宜」、「節奏韻律」的講究，此之謂「二生三」。我們所設計的各種優美形式大抵由此而生，此之謂「三生萬物」。但是各種優美形式，無論如何變化，多麼複雜，卻總是由相對立的因素：大小、高低、長短、方圓、曲直，剛柔、強弱、輕重、榮枯，動靜、聚散、抑揚、進退，等等有機地呈現在某一具體的藝術作品上，形成和諧之美。此之謂「萬物負陰而抱陽，沖氣以為和」。

以這種觀點來看修辭學中優美形式的設計，「類疊」是同一語言成分，隔離或連接著使用。由於是同一語言成分，所以它是「純一」的；由於有秩序地隔離或重疊接連地出現，又具整齊之美。這種「整齊純一」正是「道生一」，故列為第一。「對偶」，或基於「對稱均衡」，或基於「對比調和」；「回文」，則基於「迴環往復」：這是「一生二」的兩種修辭形式，故列為二、三。「排比」、「層遞」都必須由三個或三個以上語言成分組成。不過，「排比」注重的是它們之間形式的相同與近似；「層遞」注重的是它們之間層次遞接；「頂針」有兩句的，也有兩句以上的，與「層遞」頗有類似處，重點在要求在上遞下接之間，有一個相同的詞語作關鍵。它們或講究「節奏韻律」，或講究「比例得宜」，都是「二生三」的成果，故列為四、五、六。由齊一、勻稱、對比、往復、比例、韻律，趨向變化、複雜，首先要說「鑲嵌」，這是在詞語中刻意穿插配增，使形式有所變化；「錯綜」，更進一步追求語句形式的參差，詞彙的別異；「跳脫」，使句子出現突接、岔斷、插語、脫略等情況：這三種修辭格，是「三生萬物」的代表作，故列為七、八、九。總的說來，此九種修辭格，前六種重「齊一」、「勻稱」，後三種重「變化」、「複雜」。

當然，優美形式的設計，不會僅僅只有這九種，拙著《修辭學》還列有「倒裝」。前已說過：《漢語修辭格大辭典》中，「布置類」有四十七格。這四十七格都屬優美形式的設計，值得進一步去探討。而且，人類文明的日新，社會多元的發展，審美經驗越來越豐富，「三生萬物」，修辭學上優美形式的發掘、創造、整理，有的是無限遼闊的空間呢！

(一)類疊

同一個詞彙語句，接二連三反覆地使用著，叫做「類疊」。

就類疊的內容說：有詞彙的類疊，有語句的類疊。就類疊的方式說：有連接的類疊，有隔離的類疊。

茲分別舉例說明如下：

1. 疊字：同一字詞連接地使用。

(1)唧唧復唧唧，木蘭當戶織。（佚名〈木蘭詩〉）

(2)微之，微之，如何！如何！（白居易〈與元微之書〉）

(3)湖岸上，葉葉垂楊葉葉風，湖面上，葉葉扁舟葉葉蓬，掩映著一葉葉的斜陽，搖曳著一葉葉的西風。（劉大白〈西湖秋泛〉）

(4)慢慢慢慢慢慢慢長大以後，認識的人愈來愈多；慢慢慢慢慢慢你會知道，每個人都差不多；慢慢慢慢慢慢慢慢你會知道，人生就是那麼過。（李壽全〈我的志願〉）

2. 類字：同一字詞隔離地使用。

(1)父兮生我，母兮鞠我，拊我，畜我，長我，育我，顧我，復我，出入腹我。（《詩經・小雅・蓼莪》）

(2)是故無貴、無賤、無長、無少，道之所存，師之所存也。（韓愈〈師說〉）

(3)關心石上的苔痕，關心敗草裡的香花，關心這水流的緩急，關心水草的滋長，關心天上的雲霞，關心新來的鳥語。（徐志摩〈我所知道的康橋〉）

(4)今夜，我將剪塊月光，題上你《還魂草》中的詩句，唸給冷冷的月聽，冷冷的風聽，冷冷的空白

聽。（吳宏一〈兩朵雲〉）

3.疊句：同一語句連接地使用。

(1)亡之！命矣夫？斯人也，而有斯疾也！斯人也，而有斯疾也！（《論語・雍也》）

(2)顯譽成於僚友，德行立於己志。若致聲稱，亦有榮於所生。可不深念耶，可不深念耶！（鄭玄〈戒子益恩書〉）

(3)少年不識愁滋味，愛上層樓，愛上層樓，為賦新詞強說愁。（辛棄疾〈醜奴兒〉）

(4)他思索了一會，又煩躁起來，向她說道：「我自己也不懂得我自己——可是我要你懂得我！我要你懂得我！」（張愛玲〈傾城之戀〉）

4.類句：同一語句隔離地使用。

(1)蓼蓼者莪，匪莪伊蒿；哀哀父母，生我劬勞！蓼蓼者莪，匪莪伊蔚，哀哀父母，生我勞瘁！（《詩經・小雅・蓼莪》）

(2)子曰：「天何言哉？四時行焉，百物生焉，天何言哉？」（《論語・陽貨》）

(3)給我一瓢長江水啊長江水——
酒一樣的長江水。
醉酒的滋味，
是鄉愁的滋味。
給我一瓢長江水啊長江水。（余光中〈鄉愁四韻〉）

(4)總是忙著　把自己的臉孔
到處張貼
總是忙著　把自己的名字
喊成一句口號（魯蛟〈鑽〉）

(二)對偶

語文中上下兩句，字數相等，句法相稱的，就叫做「對偶」；有時更要求平仄相對。

對偶的方式，從句型上分類，不外乎「句中對」、「單句對」、「雙句對」、「長對」四種。舉例於下：

1.句中對

(1)形單影隻。（韓愈〈祭十二郎文〉）

(2)岸芷汀蘭，郁郁青青。（范仲淹〈岳陽樓記〉）

(3)況吾與子漁樵於江渚之上，侶魚蝦而友麋鹿。（蘇軾〈赤壁賦〉）

(4)我們遊過千花萬樹，遠水近灣，我們就可了解世界麼？（葉維廉〈賦格〉）

2.單句對

(1)芳草鮮美；落英繽紛。（陶淵明〈桃花源記〉）

(2)既無叔伯；終鮮兄弟。（李密〈陳情表〉）

(3)草木為之含悲，風雲因而變色。（孫文〈黃花岡烈士事略序〉）

(4)舒活舒活筋骨，抖擻抖擻精神。（朱自清〈春〉）

3. 雙句對

(1)海陵紅粟，倉儲之積靡窮；江浦黃旗，匡復之功何遠！（駱賓王〈為徐敬業討武曌檄〉）

(2)文化五千年，匯群流而歸大海；圖史十萬冊，開寶藏以利後人。（于右任〈題中央圖書館〉）

(3)夢覺後「半記不記」，表示夢裡沒有淒苦驚嚇的情節；情倦時「似愁無愁」，表示心上沒有擔憂虧欠的事件。（黃永武〈詩與快樂〉）

(4)曲闌迴干，流轉著風聲；玉堦碧池，流瀉著月光。（吳宏一〈笛聲〉）

4. 長對

(1)東西漢，南北宋，儒林道學，集大成於二先生，宣聖室中人，吾黨未容分兩派；《十三經》，《廿四史》，諸子百家，萃總目至萬餘種，文宗江上閣，斯樓應許附千秋。（左宗棠〈題江陰南菁書院藏書樓〉）

(2)開萬古得未曾有之奇，洪荒留此山川，作遺民世界；極一生無可如何之遇，缺憾還諸天地，是創格完人。（沈葆楨〈題延平郡王祠〉）

(3)斷簡殘篇，蒐羅匪易，郭公夏五，疑信相參：則徵文難；老成凋謝，莫可諮詢，巷議街談，事多不實：則考獻難。（連橫〈臺灣通史序〉）

(4)人寰中寶玉歷紅樓一夢，從紅到白，由怡轉悼，為象徵傳主早同餘髮欠薙悟空禪侶，少年即懸崖撒手，有命無運，情僧悼意綿綿無盡；六合外頑石有幻境三生，自幻入凡，歷劫歸山，欲昭示此身猶是補天無望貽憾倉徒，亙古仍荒嶽傷心，斂華守璞，靈魂哀思悒悒長存。（翁同文〈秉承曹雪芹原意為其寫意自傳提綱〉）

㈢回文

上下兩句，詞彙大多相同，而詞序恰好相反的修辭法，叫做「回文」。

自然與人生，有時是周而復始、循環不息的，有時又是兩兩相關、互為因果的。而宇宙人生的循環、相關、因果等現象，也就形成語文上回文的淵源。茲舉例於後：

(1)學而不思則罔，思而不學則殆。（《論語・為政》）

(2)知者不言，言者不知。（《老子》第五十六章）

(3)子又生孫，孫又生子。（《列子・湯問》）

(4)江畔何人初見月，江月何年初照人。（張若虛〈春江花月夜〉）

(5)是故弟子不必不如師，師不必賢於弟子。（韓愈〈師說〉）

(6)宇宙即是人生，人生即是宇宙。（梁啟超〈為學與做人〉）

(7)有村舍處有佳蔭，有佳蔭處有村舍。（徐志摩〈我所知道的康橋〉）

(8)月光戀愛著海洋；海洋戀愛著月光。（趙元任〈教我如何不想她〉）

(9)我女、我車和我成了一個極和諧的組合，風雨同車，安危相共。車很重要，沒有它，女兒上學就不方便；女兒很重要，沒有她，就不會有車；我也很重要，沒有我，就什麼都不會有。（葉慶炳〈孩子與汽車〉）

(10)　一顆星子滑落
　　從我眼前

你的名字與形影
呼喚著
滿天的星
都已冰涼了
痛，走入心肺
思念如火
在漸寒的夜裡
冷向熱中去

冷向熱中去
在漸寒的夜裡
思念如火
痛，走入心肺
都已冰涼了
滿天的星
呼喚著
你的名字與形影

從我眼前

一顆星子滑落（向陽〈大暑——試作迴文體〉）

(四)排比

用三個或三個以上結構相似、語氣一致、字數大致相等的語句或句組，表達出同範圍同性質的意象，叫做「排比」。

排比和對偶頗為類似，但也有分別：對偶限於兩個語句或句組，而排比必須用三個或三個以上的語句或句組；對偶必須字數相等，排比不拘；對偶必須兩兩相對，排比也不拘；對偶力避意同字同，排比卻經常字同意同。今舉排比之例於下：

(1)使老有所終，壯有所用，幼有所長，矜、寡、孤、獨、廢、疾者，皆有所養。（《禮記・禮運》）

(2)為嚴將軍頭，為嵇侍中血，為張睢陽齒，為顏常山舌。或為遼東帽，清操厲冰雪；或為〈出師表〉，鬼神泣壯烈；或為渡江楫，慷慨吞胡羯；或為擊賊笏，逆豎頭破裂。（文天祥〈正氣歌并序〉）

(3)其容闐然，其色渥然，其氣充然。（方孝孺〈指喻〉）

(4)濃綠的柳枝後面，襯景是變換的：有時是澄藍，那是晴空；有時是乳白，那是雲朵；有時是金黃的長針，那是陽光；有時是銀白的細絲，那是月色。（陳之藩〈垂柳〉）

(5)於是我自列三類學習的課程來自勉

雕香刻翠——學習文人墨客的藝文之美。

麗情慧性——學習怡情養性的人際之美。

感花惜鳥——學習鷗閒鶴靜的自然之美。（黃永武：《山居功課・山居依然做功課》）

6. 月如鉤嗎？鉤不鉤得起沉睡的盛唐？

月如牙嗎？吟不吟得出李白低頭思故鄉？

月如鐮嗎？割不割得斷人間癡愛情腸？（簡媜：《只緣身在此山中・月牙》）

(五)層遞

凡要說的有兩個以上的事物，這些事物又有大小輕重等比例，於是說話行文時，依序層層遞進，叫做「層遞」。就美學因素來說，層遞是有秩序的，所以注意力不浪費；同時它又是富於變化的，所以興趣不致停滯。再就心理學的立場來講，層遞由於其上下句意義的規則化，易於了解與記憶，因而滿足了人類邏輯思維而使人快樂。下面所舉都是層遞的句子。

(1) 摽有梅，其實七兮；求我庶士，迨其吉兮。

摽有梅，其實三兮；求我庶士，迨其今兮。

摽有梅，頃筐塈之；求我庶士，迨其謂之。（《詩經・召南・摽有梅》）

(2) 吾十有五而志於學，三十而立，四十而不惑，五十而知天命，六十而耳順，七十而從心所欲不踰矩。（《論語・為政》）

(3) 養可能也，敬為難；敬可能也，安為難；安可能也，久為難；久可能也，卒為難。（《大戴禮記・曾子大孝》）

(4) 父之族，無不乘車者；母之族，無不足於衣食者；妻之族，無凍餒者。（錢公輔〈義田記〉）

(5)想要養成判斷力：第一步，最少須有相當的常識；進一步，對於自己要做的事須有專門知識，再進一步，還須有遇事能判斷的智慧。（梁啟超〈為學與做人〉）

(6)乾隆間出窰的瓷器，周朝的銅器，四千年前用於卜筮的商朝甲骨。（蔣夢麟〈故都的回憶〉）

(7)滿街漂亮女郎，花花的耀眼，但總是衣服比臉漂亮，臉比心漂亮。不錯，衣服和臉都可以是愛的敲門磚，但只有心才有愛。（曾昭旭〈工具發達的時代〉）

(8)只有了解，才能體諒；只有體諒，才能包容；只有包容，才能和諧。讓我們多聽聽別人的意見吧！（一九九〇・〇四・〇五《中國時報・意見橋》）

(六)頂針

前一句的結尾，來作下一句的起頭，叫做「頂針」，或稱為「頂真」。頂針修辭法包括下列兩種方式，分別舉例說明於下：

1. 聯珠法：是句與句間的頂針。

(1)青青河畔草，綿綿思遠道；遠道不可思，宿昔夢見之。夢見在我旁，忽覺在他鄉；他鄉各異縣，展轉不相見。（蔡邕（？）〈飲馬長城窟行〉）

(2)復前行，欲窮其林。林盡水源，便得一山。山有小口，彷彿若有光。（陶淵明〈桃花源記〉）

(3)幽泉怪石，無遠不到。到則披草而坐，傾壺而醉。醉則更相枕以臥。臥而夢，意有所極，夢亦同趣。覺而起，起而歸。（柳宗元〈始得西山宴遊記〉）

(4)遂步至承天寺，尋張懷民。懷民亦未寢，相與步於中庭。庭中如積水空明。（蘇軾〈記承天寺夜遊〉）

(5)這種三面圍著雄偉建築的天井，數在一百以上，星羅棋布在紫禁城內。紫禁城的周圍是一座長方形的黃色城牆；城牆四角矗立著黃瓦的碉樓。（蔣夢麟〈故都的回憶〉）

(6)仍然是春天，春天在城外，
城外明媚，
仍然是明媚，明媚是水，
水在城外。（菩提〈城外明媚〉）

2.連環體：是段與段之間的頂針。

(1)下武維周，世有哲王。三后在天，王配于京。
王配于京，世德作求。永言配命，成王之孚。
成王之孚，下土之式。永言孝思，孝思維則。
媚茲一人，應侯順德。永言孝思，昭哉嗣服。
昭茲來許，繩其祖武。於萬斯年，受天之祜。
受天之祜，四方來賀。於萬斯年，不遐有佐。（《詩經・大雅・下武》）

(2)那榆蔭下的一潭，
不是清泉，是天上的虹，
揉碎在浮藻間，
沉澱著彩虹似的夢。

尋夢？撐一支長篙，
　向青草更青處漫溯，
滿載一船星輝，
　在星輝斑斕裡放歌。
但我不能放歌，
　悄悄是別離的笙簫；
夏蟲也為我沉默，
沉默是今晚的康橋。(徐志摩〈再別康橋〉)

(3)那挺立的樹身，仍舊，
我們擁有最真實的存在，
——只要我們有根。
只要我們有根，
縱然沒有一片葉子遮身，
仍舊是一株頂天立地的樹。(王蓉芷〈只要我們有根〉)

(4)啊，一個希臘向我走來
金雞在宮殿上飲露水
荷馬彈一隻無弦琴

啊，無弦琴
我感覺那芬芳的溫暖
像海倫沐浴時的愛琴海

啊，愛琴海
維娜絲站在一隻貝殼中
花朵們紛紛落下

啊，花朵們
我的心中藏著誰的歌
誰的心中藏著我的歌

啊，歌

城堞上譜上一些青苔
一個希臘向我走來（瘂弦〈希臘〉）

(七)鑲嵌

在詞語中，故意插入數目字、虛字、特定字、同義或異義字，來拉長文句的，叫做「鑲嵌」。

鑲嵌是漢語特有的修辭法，我們幾乎不能從西方文學作品中找到類似的句子。鑲嵌之成立，心理方面的因素是：鑲嵌使得詞語音節拉長，聲音多了，因而能令讀者更加注意，了解得也更為清楚明白。另一方面又由於漢語是「單音節語」，同音字甚多，所以口頭講述時，多用鑲嵌法，以避免字音的混淆，增加意義的區別和了解。

鑲嵌的種類有：

1. 鑲字

刻意用虛字或數目字，插在有實際意義的字間，來拉長詞語的方法，叫做「鑲字」。

(1)永歌之不足，不知手之舞之，足之蹈之也。（《毛詩・大序》）
(2)打殺他也覺寃哉枉也。（張南莊〈何典〉）
(3)古董鋪陳列著五光十色的古玩玉器。（蔣夢麟〈故都的回憶〉）
(4)七少年八少年一走這條路，將來生囝仔無腳倉，子孫沒好尾的。（楊青矗《在室男》）

2. 嵌字

故意用特定的字來嵌入語句中，叫做「嵌字」。但其使用並不廣。

(1)東市買駿馬，西市買鞍韉，南市買轡頭，北市買長鞭。（佚名〈木蘭詩〉）

(2)金釵影搖春燕斜，木杪春生葉，水塘春始波，火候春初熱，土牛兒載將春到也。（貫雲石〈清江引〉）

(3)這樣才算頂天立地做一世人，決不會有藏頭藏尾、左支右絀的醜態。（梁啟超〈為學與做人〉）

(4)交邇乃通遐，心清氣自華；紅梅原可侶，碧竹亦堪詩。店大欺來客；客強壓店家。盍捐蝸角隙，並駕騁天涯。（王九逵〈嵌字詩〉）

3.增字

「增字」是同義字的重複。目的也在拉長音節，使語氣更為完足，使語意更加充實。

(1)先帝創業未半，而中道崩殂！（諸葛亮〈出師表〉）

(2)凡仕宦之家，由儉入奢易，由奢反儉難。（曾國藩〈諭子紀鴻〉）

(3)噫！習之中人甚矣哉！（劉蓉〈習慣說〉）

(4)啊！它猶如不死的老兵，浩然的精神將留傳萬世。（藍心〈古樹頌〉）

4.配字

在語句中，用一個平列而異義的字作陪襯，只取其聲以舒緩語氣，而不用其義的，叫做「配字」。

(1)禹稷當平世，三過其門而不入。（《孟子·離婁下》）

(2)緩急無可使者。（《史記·扁鵲倉公列傳》）

(3)大凡憂之所從來，不外兩端：一曰憂成敗，一曰憂得失。（梁啟超〈為學與做人〉）

(4)是啦！艱苦錢加減賺！那有法度？（李惠銘〈祭〉）

(八)錯綜

凡把形式整齊的辭格，如類疊、對偶、排比、層遞等，故意抽換詞面，交錯語次，伸縮文身，變化句式，使其形式參差，詞彙別異，叫做「錯綜」。

我們的宇宙是包羅萬象的，既不乏整齊的事物，也充滿變化的現象。藝術模仿自然，當然也不能固執一法，「整齊」與「變化」、「複雜」是可以並存的，所以修辭上就有錯綜法了。

1. 抽換詞面

以意義相同的詞語取代形式整齊的句子中的某些詞語，叫做抽換詞面。

(1)南山烈烈，飄風發發。民莫不穀，我獨何害！

南山律律，飄風弗弗。民莫不穀，我獨不卒！（《詩經・小雅・蓼莪》）

(2)故謀用是作，而兵由此起。（《禮記・禮運・小康章》）

2. 交錯語次

上下兩句語詞的次序，故意弄得參差不齊的，叫做交錯語次。如：

(1)求木之長者，必固其根本；欲流之遠者，必浚其泉源；思國之安者，必積其德義。源不深而望流之遠，根不固而求木之長，德不厚而思國之治，雖在下愚，知其不可。（魏徵〈諫太宗十思疏〉）

(2)聰明的，你告訴我，我們的日子為什麼一去不復返呢？……

你，聰明的，告訴我，我們的日子為什麼一去不復返呢？（朱自清〈匆匆〉）

3. 伸縮文身

把字數相等的句子，故意布置成字數不等，使長句短句交相錯雜，叫做伸縮文身。

(1)大凡物不得其平則鳴。草木之無聲，風撓之鳴；水之無聲，風蕩之鳴，其躍也或激之，其趨也或梗之，其沸也或炙之；金石無聲，或擊之鳴。（韓愈〈送孟東野序〉）

(2)我是一個生命的信徒。起初是的；今天還是的；將來——我敢說——也是的。（徐志摩〈迎上前去〉）

4.變化句式

把肯定句和否定句，直述句和詢問句等，穿插使用，叫做變化句式。如：

(1)孟子見梁惠王。王立於沼上，顧鴻雁麋鹿，曰：「賢者亦樂此乎？」孟子對曰：「賢者而後樂此，不賢者雖有此不樂也。」（《孟子・梁惠王上》）

(2)啊，那是新來的畫眉在那邊凋不盡的青枝上試它的新聲！啊，這是第一朵小雪球花掙出了半凍的地面！啊，這不是新來的潮潤沾上了寂寞的柳條？（徐志摩〈我所知道的康橋〉）

(九)跳脫

由於心意的急轉，事象的突出，語文半路斷了語路的，叫做「跳脫」。

語路中斷的情況有四：從甲突然跳到乙，叫做「突接」。甲被乙打斷，叫做「岔斷」。把乙插入甲中，叫做「插語」。只說甲，省略乙，叫做「脫略」。前三者使語文跳動，第四種使語文脫略，所以合稱為跳脫。

1.突接

敘事的時候，這一件事尚未說完，突然接以另一件事，叫做突接。

(1)項王曰：「壯士能復飲乎？」樊噲曰：「臣死且不避，卮酒安足辭！——夫秦王有虎狼之心，殺人如不能舉，刑人如恐不勝，天下皆叛之。……」(《史記‧項羽本紀》)

(2)雖然是滿月，天上卻有一層淡淡的雲，所以不能朗照；但我以為這恰是到了好處——酣眠固不可少，小睡也別有風味。(朱自清〈荷塘月色〉)

2.岔斷

由於其他事象橫闖進來，因而使思慮、言語、行為中斷，叫做岔斷。

(1)丁丑，崔杼立而相之，慶封為左相，盟國人於大宮，曰：「所不與崔慶者……」晏子仰天嘆曰：「嬰所不唯忠於君，利社稷者是與，有如上帝！」乃歃。(《左傳》襄公二十五年)

(2)十年前，我默念王國維的詞句：「天末白雲黯四垂，失行孤雁逆風飛，江湖寥落爾安歸？」這幅墨色山水似的詩人心境，現在看來卻歷久而愈新了。

十年了，像一個夢，我現在究否醒來？……

「陳教授，修士在請你去呢！」(陳之藩〈幾度夕陽紅〉)

3.插語

凡在相承的語言之中，插進一些話，叫做插語。

(1)其妻曰：「君美甚，徐公何能及君也。」**城北徐公**，**齊國之美麗者也**。忌不自信，復問其妾……。(《戰國策‧鄒忌諫齊王》)

(2)我們唯一的裝飾，**正如你所見的**，是一身抖不落的煙塵。(張曉風〈行道樹〉)

4. 脫略

為了表達情境的急迫，要求文氣的緊湊，故意省略一些語句，叫做脫略。

(1)曾子怒曰：「商！女何無罪也！吾與女事夫子於洙泗之間，退而老於西河之上，使西河之民疑女於夫子，爾罪一也；喪爾親，使民未有聞焉，爾罪二也，喪爾子，喪爾明，爾罪三也。而曰……，女何無罪歟？」（《禮記・檀弓上》）

(2)剎那間在我迷眩的視覺中，這草田變成了……不說也罷，說來你們也是不信的！（徐志摩〈我所知道的康橋〉）

第三節　修辭學的功用

我們講修辭，就是要修治或修飾語辭和文辭，使表現感情、思想和想像的詞句篇章，消極的求其潔淨，積極的求其美妙；也就是要把所要說的話，不但說得出，還要說得好；把所要寫的文章，不但寫得出，還要寫得好。

人類是最富審美心的動物。愛美，原是人類的天性。人類就憑著這個天性，逐漸地遠離醜惡，逐漸地淨化這個世界。修辭，就是適應人類愛美的天性，要借重美的言辭和文辭，來灌溉自己的精神生活，感發他人的意識行為，以促成人類社會的向上發展。

灌溉自己的精神生活，感發他人的意識行為，是修辭的兩大功用，這是從「美的感動力量」來說的。若從「事的實際表現」來說，則有三大功用：

第一是「盡言」：能夠把所要說的話都說盡，這就叫盡言。盡言並不是一件容易的事。我們常感覺有許多話要說，但說不出來；有許多話要寫，但寫不出來。有許多話說出來了，又感覺說得不妥當、不暢快；有許多話寫出來了，卻感覺寫得不精巧、不圓滿。這就是不能盡言的表現。我們如果要能盡言，就必須在修辭上痛下工夫；也惟有修辭的工夫做到了家，才能見出盡言的功用。孔子說：「其旨遠，其辭文，其言曲而中。」（見《周易・繫辭傳下》）所謂「曲而中」，就是「隨物屈曲，而各中其理」。修辭能做到「曲而中」，可以說是盡言了。

第二是「明道」：我們不要以為明道是一句迂腐的話，明道就是闡明真理。我們說的話，寫的文章，如果不是闡明真理，只是拿來騙騙人的，這話、這文章還有什麼價值？真理往往是精微的、深奧的，一般人未必都能知道。我們要拿真理告訴人，說不清楚，說不透徹，人家自然不會接受；縱使說清楚了，說透徹了，如果說得不動聽、不精彩，人家還是未必信從。演講的人，如果不會說話，在講臺上便說得舌燥口乾，聽眾只是在座位上打盹，所講的東西還是不能被聽眾所接受。一篇報紙的社論，如果寫得不好，不管議論是怎樣地正大、見解是怎麼地深刻，總是不能引起讀者的注意，博得讀者的共鳴。真理的闡明，還是要靠修辭的技巧的。

第三是「經世」：盡言和明道都是為的經世。經世就是經理世事，倘能實踐力行，舉凡身修、家齊、國治、天下平的理想就能實現。這工具運用得不好，由於情意的隔閡、真理的不明，人群的禍患紛擾日增無已，人群就會墮入痛苦的深淵。我們如何才能把這工具運用得好呢？惟一的答案，就是「修辭」。劉向《說苑・善說》篇：

子貢曰：「出言陳辭，身之得失，國之安危也。」《詩》云：「辭之懌矣，民之莫矣。」夫辭者，人之所以自通也。主父偃曰：「人而無辭，安所用之？」昔子產修其辭，而趙武致其敬；王孫滿明其言，而楚莊以慙；蘇秦行其說，而六國以安；蒯通陳其說，而身得以全。夫辭者，乃所以尊君、重身、安國、全性者也。故辭不可不修，而說不可不善。

這一段話，充分地說明修辭的最大功用，是經世。

我們不要看輕了修辭啊！就憑修辭的這三大功用——盡言、明道和經世——我們就知道，修辭是一門不能不細加研究的學問。中國人過去重視這一門學問，實在是有道理的！（本節根據先師高明先生〈修辭總論〉一文所述而有所節略。本文初刊，曾呈先生審訂。今先生已逝，書此以誌永懷。）

第四節　修辭學入門書籍

關於修辭學入門書籍，三民書局出版的有：

《修辭學》：黃慶萱著，一九七五年初版，一九八六增訂二版，二〇〇二年增訂三版。全書分四篇：第一篇緒論：討論什麼叫做修辭學、為什麼要學修辭學、怎樣學修辭學。第二篇本論上——表意方法的調整：討論感歎、設問等二十種修辭格。第三篇本論下——優美形式的設計：討論類疊、對偶等十種修辭格。第四篇餘論：分說修辭格的區分與交集、修辭學的回顧與前瞻。本書從古今七百多位作家的作品以及社會生活用語中，挑選出最美麗、精闢、生動的句子，加以分析比較，歸納出兩大類三十種一百二十目的修辭方法。然後融合邏輯學、心理學、語言學、社會學、文學批評、實驗美學、哲學的相關知識，指出其理論基礎；參考修辭學史，敘述其歷史發展；並儘可能運用語境學、語用學、語體學、風格學知識，說明其使用原則，希望建立理論與實用並重、以修辭格為中心的修辭學，並使讀者能藉此書豐富語文學識，鍛鍊寫作技巧，增進文學鑑賞能力。

《表達的藝術——修辭二十五講》：蔡謀芳著，一九九〇年初版。除末講為〈新詩的語言〉外，其他每一講都討論一種辭格。重點在說明修辭的方式與功能，頗多新見。其中如「具現」、「添插」、「扣合」為新開發之辭格。

東大圖書公司出版的有：

《修辭散步》：張春榮著，一九九一年出版。此書所談不限於辭格，也談「虛實」、「音節」、「鎔成」、「情景相對」、「常字見巧」。本書闡釋修辭常見技巧，深入淺出、分析精微。又書中舉證，由古至今，甚為翔實；尤其偏重現代文學例證，對有心創作者而言，頗具參考價值。作者另有《修辭行旅》一書，亦由東大出版。

上列書目當然只是入門書籍，要想對修辭學作更進一步的研究，那我建議兩點：一、向語境學、語體學、風格學、文風學、言語修養學、修辭方法學、話語修辭學、信息修辭學、控制修辭學、社會語言學、語用學進軍，以求修辭學有更廣更深的理論基礎。二、從社會各階層人士的談話中，從古今中外文學名著中，覓取修辭實例，分析比較，使修辭學有更多更大的實用價值。

文獻學

劉兆祐

一、甚麼是「文獻學」

「文獻」二字，最先出現於《論語》。〈八佾〉篇說：

子曰：「夏禮，吾能言之，杞，不足徵也；殷禮，吾能言之，宋，不足徵也；文獻不足故也。足，則吾能徵之矣。」

在《禮記・禮運》篇裡，也有類似的記載：

孔子曰：「我欲觀夏道，是故之杞，而不足徵也，吾得夏時焉；吾欲觀殷道，是故之宋，而不足徵也，吾得坤乾焉。坤乾之義，夏時之等，吾以是觀之。」

從這兩項記載看來，「夏時」和「坤乾」，是孔子所認為的「文獻」。

「夏時」和「坤乾」是什麼呢？鄭玄的〈注〉，以為「得夏時」，就是「得夏四時之書也，其書存者有《小正》。「得坤乾」，就是「得殷陰陽之書也，其書存者有《歸藏》。」《小正》和《歸藏》都是圖書，可見圖書是早期學者所指稱的文獻。

用「文獻」一詞作做為著作名稱的，則是宋末元初馬端臨的《文獻通考》。馬氏在〈自序〉中說：

凡敘事，則本之經史而參之以歷代「會要」以及百家傳記之書，信而有證者從之，乖異傳疑者不錄，所謂「文」也。凡論事，則先取當時臣僚之奏疏，次及近代諸儒之評論，以至名流之燕談，稗官之記錄，凡一話一言，可以訂典故之得失，證史傳之是非者，則采而錄之，所謂「獻」也。

馬氏把書本上的資料，稱之為「文」，把當時人的奏疏、議論及讌談等，稱之為「獻」，基本上，仍以文字資料為「文獻」的內涵。

這種以文字資料為「文獻」內涵的標準，以國學研究的立場而言，至今仍是適用的。不過，記載文字的工具，除了紙張、書本以外，還包括甲骨、金器、石刻、竹木及布帛等，它們的形式也不同於書本，因此，我們可以把「文獻」的內涵，區分為「圖書資料」和「非圖書資料」兩大類別。

不論是圖書的或非圖書的文獻，經過一段長時間的遞傳，仍然得以留存，成為研究學術的重要資料，則文獻本身必有值得學者研究的價值。這些研究，包括：文獻的內容、文獻流傳的經過、文獻的存佚情形、前人整理與說解文獻的方法、前人整理文獻的成就、利用文獻應有的基礎學識、歷代重要的文獻學家及其著述等。這些問題，有些牽涉到史的發展，有些則與旁的學科產生關聯。把這些與文獻有關的問題，從事有系統、有組織的討論，就叫做「文獻學」。

想要有系統並且完整的討論「文獻學」，可能需要三十萬言以上。本文由於篇幅有限，僅能以研究國學的立場，為初學者提供與「文獻學」有關的基本知識，希望能養成對「文獻」的正確認識，並善用「文獻」，有助於學術研究基礎的奠立。

二、「文獻學」的功用

研究「文獻學」，對學術研究的功用，主要有三：一是熟悉文獻，以豐富研究成果。二是精確使用文獻，以提升研究品質。三是以科學化的方法整理文獻，使文獻得以完善保存並方便利用。

現在就分別說明：

㈠熟悉文獻，以豐富研究成果

從事學術研究，最主要的目的，就是希望能有創見，而創見，是要以豐富的文獻為基礎。以漢代司馬遷撰寫《史記》（一三〇卷）為例。司馬遷在學術上的重要貢獻，最值得注意的有二：一是創造了紀傳體的史書體制；二是蒐採了大量的文獻。在司馬遷以前的史籍，有分國敘述的《國語》、《國策》，有紀年體的《春秋》，也有用表紀事的「譜牒」等。司馬遷則把自五帝以迄西漢初年的史事，分為「本紀」「年表」「書」「世家」「列傳」敘述，以充分反映歷代的社會、政治、經濟、學術等實際狀況。其次，他所蒐採的文獻極為繁博。根據日本學者瀧川資言的統計，《史記》所用的文獻，經書有《詩經》、《韓詩內外傳》、《尚書》、《周易》、《禮記》、《周禮》、《春秋》三傳、《鐸氏微》、《虞氏春秋》等；史書有《諜記》、《五帝繫諜》、《春秋曆譜牒》、《五德曆譜》、《禹本紀》、《秦紀》等；子書有《管子》、《晏子春秋》、《孫子》、《吳子》、《魏公子兵法》、《老子》、《墨子》、《商君書》、《申子》、《莊子》、《孟子》、《鄒衍子》、《淳于子》、《慎子》、《吁子》、《尸子》、《公孫龍子》、《荀子》、《韓非子》、《新語》等;詩文有宋玉、唐勒、景差、賈誼及司馬相如等人的賦(參見瀧川資言〈史記總論〉)。司馬遷的廣博徵引文獻,一方面說明了文獻能豐富學術研究的成果,一方面,《史記》也保存了不少今日已佚而不傳的文獻,例如《淳于子》、《公孫固子》、《鄒衍子》等書,今日都是佚書,後人據《史記》所徵引,尚得略窺其梗概。

又如《古文尚書》之偽,從宋代朱熹、吳棫等人致疑後,歷代學者如元代的吳澄、明代的梅鷟等,也都懷疑,然終不能定讞。一直到清初的閻若璩(西元一六三六~一七〇四年)完成了《古文尚書疏證》,每一句都注明剽竊所自,《古文尚書》之偽,終成定論。為什麼閻氏能一一舉出《偽古文尚書》的來源呢?這和閻氏熟悉文獻有關。其子閻詠在《左汾近稿・先府君行述》敘說其父親治學的情形云:

> 府君讀書,每於無字句處精思獨得,而辨才鋒穎,證據出入無方,當之者輒失據。常曰:「讀書不尋源頭,雖得之殊可危。」手一書至檢數十書相證,侍側者頭目為眩,而府君精神湧溢,眼爛如電,一義未析,反覆窮思,飢不食,渴不飲,寒不衣,熱不扇,必得其解而後止。

文中所說「讀書不尋源頭,雖得之殊可危」,是說明閻氏重視原始文獻的價值;「手一書至檢數十書相證」,則說明其熟悉文獻,從事研究時,得左右逢源,豐富其研究成果。

(二)精確使用文獻,以提升研究品質

從事研究時,並不是所有的文獻,都值得徵引。文獻有直接的、間接的;有真的、偽的;有完整的、

殘缺的等等現象。以圖書資料為例，同樣一部《竹書紀年》，有真本、有偽本；同樣一部《水經注》，有訛誤多達七千多字的明刊本，也有經過詳細校勘的戴震本；同樣一部《宋朝事實類苑》，有完善的七十八卷本，也有殘缺的六十三卷本，並行於世。至於間接與直接的區分，傅斯年先生〈論史料〉一文，以為凡未經人修改或省略或轉寫者，為直接史料；反之，則為間接史料。寫作論文時，如果引用了間接文獻而捨棄了直接文獻；或誤用偽書，或誤採殘缺不完、訛誤甚多的劣本圖書，則其立論之不可信，研究品質的低下，自不待言。因此，研究「文獻學」，懂得如何取捨、甄辨文獻，自然可以提升研究品質。

以顧炎武撰寫《日知錄》為例。顧氏著述如林，但是他每以《日知錄》為其平生最得意之作，嘗謂「平生之志與業，皆在其中。」（見《文集》卷四）如果我們詳細讀《日知錄》，可以發現每一條大率抄撮各書資料而成。所採多則十數書，少則二三書，很少有自己的意見。這裡以卷二十八「邸報」一條為例：

《宋史·劉奉世傳》：「先是進奏院，每五日具定本報狀，上樞密院，然後傳之四方，而邸吏輒先期報下，或矯為家書，以入郵置，奉世乞革定本，去實封，但以通函謄報，從之。」〈呂溱傳〉：「儂智高寇嶺南，詔奏邸毋得輒報，溱言一方有警，使諸道聞之，共得為備，今欲人不知，此意何也？」〈曹輔傳〉：「（徽宗）政和後，帝多微行，始民間猶未知，及蔡京謝表，有輕車小輦，七賜臨幸，自是邸報聞四方。」邸報字見于史書，蓋始于此時。然唐《孫樵集》中，有〈讀開元雜報〉一篇，則唐時已有之矣。

這一則共採擷《宋史》三篇列傳及唐代文集一種抄撮而成，其他諸條，大抵也如此，短者數十字，長者也不過一、二千字。很多人以為《日知錄》既然是抄撮諸書而成，撰寫容易，沒有什麼特殊的成就。其實不然。顧氏《文集》（卷四）〈與人書〉云：

> 嘗謂今之纂輯之書，正如今人之鑄錢。古人採銅於山，今人則買舊錢名之曰廢銅以充鑄而已。所鑄之錢既已粗惡，而又將古人傳世之寶舂剉碎散，不存於後，豈不兩失之乎？承問《日知錄》又成幾卷，蓋期之以廢銅。而某自別來一載，早夜誦讀，反覆尋究，僅得十餘條，然庶幾采山之銅也。

這一封信裡所稱「買舊錢鑄銅」，就是取用間接文獻；「采銅於山」，就是取用直接文獻。《日知錄》之所以可貴，就是每一條資料，都是原始文獻，前人未曾徵引過，顧氏把這些原始文獻，撮錄成一條新的見解。只有熟習文獻、深諳文獻學者，才能致此。

㈢以科學的方法整理文獻

前人整理文獻的方法，主要有編輯目錄、校勘、纂輯、注釋、輯佚、辨偽等方法。這些方法，各有其功能。例如編輯目錄，一方面是為了反映當時文獻的情形，一方面也是為了方便檢索。校勘，是為使文獻精審正確。纂輯，一方面是為保存文獻，一方面也為了方便取用。注釋，是為了易於瞭解、運用文獻。輯佚，是為了使亡佚的文獻恢復原來的面貌。辨偽，是為了能精確運用文獻。這些方法，經過長久以來的使用和研究，仍存有許多問題值得討論。就以書目的編輯來說，從漢代劉向、劉歆父子整理古籍，編纂《別錄》、《七略》以來，目錄成為探索文獻存佚，考鏡學術流變的工具書。不過，有關書目著錄的方式、解題的撰寫，以及圖書的分類、版刻著錄的項目等，一直是文獻學者討論的問題。宋代鄭樵《通志》一書裡的〈校讎略〉，實際上就是討論文獻整理方式的重要論著。清代文獻學家章學誠在《校讎通義》一書裡所提出的「互著」「別裁」學說，也是從文獻學的立場，討論書目著錄方式的重要著作。至於近代文獻學者，所常討論辭典編纂方法的改進、索引編製法的改善等，也都是思考如何以科學方法整理文獻，俾文獻得以完善保存、方便利用。這些理想的達成，均有賴於文獻學的研究。

三、文獻的內涵

討論「文獻」的內涵，首先來看馬端臨《文獻通考》所包含的項目。《文獻通考》共包括二十四門：

(1)〈田賦考〉，卷一至卷七，凡七卷。
(2)〈錢幣考〉，卷八至卷九，凡二卷。
(3)〈戶口考〉，卷十至卷十一，凡二卷。
(4)〈職役考〉，卷十二至卷十三，凡二卷。
(5)〈征榷考〉，卷十四至卷十九，凡六卷。
(6)〈市糴考〉，卷二十至卷二十一，凡二卷。
(7)〈土貢考〉，卷二十二，一卷。

(8)〈國用考〉，卷二十三至卷二十七，凡五卷。

(9)〈選舉考〉，卷二十八至卷三十九，凡十二卷。

(10)〈學校考〉，卷四十至卷四十六，凡七卷。

(11)〈職官考〉，卷四十七至卷六十七，凡二十一卷。

(12)〈郊社考〉，卷六十八至卷九十，凡二十三卷。

(13)〈宗廟考〉，卷九十一至卷一〇五，凡十五卷。

(14)〈王禮考〉，卷一〇六至卷一二七，凡二十二卷。

(15)〈樂考〉，卷一二八至卷一四八，凡二十一卷。

(16)〈兵考〉，卷一四九至卷一六一，凡十三卷。

(17)〈刑考〉，卷一六二至卷一七三，凡十二卷。

(18)〈經籍考〉，卷一七四至卷二四九，凡七十六卷。

(19)〈帝系考〉，卷二五〇至卷二五九，凡十卷。

(20)〈封建考〉，卷二六〇至卷二七七，凡十八卷。

(21)〈象緯考〉，卷二七八至卷二九四，凡十七卷。

(22)〈物異考〉，卷二九五至卷三一四，凡二十卷。

(23)〈輿地考〉，卷三一五至卷三二三，凡九卷。

(24)〈四裔考〉，卷三二四至卷三四八，凡二十五卷。

從這二十四門看起來，可知馬氏是用分類的方式來綜論文獻。他把文獻分為兩大類：一是制度，一是經籍。筆者則主張文獻的內涵，宜據圖書或文物的性質來區分，比較方便取資。現在，就以研究國學的角度，列舉比較富於資料的文獻。

㈠圖書文獻

所謂圖書文獻，就是具有書本形式或書寫在卷軸上的文獻。這類文獻，一直是歷來文獻學者所認定的「文獻」的主要內涵。

就傳統的圖書分類而言，依圖書內容的性質，區分為經、史、子、集四部。四部之書，自然各有其文獻價值。筆者純就研究工作的立場，列舉左列資料豐富，常所取資的文獻。

1. 方志

方志，就是地方的文獻。

「志」，在《史記》裡稱作「書」。《史記》只有八書。那就是〈禮書〉、〈樂書〉、〈律書〉、〈曆書〉、〈天官書〉、〈封禪書〉、〈河渠書〉及〈平準書〉。及至班固修《漢書》，將「書」易名為「志」，並增為十種，那就是〈禮樂志〉、〈律曆志〉、〈天文志〉、〈郊祀志〉、〈溝洫志〉、〈食貨志〉、〈刑法志〉、〈五行志〉、〈地理志〉及〈藝文志〉。在《二十五史》中，除《三國志》、《梁書》、《陳書》、《北齊書》、《周書》、《南史》、《北史》以外，都有記載一代文獻的史志，只是在類目和體制上略有不同而已。不過，一朝的正史，篇幅有限，文獻的取捨與著錄，都有其標準與限制，因此，專錄一地的文獻以補正史不足的「方志」，就應運而生了。

顧頡剛先生於《中國地方志綜錄》(朱士嘉撰)〈序〉云:

今之學者,莫不知史書之不足以盡史,故畢力搜求地下遺物、官署檔案、私人書牘,以資實證。然而即在史書之中,固尚有未闢之山林,未發之金錫在——家譜與方志是已。……研究史學者,其取資也無窮,然恆苦不知材料所在。……夫以方志保存史料之繁富:紀地理,則有沿革疆域,面積分野。紀政治,則有建置、職官、兵備、大事記。紀經濟,則有戶口、田賦、物產、關稅。紀社會,則有風俗、方言、寺觀、祥異。紀文獻,則有人物、藝文、金石、古蹟。而其材料,又直接取於檔冊函札碑碣之倫。顧亭林先生所謂採銅於山者。以較正史,則正史顯其粗疏;以較報紙,則報紙表其散亂。如此縝密系統之記載,顧無人焉能充分應用之,豈非學術界一大憾事耳。

顧氏這段文字,將方志在文獻上的價值,說得很詳細,不過,大部分偏重在史料,而在文學方面,則未之詳言。現在列舉方志在研究文學方面的價值:

(1)可資輯佚:由於方志記載許多當地文人的作品,與當地有關的詩文及石刻,這些文獻,後世每多亡佚,可據以輯佚。以元代錢惟善所著《江月松風集》為例。錢集未曾梓行,元明以來,諸家所傳寫的本子,一方面有不少豕亥之譌,一方面則不少遺佚。清代乾隆年間編輯《四庫全書》時,是根據曹溶家所藏的寫本著錄,但並不完整。清代的鮑廷博和丁丙,都曾從事輯補的工作。其中丁氏所輯,不少是從方志輯得的:丁氏從《蘇州府志》輯得了〈送賈元英之明潭〉、〈清逸齋〉、〈篆冢歌并序〉、〈雲間善篆以所書瘞之細林山中題曰篆冢爰來徵詩遂賦長句以寄〉、〈題孫以貞徵君聽雪齋〉、〈普濟寺〉、〈崇吳寺〉等七首。從《嘉興府志》輯得〈福源宮得月樓〉一首。從《於潛志》輯得〈雨足復降旨來謝〉一首。從《西湖志》輯得〈和楊廉夫西湖竹枝詞〉七首。從《成化杭州府志》輯得〈海寧州重修雙廟記〉一首。共從方志輯補了十七首。

(2)可資校讎：方志中所著錄的作品，不論篇名或文字，有和今本不同的地方。以唐代孟浩然的詩集為例。孟浩然的詩集，大概有十六個本子，即：宋刊本、元刊劉須溪評點本、明萬曆四年句吳顧道洪校刊本、明吳興淩濛初刊朱墨套印本、明嘉靖刊唐百家詩本、明嘉靖刊東壁圖書府本、明萬曆刊唐十二家詩本、明活字本、明李夢陽刊本、明許自昌刊本、汲古閣刊本、清康熙御製《全唐詩》本、清康熙間汪立名刊本、清《四庫全書》本、《湖北先正遺書》本、《四部叢刊》本等。孟浩然是襄州襄陽人，所以湖北、襄陽的方志——例如民國張仲炘、楊承禧等修的《湖北通志》（一七二卷）、清陳鍔修的《襄陽府志》（四〇卷）、清楊宗時修、崔淦等纂的《襄陽府志》（七卷）、清恩聯等修、王萬芳等纂的《襄陽府志》（二六卷）等，都著錄了許多孟浩然的詩，筆者曾以之與各本孟浩然詩集比勘，異文甚多，可見方志中的作品，是從事校讎的珍貴文獻。

(3)可補史傳之不足：正史中的列傳，通常是著錄全國性的知名人士，一些地方性的人物，就端賴方志保存其生平事蹟。所以方志中像職官志、列傳所載的人物，每每可補史傳的不足。

(4)可補史志之不足：史書的藝文志，雖多數是根據國史編輯，但是，由於史館文獻的不足，藝文志每多疏漏。另一方面，部分地方上的學者，未將著作進呈官府，所以史書的藝文志，也就無從著錄，因此，方志中的藝文志（或作經籍志），每可補史志的不備。例如清代郝玉麟等監修的《福建通志》，著錄了宋代劉夙撰的《史記正誤》、《注漢書》，方汝一撰的《兩漢史贊評》，陳嘉言撰的《六朝史通》，林囿撰的《漢書彙識》，任希夷撰的《經筵故事》，這些宋代人的著作，《宋史・藝文志》都沒能著錄。

下列是幾種研究方志重要的參考資料：

(1)《中國地方志綜錄》，朱士嘉撰，民國二十四年商務印書館出版，一九五八年有增訂本再版。
(2)《國會圖書館藏中國方志目錄》，朱士嘉撰，一九四二年美國國會圖書館出版。
(3)《中國古方志考》，張國淦撰，一九七四年臺灣鼎文書局影印本。
(4)《中國地方志聯合書目》，中國天文臺編，一九八〇年油印本。
(5)《中華民國臺灣地區公藏方志目錄》，一九八五年臺北漢學研究資料及服務中心編印。
(6)《日本見藏稀見中國地方志目錄》，崔建英編，一九八六年北京書目文獻出版社出版。
(7)《稀見地方志提要》，陳光貽編，一九八七年齊魯書社出版。
(8)《中國地方志綜覽》，來新夏主編，一九八八年黃山書社印行。
(9)《方志學》，李泰棻撰，一九三五年商務印書館出版。
(10)《方志學概論》，來新夏主編，一九八三年福建人民出版社出版。
(11)〈中國方志中的文學資料及其運用〉，劉兆祐撰，一九八五年十二月《漢學研究》三卷二期。

2.類書

類書，就是在體制上將文獻依類編纂的圖書。這種體制的圖書，淵源甚早。《爾雅》把事物分十九類編輯，就是一種類書的形式。不過，《爾雅》所收的文獻，只限於字詞，和後世認為類書是「兼收四部」

（說見《四庫全書總目提要・類書類・小序》）的看法不符，加上《爾雅》的功用，偏重於「注經」，所以《爾雅》一直置於經部的小學類，而不把它放在子部的類書類。

兼收四部資料的類書，以三國時代之《皇覽》為最早。隋唐以後，類書漸多，終成為文獻學中重要的一門。

「類書」，從內容上來說，是四部兼收；從編輯的體例而言，是依類纂輯。因此，有人稱之為中國的百科全書，可見其文獻之豐富。

為了節省篇幅，今舉篇幅較小的《北堂書鈔》（唐虞世南撰，一六〇卷）為例，臚陳其類目，以見類書所收文獻之一斑：

帝王部（卷一～二二）　后妃部（卷二三～二六）　政術部（卷二七～四二）　刑法部（卷四三～四五）　封爵部（卷四六～四八）　設官部（卷四九～七九）　禮儀部（卷八〇～九四）　藝文部（卷九五～一〇四）　樂部（卷一〇五～一一二）　武功部（卷一一三～一二六）　衣冠部（卷一二七～一二九）　儀飾部（卷一三〇～一三一）　服飾部（卷一三二～一三六）　舟部（卷一三七～一三八）　車部（卷一三九～一四一）　酒食部（卷一四二～一四八）　天部（卷一四九～一五二）　歲時部（卷一五三～一五六）　地部（卷一五七～一六〇）

類書的分類及體制等，雖不盡相同，但是從《北堂書鈔》的內容來看，大致可以瞭解類書所收文獻的廣博。

類書在文獻上的價值，可以歸納為左列幾點：

(1)可資輯佚：由於類書所採的文獻，多出經入史，四部皆有，十分廣博，其中不少為後世已佚之文獻，後人每據以從事輯佚，對文獻之保存，功用顯著。

《四庫全書總目》於《藝文類聚》一書的〈提要〉說：

隋以前遺文秘籍，迄今十九不存，得此一書，尚略資考證。宋周必大校《文苑英華》，多引是集，而近代馮惟訥《詩紀》、梅鼎祚《文記》、張溥《百三家集》，從此採出者尤多，亦所謂殘膏賸馥，沾溉百代者矣。

《初學記》一書的〈提要〉說：

其所採摭，皆隋以前古書，而去取謹嚴，多可應用，在唐人類書中，博不及《藝文類聚》，而精則勝之。

明代祁承㸁《澹生堂藏書約．購書訓》說：

如書有著於三代而止於漢者，然漢人之引經多據之。書有著於漢而止於唐者，然唐人之著述尚存之。書有著於唐而止於宋者，然宋人之纂集多存之。每至檢閱，凡正文之所利用，注解之所證據，有涉前代之書而今失其傳者，即另從其書，各為鈔出。如《周易坤靈圖》、《禹時鉤命訣》、《春秋考異郵感精符》之類，則於《太平御覽》中間得之。如《會稽典錄》、張璠《漢紀》之類，則於《北堂書鈔》間得之。如《甘澤謠》、《會稽先賢傳》、《渚宮舊事》之類，則於《太平廣記》間得之。諸如此類，悉為裒集。又如漢唐以前殘文零篇，皆當收羅。此不但吉光片羽，自足珍重。所謂舉馬之一體，而馬未嘗不立於前也。

文中所談到的《太平御覽》、《北堂書鈔》、《太平廣記》等，都是類書。再以清乾隆年間所編《四庫全書》為例，現在《四庫全書》「著錄」的部分有三百八十五種書是從明代所編類書《永樂大典》輯出來的。「存目」的部分，也有一百二十七種書是從《永樂大典》輯出來的。可見類書在輯佚方面的價值。

(2)可為校勘之佐證：類書所引古書，每有與今本不同者，所以可為校勘之資。尤其是唐以前的類書，在這方面的貢獻，尤為顯著。因為唐以前的文獻，率為鈔本、寫本，頗有與後世刊本不同的地方。加以去古不遠，比較能保存古籍的原來面目。所以前人每用類書所載作為校讎的佐證。

例一：《論衡・書虛篇》：「傳書言：吳王夫差殺伍子胥。」

黃暉云：「《白帖・七》、《類聚・九》、《御覽・六十》、《事類賦・六》、《事文類聚・十五》、《合璧事類・八》引『傳』並作『儒』。」

黃暉所引，都是類書。

例二：《淮南子・主術訓》：「人主租斂於民也，必先計歲收，量民積聚，知饑饉，有餘不足之數，然後取車輿衣食，供養其欲。」

王念孫云：「《群書治要》引此『饑饉』作『饒饉』。案作『饒饉』者原文，作『饑饉』者後人所改也。『饒』與『饉』，『有餘』與『不足』，皆相對為文。若作『饑饉』，則與『有餘不足』之文不類矣。此言人主必知民積聚之多寡，然後可取於民。若上言『饑饉』，則下不得言『取車輿衣食，供養其欲』矣。後人熟於『饑饉』之文，遂以意改之，而不知其與下文相牴牾也。」

《群書治要》（五〇卷），為唐代魏徵等所編類書。

(3)方便資料之檢索：「類書」既然是將資料分類編輯，所以，以典章制度等文獻為主的類書，便是一部資料的索引。如《古今圖書集成》（一〇〇〇〇卷），把所錄文獻分為「曆象彙編」、「方輿彙編」、「明倫彙編」、「博物彙編」、「理學彙編」、「經濟彙編」等六個「彙編」。每個「彙編」下，又分若干「典」，如「經濟彙編」分為「選舉典」、「銓衡典」、「食貨典」、「禮儀典」、「樂律典」、「戎政典」、「祥刑典」、「考工典」，全書三十二典。每個「典」下，又分若干「部」，全書六千餘部。每個「部」下，又分「彙考」、「總論」、「圖表」、「列傳」、「藝文」、「選句」、「紀事」、「雜錄」及「外編」等目。如此把古今圖書文獻分類整理，方便資料之檢索。

又如《文獻通考》及「會要」等圖書，目錄學的分類，習慣上把它們放在史部的「政書」，但是，依其體例，則可視之為「類書」。鄧嗣禹先生的《中國類書目錄初稿》，就把「通志」「通考」及「會要」等政書，視同類書。這類圖書，把文獻做精細的分類外，有時還把資料做一番統計。以《文獻通考・經籍考》為例，每類之前，記載歷代圖書的總數。以史部正史為例：

〈漢志〉九家四百一十一篇。

〈隋志〉六十七部三千八十三卷。

〈唐志〉正史集史共七十五家九十六部五千一百又七卷。

〈宋三朝志〉二十六部二千一十卷。

〈宋兩朝志〉六部五百五十六卷。

〈宋四朝志〉一十三部一千一百六十七卷。

〈宋中興志〉三十九家四十二部二千八百七十七卷。

這種著錄資料的方式，方便於文獻的瞭解和檢索。

「類書」在文獻資料的保存上，固然有上述的價值，但是，一方面由於「類書」大多成於眾手，訛誤難免；一方面「類書」的資料，有時是從別本類書抄撮而來，不盡然是直接資料，這些都是在利用「類書」資料從事研究時，應該注意的。

研究類書在文獻方面的貢獻，可參閱左列著作：

(1)《宋四大書考》，郭伯恭撰，商務印書館。

(2)《中國類書目錄初稿》，鄧嗣禹撰，古亭書屋影印本。

(3)〈中國類書中的文獻資料及其運用〉，劉兆祐撰，《國立中央圖書館館刊》新二十二卷二期。

3.政書

什麼叫「政書」呢？根據《四庫全書總目提要．史部政書類》的〈小序〉，凡是「國政朝章，六官所職」的，都收在此類。因此，凡是記載典章制度的文獻，都稱之為「政書」。

政書的內容，《四庫全書總目》分為六大類：

(1)通制之屬，如唐杜佑的《通典》、宋王溥的《唐會要》等。

(2)典禮之屬，如唐蕭嵩的《大唐開元禮》、宋蘇洵的《謚法》等。

(3)邦計之屬，如宋董煟的《救荒活民書》、元陳椿的《熬波圖》等。

(4)軍政之屬，如宋陳傅良的《歷代兵制》、明楊時喬的《馬政記》等。

(5)法令之屬，如唐長孫無忌的《唐律疏義》、清代所修《大清律例》等。

(6)考工之屬，如宋李誡的《營造法式》、清代所修《武英殿聚珍版程式》等。

從這六大類看起來，政書所涵蓋的，都是典章制度的文獻。這些文獻在國學研究的領域裡，非常重要。梁啟超先生在〈治國學的兩條大路〉一文中，以為研究國學有兩條應走的大路：一是文獻的學問，應該用客觀的科學方法去研究；二是德性的學問，應該用內省的和躬行的方法去研究。其中「文獻的學問」一項，梁氏更指明就是正史、別史、雜史、編年、紀事本末、法典、政書、方志、譜牒以及各種筆記、金石刻文等。張之洞在《輶軒語》中也強調讀史宜讀表志。他說：「作史以作志為最難，讀史以讀志為最重要。一代典章制度，皆在其中。止看列傳數篇，於史學無當也。」史書的「志」，只是記載一代的典章制度；而政書如《通典》、《通志》及《文獻通考》等，則綜載歷代的典章制度，從文獻學的角度看，更具價值。

在各種政書中，初治國學者，宜先讀「十通」及「會要」、「會典」。「十通」中，除了《清通典》、《清通志》、《清文獻通考》及《續清文獻通考》外，都是通紀數朝的典章制度。至於「會要」，就是以分門別類的方式，記載一代的典章制度，多是私人所修；「會典」，則是以吏、禮、兵、工、戶、刑六部的職官為綱，記載各種章程法令，多屬官修。今列舉這一方面的書目如左：

十通：

(1)《通典》二〇〇卷，唐杜佑撰，載上古至唐天寶間典章制度。

(2)《通志》二〇〇卷，宋鄭樵撰，載上古至唐末之典章制度，紀傳部分則自三皇至隋代。

(3)《文獻通考》三四八卷，元馬端臨撰，載上古至宋光宗間典章制度。

(4)《欽定續通典》一五〇卷，清乾隆間編，收唐肅宗迄明末之典章制度。

(5)《欽定續通志》六四〇卷，清乾隆間編，其中二十略起五代迄明末，紀傳起唐迄元末。

(6)《欽定續文獻通考》二五〇卷，清乾隆間編，所載文獻起宋寧宗，迄明崇禎。

(7)《清通典》一〇〇卷，清乾隆間編，所載文獻起清初，迄乾隆。

(8)《清通志》一二六卷，清乾隆間編，所載文獻起清初，迄乾隆。

(9)《清文獻通考》三〇〇卷，清乾隆間編，起清初，迄乾隆五十年。

(10)《續清文獻通考》四〇〇卷，民國十年劉錦藻編，起乾隆五十一年，迄宣統三年。

會要與會典：

(1)《春秋會要》四卷、〈目錄〉一卷，清姚彥渠撰。
(2)《秦會要》二六卷，清孫楷撰。
(3)《西漢會要》七〇卷、〈目錄〉一卷，宋徐天麟撰。
(4)《東漢會要》四〇卷、〈目錄〉一卷，宋徐天麟撰。
(5)《三國會要》二二卷，清楊晨撰。
(6)《晉會要》，林瑞翰、逯耀東合撰。
(7)《唐會要》一〇〇卷，宋王溥等撰。
(8)《五代會要》三〇卷、〈目錄〉一卷，宋王溥撰。
(9)《宋會要輯稿》三六六卷，清徐松輯。
(10)《明會要》八〇卷、〈例略目錄〉一卷，清龍文彬撰。
(11)《大明會典》二二八卷，明李東陽等奉敕撰。
(12)《大清會典》一〇〇卷、《圖》二七〇卷、《事例》一二二〇卷，清崑岡等奉敕編。

如欲進一步明瞭「會要」的詳細情形，可參閱：

〈略論歷代會要〉，吳緝華撰，《書目季刊》三卷三期。

4. 叢書

《說文解字》云：「叢，聚也。」所謂「叢書」，就是把多種書聚為一部大書，例如《十三經》、《二十五史》及《四庫全書》等都是「叢書」。

「叢書」的來源很早。《易經》的「十翼」（〈彖上〉、〈彖下〉、〈象上〉、〈象下〉、〈繫辭上〉、〈繫辭下〉、〈文言〉、〈序卦〉、〈說卦〉、〈雜卦〉）可以說是最早的叢書。《漢書・藝文志》也著錄了一些叢書。例如〈諸子略・儒家〉著錄《劉向所序六十七篇》，〈注〉云：「《新序》、《說苑》、《世說》、《列女傳頌圖》也。」又著錄《揚雄所序三十八篇》，〈注〉云：「《太玄》十九，《法言》十三，《樂》四，《箴》二。」所謂《劉向所序六十七篇》及《揚雄所序三十八篇》，就是叢書，不過，這些叢書是彙編一人著述而成。

彙輯多人著述而成叢書，最早的是宋寧宗嘉泰二年（西元一二〇二年）俞鼎孫、俞經同編的《儒學警悟》。是編共收書六種：《石林燕語》（一〇卷）、《演繁露》（六卷）、《嬾真子錄》（五卷）、《考古編》（一〇卷）、《捫蝨新話》（上集四卷、下集四卷）、《螢雪叢說》（二卷）。此後，編纂叢書的風氣大為盛行，叢書遂成為我國文獻的重要淵藪。

「叢書」在文獻上的價值有二：

⑴有助於圖書的流傳：一些篇幅較小的書籍，不易覓得，也較易於失傳，這就是早期學者把多種圖書彙為叢書，為便於流傳的緣故，所以早期叢書所收錄的圖書，都是篇卷較少者。清代張之洞在《書目答問・五・古今人著述合刻叢書目》條云：「叢書最便學者，為其一部之中可讀群籍，蒐殘存佚，為功尤鉅，欲多讀古書，非買叢書不可。」又於卷五「勸刻書說」條云：「凡有力好事之人，若自揣德業學問不足過人，而欲求不朽者，莫如刊布古書一法。但刻書必須不惜重費，延聘通人，甄擇秘籍，詳校精雕（原注：刻書不擇佳惡，書佳而不讎校，猶糜費也），其書終古不廢，則刻書之人，終古不泯。如歙之鮑，吳之黃，南海之伍，金山之錢，可決其五百年中，必不泯滅，豈不勝於自著書、自刻集者乎（原注：

假如就此類中隨舉一錄，刻成叢書，即亦不惡)？且刻書者，傳先哲之精蘊，啟後學之困蒙，亦利濟之先務，積善之雅談也。」張氏所說「歙之鮑」，是指清乾隆年間的鮑廷博。廷博字以文，號渌飲，歙縣人，刻有《知不足齋叢書》，收書二百七種，七百八十一卷。「吳之黃」，是指清嘉慶年間的黃丕烈。丕烈字蕘圃，吳縣人，刊有《士禮居叢書》，收書十九種，一百九十四卷。「南海之伍」，是指清咸豐年間的伍崇曜。崇曜原名元薇，廣東南海人，輯刊《粵雅堂叢書》，收書二百八種，一千二百八十九卷。又輯刊《嶺南遺書》，收書六十種，二百四十三卷。「金山之錢」，是指清道光年間的錢熙祚。熙祚字錫之，江蘇金山人。輯刊《守山閣叢書》，收書一百十二種，六百六十五卷。又刊《珠叢別錄》，收書二十八種，八十二卷。張之洞所列舉的這些刻書名家，都是以輯刊叢書，名著於士林。可見叢書有功於文獻的保存與流傳。

(2)方便於圖書的使用：歷來學者為方便於使用圖書，對文獻的整理，採取三種方式：一是編輯分類目錄，二是編纂類書，三是輯刊叢書。

為什麼輯刊叢書是為了方便圖書的使用呢？因為叢書除了彙聚四部之書者，如《百川學海》、《學海類編》、《四部備要》、《四部叢刊》、《四庫全書》等以外，又：

有彙聚一代之書者，如：

《唐宋叢書》，明鍾人傑輯刊。

《廣漢魏叢書》，明程榮輯刊。

有彙聚同類之書者，如：

《皇清經解》，清阮元輯刊。

《許學叢書》，清張炳翔輯刊。

有彙聚一地文獻者，如：

《湖北叢書》，清趙尚輔輯刊。

《金華叢書》，清胡鳳丹輯刊。

有彙聚一人著述者，如：

《黃梨洲十八種》，清黃宗羲撰。

《經韻樓叢書》，清段玉裁撰。

這些專門彙聚一代、同類、一地及一人著述的叢書，對專事研究某一代、某一類、某一地及某一家學術者，取材十分方便。

(二)非圖書文獻

所謂「非圖書文獻」，即書本以外之資料，包括：金器、石刻、甲骨、簡冊、天文及風俗、習俗等。

胡適之先生於民國十二年在〈國學季刊發刊詞〉上說：

> 清朝學者好古的風氣不限於古書一項，風氣所被，遂使古物的發現、記載、收藏，都成了時髦的嗜好。鼎彝、泉幣、碑版、壁畫、雕塑、古陶器之類，雖缺乏系統的整理，材料確是不少了。最近三十年來，甲骨文字的發現，竟使殷商一代的歷史有了地底下的證據，並且給文字學添了無數的最古資料。最近遼陽、河南等處石器時代的文化的發現，也是一件極重要的事。（見《胡適文存》

第二集，頁三)

關於胡先生所說近三十年新文物發現的情形，王國維在〈最近二三十年中中國新發現之學問〉一文中有具體的列舉。王氏所列舉的是：

(1)殷契甲骨文字。

(2)敦煌塞上及西域各地之簡牘。

(3)敦煌千佛洞之六朝唐人所書卷軸。

(4)內閣大庫之書籍檔案。

(5)中國境內之外族遺文。

這些，多數是非圖書文獻。王國維又說：

> 古來新學問，起因大都由於新發現——有孔子壁中書出，而後有漢以來古文家之學；有趙宋石器出，而後有宋以來古器物、古文字之學；晉時汲冢竹簡出土後，同時杜元凱之注《左傳》，稍後郭璞之注《山海經》，已用其說。然則中國紙上之學問，有賴於地下之學問者，固不自今日始也。

從胡、王二氏的話，可知「非圖書文獻」，對國學研究，有很重要的功用。

這些「非圖書文獻」中，甲骨、漢簡部分，在中文系的課程裡，有「文字學」一門課來討論。敦煌石室的文獻，也會有「敦煌學」來討論。現在就金器和石刻兩方面，略作敘述。

1.金器

金器，一般指以青銅鑄成的各種器具。這些金器，又稱「吉金」。「吉」，一方面表示金器中，有相當多的部分屬於禮器或祭器，一方面也表示金器有堅固、可以垂諸久遠的意思。

金器的種類很多，常見的有下列五種：

⑴樂器：如「鐘」、「鎛」、「鐸」、「鐃」、「句鑃」、「鼓」、「錞」、「磬」等。

⑵禮器：如「簠」、「卣」、「觶」、「鍴」、「罍」、「彝」、「尊」、「豆」、「敦」、「簋」、「爵」、「斝」、「匜」、「觥」、「角」、「盉」、「鼎」、「鬲」、「甗」、「盤」、「壺」、「觚」等。

⑶兵器：如「戈」、「戟」、「句兵」、「戵」、「矛」、「劍」、「刺」、「匕首」、「劍格」、「刀」、「削」、「斧」、「矢鏃」、「矢括」、「弩機」、「戣」、「槍」、「距末」、「刀珌」等。

⑷度量衡器：如「權」、「纍」、「尺」、「斛」、「鈁」、「鍾」、「升」、「衡」、「斗」、「合」等。

⑸雜器：如「銅漏」、「盂」、「洗」、「碗」、「香爐」、「杯」、「兵符」、「銅環」、「熨斗」、「博局」、「車飾」、「農器」、「烙馬印」、「鐵券」、「文字笵」等。

這些金器，有鏤文字的，也有不鏤文字的。從廣義的文獻來說，都是重要的「非圖書文獻」。不過，這裡就鏤有文字的部分，說明其對研究國學的重要。

清代龔自珍《商用彝器文錄・敘》說：

凡古文，可以補今許慎書之闕；其韻，可以補〈雅〉〈頌〉之隙；其事，可以補《春秋》之隟；其禮，可以補逸禮；其官位氏族，可以補七十子大義之隙。

梁啟超在《中國歷史研究法》第四章〈說史料〉說：

金文之研究，以商周彝器為主，吾前已曾言其美術方面之價值矣，今更從文字款識上有所論列。金文證史之功，過於石刻，蓋以年代愈遠，史料愈湮，片鱗殘甲，罔不可寶也。例如周宣王伐玁狁之役，實我民族上古時代對外一大事，其跡僅見《詩經》(〈小雅‧六月〉)，而簡略不可理；及小盂鼎、虢季子白盤、不嬰敦、梁伯戈諸器出世，經學者悉心考釋，然後茲役之年月、戰線、戰略、兵數，皆歷歷可推(見王國維〈鬼方昆夷玁狁考〉及〈不嬰敦蓋銘考釋〉)。又如西周時，民間債權交易準折之狀況，及民事案件之裁判，古書中一無可考，自曶鼎出，推釋之，即略見其概(清劉心源《奇觚室吉金文述‧釋曶鼎》最好)。餘如克鼎、大盂鼎、毛公鼎等，字數抵一篇《尚書》，典章制度之藉以傳者蓋多矣。又如〈秦詛楚文〉，於當時宗教信仰情狀，兩國交惡始末，皆有關係；雖原器已佚，而摹本猶為瓌寶也(〈詛楚文〉摹本見《絳帖》，《古文苑》有釋文)。若衡以吾所謂抽象的史料者，則吾曾將金文中之古國名，試一蒐集，竟得九十餘國，其國在春秋時已亡者，蓋十而八九矣。若將此法應用於各方面，其所得必當不乏也。至如文字變遷之跡，賴此大明，而眾所共知，無勞喋述矣。

這些都說明金器文獻在國學研究上的價值。

2.石刻

這裡所稱「石刻」，著重於石器上的文字記述。這些石刻，常見的有「石經」、「碑」、「碣」、「墓誌」、「塔銘」、「浮圖」、「經幢」、「造像」、「石闕」及「摩厓」等。

刻石的風氣，流行於秦漢之世，而極盛於後漢，到了隋唐，事無巨細，多刻石紀之。

清代龔自珍《說刻石》，論刻石之事有九，他說：

> 帝王有巡狩則紀，因頌功德，一也；有畋獵游幸則紀，因頌功德，二也；有大討伐則紀，主於言勞，三也；有大憲令則紀，主於言禁，四也；有大約劑大詛則紀，主於言信，五也；所戰所守所輸糧所瞭敵則紀，主於言要害，六也；決大川濬大澤築大防則紀，主於形方，七也；大治城郭宮室則紀，主於考工，八也；遭經籍潰喪、學術歧出則刻石，主於考文，九也。九者，國之大政也，史之大支也。或紀於金，或紀於石。石在天地之間，壽非金匹也。其材巨形豐，其徙也難，則壽侔於金者有之。古人所以舍金而刻石也與！

龔氏這段話，一方面說明了刻石的起因，一方面也說明了石刻的內容。

在各種石刻中，與國學較有關的，是石碑、墓誌和石經三者。

石碑之刻有文字，是漢以後之事。葉昌熾《語石》說：「凡刻石之文皆謂之碑，當自漢以後始。」至於石碑的內容，葉氏《語石．立碑總例》列舉四項：一曰述德：崇聖、嘉賢、表忠、旌孝。二曰銘功：述聖、紀功、中興、以逮邊庭諸將之紀功。三曰紀事：自廟學營繕，以逮二氏之宮是也。四曰纂言：官私文書、古今格論，自朝廷渙號，以逮詞人之作。

墓誌，則多記一人之生平事蹟，可補圖書資料的不足。茲以曾鞏的墓誌銘為例。曾鞏的墓誌，現在載於《四部叢刊》本《元豐類稿》的，不著撰人。《南豐縣志》則這樣說：

> 贈太師密國公曾致堯墓，七都崇覺寺右，歐陽脩為「神道碑」文。贈太師魯國公曾易占墓，七都崇覺寺右，陳師道為「神道碑」文。南豐先生曾鞏墓，敕葬七都崇覺寺右，孫固志「銘」，韓維撰「神道碑」文，刻石寺門外。

根據這段記載，則曾鞏的墓誌銘，是孫固寫的。前些年，在江西省南豐縣縣城南郊七公里的源頭村崇覺寺側，挖掘出曾鞏的墓，也發現了他的墓誌銘。墓誌和誌蓋兩石一盒平放。墓誌高一一三公分，寬一一四公分，厚十八公分。墓誌蓋高一一〇公分，寬一一〇公分，厚十八公分。上有「宋中書舍人曾公墓誌銘」十字，篆體陰刻。誌文首為「朝散郎試中書舍人輕車都尉賜紫金魚袋曾公墓誌銘並序」，下繫「朝散郎守尚書禮部郎中上騎都尉賜緋魚袋林希撰」，「前承奉郎行太常寺奉禮郎沈遼書」，「宣德郎守太常博士騎都尉賜緋魚袋陳晞篆蓋」。誌文正書計四十三行，滿行五十一字，共約二千七百字。誌文末署「尋陽李仲寧、仲憲刊」。

這塊墓誌銘的發現，至少解決了古籍記載的幾個疑難：一是曾鞏的墓誌銘，是林希寫的，一則可補《四部叢刊》本《元豐類稿》的不足，一則可糾正《南豐縣志》的錯誤。二是關於李仲寧、仲憲碑工的資料。清代黃錫蕃撰的《刻碑姓名錄》(三卷)，收錄了宋代碑工凡一百七十八人，可是不載李仲寧、仲憲。宋代王明清《揮麈錄》第三錄卷二說：「九江有碑工李仲寧，刻字甚工，黃太史題其居曰『瑑玉坊』。」曾鞏墓誌銘的發現，不僅印證了王明清的記載，也補充了黃錫蕃的疏漏。

至於石經，雖然到了清代，仍刻有石經，但是，從文獻的角度來說，以唐代以前的石經較有文獻價值。這是因為唐代以前版刻尚未流行，從唐代以前的石經，還可以瞭解早期文獻的現象。唐代以前的石經，重要的有：刻於漢靈帝熹平年間的「熹平石經」，刻於魏廢帝正始年間的「正始石經」，以及始刻於唐文宗太和，完成於開成年間的「開成石經」。其中「熹平石經」和「正始石經」已毀壞不全，僅「開成石經」尚大致完整。

關於「非圖書文獻」，可參閱左列著作：

(1)〈文物資料和圖書資料之關係〉，屈萬里先生著，載《屈萬里全集》，十七冊，聯經出版社。

(2)〈地下資料與書本資料的參互研究〉，周法高先生著，載《聯合書院學報》八期。

(3)〈談閱讀古籍與實物、習俗的關係〉，劉兆祐著，載《幼獅月刊》四十八卷二期。

四、與「文獻學」相關的基礎知識

「文獻」的內涵包括「圖書文獻」和「非圖書文獻」兩大類，每一類又包括多種不同的資料。要整理、考訂這些資料，使其能正確的應用在研究工作上，則將涉及多種學識。這些學識，稱之為與文獻學相關的基礎知識。

現在就列舉最重要的基礎知識，簡略說明其內涵及其與文獻學的關係。

㈠板本學

「板本學」是研究圖書各種傳本的一門學術。其內涵包括：

⑴研究各種傳本的行款。所謂「行款」，包括書本的長度、寬度、行數、每行字數、字體、刀法、邊欄、版心、裝訂、紙張及藏書章等。

⑵研究每一書的流傳經過。這包括每一傳本的初寫、初刻與傳抄、傳刻及其遞藏情形。

⑶研究每一傳本間的異同與優劣。所謂異同，除了行款外，尤須注意內容上有否刪節、文字上是否訛誤等情形，並據此以判定其遞傳關係和優劣。

⑷考訂版本的真偽。明代以後，刻書者也有作偽的情形。考訂版刻的真偽及其作偽的現象，也是板本學研究的範圍。

「板本學」的知識，對「文獻學」的主要功能，即在於甄擇圖書是否為善本，並考辨其是否為偽刻。所謂「善本」，前人有多種不同的說法，清代張之洞說：「善本之義有三：一、足本（無闕卷，未刪削）；二、精本（精校、精注）；三、舊本（舊刻、舊鈔）。」（說見《輶軒語・語學篇》）清代丁丙所編《善本書室藏書志》，在卷末說明他對「善本」一詞所定的四個標準：「一曰『舊刻』：宋元遺刊，日遠日鮮，幸傳至今，固宜球圖視之。二曰『精本』：朱氏一朝，自萬曆後，剞劂固屬草草，然近溯嘉靖以前，刻書多翻宋槧，正統、成化，刻印尤精，足本孤本，所在皆是。今搜集自洪武迄嘉靖，萃其遺帙，擇其最佳者，甄別而取之，萬曆以後，間附數部，要皆雕刻既工，世鮮傳本者，始行入錄。三曰『舊鈔』：前明姑蘇叢書堂吳氏、四明天一閣范氏，二家之書，半係鈔本。至國朝小山堂趙氏、知不足齋鮑氏、振綺堂汪氏，多影鈔宋元精本，筆墨精妙，遠過明鈔。寒家所藏，將及萬卷，擇其尤異，始著於編。四曰『舊校』：校勘之學，至乾嘉而極精。出仁和盧抱經、吳縣黃蕘圃、陽湖孫星衍之手者，尤校讎精審，朱墨爛然，為藝林至寶。補脫文，正誤字，有功於後學不淺。」綜合張之洞、丁丙二人之說，所謂「善本」的主要條件有三：一是較早的刊本或抄本；二是內容要完整；三是校勘要精確。就文獻的觀點來說，內容的完整和校勘精確二項，尤為重要。

所謂內容完整，就是指圖書未經刪節及任意竄改。一經刪節或竄改的本子，自會影響到研究的成果。

茲舉刪節圖書的例子：

宋代王楙（西元一一五一～一二一三年）所著的《野客叢書》，是宋代筆記小說中十分重要的一部書。其書大抵雜采群書，議論其是非；或摘引他書，以為言談之資。王氏在〈自序〉裡，說明其著書的旨趣云：「僕間以管見隨意而書，積數年間，卷帙俱滿。旅寓高沙，始命筆吏，不暇詮次，總而錄之為三十卷，目之曰『野客叢書』。井蛙拘墟，稽考不無疏鹵，議論不無狂僭，君子謂其野客則然，不以為罪也。」清代周中孚《鄭堂讀書記》謂其書「摘引群書以考證其同異，辨論其是非，極為詳明精確，雖卷帙繁富，不免時有舛誤，然于經史大端，多所釐正，在南宋說部之中，惟《容齋五筆》可與對壘，他家終不逮也」。此書本三十卷，明嘉靖四十一年王穀祥刊本、明萬曆中商濬所輯刊的《稗海》本，都是三十卷的足本。但是明代陳繼儒所編刊的《寶顏堂秘笈》，所收此書，則刪為十二卷，精核之處，多遭刪削，清代周中孚、李慈銘，都譏陳氏妄刪古書。

其次舉書中文字訛誤衍奪的例子：

唐代詩人元稹，他的詩集我們現在常看到的是明萬曆三十二年松江馬元調的刊本。清朝的盧文弨曾以宋刊本與馬氏刊本核校，發現字句有很大的不同。就以〈思歸樂〉一詩為例。下面有異文的詩句，大字是正確的，小字則是明刊本擅改的訛字：

山(我)中(作)思歸樂　應緣此山(寄)路(跡)　我無(不)失鄉情　尋丈可寄形(身)　一(始)到(對)長安城　移鎮廣(值)與(江)荊(陵)　長(人)安(生)一(如)晝夜　況我三十二(餘)　百(年)年(來)未半程　久聞(欲)峴(登)山(斯)亭　開(釀)門(酒)待賓客　身外皆(無)委(所)順(求)　誰能求(苟)苟(求)榮　不(朝)畏(野)權(已)勢傾　況復人性(至)靈　珠(金)碎(埋)無土色　我可囚為俘(下三字未刻)　此誠患不至(立)　誠(雖)至(困)道亦亨

一首短短的五言古詩，竟有三十九字遭到臆改，這是何等的驚人！如果從事學術研究，不慎擇善本，研究成果之不可信，不言可知。

下列數書，是研究板本學的參考書：

(1)《書林清話》，葉德輝撰，世界書局排印本。

(2)《圖書版本學要略》，屈萬里先生、昌彼得先生合撰，中華文化出版事業委員會排印本。

(3)《增訂四庫簡明目錄標注》，清邵懿辰、邵章撰，世界書局排印本。

(二)目錄學

這裡所指的「目錄」，係專謂與圖書文物有關之目錄，有時亦稱「書目」或「簿錄」。

「目錄」由於編撰者目的之不同，而有下列不同的特性：一是目錄家的目錄。就是單純的將圖書文物分類著錄，如明代楊士奇編的《文淵閣書目》、清代孫星衍編的《孫氏祠堂書目》等。二是收藏家的目錄。就是除了著錄書名和作者以外，並詳細的著錄其版本。例如清代陸心源的《皕宋樓藏書志》、錢謙益的《絳雲樓書目》等。三是學術家的目錄。就是將圖書分類著錄以外，每類之前還有小序，每書有解題，用以說明學術的流變。例如清代朱彝尊所撰《經義考》、乾隆間所編《四庫全書總目提要》等。四是鑑賞家的目錄。就是編輯目錄的目的，在於鑑賞圖書版刻的美觀，所以著重於行款及藏章的著錄，如清代乾隆年間所敕撰的《天祿琳琅書目》。

不論是那一種目錄，為了方便檢索，都需講求分類，並且要使所著錄的圖書，顯示出其源流和條貫。這種專門研究目錄的編次、著錄、解題，進而得其學術流變的知識，即謂之「目錄學」。

從文獻的角度而言，目錄之功用是：

1. 明治學之途徑

我國古籍浩繁，就以史部之書而言：《隋書・經籍志》著錄八百一十七部，一萬三千二百六十四卷；《新唐書・藝文志》著錄一千三百四部，二萬九千二百一卷；《宋史・藝文志》著錄二千一百四十七部，四萬三千一百九卷；《明史・藝文志》著錄一千三百一十六部，二萬八千二十一卷。其所著錄，雖不免重複，然為數亦不可謂不多，而漢代以前、清代及各方志中的藝文志，都未計算在內。其他經、子、集三部之書，也為數不少。面對如此浩瀚的書籍，當吾人從事研究工作時，一定會面臨下列一些問題：

(1)某一種問題，前人究竟已有那些研究成果及相關著作？

(2)前人的研究成果及相關著作，內容如何？得失如何？

(3)前人的研究成果及相關著作，如何檢索？如何獲得？

(4)前人著作，有那些傳本？何者為善本？

要解決這些問題，惟有從目錄學著手。所以清代張之洞在《書目答問・略例》裡說：

> 讀書不知要領，勞而無功。知某書宜讀而不得精校精注本，事倍功半（原注：此編所錄，其原書為修四庫書時所未有者，十之三四；四庫雖有其書，而校本、注本晚出者，十之七八）。今為分別條流，慎擇約舉，視其性之所近，各就其部求之。又於其中詳分子目，以便類求。一類之中，復以義例相近者，使相比附，再敘時代，令其門徑秩然，緩急易見。凡所著錄，並是要典雅記，各適其用（原注：皆前輩通人，考求論定者）。總期令初學者易買易讀，不致迷罔眩惑而已（原注：弇陋者當思擴其見聞，汎濫者當知學有流別）。

張氏又在《輶軒語》「論讀書宜有門徑」條說：

> 汎濫無歸，終身無得。得門而入，事半功倍。或經，或史，或詞章，或經濟，或天算地輿。經治何經？史治何史？……至於經注，孰為師授之古學？孰為無本之俗學？……此事宜有師承，然師豈易得？今為諸君指一良師，將《四庫全書總目提要》讀一過，即略知學術門徑矣。

《四庫全書總目提要》，即重要的目錄學著作。

2. 考文獻之亡佚

我國圖書文獻，由於兵燹及政治上的黨爭等因素，亡佚、毀壞的情形，十分嚴重。以圖書而言，在隋代以前，有所謂「五厄」；隋代以後，又有「五厄」。前「五厄」是：秦皇吞滅諸侯，下焚書之令，此一厄也。王莽之末，長安圖書，焚燒殆盡，此二厄也。漢獻帝移都，圖書縑帛，皆取為帷囊，西京大亂，一時燔蕩，此三厄也。劉、石憑陵，京華覆滅，朝章闕典，從而失墜，此四厄也。周師入郢，蕭繹焚書於外城，此則五厄也（詳見《隋書・四九・牛弘傳》）。後「五厄」是：隋大業十四年（西元六一八年），煬帝在江都被殺，一時天下大亂，圖書被焚，此一厄也。唐天寶十五年（西元七五六年），安祿山入關，玄宗奔蜀，書籍損失殆盡，此二厄也。廣明元年（西元八八〇年），黃巢入長安，僖宗出走，書籍焚燬不少，此三厄也。靖康二年（西元一一二七年），金人入汴，此四厄也。南宋德祐二年（西元一二七六年），伯顏南下，軍入臨安，圖書禮器，運走一空，此五厄也（詳見明代胡應麟《少室山房筆叢》卷一）。明代以後，火災、兵災及政治上的忌諱等，也造成了多次圖書文獻的遺失。

古代文獻之亡佚，既然如此之甚，欲知何書已佚，何書猶存，惟有從目錄去考訂。以歷代史志來說，除了《明史・藝文志》及《清史稿・藝文志》專為著錄當代圖書文獻外，其餘的史志，都兼錄前代的圖書文獻，因此，可以從歷代史志的比較及各種書目的著錄情形，得知文獻的存佚情形。

此外，前人目錄每記亡闕，以《隋書・經籍志》為例，多記圖書「殘闕」或「亡佚」，如：

《周易》二卷條注云：「魏文侯師卜子夏傳，殘缺。梁六卷。」

《禮答問》二卷條注云：「徐廣撰，殘缺。梁十一卷。」

《論語講疏文句義》五卷條注云：「徐孝克撰，殘缺。」

《尚書中候》五卷條注云：「鄭玄注。梁有八卷，今殘缺。」

以上是《隋書・經籍志》記「殘缺」的例子。以下是記「亡佚」者：

《齊紀》二十卷條注云：「沈約撰。梁有江淹《齊史》十三卷，亡。」

《華陽國志》十二卷條注云：「常璩撰。梁有《蜀平記》十卷，《蜀漢偽官故事》一卷，亡。」

《吐谷渾記》二卷條注云：「宋新亭侯段國撰。梁有《翟遼書》二卷，《諸國略記》二卷，《永嘉後纂年記》二卷，《段業傳》一卷，亡。」

《漢官典職儀式選用》二卷條注云：「漢衛尉蔡質撰。梁有荀攸《魏官儀》一卷，韋昭《官儀職訓》一卷，亡。」

目錄記載文獻的亡闕，一方面可據以考訂文獻之亡佚情形，一方面復可進而據以為求書之線索。

3. 辨古籍之真偽

目錄中頗多辨偽之語，都是後代學者用來辨偽的重要資料。以《漢書・藝文志》為例，班固有很多辨偽之論，例如：

《文子》九篇條，班固注云：「老子弟子，與孔子並時，而稱『周平王問』，似依託者也。」

《黃帝泰素》二十篇條，班固注云：「六國時韓諸公子所作。」

《大禹》三十七篇條，班固注云：「傳言禹所作，其文似後世語。」

《師曠》六篇條，班固注云：「見《春秋》，其言淺薄，本與此同，似因託之。」

其他像宋代晁公武《郡齋讀書志》、陳振孫《直齋書錄解題》及清代《四庫全書總目提要》等，都有很多辨偽之語，所以歷來辨偽學者，其立論每引自目錄書籍。

此外，從歷代目錄之著錄現象，也可以作為辨偽的證據。例如《郡齋讀書志》著錄《鶡冠子》（八卷），晁公武曰：

右班固載：「鶡冠子，楚人，居深山，以鶡羽為冠。」著書成編，因以名之。至唐韓愈，稱愛其〈博選〉〈學問〉篇，而柳宗元以其多取賈誼賦非斥之。按：《四庫書目》：《鶡冠子》三十六篇，與愈合，已非〈漢志〉之舊。今書乃八卷：前三卷為十三篇，與今所傳《墨子》書同；中三卷十九篇，愈所稱兩篇皆在，宗元非之者，篇名〈世兵〉，亦在；後兩卷有十九篇，多稱引漢以後事，皆後人雜亂附益之。今削去前後五卷，止存十九篇，庶得其真。其辭雜黃老刑名，意皆鄙淺，宗元之評蓋不誣。

晁氏一方面據其辭章，考辨其偽；一方面根據歷代史志所載篇卷之異同，而定其依託，就是充分用目錄學的知識，以考證古籍之真偽。

4. 考典籍之篇卷

古書之所以分篇卷，是用來方便計算的。大致內容完整而告一段落的，都抄寫在一長串的竹簡或一長條的帛布、紙張上，則稱為一篇或一卷。從歷代目錄所載篇卷之多寡，可以看出一書的增損或析併情形，或藉以考訂一書之真偽。

例如舊題宋代宋綬所編《宋朝大詔令》一書，《宋史・藝文志・故事類》著錄二百四十卷，趙希弁《讀書附志》、陳振孫《直齋書錄解題》及王應麟《玉海》等書所著錄的，也是二百四十卷。但是，清代瞿鏞《鐵琴銅劍樓藏書目錄》（卷九）所著錄的舊鈔本，僅一百九十五卷，闕〈宰相類〉卷七十一至九十三，〈武臣類〉卷一百六至一百十五，〈政事類〉卷一百六十七至一百七十七，凡缺四十四卷。這是從目錄得以考知圖書殘缺的例子。

又如魏曹植的《陳思王集》（十卷），據《三國志・魏志》稱景初中撰錄植所著賦、頌、詩、銘、雜論，共一百餘篇。但是今本《陳思王集》，詩文近二百篇，溢於本傳所載甚多，顯然其中有不少是後人竄入的。這是據篇卷的增損以考訂真偽的例子。

5. 知佚書之梗概

目錄中有一種是有解題的目錄，如宋代晁公武的《郡齋讀書志》、陳振孫的《直齋書錄解題》、元代馬端臨的《文獻通考・經籍考》、清代的《四庫全書總目提要》等，都是解題書目。每一書的解題，除著錄書名、卷數、作者外，或著錄一書之內容、作者生平、真偽之考辨及版刻等，這些解題，可提供我們瞭解佚書的大略情形。

另有一些書目，雖沒有解題，但會加注語，這些注語也有助於佚書之瞭解。例如《漢書．藝文志》：

《荊軻論》五篇。注云：「軻為燕刺秦王，不成而死，司馬相如等論之。」

《子晚子》三十五篇。注云：「齊人，好議兵，與《司馬法》相似。」

《青史子》五十七篇。注云：「古史官記事也。」

《隋書．經籍志》亦多注釋典籍內容，如：

《秦紀》十卷。注云：「記姚萇事，魏左民尚書姚和都撰。」

《涼書》十卷。注云：「記張軌事，偽涼大將軍從事中郎劉景撰。」

《趙書》十卷。注云：「一曰『二石集』，記石勒事，偽燕太傅長史田融撰。」

此外，我們也可依據目錄的分類，考知佚書之性質。例如《臣壽周紀》七篇、《封禪方說》十八篇、《天乙》三篇、《務成子》十一篇等書，今皆不傳，《漢書．藝文志》放在「小說家」，則知其必為「街談巷語，道聽塗說者之所造也」。

要具備目錄學的知識，可讀下列幾種入門書：

(1)《書目答問補正》，張之洞撰，范希曾補正，新興書局影印本。

(2)《圖書大辭典簿錄之部》，梁啟超著，臺灣中華書局印行。

(3)《目錄學發微》，余嘉錫著，藝文印書館印行。

(4)《目錄學研究》，汪辟疆著，文史哲出版社影印館本。
(5)《中國目錄學史》，姚名達著，商務印書館印行。
(6)《中國目錄學》，劉兆祐著，五南圖書出版公司印行。

(三)辨偽學

這裡所指的「辨偽」，是指辨古籍及文物之偽。從事研究文獻造偽的原因、造偽的方法、辨偽的方法、辨偽的態度及辨偽所需的條件等的學問，稱之為「辨偽學」。

我國辨偽的風氣，很早就有。《漢書・藝文志》裡，就有很多辨偽之語。唐代柳宗元文集裡的〈辨列子〉、〈辨文子〉、〈辨鬼谷子〉、〈辨晏子春秋〉、〈辨亢倉子〉、〈辨鶡冠子〉等，可以說是辨偽的專文。明代宋濂的《諸子辨》、胡應麟的《四部正譌》等，是辨偽的專書。可見唐以後，辨偽已成為學術裡重要的領域。

從文獻學的角度言，辨偽的目的，在於去偽存真，俾從事研究時，不致誤引偽造的文獻，影響立論的正確性。

梁啟超《古書真偽及其年代》一書，認為不辨別偽書，將有下列結果：

1. **史蹟方面**：(1)進化系統紊亂；(2)社會背景混淆；(3)事實是非倒置；(4)由事實影響於道德及政治。
2. **思想方面**：(1)時代思想紊亂；(2)學術源流混淆；(3)個人主張矛盾；(4)學者枉費精神。
3. **文學方面**：(1)時代思想紊亂，進化源流混淆；(2)個人價值矛盾，學者枉費精神。

至於辨偽的方法，始於明胡應麟的《四部正譌》。胡氏提出辨偽的八個要點，可以說是最早討論辨偽方法的具體主張。他說：

凡覈偽書之道：覈之《七略》以觀其源；覈之群志以觀其緒；覈之並世之言，以觀其稱；覈之異世之言，以觀其述；覈之文以體其體；覈之事以觀其時；覈之撰者以觀其託；覈之傳者以觀其人。覈茲八者，而古今贋籍，亡隱情矣。

其後，梁啟超著《古書真偽及其年代》，以胡應麟的八個要點為基礎，推闡益為詳密周延。梁氏把辨偽的方法歸納為兩個系統：一是「就傳授統緒上辨別」，二是「就文義內容上辨別」。每個系統下，復分幾項要點。大致而言，「就傳授統緒上辨別」和《四部正譌》的第一、第二、第七、第八四個方法相近；「就文義內容上辨別」則和第三、第四、第五、第六四個方法相近。由於篇幅所限，無法詳細列舉，讀者可自行取書研讀。

以上所論，偏重於偽書的考證。事實上，除了圖書，其他如金器和石刻等文獻，也有偽造的。以石刻為例：

今國家圖書館所藏十餘萬冊善本書中，有一部是《舊雨樓藏漢石經》（不分卷），四冊，墨拓本。每半葉六行，行十字（間有五行的）。各經所存的字數是：《易》約三千二百字；《書》約一千一百字；《詩》約二千八百字；《儀禮》約一千二百字；《春秋》約一千七百字；《公羊傳》約一千二百字；《論語》約一千二百字。以上七經殘石，共約一萬二千餘字，可以說是今存漢石經殘字文獻中，為數最多的了，自然引起研究經學及石刻者的注意和重視，許多經學家甚至以它為校勘今日所傳經書的依據。民國五十六年（西元一九六七年），故中央研究院院士屈翼鵬（萬里）先生以四個證據證明是偽刻的石經。這四個證據是：字體不合、《尚書》的碑數不合、殘石部位不合、錯改的經文。屈先生並考證出偽刻者是近代著名的碑刻收藏家和鑑別家方若（字藥雨）（詳見〈舊雨樓藏漢石經殘字辨偽〉，屈萬里先生著，原載《書目季刊》二卷一期，後收入《屈萬里全集》第十七冊）。因此，前此據《舊雨樓藏漢石經》考訂經學的著作，全部都枉費了工夫。

再以金器為例：

清代乾隆年間所敕撰的《西清古鑑》（四〇卷），著錄了當時內府所藏古鼎彝尊罍之屬甚多。每一器物精繪圖像，並詳著其方圓圍徑尺寸，並鉤勒款識銘文，詳為說解，是後代學者研究銅器和文字的重要著作。可是其中有不少銅器是偽造的。容庚利用偽器上常有的「形制上的矛盾」、「器形和銘辭的矛盾」、「器制和時代花紋的矛盾」等三種現象，考證出《西清古鑑》等著錄金器的專著，有下列五種現象者都是偽器：

(1)凡銘文與宋代著錄之器相同的，除殷器常見的族徽或銘辭如「史」「戈」「伯作寶尊彝」之類間有真的外，其餘多字的器或銘文同而形狀花紋異的器皆偽。

(2)凡增減改易宋代著錄的銘辭的皆偽。

(3)凡宋代著錄的銘辭，由此類器移於彼類器，或加以刪改的皆偽。

(4)凡文句不合於銘辭體例的皆偽。

(5)凡形制與銘辭時代不相合的皆偽。（參見容庚、張維持合著《殷周青銅器通論》）

為了培植正確的辨偽知識，可參閱左列各書：

(1)《考信錄》，清崔述撰，世界書局排印本。

(2)《古書真偽及其年代》，梁啟超撰，中華書局印本。

(3)《偽書通考》，張心澂撰，鼎文書局影印本。

(4)《續偽書通考》，鄭良樹編，臺灣學生書局排印本。

(四)校讎學

「校讎」，也稱「校勘」，有廣狹二義：廣義的「校讎」，涵蓋了圖書的蒐採、整理及編目等；狹義的「校讎」，則以改正圖書的訛誤為主。

廣義的「校讎」，以宋代鄭樵《通志・校讎略》所條舉的，最具代表。〈校讎略〉的主要內容包括：

〈秦不絕儒學論〉二篇

〈編次必謹類例論〉六篇

〈編次必記亡書論〉三篇

〈書有名亡實不亡論〉一篇

〈編次失書論〉五篇

〈見名不見書論〉二篇

〈收書之多論〉一篇

〈闕書備於後世論〉一篇
〈亡書出於後世論〉一篇
〈亡書出於民間論〉一篇
〈求書遣使校書久任論〉一篇
〈求書之道有八論〉九篇
〈編次之訛論〉十五篇
〈崇文明於兩類論〉一篇
〈泛釋無義論〉一篇
〈書有不應釋論〉三篇
〈書有應釋論〉一篇
〈不類書而類人論〉三篇
〈編書不明分類論〉三篇
〈編次有敘論〉二篇
〈編次不明論〉七篇

鄭氏這種將圖書的編次、訪求及敘錄的撰寫等，認為都是校讎的範圍，是廣義的校讎。

至於狹義的「校讎」，以劉向的說法最具代表性。劉向《別錄》說：「讎校：一人讀書，校其上下，得謬誤為校；一人持本，一人讀書，若怨家相對為讎。」我們詳檢劉向所撰《戰國策》、《管子》、《晏子》、《孫卿子》、《列子》、《韓非子》、《鄧析子》、《山海經》等書的敘錄，知劉向所從事的校讎工作，雖也包括定篇章、理目錄等項，但是仍以校改訛文誤句為主。孫德謙《劉向校讎學纂微》也說：

書之貴乎校訂者，懼其有脫誤也。夫一書之中，其脫誤或在篇章，或在字句，後人讀之，苟無善本相校，必致文義難曉，有索解而不得者。班固《漢書．藝文志》於《易》家云：劉向以中古文《易經》校施、孟、梁丘經，或脫去「無咎悔亡」。於《書》家云：劉向以中古文校歐陽、大小夏侯三家經文，〈酒誥〉脫簡一，〈召誥〉脫簡二。率簡二十五字者，脫亦二十五字；簡二十二字者，脫亦二十二字。文字異者七百有餘，脫字數十。劉向之校書，凡書有脫誤者，知其必詳加釐訂矣。又如〈晏子書錄〉：中書以夭為芳，又為備；先為牛；章為長；如此類者多。〈列子書錄〉：中書多，外書少，章亂布在諸篇。中或誤字：以盡為進，以賢為形，如此者眾。〈戰國策書錄〉：本字多誤脫為半字，以趙為肖，以齊為立，如此者多。

可見劉向之校讎，以勘正訛字為主。

不論廣義或狹義的校讎，範圍雖有大小之別，目的在整理文獻則一。這種研究校讎的方法、態度、資料及校讎術語等的學問，就叫做「校讎學」。

從事校讎，需要廣博的知識。從方法上來說，陳垣先生在《元典章校補釋例》一書中，將校勘的方法歸納為對校、本校、他校、理校四法。所謂「對校法」，就是用不同的板本來校，這就需要豐富的目錄和板本知識。所謂「本校法」，就是用本書校本書，這就需要對本書的內容、語法、詞例等，相當熟悉。所謂「他校法」，就是用其他相關文獻來校本書。所謂「相關文獻」，包括類書、方志、金石及同時期的相關資料，這就需要深厚的文獻學知識。所謂「理校法」，就是當對校法、本校法及他校法均無法斷定正誤時，就得用演繹、歸納、類比等推理的方法從事校勘。這種方法最不易為，需要文字、聲韻、訓詁、語法、避諱、名物、制度等知識，才能勝任。此外，對古籍訛誤現象的瞭解及句讀、章次的知識，都是從事校讎時不可或缺的條件。

為了方便學者具備基本的校讎知識，列舉左列書目，以供參考：

(1)《古書疑義舉例》，清俞樾撰，文馨出版社影印本。
(2)《群書拾補》，清盧文弨撰，商務印書館印本。
(3)《校讎學》，胡樸安撰，商務印書館印本。
(4)《校讎學史》，蔣元卿撰，中華書局印本。
(5)《校勘學釋例》，陳垣撰，臺灣學生書局影印本。
(6)《斠讎學》，王叔岷撰，中央研究院歷史語言研究所排印本。

五、結論

「文獻」既然包括了圖書文獻和非圖書文獻，範圍實在很廣。從整理文獻、熟悉文獻到正確使用文獻，所需具備的知識，又是如此之多。因此，想要完整而詳細的討論「文獻學」，需要相當的篇幅。本文由於篇幅所限，只能論述「文獻學」的基本概念。

有些「文獻學」的重要問題：如歷代整理文獻的經過和成就、歷代整理文獻的優點和缺失、歷代重要的文獻學家及其著述、今後文獻學的發展等，都在篇幅的限制下，未及論述。至於已討論的問題，也由於篇幅所限，未能充分討論。譬如論及「非圖書文獻」時，歷代重要的金石目錄，不及備載；天文、生活習俗等，也屬於「非圖書文獻」，也未之論及。關於「文獻學的相關基礎知識」部分，「輯佚學」和「索引學」也是極重要的知識。前者主要的功能在恢復已亡佚的文獻，後者的主要功能則在提供讀者瞭解如何方便檢索文獻。也都由於篇幅的關係，未遑論及。又如論及「板本學」時，歷代版刻優劣之比較、明人改書之謬等，也未能一一論述。論及「目錄學」時，重要的文獻書目，也不及列舉。為了補這些不足，本文在討論每一問題告一段落後，都開列了一些基本的參考書目，希望讀者根據這些書目，可以從事進一步的研究。

數位中文

陳郁夫

第一節　數位中文的產生

一、數位與數位中文

「數位」(digital) 一詞，現在被廣泛的使用，像數位相機、數位音樂、數位電話等。大體標示數位的產品，其資料的儲存或訊息的傳輸，以一個位元0與1來表示。這種資料型態可讓電腦處理，這是它較「類比」(analogy) 資料優越的地方。在通訊領域，數位視訊具有精確且較不會降低品質或失真等優點。反之類比視訊則容易受到外力影響而降低品質。如在衛星傳輸視訊，以一個標準的類比頻道來傳送，其使用的頻寬為27MHz，且只能傳送一組電視節目；如使用數位MPEG–2的方式來壓縮及傳送，同樣的頻寬一次可傳送五到六組電視節目。衛星轉頻器的租用是以頻寬來計費，頻寬越大費用越貴，所以使用數位方式來傳輸電視節目，可以省下一大筆費用。數位相機的影像可儲存在記憶卡中，不需沖洗等複雜手續，立刻可以看到或印出影像，比傳統相機方便得多。而今數位相機的品質已經漸漸逼近傳統相機，再過幾年，恐怕很少人使用傳統相機了。

為了具有電腦能處理的優點或其他理由，須將非數位資料轉變成數位資料，譬如聲音本來是一連串的正弦波，經過「抽樣」，將它記錄成一連串的數值，稱之為「數位化」。就如數位相機對應傳統相機，「數位中文」(digital Chinese) 對應於「傳統中文」(traditional Chinese)，簡單的說，凡是將中文資料用「數位」來表示的，都稱為「數位中文」。底下將二者做一簡單比較：

	數位中文	傳統中文
製作工具	鍵盤輸入、掃瞄機、數位相機等	筆、墨、紙、硯等
資料載體	磁片、光碟等	紙張、木牘、縑帛等
優點	可以壓縮、傳輸、複製、搜尋、變形等	存真
缺點	易失真、需設備、耗資大	(與數位中文相反)

以上只是粗淺的比較，但可以發現二者確實有很大不同。

二、電腦處理數位資料

假如沒有電腦，還是會有「數位資料」，但不會像現在一樣受到重視。數位資料的製作、顯示、傳輸等固然需要電腦，但利用電腦來處理，才是關鍵所在。玩過繪圖軟體的人都知道，一張數位相片，只要按一二個鍵，就會完全變了樣子，充分顯示電腦處理數位資料的威力。中文在「數位化」後，可以做種種處理，流通到全世界，大大的擴大服務功能，中文「數位化」的目的在此。

電腦的正式名稱為電子計算機，簡稱計算機。不錯，早期 computer 的主要功能是計算，稱為計算機自無不可，但現在則用於計算時候不如處理資訊為多，稱為資訊處理機或許更為恰當。電腦雖是俗稱，有高估的意味在，但也因此有了對應（人腦）與期許，反較正式名稱合宜。

電腦有很多種，但現在使用的大多為「馮紐曼」式的結構❶，這類電腦內分「輸入、輸出、記憶、處理、控制」五大部門，結構如下圖：

電腦五部門（頭）

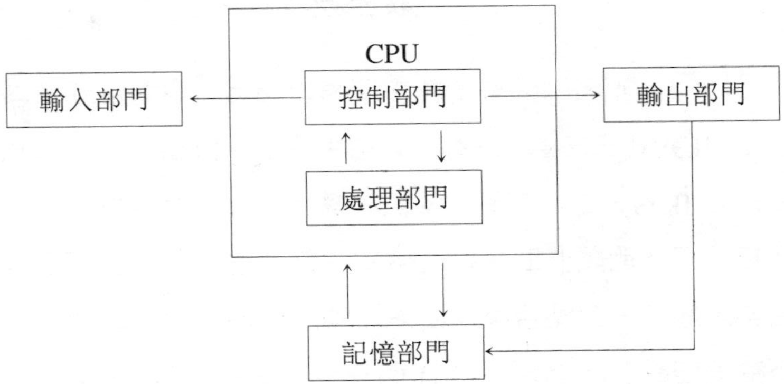

❶ 馮紐曼 (John von Neumann)，匈牙利人。真正高速計算機創建於美國賓州大學的 ENIAC，它有個嚴重缺點，就是運算程序要由人來操作，因而大大影響電腦速度。馮紐曼認為操作程序可以用電腦能辨識的方式一次存入電腦，由電腦來執行，而不是由人來一步一步操作。要使電腦能自動執行程序，結構需如本文所述。

其中「處理、控制」兩部門合為一塊號稱 CPU（central processing unit，中央處理器）的晶片組。晶片組裡面含有百萬顆以上的電晶體（也就是電阻電路，可用來運算電腦裡的內建指令），在這些電晶體裡面，事先儲存了專有的指令集（命令電腦工作的基本程式），用來執行電腦所需的一般性工作，所以，CPU 又稱為電腦的心臟。由於電腦的 CPU 只是大量電阻電路的組合，所以事實上指令只是一堆“0, 1”數位訊息。

電腦的工作過程是這樣：人將指令和資料由「輸入部門」輸入到「記憶部門」，「處理部門」由「記憶部門」讀取指令和資料加以處理後，由「控制部門」傳送到相關部門。由於電腦只懂得“0, 1”數位訊息，人又很難辨識“0, 1”數位訊息，所以採用 ASCII 碼來撰寫指令和資料，這些 ASCII 碼指令和資料經過編譯成數位訊息，然後才輸入電腦，電腦也用 ASCII 碼輸出，讓人看得懂。所以 ASCII 碼可以說是「數位資料」的基礎，我們有必要作進一步的了解。

三、數位中文的基礎

(一) ASCII 碼

ASCII 是 American standard code for information interchange 的縮寫。電腦只懂得“0, 1”數位訊息，ASCII 碼用一個位元組 (1byte=8bit) 來表示英文字母、數字和一些對電腦的控制，由 0 開始，共可編製二百五十六個碼。ASCII 碼如下：

❷ 本表取自 http://www.asciitable.com。

Dec	Hx	Oct	Char	Dec	Hx	Oct	Html	Chr	Dec	Hx	Oct	Html	Chr	Dec	Hx	Oct	Html	Chr
0	0	000	NUL (null)	32	20	040		Space	64	40	100	@	@	96	60	140	`	`
1	1	001	SOH (start of heading)	33	21	041	!	!	65	41	101	A	A	97	61	141	a	a
2	2	002	STX (start of text)	34	22	042	"	"	66	42	102	B	B	98	62	142	b	b
3	3	003	ETX (end of text)	35	23	043	#	#	67	43	103	C	C	99	63	143	c	c
4	4	004	EOT (end of transmission)	36	24	044	$	$	68	44	104	D	D	100	64	144	d	d
5	5	005	ENQ (enquiry)	37	25	045	%	%	69	45	105	E	E	101	65	145	e	e
6	6	006	ACK (acknowledge)	38	26	046	&	&	70	46	106	F	F	102	66	146	f	f
7	7	007	BEL (bell)	39	27	047	'	'	71	47	107	G	G	103	67	147	g	g
8	8	010	BS (backspace)	40	28	050	(	(	72	48	110	H	H	104	68	150	h	h
9	9	011	TAB (horizontal tab)	41	29	051	)	)	73	49	111	I	I	105	69	151	i	i
10	A	012	LF (NL line feed, new line)	42	2A	052	*	*	74	4A	112	J	J	106	6A	152	j	j
11	B	013	VT (vertical tab)	43	2B	053	+	+	75	4B	113	K	K	107	6B	153	k	k
12	C	014	FF (NP form feed, new page)	44	2C	054	,	,	76	4C	114	L	L	108	6C	154	l	l
13	D	015	CR (carriage return)	45	2D	055	-	-	77	4D	115	M	M	109	6D	155	m	m
14	E	016	SO (shift out)	46	2E	056	.	.	78	4E	116	N	N	110	6E	156	n	n
15	F	017	SI (shift in)	47	2F	057	/	/	79	4F	117	O	O	111	6F	157	o	o
16	10	020	DLE (data link escape)	48	30	060	0	0	80	50	120	P	P	112	70	160	p	p
17	11	021	DC1 (device control 1)	49	31	061	1	1	81	51	121	Q	Q	113	71	161	q	q
18	12	022	DC2 (device control 2)	50	32	062	2	2	82	52	122	R	R	114	72	162	r	r
19	13	023	DC3 (device control 3)	51	33	063	3	3	83	53	123	S	S	115	73	163	s	s
20	14	024	DC4 (device control 4)	52	34	064	4	4	84	54	124	T	T	116	74	164	t	t
21	15	025	NAK (negative acknowledge)	53	35	065	5	5	85	55	125	U	U	117	75	165	u	u
22	16	026	SYN (synchronous idle)	54	36	066	6	6	86	56	126	V	V	118	76	166	v	v
23	17	027	ETB (end of trans. block)	55	37	067	7	7	87	57	127	W	W	119	77	167	w	w
24	18	030	CAN (cancel)	56	38	070	8	8	88	58	130	X	X	120	78	170	x	x
25	19	031	EM (end of medium)	57	39	071	9	9	89	59	131	Y	Y	121	79	171	y	y
26	1A	032	SUB (substitute)	58	3A	072	:	:	90	5A	132	Z	Z	122	7A	172	z	z
27	1B	033	ESC (escape)	59	3B	073	;	;	91	5B	133	[	[	123	7B	173	{	{
28	1C	034	FS (file separator)	60	3C	074	<	<	92	5C	134	\	\	124	7C	174			|
29	1D	035	GS (group separator)	61	3D	075	=	=	93	5D	135	]	]	125	7D	175	}	}
30	1E	036	RS (record separator)	62	3E	076	>	>	94	5E	136	^	^	126	7E	176	~	~
31	1F	037	US (unit separator)	63	3F	077	?	?	95	5F	137	_	_	127	7F	177	&#127;	DEL

Source: www.asciitable.com

128	Ç	144	É	161	í	177	▒	193	┴	209	╤	225	ß	241	±
129	ü	145	æ	162	ó	178	▓	194	┬	210	╥	226	Γ	242	≥
130	é	146	Æ	163	ú	179	│	195	├	211	╙	227	π	243	≤
131	â	147	ô	164	ñ	180	┤	196	─	212	╘	228	Σ	244	⌠
132	ä	148	ö	165	Ñ	181	╡	197	┼	213	╒	229	σ	245	⌡
133	à	149	ò	166	ª	182	╢	198	╞	214	╓	230	µ	246	÷
134	å	150	û	167	º	183	╖	199	╟	215	╫	231	τ	247	≈
135	ç	151	ù	168	¿	184	╕	200	╚	216	╪	232	Φ	248	°
136	ê	152	_	169	_	185	╣	201	╔	217	┘	233	Θ	249	·
137	ë	153	Ö	170	¬	186	║	202	╩	218	┌	234	Ω	250	·
138	è	154	Ü	171	½	187	╗	203	╦	219	█	235	δ	251	√
139	ï	156	£	172	¼	188	╝	204	╠	220	▄	236	∞	252	_
140	î	157	¥	173	¡	189	╜	205	═	221	▌	237	φ	253	^{2}
141	ì	158	_	174	«	190	╛	206	╬	222	▐	238	ε	254	■
142	Ä	159	ƒ	175	»	191	┐	207	╧	223	▀	239	∩	255	
143	Å	160	á	176	░	192	└	208	╨	224	α	240	≡		

Source: www.asciitable.com

❷

由上表可以知道，ASCII 碼分成兩部分，第一部分編碼由 0–127，前三十二碼電腦不顯示，作為控制碼，其餘分別為符號、數字、英文大小寫等，譬如數字 0 為 48，英文大寫A為 65。第二部分由 128–255，為第一部分的延伸，除了一些英文以外的字元外，大部分設計用來繪製表格❸。

(二)中文內碼

電腦是美國人發明的，藍色巨人 IBM 在美國，軟體霸主微軟在美國，從鍵盤到程式語言等自然規劃成英文環境。ASCII 碼為八位元碼，只有二的八次方 256 位置，這 256 位置用來編製英文大小寫字母和數字，綽綽有餘，但中文少則一萬多字，需要一萬多位置來編碼，多則十萬字以上，需要十萬多位置來編碼，ASCII 碼絕對不夠。但是如果把二個 ASCII 碼組合起來，可以編 256*256=65,536 個碼，三個 ASCII 碼組合起來，256*256*256=16,777,216 個碼，十萬字以上的中文字也編得進去。中文編碼便是用這種方式產生出來。經常使用的中文字大約八千字左右，所以一般中文編碼採用二個 ASCII 碼編製，臺灣、香港、新加坡的 BIG–5 碼，大陸的 GB2312 碼都是。

理論上用兩個 ASCII 來編製中文內碼，可以編出 65,536 個碼，事實上並不是每一個 ASCII 碼都可以用來編中文碼，ASCII 碼中前三十二個控制碼需要避開，即使第三十二碼以後有幾個在程式語言中也有特定用處（如／@）❹，這些也避開為宜。所以二位元組 (2byte) 編碼最多只能編二萬多碼。底下讓我們來看看臺灣的 BIG–5 碼（大五碼）如何編法。

---

❸ 參看 http://www.jimprice.com/jim–asc.htm#qanda 網站資料。

❹ BIG–5 沒有避開這些碼，處理資料時會造成一些困擾。

甲、BIG–5 碼（大五碼）

BIG–5 碼由資策會制訂，目的在讓當時五種重要套裝軟體有使用中文的功能，所以有 BIG–5 碼之稱。這目標並沒有完全達成，但由於制訂最早，所以使用最多。BIG–5 碼共可定義 19,782 個字碼，其高、低位元組如下：

高位元組：A1H–FEH❺
8EH–A0H
81H–8DH

低位元組：40H–7EH
A1H–FEH

在上述的範圍內，規劃出「標準字」、「特殊符號」、「使用者造字」三個區塊：

1. 標準字 (STDFONT)

❺ H 為 hexadecimal number 的縮寫，代表十六位元。FE 在 ASCII 之位置為 254。

	使用範圍	字數	保留範圍	字數
常用字	A440–C6CE	5,401	C6A1–C8FE	408
次常用字	C940–F9D5	7,652		
倚天字	F9D6–F9FE	41		
合計		13,094		408

2. 特殊符號 (SPCFONT、SPCFUPP)

SPCFONT

	使用範圍	字數	保留範圍	字數
標準字	A140–A3BF	408		
控制碼	A3C0–A3E0	33	A3E1–A3FE	30
合計		441		30

SPCFUUP

	使用範圍	字數	保留範圍	字數
標準字	C6A1–C8FE	408		
合計		408		0

3. 使用者造字 (USERFONT)

	使用範圍	字數	保留範圍	字數
第一段	FA40–FEFE	785		
第二段	8E40–A0FE	2,983		
第三段	8140–80FE	2,041		
合計		5,809		0

❻

臺灣並沒有把 BIG–5 碼訂定為標準內碼，與 BIG–5 碼同時並存的中文內碼有許多種，較著名的有通用碼、公會碼、王安碼、IBM5550 碼等，一時有萬碼奔騰的現象，機關行號各用各的碼，造成資料交換時很多不方便。這種情形維持了許多年，直到微軟推出 Windows 3.0 採用 BIG–5 碼為止，天下才定為一尊。這種情況有如由外國廠商來決定本國用字內碼，令人覺得尷尬與不安，但也無可奈何。

乙、CNS11643、CCCII

以上所談的中文編碼，通常指「內碼」而言。因為它們在資訊處理系統內部使用，作為最基本的表

❻ 以上根據《倚天中文系統使用手冊》。

達、儲存、處理形式。例如 BIG–5 大五碼，目前通用於個人電腦、終端機、印表機等。另外一種叫「交換碼」的編碼，為中文資訊處理系統或是資訊處理系統與通信系統之間進行中文資訊交換時所使用的一種代碼。例如 CNS11643 應用於金融資訊連線等大型應用系統上，CCCII 用於圖書館界。

1. CNS11643

CNS11643 由行政院主計處制訂，目的在解決個人電腦中文字數不足及資訊交換等問題。七十五年中央標準局審定頒布為國家標準，八十一年由原二個字面（13,051 字）大幅擴編為七個字面（48,027 字），更名為「中文標準交換碼」(Chinese Standard Interchange Code)。

CNS11643 編排原則如下：

(1) 文字之選擇及字體悉依教育部「國字標準字體表」為基準。

(2) 以二個位元組 (byte) 為中文碼編碼單位，並以十六進位制之數字表示。

(3) 符合 CNS5205 及 CNS7654 之通信定則❼。

(4) 依字的使用頻率編排各字面。

(5) 依先筆畫後部首排列順序編碼。

字集則分為「標準區」「使用者加字區」二部分。「標準區」下分為七個字面，「使用者加字區」則在第十二至十五字面。

CNS11643 讓國家總算有個「中文標準交換碼」，詳細資料可上網站：http://www.cns11643.gov.tw 參

❼ 避開控制碼，共有九十四個編碼位置，兩個位元組共可編 8,836 個字碼，訂為一字面。

閱❽。

2. CCCII：

中文資訊交換碼 (Chinese Character Code for Information Interchange) 編製得比 CNS11643 早❾，採用三位元組編碼，目前已收錄至 75,684 字，除採用教育部公布之各級字彙外，另外也採集大陸使用的簡體字、日韓漢字、古籍用字等，字集收錄完整。字集中之正體字、簡體字、異體字之間，可以程式控制轉換；另外提供屬性資料庫，整理每字的部首、注音、筆畫、BIG–5、四角號碼等屬性，都可以讓系統廠商直接利用。目前僅限於國內中大型以上圖書館自動化系統使用。雖然字集定義嚴謹完善，但可能受到行政干預❿之影響，以致無法成為國家標準。

有關 CCCII 較詳細之說明，請參閱：http://www.cccii.org.tw/。

3. Unicode（統一碼或萬國碼）

筆者詳細介紹 ASCII，目的在讓讀者明白內碼是怎樣編出來以及與它相應的字元，但 ASCII 適用於英文，其他語言不一定適用。介紹 BIG–5 碼，讓讀者進一步明白 2byte 中文內碼的編碼原則，但立刻發現，即使在臺灣一地，現在還在使用的內碼有三套之多，大陸使用 GB2312 碼、日本與韓國的漢字也各

---

❽ 「中標碼」字庫包含 54,858 個中文繁體字，可上網下載。中標碼網站提供免費轉碼程式，供一般電腦上 BIG-5 碼、Unicode 及 EUC 碼與中標碼互轉。

❾ 民國七十年。參考 http://www.cns11643.gov.tw。

❿ 謝清俊、黃克東著，〈國字整理小組十年〉，臺北：資訊應用國字整理小組，民國七十八年，頁一五～一七。

有不同的編碼還不算在內。

為了解決各用各的編碼以至於電腦字元資訊交換發生困難的問題，自一九八四年起，國際標準組織 ISO 與國際電工聯盟 IEC 合組工作小組提出的 ISO10646 標準草案，集結全球通用的字符集以滿足各國資訊交換的需求。此外 Unicode Consortium 則設法採用新的觀念和架構來設計適用全球的萬國碼（Unicode)。這兩個組織匯合產生 ISO10646/Unicode 標準，提供全球語言文字與符號之表示、傳送、交換、處理、儲存、輸入和顯示的共同編碼標準，不但避免了資源的浪費，並且真正落實了統一全球文字交換標準的理想。

不論是什麼平臺、什麼程式、什麼語言，Unicode 給每個字元提供了一個唯一的數位編碼。這標準已經被電腦界巨擘如 IBM、Microsoft 等採用，並成為如 XML、Java、JavaScript 等的標準，許多作業系統、瀏覽器和資訊產品都支援它。Unicode 的出現和獲得熱烈的支持採用，代表軟體技術的未來發展趨勢。影響所及，臺灣原先使用的 BIG–5、CNS11643、CCCII 一定會慢慢萎縮，甚至於被淘汰出局。Unicode 官方網站⓫提供不同版本的標準（包括最新版本）下載以及相關的技術與訊息，要了解 Unicode 請多多上去看看。底下我們來看看 Unicode 如何編碼。

Unicode 只是一個字形和內碼的對應標準，並沒有定義在電腦上存取的方法，因此 Unicode 協會便定義了一套電腦存取 Unicode 編碼的轉換格式，並考慮了與其他編碼方式兼容，稱之為 UTF(Unicode/UCS Transformation Format)，常用的格式有 UTF–8 和 UTF–16 兩種：

⓫ http://www.unicode.org/。

UTF–8

UTF–8 以八位元 (1byte) 編碼，是一種不等幅的編碼方式，可能需要一、二、三個 bytes 來儲存，ASCII 字元不需做轉換，保持原狀，但其他的語文資料則須透過程式來做轉換，容量會因每個字元需要額外多用一～二個 bytes 來編碼而變大。瀏覽器上一般使用此類編碼。

UTF–16

UTF–16 以十六位元 (2byte) 編碼，共可編 65,536 個碼，是 ISO–10646UCS（世界通用字集）的子集，目前收錄了有 4,144 種字元集，一般所謂 Unicode 即指此而言。它的固定長度，在資料處理上較方便。

不論什麼文字，UTF–16 一律用兩個位元組表示，有 low byte 和 high byte 之分別，像英文原本使用一個位元組就足夠的文字，它的 low byte 就依照以前，high byte 就填入零。前面一百二十八個符號為 ASCII 字元，其餘則為英、中、日、韓文以及其他非語系國家之 38,887 個常用文字。以下這一表格為 Unicode A 區，可以讓我們了解各國語言分布的情形：

列八位元組

00		基本拉丁文		拉丁文1補充	A區
01	拉丁文擴充A	拉丁文擴充B			
02	拉丁文擴充B	國際音標擴充	間隔修飾字元		
03	結合之附加記號	基本希臘文	希臘符號和哥普特文		
04	斯拉夫文字母				
05		亞美尼亞文	希伯來文(基本和擴充)		
06	基本阿拉伯文	阿拉伯文擴充			
09	古梵文	孟加拉文			
0A	錫克教文	印度文			
0B	印度文	坦米爾文			
0C	德拉威Telugu文	德拉威Kannada文			
0D	德拉威Malayalam文				
0E	泰文	寮文			
0F		基本藏文			
10		喬治亞文			
11	韓文拼音符號(Hangul Jamo)				
1E	拉丁文擴充附加				
1F	希臘文擴充				
20	一般標點符號	上／下標	錢幣符號	與符號組合之附加記號	
21	似字母的符號	數字形式	箭號		
22	數學運算符號				
23	其他技術符號				
24	控制圖象	光學字元識別	括號文數字		
25	製表格圖	區塊元件	幾何形狀		
26	其他符號				
27	什錦符號				
30	中日韓符號和標點	平假名	片假名		
31	注音符號	韓文相容拼音	中日韓其他字元		
32	中日韓括號字母和月份				
33	中日韓相容字元				
34 4D	中日韓認同的表意文字擴充 A(CJK Unified Ideographs Extension A)				

Unihan（統漢字）

Unicode將中日韓文加以整合，稱為Unihan（CJK Unification，統漢字）。Unihan分布於U+3400–U+9FFF與U+F900–U+FAFF的空間，共28,160個，其他為另外的國家或特殊符號所使用。以下這一表格可以明白CJK的編碼分布情形：

範圍名稱	碼位總數	編碼範圍	備註
A區（字母符號區）	13,247	0000–33FF	拼音字母及符號
I區1（表意文字區1）	6,656	3400–4DFF	漢字擴充區
I區2（表意文字區2）	20,992	4E00–9FFF	基本漢字區
O區（保留區）	14,336	A000–D7FF	未來標準使用之
S區（UTF–16使用區）	2,048	D800–DFFF	00群組十六個字面轉換格式
R區（限用區）	8,190	E000–FFFD	造字，相容字等專用區

4. GB（國標碼）

相對於臺灣中文內碼的「無政府」狀況，大陸由國家制訂標準是正確的作法。大陸於一九八〇年頒布第一個標準內碼GB1312，共收6,763個漢字及常用符號。其後擴充為GB13000.1 (1993)，共收20,902個漢字及常用符號。現階段則為GB18030，以GB2312為基礎，兼考慮到臺灣、韓國、日本的編碼，共收27,484個漢字及常用符號，規劃得相當周到。

這套編碼採用一位元、二位元及四位元三種編碼方式，一位元由0×00至0×7F對應ASCII，二位元high byte由0×81至0×FE，low byte由0×40至0×7E與0×80至0×FE，四位元編碼其中第一、三byte均為0×81至0×FE，第二、四byte均為0×30至0×39。有關這方面的資料，可參考以下網站：http://www.anycities.com/gb18030/introduce.htm。

四、數位中文與傳統中文

數位中文給傳統中文帶來很大的改變，舉其大者，約有以下數端：

(一)擴大中文字的屬性

傳統中文字的屬性有「形、音、義」三方面，數位中文在「形」上增加了一些前所未有的屬性：

1. 內碼

給每一個中文字對應到唯一的編碼。與內碼相對應的還有交換碼、外碼（輸入碼）等，這都是前所未有的事情。

2. 標準字體

同一個中文字有很多寫法，譬如「宋體、仿宋體、楷體、明體」等，字體之間的寫法會有一些不同。不同字體之間，如「楷體、行書、隸書、草書」則差異更大。現在至少楷體、明體有了標準寫法。

3. 字序

傳統中文字典為了查閱方便，字的排列次序，先按照部首，次按照筆畫，部首的排列次序則按照筆畫。數位中文為了讓電腦找到對應的字體，哪個字排在字集的第幾個位置十分重要。排列的方法如 BIG-5，與傳統中文原則同，只是字集區分成「標準字」、「特殊符號」與「使用者造字」三個區塊，標準字又分常用字、次常用字等，文字的排序便會與傳統中文不同。至於 CNS11643 則依照字頻來排列，與傳統中文差異更大。

㈡壓縮中文字集

由於編碼的限制，中文文字被壓縮在二萬字左右，造成以下結果：

1. 淘汰異體字

傳統中文存在大量的異體字，異體字之間的字音與字義相同，寫法卻有差異。譬如「遍」字，還有雙人旁的寫法，同一字的異體有時多達四五個。由於編碼有限，這些異體字只能選擇其一，其餘只好割捨，影響所及，後人只認得編碼那個，其餘完全認不得。從好的方面來說，可以減少學習量；從壞的方面來說，閱讀或整理古籍會造成困難，因為古籍有大量的異體字。

2. 部首獨立

傳統中文大約有二百五十多個部首，大約一半不單獨使用。現在因為數位化需要舉出部首，不得不讓這些部首獨立出來成為編碼。

㈢忽略傳統中文內部結構

中文除獨體外，都由兩個或兩個以上部件（基因）構成，非常美觀的分布在平面上，有如電腦使用的「圖徵」(icon)。它是二維圖像，包含的訊息比一維拼音文字多很多。一維充其量能表音，中文除了表形外，還能表音義，例如形聲字大多合二字表示一個意義，其一表事物的類別，其一表示該字的讀音，所以一看到一個形聲字，如「松」字，其意義與聲音大概可知（雖然不精確）。假如編碼時，規劃某部首以某一範圍的 high byte 編製，某聲韻以某一範圍的 low byte 編製，甚至於考慮到部件配置，這樣編出來的內碼，不只是幾個 ASCII 前後相關位置，而是充分表達了字形、字義和字音，這不是很好的事情嗎？但是中文在編碼時幾乎沒有考慮到這點，使得碼與碼之間除了部分的部首、筆畫關係外，沒有任何關聯或呼應，不能不說是數位化下一大損失。

對一般人，特別是年輕人，中文數位化後，深受其益。且不說在網路上可查到大量資料，單單利用數位中文免去書寫的麻煩，輕輕鬆鬆製作一篇圖文並茂的報告，就可以讓他完全拋棄傳統中文。忽略它對傳統中文造成的傷害。

第二節　數位中文的實現

早期 (1950–) 電腦，都是所謂的大型電腦 (mainframe)。大型電腦由一臺主機連接到許多終端機 (terminal) 組成。製造公司如 IBM 等，從作業系統到資料庫等包攬一切，為了讓電腦有處理中文的能力，每每自己有一套編碼，像 IBM5550、王安碼便是。大型電腦非常昂貴，只有政府機關和大型企業才用得起，數位中文雖實現了，但社會大眾並沒有獲得多少利益。一九八〇年後個人電腦 (personal computer) 產生，廣大群眾有機會接觸電腦，數位中文才真正落實到大眾，在華人世界蓬勃發展。因此，我們談數位中文的實現，以個人電腦 (PC) 為主。

一、DOS時代的數位中文

DOS (disk operation system) 提供開機與管理記憶體、磁碟等功能外，還有一群像「copy」、「format」等有用的指令，是使用 PC 不可缺少的作業系統。要讓 PC 有處理中文的能力有二種作法，一是外掛，一是內建。外掛是在 DOS 中掛上中文系統，內建是乾脆作業系統本身就是中文。在臺灣兩者都嘗試過，最後外掛獲得勝利。本來內建中文作業系統是理想，但我們沒有撰寫作業系統的能力，只好買人家的（如 MS-DOS）加以中文化，中文化還沒有完成，新版的 DOS 又出來，使得客戶來不及有垂青的機會。這種情形也發生在 Windows 一至二版身上。

在 DOS 時代，要使用數位中文，需要「中文系統」、「輸入法」和「編輯器」三者密切配合，底下分別加以說明：

(一)中文系統

PC 的用戶先用 DOS 開機，然後載入中文系統。從 DOS 來看，中文系統是一支常駐程式，執行後常駐在記憶體中，直到關機或釋放為止。中文系統活動在用戶及 DOS 之間，截取通往 DOS 的鍵盤或其他輸入訊息加以判斷，如果是中文內碼，便到相應的中文字庫將相應的字型抓出來，然後傳給 DOS，由 DOS 輸出至螢幕或印表機上。這是中文系統的工作原理。我們以「倚天中文系統」為例。

「倚天中文系統」在民國七十四年底推出，廣受使用者歡迎，因為它穩定可靠，跟大部分 DOS 程式相容，輸入法又多又快，顯示及列印速度快，可用於網路，而且提供應用程式介面 (API)，可讓其他公司及個人編寫中文程式，這些都是成功的因素。但與其說它的功能優越，不如說它的經營策略成功。它的低價位並可以拷貝，很快打敗當時已有之零壹、國喬等中文系統，市場佔有率曾經高達百分之八十以上。

DOS 將螢幕規劃成上下二十五行、左右八十列，當用戶載入「倚天中文系統」後，螢幕便可以看到幾行中文字，告訴用戶有多少記憶體可用、載入印表機驅動程式等。最下面一行右邊有【倚天】標誌，左邊有【英數】和【半形】標誌。用戶可以用熱鍵切換各種輸入法或全形半形。在【英數】模式下，鍵盤輸入直接顯示在螢幕或送到編輯器，其餘各種中文輸入法，先顯示在最下面一行然後才送入編輯器。

DOS 時代的數位中文通常只有 16 和 24 兩種點矩陣字體，螢幕顯示的通常為 16 點矩陣字體。列印時要做字體變化，要在字串前後標示列印指令。可以做出中空、斜體等變化，算是中文系統的殊勝。

DOS 能定址的記憶體只有 640K，中文系統進駐後，通常只剩下 300K 左右的記憶體，如果掛上編輯器或多幾種輸入法，那記憶體更少。所以 DOS 時代的中文系統誰佔記憶體較少，成為競爭的決勝點。

(二)輸入法

英文不需輸入法，鍵盤上就標示著字母與數字，拉丁語系很簡單，只要重新定義幾個鍵就好。非拉丁的拼音語系如藏文就比較麻煩，很多按鍵要重新定義。圖形文字如中文最麻煩，為了讓鍵盤能「打」出中文來，首先規劃鍵盤中的主要按鍵（字母鍵為主，有的也用數字），讓它們對應到中文字的一個屬性，組合這些屬性，對應到一個或一個以上中文。中文文字屬性不外乎形音義三者，「義」之屬性不為輸入法利用，所以除了「內碼」輸入法外，不外從字形與字音著手。字音以注音而言，不外「聲、介、韻、調」四個主要屬性，例如「打」這個字，「聲ㄉ」「韻ㄚ」「調（第四聲）」，沒有「介」屬性。所以根據中文語音來定義鍵盤十分簡單，像一般鍵盤上可以看到一種由左起把「ㄅ(1)ㄆ(Q)ㄇ(A)ㄈ(Z)」依注音符號順序排下來的便是。這種排列具有容易記憶及辨識的優點，但是不大合乎人體功能，因此有人重新定義，目前就有「倚天、大千、神通、許氏」等多種。根據中文字形來定義鍵盤比較複雜，字形除了傳統的「部首、筆畫」外，每字還可以根據各種觀點拆成若干成分，例如「打」字，倉頡拆成「手(G)一(M)弓(N)」。其他輸入法就不同，差異很大。

輸入法是中文系統特有的現象，每個用戶都要會一種以上的輸入法，所以中文系統的主要工作在提供優良與多種輸入法，有志於參與數位中文者也可研發一套，插上一腳。發展至今，海峽兩岸恐怕有上千種之多，但是廣為大眾使用的大約只有十種左右。臺灣常用的字形輸入法有倉頡、大易、嘸蝦米等。字音輸入法有注音、自然等。字形輸入法的優點是速度快，缺點是需要一段時間學習。反之，字音輸入法因為有小學國語基礎，不用學習，但同音字多，需要選字，速度就慢下來。不過現在的字音輸入法已經有「詞」處理功能，鍵盤也做了調整，效能相當不錯，所以除了專業輸入者，大部分使用字音輸入法。

另外還有不用鍵盤輸入的，如語音輸入（IBM 快樂頌）、光學識別（丹青 OCR）、手寫輸入（點將筆）等。這些輸入法都到 Windows 時代才有。

㈢編輯器

提供用戶在電腦上輸入、修改、編輯等功能的軟體，一般稱之為編輯器(editor)。編輯器雖然不是中文系統提供的，但卻是用戶所必需。早期編輯器大都使用 PE2 加以改進，後來自行開發出像「漢書」等優良編輯器，一時成為大家所樂用。

編輯器提供「檔案管理、編輯、設定邊界、表格、標示、搜尋、列印、巨集、工具、求助」等功能，洋洋大觀，有些功能甚至超過 Windows 現有編輯器⓬。

「中文系統＋輸入法＋編輯器」三者配合，一時似乎解決了數位中文的問題。

二、Windows 時代的數位中文

微軟 (Microsoft) 的視窗作業系統 Windows 1.0 發表於一九八五年十一月，可以顯示二百五十六種顏色，用戶可以用滑鼠完成大部分的操作，有一些像日曆、記事本、計算器等簡單的應用程式，現在看起來，感覺連 PDA⓭都不如。但它可以執行多個應用程式，並在各個程式之間進行切換，比起 DOS 的單工來說，自然是一大突破。Windows 2.0 發表於一九八七年四月，可以在桌面上同時顯示多個視窗⓮，後來又增加了支援 386 延伸模式功能，跳出了 640K 記憶體的束縛。Windows 3.0 發布於一九九〇年五月，支援向量字型，具備模擬三十二位元作業系統的功能，圖形介面大為改善，對硬體製造與軟體開發都有良好的支援⓯。一九九二年中推出了 Windows 3.1，這個版本開始支援多媒體。Windows 3.1 以後，陸續有一些新版本，如 95、98、ME 等，現在 (2004)XP 則為 5.1 版，每一個版本都有若干改善。

⓬ 例如直打、分割視窗、化學符號等。

⓭ 掌上型電腦。

⓮ 1.0 中螢幕上不能同時顯示多個視窗，打開一個視窗時其他視窗必須縮成最小。

⓯ 硬體：提供了對虛擬設備驅動 (VxDs) 的支援，軟體：微軟發布了 Software Development Kit (SDK)。

另外，微軟在一九九三年七月發布了 Windows NT⓰3.1。這是一個完整三十二位元、威力強大、多用途的作業系統，包括一個新的 micro-kernel（微核心）作業系統架構、先佔式多工排程程式、可容錯的 NT 檔案系統、多重處理器支援、強大的網域層級安全性、檔案和列印服務等等。一九九五年五月升級為 4.0 版，一九九八年十月 5.1 版更名為 Windows 2000。現在則為 Windows 2003，提供四種版本：

1. Windows Server 2003 標準版

適用於小型企業或部門級的多用途伺服器，提供 Internet 連結、應用程式平臺執行、無線網路安全基礎架構及 Web 解決方案等基本功能。

2. Windows Server 2003 企業版

提供應用軟體與 Web Services 最佳執行環境，適用於特別著重效能表現與商業價值的企業用戶，可支援 32–bit 與 64–bit 兩種規格。

3. Windows Server 2003 Datacenter Edition

最高等級的商業、任務導向應用平臺，可支援 32–bit 與 64–bit 兩種規格。

4. Windows Server 2003 Web Edition

針對網站的架設設計，使程式開發人員可以立即建立與部署 XML Web Services。

微軟的 Windows 3.x 為什麼能取代原先「DOS＋中文系統＋輸入法＋編輯器」？

⓰ NT 是 new technology 的縮寫。

1. 它是 DOS 同一軟體公司推出的產品，標榜多工，提供圖形介面與網路功能，意味全新作業系統，有意放棄 DOS。

2. Windows 3.0 中文版本身就是「DOS＋中文系統＋輸入法＋編輯器」，整個中文環境優於先前。

(1)還是用 DOS 開機，只是藏在 Windows 商標下面。

(2)中文版開機就是 BIG-5 碼環境。NT 系列更支援 Unicode，使數位中文國際化有個優良環境。

(3)提供注音與倉頡二種輸入法，其他則可外掛。與輸入法有關的還有「造字程式」、「相關字詞編輯工具」、「通用輸入法編輯工具」，其中「通用輸入法編輯工具」尤其有意思，可以讓有意自創輸入法的人利用此工具輕鬆達到目的。

(4)提供「記事本」與“wordpad”二種編輯器，可以編輯 *.txt 與 *.rtf 檔。主力編輯器 Word 則在 Office 產品系列中，需要購買。

當然，如要說完全優於「DOS＋中文系統＋輸入法＋編輯器」則不是事實，特別是專業輸入人員，不需要圖形介面，只管速度和效率，還是會守著原先的系統。

微軟的成功更在於它有 Office 系列的搭配，Office 系列產品滿足辦公室、學校的需要。Office 系列軟體包括以下幾項：

(一) Word

Word 是 MS 的主力編輯器，剛推出時，還不如 Lotus 的 Ami Pro，但幾經改版後，已經打垮了對手。Word 在文字處理上可以選擇字型、顏色、大小等，在文件可以設定段落、背景顏色，文件中可以插入註腳、圖片、資料庫圖表、文字方塊、物件、書籤、超連結等，還可以直排，提供「亞洲方式配置」，而其中「表格」編製更是方便。Word 到此已經不是一個單純的編輯器，它簡直是個簡化的排版系統，能滿足博碩士生撰寫論文。此外，Word 還可以使用「巨集」，用 Visual Basic 做程式處理。甚至於透過 DDE 讓別的程式開 *.doc 檔，調出資料。Word 能打敗一切對手，自有道理。

(二) Excel

Excel 是所謂的試算表，一種商業界常用的軟體，將資料分別儲存於二維表格中，可以計算、製表、分析等。MS 沒有推出以前，大家都用 Lotus 123。但是 Excel 很快也打敗對手。

(三) PowerPoint

PowerPoint 為簡報軟體，不論商場做各種簡報或教學上使用，都非常方便。

(四) Access

Access 是資料庫軟體。建立資料庫來儲存一些相關資料，是資訊處理經常需要的工程。MS 沒有推出以前，大家都在 DOS 下用 dBase 3。MS 的 Access 可以完全取代 dBase 3，透過整合還可以把 Excel 或 Word 的表格資料匯入，並且可以在網路查詢，當然 dBase 3 就被淘汰了。

促使數位中文在 Windows 環境大量提高品質，提供向量字以及其後的相關字型是關鍵。原先使用的點矩陣字，放大會有鋸齒狀，因而同一字型（如明體），便需分別 16*16、24*24、48*48 等字型檔案，向量字放大不會有鋸齒狀，補救了點矩陣這方面的缺點，只要一個字型檔就可以。目前 Windows 提供細明體、新細明體和標楷體三種字體。

中文字體因歷代書法家與印刷所用而不同，種類繁多，目前像華康、研澤、全真等幾家公司，已經製作數十種字體，大約可以分類如下：

1. 文字演變：篆書、楷書、隸書、行書。

2. 印刷字體：明體、宋體、仿宋體。

3. 書法字體：顏體、瘦金體、魏碑體。

4. 手工字型：古印體、金石體、少女字體等。

5. 國字標音：注音符號體。

而各字體又依筆畫粗細或顏色深淺再衍生出不同的字體，如：細明體、中明體、粗明體、中黑體、特黑體等⑰。這些字體的搭配使用，使得數位中文達到前人所未曾夢想的美觀。

三、Windows之外的數位中文

MS的Windows雖然暢銷世界，使得比爾蓋茲成為世界首富，但是不可能大小通吃，另外還有幾個作業系統足以抗衡，現在介紹如下：

(一)麥金塔(Macintosh)

麥金塔(Macintosh)是蘋果(Apple)的進階產品。Apple公司在一九八三年一月所推出的Lisa電腦，已有「視窗」與「無命令列模式」操作，就是現今麥金塔電腦的前身。一九九一年七月，Apple、IBM、

⑰ 以上參考「中文電腦的發展方向與電腦輔助中文教學」（信世昌）。

Motorola 共同發展一個以精簡指令集 (RISC) 為主之微處理器，以此為基礎，一九九三年 Apple 推出 PowerPC 麥金塔電腦。麥金塔電腦一推出，其親切的操作介面與易學易用，馬上席捲個人電腦市場。圖形介面與滑鼠控制為其特色。當時的 PC 還在冰冷 DOS 提示符號下工作，自然難望其項背。Mac 主機本身整合了內建音效 (audio)、視訊 (video)，而且幾乎提供了必需的功能，用戶很少需要加以擴充。但是 MS 推出 Windows 系列後，圖形介面與滑鼠控制再不是麥金塔專美，二者的差距縮小，搶走不少麥金塔用戶。

麥金塔獨特的硬體設計以及獨家的作業系統 (Mac OS)，幾乎都優於 PC，但在臺灣用戶並不多，主要原因是價位太高、應用軟體沒有 PC 多、中文環境不完善等，當然受到 MS 排擠也是重要因素。目前臺灣的用戶，大部分看中它在桌上排版、多媒體資料整合與製作方面的強大功能。此外，麥金塔在系統 7.1 以後所推出的 World Script 技術，讓多國語言共存於一文件中的夢想成真，也吸引一些需要處理多國文書資料之使用者。

沒有像 MS Office 這樣的軟體，是它不能吸引臺灣用戶原因之一，這情形現在已經改觀。一九九八年，微軟推出最新版的麥金塔 Office 98 (Word 98、PowerPoint 98、Excel 98、Outlook 98)，這些應用程式充分發揮了麥金塔電腦應該有的水準：優雅、快速、穩定、安裝簡單。更重要的是，從這版的麥金塔 Office 開始，正式支援 PC 版本的 Office 檔案格式，用 PC 的 Office 製作了 Word、Excel 之類的檔案，放到麥金塔電腦中，能夠完全不損傷，Mac 與 PC 之間的 Office 文書隔閡正式消失，但用 Word 編輯中文還有些問題。Office 2001 改善了這個缺憾，除了操作介面還是英文之外，其他與 PC 版本的 Office 2000 無分軒輊。而今麥金塔也走開放架構與低價位，是 PC + Windows 之外的好選擇。

(三) Unix與Linux

Unix創始於一九六五年，由貝爾實驗室、奇異公司與麻省理工學院共同開發的多人多工作業系統，一九七〇年第一版完成，成為許多大型電腦主力作業系統。Unix以小而美為設計理念，希望能在任何的小系統上執行。基本架構分三部分：「系統核心」(kernel)、「檔案系統」(file system)和「命令解譯程式」(shell)，其他的功能則以使用者程式型式加上去。Unix所指並非單一的作業系統，而是一系列家族如Sun OS、Sun Solaris等。Unix有兩大流派：AT&T的System V與BSD (Berkeley Software Distribution)。SVR4是兩大流派融合後的產物。後來（一九九一）與System V針鋒相對的Open Software Foundation推出了OSF/1。Unix通常當伺服器使用，不會在Intel PC上run。中文不在系統中，用戶要自己加上去。下文介紹的Linux也是Unix家族之一，適用於Intel PC。跟我們要講的數位中文，關係較Unix密切。

Linux作業系統由芬蘭人Linus Benedict Torvalds於一九九一年四月草創，經全球玩家共同努力和無數版本更新，發展成為MS的頭痛對手。Linux是免費軟體(freeware)，開放性原始碼(open source software)，規定可以送人或販賣拷貝，但必須包含原始程式碼。如果有任何的修改，也必須散布這些修改的程式碼。

Linux作業系統安裝與使用都很容易，在Intel 386以上PC就可使用，其他架構的PC也可執行。記憶體最少要2MB，假如要執行X Window，需8MB以上。硬碟的空間只要12MB以上就可以，可以說需求非常小。Linux支援十五種以上的企業級伺服器：自動定址、網頁、檔案器、印表機、代理等。另提供遠端終端訪問與管理程式。安裝完成後，不需要螢幕和鍵盤即可使用及管理。

Linux 是一套與 Windows 完全不同的作業系統，基本的核心技術、原始程式等均不一樣，但是，幾乎所有 Windows 具備的功能，Linux 都具備，包含網路、檔案總管、作業環境，運用在 Windows 上的各種應用軟體，例如 Office、繪圖影像、多媒體播放、瀏覽器、防毒軟體……等，在 Linux 作業系統都有。

Linux 支援多國語文，內建 Unicode、GB18030、BIG–5、日韓文等向量與點陣字型，X Window 下可多國語言動態切換與顯示。Linux 全面支援國際化標準（i18n⑱），與非標準國際化程序處理中文（L10n），其向量字體引擎使中文字體能無限縮放，並具備處理黑體、斜體等功能。個人桌面系統下，中文資源有：中文瀏覽器 Netscape 4.75、中文電子試算表 Gnumeric、英漢字典 pyDict 1.0 等。

總之，不論是個人使用或當作伺服器，Linux 是 Windows 之外相當好的選擇。

四、網路上的數位中文（Internet & WWW）

簡單的說，網路就是把許多電腦連在一起，達到數位通訊、資源共享、分散處理⑲的功能。網路的硬體設備十分複雜，理論與技術都屬於專業領域，我們要避開，不加談論。網路有很多種類，我們只談

---

⑱ i18n 是 internationalization 的縮寫（i+18 個字母 +n，i 小寫以與數字 1 區別），而 L10n 則是 localization 的縮寫（L+10 個字母 +n，L 大寫以與數字 1 區別）。將符合 i18n 的 Linux 程式加以中文化（L10n）。

⑲ 數位通訊：快速傳送伺服器與用戶電腦之間的各種資訊，如信件、圖片、指令等。
資源共享：軟體、硬體和數位資源，網路中的用戶都能夠部分或全部地享受。
分散處理：分配任務給其他電腦或多臺電腦合作完成一項任務。

網際網路(Internet)和其中的全球資訊網 WWW (World Wide Web)，這是目前最重要的網路，也是實現數位中文的一大領域。

Internet 開始於一九六〇年美國國防部 ARPANET 軍事計畫。八十年代，區域網路興起，加上工作站與 PC 的普及，產生分享 ARPANET 資源的需求。一九九二年以後，正式實現連結成網、雙向溝通、分享全世界豐富的資源的構想。BBS 布告欄、e-mail 電子郵件、FTP 檔案傳輸等都是重要的網際網路服務，其中又以全球資訊網 WWW 最為重要。

WWW 創立於一九八九年三月瑞士歐洲粒子物理實驗室 (CERN)，比起其他網路服務只有冰冷的文字，它的多媒體⑳（圖形、聲音、文字、影像）互動以及無限擴充連結機制㉑，創造大量商機，吸引無數

---

⑳ 多媒體是人類最自然的溝通方式。有以下幾種：
(1)文字和旁白 text & narration
(2)圖案和插畫 graphics & illustration
(3)靜態的照片 still photographs
(4)圖表和圖形 charts & graphs
(5)視訊和動畫 video & animation
(6)音樂和音效 music & sound effects
它是藝術、戲劇、傳播與新媒體科際的整合。
以上參考李賢輝〈WWW 與人際溝通和資訊傳遞的關係〉。

㉑ 基於超文(hypertext)的建制，文字或圖形都可以「連結」(link)到其他伺服器，交互參閱。

用戶上網，成為資訊界的寵兒。

㈠網址 IP 與定位 URL

要想上網進入 Internet 的 WWW，我們需要有個網址 IP，在臺灣提供網址 IP 有教育部的 TANet、中華電信的 HiNet 以及資策會的 SeedNet。TANet 在校園做純粹學術之用，一般民眾則向 HiNet 或 SeedNet 申請。

要想連上某個資源伺服器，我們要知道它的 URL（universal resource locator，全球資源定位）。一個完整的 URL 位址，包括：協定名稱（連線的方式 http 或 FTP ……），主機名稱，通訊埠，路徑，檔案名稱，參數等部分。表示方式如下：

協定名稱：// 主機名稱：通訊埠 / 路徑 /center/ 檔案名稱

例如：http://www.google.com.tw。

當然，要連線我們通常還需要用到專門連線的軟體。

㈡瀏覽器 (browser) 與超文語言 (HTML)

連線後就要用到瀏覽器。瀏覽器有兩大家，網景的 Navigator 與微軟的 IE (Internet Explorer)。Navigator 為瀏覽器鼻祖 Mosaic 商業化產品，大約在一九九四年問世，曾經獨領風騷多年，後來微軟以其免費與 Windows 搭配策略，打敗 Navigator 在 PC 瀏覽器的市場。Navigator 經過開放程式碼、成立 Mozilla 等調整，浴火重生，現在為 Netscape 6。因其為第一個完全支援 W3C 標準的瀏覽器，功能比 IE 5 強，又取得了優勢。微軟也不甘示弱，發表 IE 6，以其更多服務應戰。IE 6 適用於 Windows 系統，Netscape 6 則適用於 Windows 及 Unix 系統。兩雄爭霸戰現在還未落幕。對中文的支援 IE 一向比 Netscape 好，IE 6 又能自動分辨各式中文內碼，所以在臺灣，IE 6 佔上風。

瀏覽器負責將伺服器傳送過來的 HTML (hyper text marked language) 檔解析，讓文字、圖形、聲音、影像、動畫等適當顯示出來。HTML 的中文可以指定字體、大小、顏色。最近資訊界又再推動 XML (extent marked language) 作為文件交換標準，它可以用中文定義資料和文件階層，使得網路上的中文資料更加方便。

㈢入口網站與搜索引擎

透過瀏覽器連上 Internet WWW 後，你會進入一個如雅虎 (Yahoo) 等入口網站，連上世界各地資料庫。你更可以利用搜索引擎如酷狗 (Google) 搜尋你要的網頁甚至於圖片，大部分你需要的資訊都可以找到。目前雅虎和酷狗都有中文版，使用起來非常方便。

第三節　數位中文的成果

到目前為止，「數位中文的成果」已經非常豐富，並且有快速擴張吞噬傳統中文的版圖之勢。它已經遍布於政府機關、金融商務、日常生活、工作教育、休閒娛樂等方面，幾乎無所不在。我們無法一一加以列舉說明，只打算選擇「辦公室自動化」、「電子公文」、「數位政府」與「數位資源」四項，因為它們與「數位中文」關係較為密切。其他如 ATM 提款轉帳服務、中文手機、中文版軟體[22]等，只是使用中文，

㉒ 中文有十幾億人使用，促使應用軟體廠商不能不重視這塊大餅，提供中文版軟體（簡體或繁體）。另外有部分英

不在討論之列。

一、辦公室自動化

「辦公室自動化」(OA, office automation) 目的在提昇工作效率與品質。七十年代晚期，IBM 發展出一些提供文書處理、電子日曆、溝通功能以及專案管理功能的工具。八十年代 PC 興起，OA 逐漸成為一種潮流。九十年代以後，個人電腦網際網路提供 OA 十分有利的條件。而今寬頻網路普及，更有利於 OA 的發展。

配合 OA，建築界發展出智慧型大樓 (intelligent building)，支援建築設備自動化 (BA)、辦公室自動化 (OA) 與通訊系統自動化 (CA)。BA 設備包括安全系統、門禁系統、自動照明及空調、網路、高架地板等。OA 則涵蓋家具、網路、傳真機、文字資料處理、電腦輔助設計等。CA 包含如衛星傳訊、電傳會議、電子郵件、數位電話、電傳視訊系統、資料庫、光纖網路等。㉓筆者以為將來教室也會電子化，整個教室為著方便使用電腦及其相關設備，將像自動化的辦公室，面目一新。至目標並不遙遠，特別現在無線網路技術已經成熟，教室電子化的成本將大大降低。

OA 是企業資源規劃 ERP (enterprise resource planning) 的一環。它促使整個企業運作電腦化、自動化，協調各單位，幫助企業善用資源。如臺塑企業，以 IBM Notes 為基礎，成功完成 ERP。在 OA 方面，使

文軟體，也由國人自己「中文化」，像有名的編輯器 UltraEdit 便有中文版。

㉓ 傳統建築有許多缺點，諸如電力不足不穩、缺乏空調及防灰塵除濕設備、無法變更的空間、沒有預留管線等。

用了近百種表單，達到了人事管理、ERP流程控管、公文系統及行政管理電子化目標，縮短了整個企業內的簽核流程，提升了工作及經營品質。這是大型企業專案作法。以下是其表單部分：

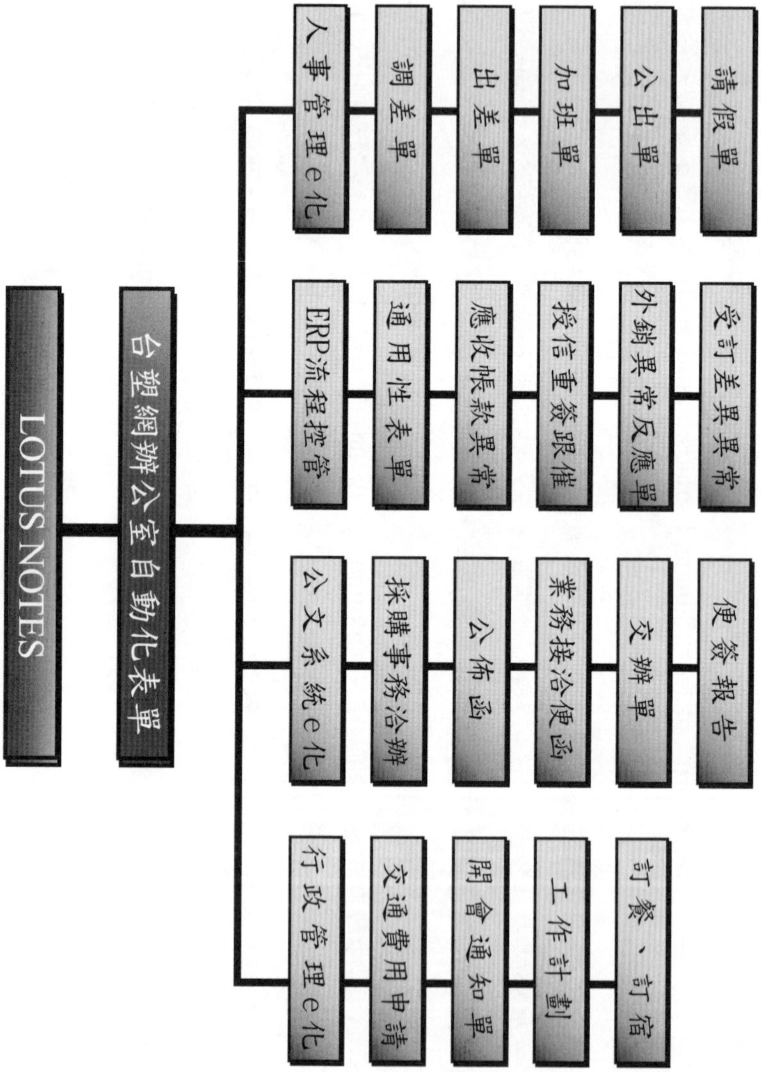

一般機關、學校等要想獲得 OA 利益，多半會考慮到使用 Microsoft Office System。Office 2003 Editions 強調以大家熟悉的工具軟體做基礎，協助解決各種 OA 或商務問題。它宣稱能：

1. 提供更完備的資訊存取能力，讓商務使用者能夠具備更深入的洞察力，並採取更有效的措施。
2. 提升組織預測、管理並回應商場變化的能力。
3. 提升團隊和組織合作時的速度和靈活度。
4. 提升個人產能，讓更多商務使用者能在日益嚴苛的商務環境中作出貢獻。

它的中文支援最完善，我們先看其架構，再詳細地介紹於下。

Office 2003 Editions 大致上包含下列 Microsoft Office System 程式：㉔

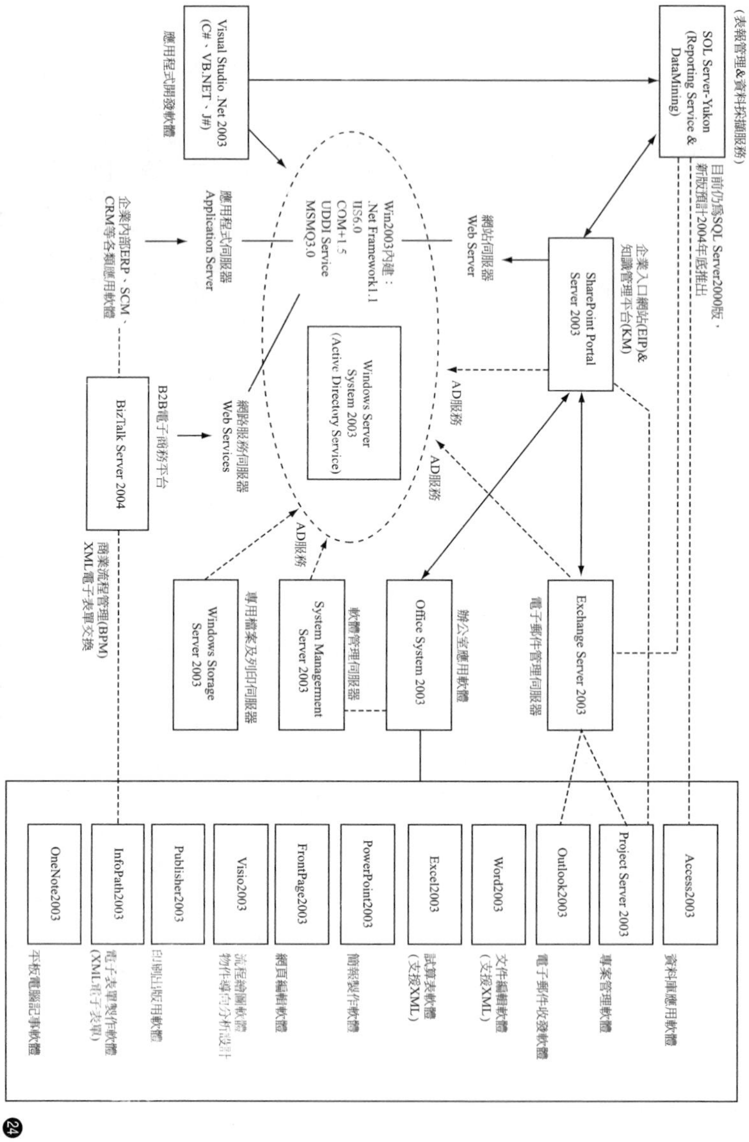

㉔ 架構圖為江學文所繪。

Word 2003

Word 2003 是文字編輯器，讓用戶更輕鬆建立、共用與閱讀文件。經過改良的檢閱和標記功能，提供追蹤變更、管理註解的方式。支援 XML 檔案格式，包括當作 XML 編輯器使用與儲存、開啟 XML 檔案。

Excel 2003

Excel 2003 是試算表，提供 XML 的支援以及幾項全新功能，讓使用者在分析或共用資訊時更加便利。

Outlook 2003

Outlook 2003 是個人資訊管理員和通訊程式。為電子郵件、行事曆、連絡人以及其他個人資訊和團隊資訊之管理提供了一個統合方案。

PowerPoint 2003

PowerPoint 2003 是簡報程式。新版改良了使用者介面，支援智慧標籤，讓簡報的檢視和建立工作變得更為容易。改善了多媒體功能的支援，和 Media Player 完成整合，能播放音效和視訊。

Access 2003

Access 2003 為小型資料庫管理系統，類似之前的 dBase 3。新版使用起來更精簡，擴充匯入、匯出及處理 XML 資料檔案能力。

FrontPage 2003

FrontPage 2003 為網頁製作、網站建立及管理程式，可協助用戶設計網站，並更迅速地產生程式碼。

新版加入 XML 功能，並具備連線至外部資料的能力，可以用來擴充網站功能。它跳脫靜態網頁，將網站發布成為互動式網站。

OneNote 2003

OneNote 2003 為筆記製作及管理程式，能在筆記型、桌上型電腦或 Tablet PC[25]上進行筆記的擷取、組織及重複使用工作。它提供了一個環境，讓用戶擷取鍵入的筆記、手寫筆記、手繪圖表、錄音、照片和圖片，以及來自其他程式的資訊，協助組織和重複使用上述資訊。

Publisher 2003

Publisher 2003 為排版、行銷程式，簡化行銷和排版工作。

Project 2003

Project 2003 系列包括 Project Standard 2003、Project Professional 2003 以及 Project Server 2003。將 Project Professional 2003 和 Project Server 2003 搭配使用，可為企業解決專案管理問題。它具有彈性報告和分析功能，協助用戶資源最佳化與安排工作的優先順序，並將專案與整體商務目標密切結合。

Visio 2003

Visio 2003 為商務和技術圖表製作程式，可以將自己的構想和傳統的商務資料轉換成圖表，藉以了解重要資訊並與他人溝通。

㉕ Tablet PC 採用 Windows XP Tablet PC Edition 為作業系統，除可配合傳統的鍵盤和滑鼠操作外，更可使用數碼手寫輸入技術（即是以數碼筆在螢幕上書寫），比傳統筆記型電腦使用方便。

InfoPath 2003

InfoPath 2003 為資訊收集和管理程式，可以簡化資訊收集。這個新的程式可以建立動態表單、完成表單以及將表單提交至具有 XML 功能的系統。

Live Meeting

Live Meeting 也是一支新程式，提供員工、用戶在線上進行即時共同作業環境。

伺服器 Server

除了上述各程式外，微軟 Office System 還提供下列幾種伺服器：

Project Server 2003

此伺服器支援專案及資源管理並為企業專案管理 (EPM) 方案共同作業平臺。員工可以透過 Project Professional 和 Project Web Access 與之連線，進行資料儲存、擷取，並與 Project Server 資料進行互動。

SharePoint Portal Server 2003

企業使用它來開發智慧型入口網站，以便和資訊工作者、團隊及知識緊密接軌，讓團隊成員取得相關資訊，提升工作效率。

Live Communications Server 2003

此為全新企業級立即訊息 (IM) 解決方案及可擴充式即時通訊伺服器，能協助不同的資訊工作者取得連線，並進行深入交流。

二、電子公文

公文是機關團體內部或外部日常業務與幕僚作業的基礎。推動電子公文，內部可以收到互通、一致、共享的利益；外部則大大加速傳達、聯繫、確實的效能。這是提升行政效率十分有效的辦法，也是資訊時代必然的發展。

政府為推動公文電子化，自民國八十二年起，公布「公文程式條例」，明訂機關公文可以使用電子文件及電子公文可以不蓋印信及簽署，電子公文自此有了法源。八十三年後陸續頒布「文書及檔案管理電腦化作業規範」、「機關公文電子交換作業辦法」加以落實。八十七年修訂「文書處理檔案管理手冊」，對公文格式、處理流程與原則作了大幅修訂，並且簡化文別㉖、確定無欄框等新式公文標準格式。八十八年全面實施公文電子化。

比起傳統公文，電子公文不外乎：

1. 捨棄傳統「文房四寶」，改用一般文書編輯器或公文製作應用軟體製作公文。一般文書編輯器以Word支援公文製作較佳。應用軟體有的自行開發，如中研院等機構。有的則選購現有商品，目前市面上有許多種。應用軟體通常與文書處理流程整合，並可轉換成XML格式，利於進行電子發文交換。

2. 捨棄傳統人工，改用網路傳送公文。我們且就研考會制訂的機關公文電子整合交換架構加以探討，來了解電子公文的傳送與交換流程。其架構如下圖：

㉖ 由十三種併為七種。

公文電子交換示意圖

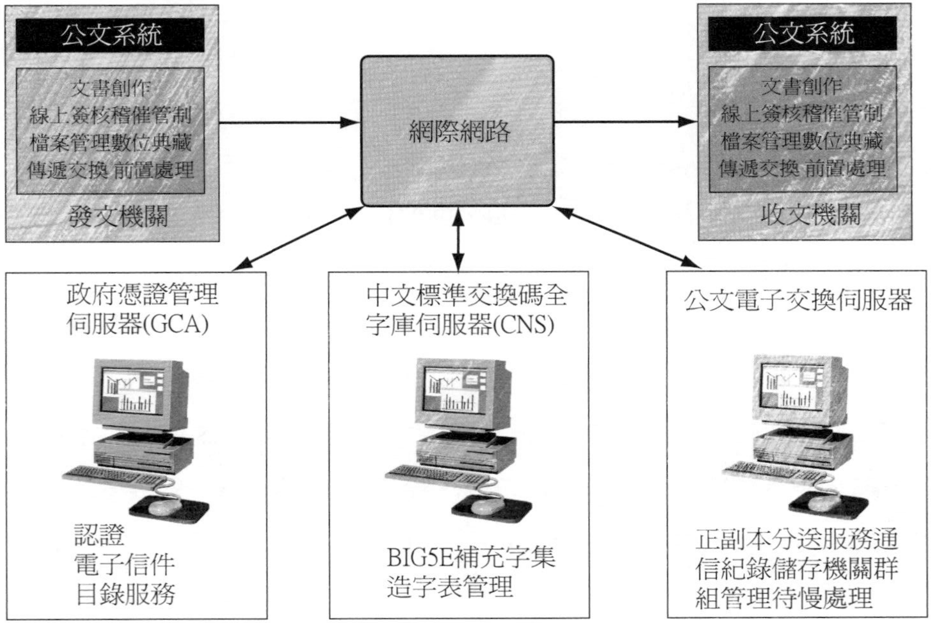

公文系統
文書創作
線上簽核稽催管制
檔案管理數位典藏
傳遞交換 前置處理
發文機關
網際網路
公文系統
文書創作
線上簽核稽催管制
檔案管理數位典藏
傳遞交換 前置處理
收文機關
政府憑證管理
伺服器(GCA)
認證
電子信件
目錄服務
中文標準交換碼全
字庫伺服器(CNS)
BIG5E補充字集
造字表管理
公文電子交換伺服器
正副本分送服務通
信紀錄儲存機關群
組管理待慢處理

(1)收發公文兩機關都有一個「公文系統」。發文機關利用此系統「創作、簽核、稽催、管制、保存」公文。傳遞交換之前，公文先經過「前置處理」(透過網際網路引用政府憑證管理中心電子認證服務、中文字碼對照轉換服務、公文電子交換服務)，然後傳送出去。收文機關也先經過「前置處理」，然後處理電子公文。

(2)傳遞交換處理以政府憑證管理中心 (Government Certificate Authority) 鎖定的標準為依據。其機制包括收發文機關電子憑證（電子簽章）認證、使用電子信封確保公文機密、提供目錄服務以便查詢等。

(3)確定 BIG-5E 字集(除標準字外有一部分造字)，並提供 CNS 全字庫，以避免因字碼問題產生錯誤。

(4)利用交通部電子交換中心分送正副本、處理怠慢、保留通信紀錄、組群管理、完成公文派送。

(5)共同傳輸檔案格式：XML。

(6)附件採用格式：收文與發文兩端需有將附件格式一致呈現的軟體。

文字檔採用 PDF、WDL、Word、Excel、PowerPoint 格式

靜態圖形採用 JPEG 格式

工程圖表採用 IGES 格式

動態檔採用 MPEG 格式

聲音影像採用 WAV 格式

其中 PDF、WDL、Word、Excel、PowerPoint、JPEG 共六種可自動收文列印。

(7)發文類別分成：

第一類發文：經交換中心傳達

第二類發文：點對點傳送

第三類發文：登載全國電子布告欄

以上是政府電子公文的大觀。

以下從其實施狀況加以討論，以求進一步的了解。

(一)公文系統

一個好的電子化公文處理系統，並不簡單，從總收文開始到分文、退文、改分文以及創簽稿、會辦、陳核、決行、發文、檔管、調卷、查詢作業等全都要納入電腦管理、追蹤與稽核之中，承辦人員利用此系統可以很方便的掌握公文的流向，稽核單位利用此系統可以瞭解公文處理的效率，系統還要能夠自動檢視逾期文件，發送公文稽催通知單。大部分的公文系統應該都儘量達到上述要求，但機關單位工作性質與相關的表單差異很大，要用一種公文系統來回應不同需求，有其困難，所以大型機關「公文系統」大多自行開發或委外開發。

網際網路環境的公文系統應是較佳的選擇。除瀏覽器以 HTML 所呈現的一致介面得大幅降低學習成本外，透過 CGI、資料庫管理系統等，可自然地將電子公文集中保存於主機，免除電子公文散置各處的管理問題；但最大的潛在利基，則在於可充分應用 HTML 及 XML 等相關技術，使電子公文製作直接與工作流程管理應用系統整合，並利用檔案格式匯出程式，有效因應政府機關電子公文交換作業規範之更新㉗。

(二)數位簽核

目前一般機關在公文傳送與接收上都已做到電子化，然而遇到需要簽核的業務，則將電子公文打印成紙本，維持傳統的方式。這不僅是心態或習慣問題，傳統的紙本簽核方式不易被篡改是主要原因。因此一套可以防止偽造、冒名、篡改的系統，就成為能否改變簽核方式的關鍵。

為了確保公文的安全與機密，採用一種能確保身分認證、資料完整性、資料機密性，防止惡意的攻擊及竄改是絕對必要的。「公開金鑰基礎建設」(Public Key Infrastructure)機制已可提供相當安全及可信賴的數位簽章與認證機制，是可行之道。然而是否做得到絕對安全？許多人仍持懷疑態度。畢竟凡是網路上的資料，安全都可能有漏洞。

(三)副本傳送

電子公文及其相關附件，可以經網路取存，不必再經人工傳遞。至於工程圖表、有價證券、現金及實物等特殊性附件，礙於現行相關法令及整體資訊基礎建設現況等因素，目前的確不易遂行。

三、數位政府

簡單的說，數位政府就是政府機構利用資訊通訊科技對民眾提供更有效率的服務。它結合國家資訊基礎建設與通訊科技建設用以改進政府效能。從民國八十五年起，陸續展開各項推動數位政府計畫，九十年研訂「電子化政府推動方案」，期望數位政府可以提供更具廣度與深度的服務內容。政府的長期規劃，

㉗ 以上參考「談公文處理自動化之可能性」(中研院何惠安)。

可以用下圖㉘表示：

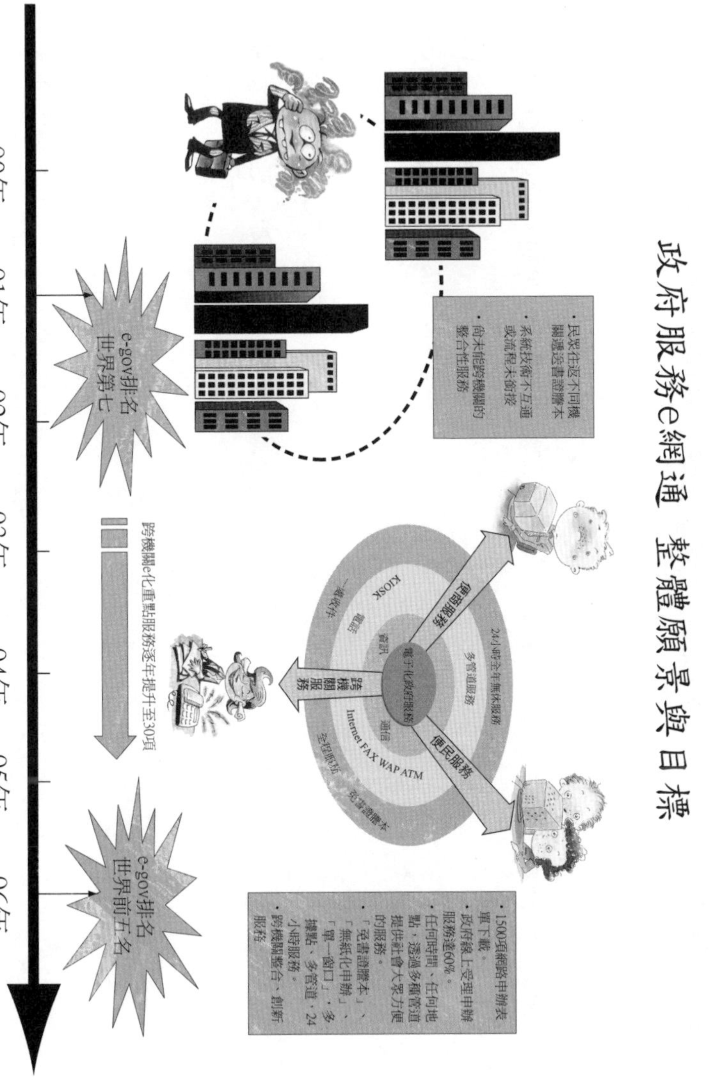

㉘ 圖片來源：行政院研考會 e-Taiwan 計畫：e-government「政府服務e網通計畫書」之總體計畫。

(一)優點

推動數位政府有以下優點：

1. 提升國家競爭優勢。
2. 提升服務品質，服務迅速無間斷。
3. 促進與工商業團體互動的機制。
4. 促進政府機關改造。
5. 強化國家資訊建設，發展國內資訊產業。
6. 促進整體經濟，創造科技新經濟。

(二)對象

數位政府的服務對象如下：

1. 對民眾（G2C）

政府對民眾 G2C（government to citizen）直接提供優質服務，諸如網路線上投票、電子帳單以及詢問等。

2. 對企業（G2B）

政府對企業 G2B（government to business）的服務如電子化採購與招標作業，精簡管理實務流程，快速提供企業各種資訊服務等。

3. 對政府（G2G）

政府對政府 G2G (government to government) 指政府機構各層級之間的行政流程與資訊交換，旨在提升行政效率，如電子公文、電子新聞以及數位出版等。

㈢內容

數位政府的服務內容大致如下：

1. 公共資訊服務

政府在適當地點設立公共資訊服務站，對民眾做更直接的接觸與服務。以臺北市政府為例，已經在各公共場所（包括捷運站、區公所、學校以及醫院）設置公共資訊站，其中以捷運站設置最多。「KIOSK㉙捷運生活站」是針對臺北捷運族而設計的資訊系統，功能包括分類廣告委刊、金融轉帳與繳費、電子售票、生活資訊查詢與電子地圖列印、LCD 影音多媒體廣告以及占星、算命等服務，還有列印的功能直接把所需資訊列印出來。最有趣的是還可以代收分類廣告，可依委託內容鍵入各項條件自動排版並選擇所要刊的報別。

公共資訊服務站的優點是：

(1)提供二十四小時與民眾接觸的服務。

(2)可跨越空間的限制。

(3)整合資訊流、物流、商流與金流等機制。

(4)大部分的公共資訊服務站均有觸控式螢幕，e 點就通。

㉙ KIOSK，是土耳其文轉成英文，意為「涼亭」。

(5)硬體部分與廠商簽約維護，故障機率小。

(6)大多設置在人潮眾多與便利之地。

2.入口網站

政府入口網站，大略做以下幾項服務：申辦服務、整合新聞、電子報、網路民調、人民陳情案件、電腦影音服務、民意論壇、網站分類、網站檢索。

我國的入口網站稱為「我的e政府」，網址為：http://www.taiwan.gov.tw/index.htm。其服務分為：

(1)不同族群服務：分為「兒童、學生、老人、偏遠、企業、公務員、個人」七種。

(2)資訊查詢：有「機關網站、民眾信箱、今日臺灣、政府組織、專題報導、生活資訊」等多種。

(3)雙向溝通：有「新聞中心、機關活動、特別活動、重要施政、網路民調、公共論壇、電子賀卡」七種。

(4)申辦服務：有「線上申辦、表單下載、分類查詢、推薦服務、創新新聞」五種。

(5)政府出版：有「政府出版資料入口、出國報告資訊網、政府出版品網、國家書坊網路書店」四種。

除了以上五種服務之外，還有「關於本站」介紹、「其他網站」連結和「新聞」等，資料十分豐富。其首頁㉚如下：

㉚ 本節多處參考劉育君「電子化政府」一文。

歡迎進入電子化政府入口網 - Microsoft Internet Explorer
檔案(F) 編輯(E) 檢視(V) 我的最愛(A) 工具(T) 說明(H)
網址(D) http://www.gov.tw/
我的E政府
WWW.GOV.TW
電·子·化·政·府·入·口·網
English | 語版切換 | 設為首頁 | 台灣時間：93年06月28日 星期一
首頁 | 兒童 | 學生 | 老人 | 僑遊 | 企業 | 公務員 | 個人
加入會員
會員登入
資訊查詢
機關網站
民意信箱
機關名錄
今日台灣
政府組織
專題報導
生活資訊
氣象資訊
320和平公投
總統大選
SARS專區
公股擴大就業
雙向溝通
新聞中心
機關活動
特別活動
重要施政
網路民調
公共論壇
諮詢委員
電子賀卡
最新消息
犯罪預防
預防犯罪　您我有責
新聞資訊
勇者無懼
機關新聞
台灣看透透
活動回顧
精采畫面
即時影像
北 | 中 | 南 | 東 | 台灣
票選好文
申辦服務
優質台灣
創新政府
行政院研考會系列叢書
網際網路

四、數位資源

現在學生寫報告、論文或想知道臺北市哪裡有好吃的牛肉麵，大都先上網查詢。網路資料既豐富又方便，通常會找到一些答案。中文文史哲學界實在很需要一個將網路資源分門別類匯集起來的入口網站，要找資料，由此進入即可。類似這樣的網站，不是沒有，但通盤規劃並維護良好的，目前尚未發現。為此，要搜尋網路上的學術資源，一般都使用搜尋引擎，搜尋引擎又以酷狗 (Google) 使用最普遍、支援中文也最好，許多人已經將它設為入口網站了。

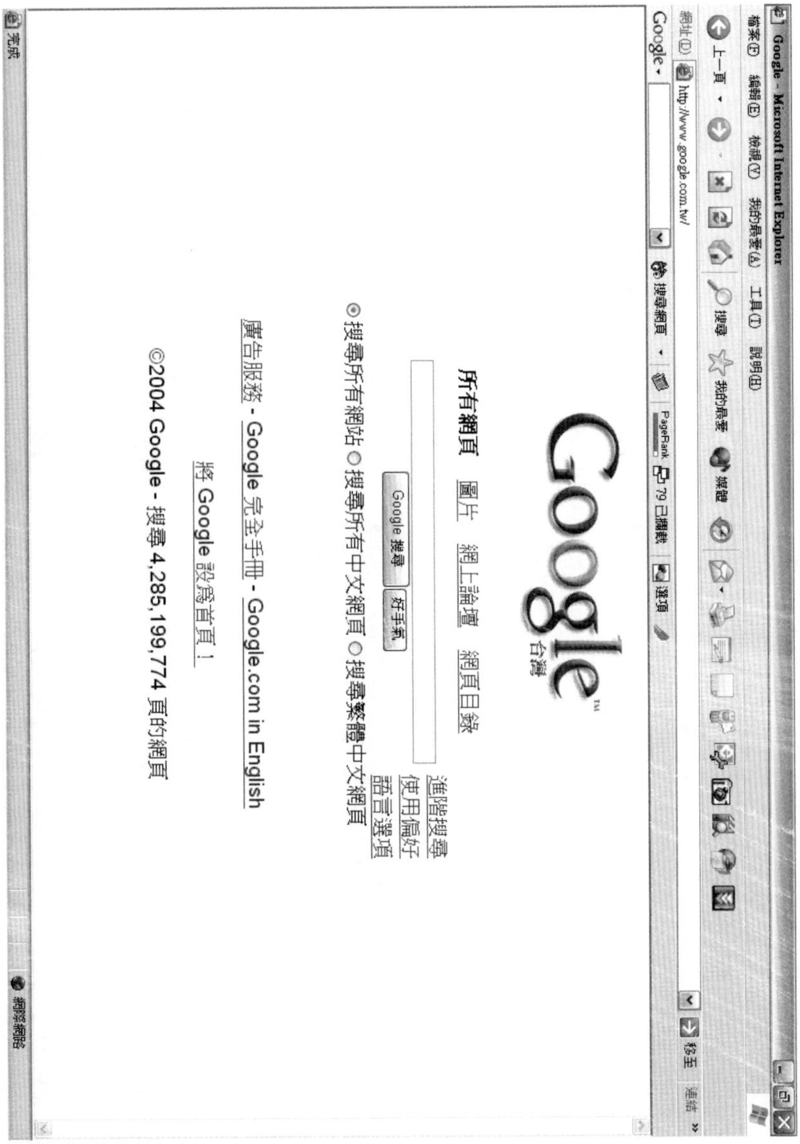
Google - Microsoft Internet Explorer
檔案(F) 編輯(E) 檢視(V) 我的最愛(A) 工具(T) 說明(H)
上一頁
搜尋
我的最愛
媒體
網址(D) http://www.google.com.tw/
移至
連結
搜尋網頁
PageRank
79 已攔截
選項
Google
台灣
所有網頁
圖片
網上論壇
網頁目錄
進階搜尋
使用偏好
語言選項
Google 搜尋
好手氣
搜尋所有網站
搜尋所有中文網頁
搜尋繁體中文網頁
廣告服務 - Google 完全手冊 - Google.com in English
將 Google 設爲首頁！
©2004 Google - 搜尋 4,285,199,774 頁的網頁
完成
網際網路

酷狗純粹搜尋，沒有廣告，畫面簡潔，速度奇快。它分別搜尋「所有網頁、圖片、網上論壇、網頁目錄」，搜尋時可選「搜尋所有網站、搜尋所有中文網頁、搜尋繁體中文網頁」，只想看繁體中文的人選「搜尋繁體中文網頁」，範圍縮小很多。搜尋結果會將最有價值的網站放在前面，這是它最令人稱道的地方[31]。在搜尋欄下方有個「好手氣」，只會將最重要的一個網站顯示出來，十分特別。當然，如果有需要，可以使用「進階搜尋」，那會回應你的特殊需求。

底下介紹幾個與國學關係密切的網站，幫助讀者尋找資源：

(一)圖書館連線

圖書館是數位中文最大收藏地，所以尋找資料首先考慮上圖書館網站。將國內外各圖書館網址匯集在一起，方便進入各圖書館網站，是個很好的服務。

http://www.lib.nctu.edu.tw/n_quiry/alllib.html

上面入口網站為交大浩然圖書館，有「國內圖書館、海外圖書館、聯合目錄」服務。

http://www.lib.nccu.edu.tw/network/tableout.htm

上面入口網站為政大圖書館，除了國內圖書館連線外，還有公家機關與研究機構連線。

(二)全文檢索資料庫

全文檢索資料庫內文全文搜尋，學術研究最為有用。底下介紹兩個網站：

---

[31] Google 的搜尋引擎叫 PageRank (TM)，由創辦人 Larry Page 和 Sergey Brin 研發出來。它根據網路連線次數與重要性來定出優先順序，是一種智慧搜尋。

1. 中研院 http://www.sinica.edu.tw/ftms-bin/ftmsw3

為中研院的全文檢索資料庫，內含《二十五史》、諸子、《十三經》、《論》《孟》《老》《莊》、古漢語文獻語料庫、臺灣文獻、《文心雕龍》等，全部資料超過九千兩百萬字。

2. 師大寒泉 http://140.122.127.253/dragon/

為本人放在臺灣師大圖書館的資料庫，收錄《十三經》、《史記》、《漢書》、《後漢書》、《三國志》、《晉書》、《宋書》、《南齊書》、《梁書》、《陳書》、《魏書》、《北齊書》、《周書》、《隋書》、《南史》、《北史》、《舊唐書》、《新唐書》、《舊五代史》、《新五代史》、《宋史》、《資治通鑑》、《續通鑑》、《遼史》、《金史》、《元史》、《明史》、《清史稿》、先秦諸子、《宋元學案》、《朱子語類》、《明儒學案》、《白沙全集》、《全唐詩》、《太平廣記》、《紅樓夢》、《四庫總目》、《藝文類聚》等典籍。

㈢綜合網站

綜合網站資料豐富，值得一覽。

1. 國科會數位博物館 http://mars.csie.ntu.edu.tw/~dlm/

有淡水河溯源、臺灣魚類世界、蝴蝶生態、植物大觀園、平埔族、漢代墓葬與文化、說文解字等數位博物館。

2. 漢學研究中心 http://ccs.ncl.edu.tw/index.html

可查詢漢學研究的最新動態，且可依照研究的機構與學校分別查詢。此外，有「漢學研究中心典藏書刊目錄資料庫」、「典藏國際漢學博士論文摘要資料庫」、「明人文集聯合目錄及篇目索引資料庫」、「報刊資料全文與索引光碟資料庫」、「文史資料光盤庫」、「中國期刊網全文數據庫」、中央研究院「漢籍全文資料庫」等。

3.國學網絡 http://www.guoxue.com/index.htm

大陸網站，搜羅各種經史子集之原典及相關論著，並有各種專題如蘇軾、善本書、佛學、唐代等研究。

4.中華萬年網 http://www.china10k.com/trad/main/main.htm

從遠古到現代，介紹歷代之年表、人物、事件、地名、詩詞、圖片、述評、資料、相關書目等，內容十分豐富。

5.學習加油站 http://content.edu.tw/index.html

教育部規劃，有豐富的教師進修資源、高中高職及鄉土教材之學習資源。

另外還有一些中文數位資源，通常由大型圖書館購買，網上看不到，如香港迪志的《四庫全書》、故宮・東吳的《古今圖書集成》等，它們都是大部頭古典文獻，製作嚴謹，價值甚高。

第四節　數位中文的影響與問題

數位中文除了因為使用工具、載體（鍵盤、印表機、磁片）與傳統中文（文房四寶）不同造成的影響外，最重要的是改變中文閱讀習慣。傳統中文的閱讀習慣是「由右而左，由上而下」，數位中文則受制於電腦習慣，「由左而右，由上而下」。到目前連最保守的公文，也使用橫排，而報紙橫排的也愈來愈普遍。有朝一日所有的數位中文一定是橫排。這種排版閱讀改變的影響不能小看，它使習慣於橫排閱讀的數位青年不論在心理上或閱讀能力上與傳統文化產生嚴重的斷層。除非傳統中文都趕快數位化，或將之改變成數位時代的展現方式（影像、聲音、動畫），否則傳統中文世界很快會在數位世界消失。

數位中文意外地解決了「繁簡之爭」的問題。「繁簡之爭」起因於大陸漢字簡體化，著眼於使漢字書寫省時省力。臺灣則在保衛中國傳統文化的大旗下加以反對，但書寫時簡體確較省事，於是在臺灣「繁簡之爭」成了重大問題。現在利用鍵盤輸入中文，與字型的繁簡沒有多大關係，筆畫超過二十的字與筆畫十的字同樣四五碼，「繁簡之爭」已經沒有必要。換句話說，原先大陸漢字簡體化的目標被數位中文解消了，而破壞漢字結構與美觀的嚴重後果彰顯出來（年輕人讀不懂古籍等）。假如數位中文早產生三十年，大陸很可能不會去做簡體化這種傻事。

一、缺字問題

目前數位中文解決了大部分中文問題，但在文字辨識、古籍整理排版還有一些問題存在，但這問題與一般人沒多大關係。與一般人關係密切的是缺字問題。所謂的缺字，簡單地說，就是在電腦字集中找不到想用的字，亦即在電腦中找不到想用的字形。字和字形有差別，一般而言，一字一形，但也可能有一字多形，如「證」與「証」、「僊」與「仙」，乃是繁簡古今之別，亦即所謂「異體字」，意義並無分別。

缺字的原因在編碼有限。像《康熙字典》有四萬多字，不論 BIG-5 或 Unicode 都容納不下。輸入資料時遇到字集沒有的字，就不得不想辦法。解決缺字的方法大略有以下幾種：

㈠造字

利用中文系統造字，這是最普遍的方法。這方法有二個問題，一是造字不夠用，像 BIG-5 造字區才七千多字，古籍整理根本不夠用。二是各造各的字，產生同一內碼字形卻不同的現象，當需要資料交換時，問題嚴重。解決這問題的方法之一是像主計處規劃的 BIG-5E 共同使用同一造字檔與以 CNS11643 作為交換碼。但是中文字是個無限集合，書寫時代，武則天可以造幾個字，任何人為子女命名，也可以換個偏旁，補救命中所缺。以有限編碼應付無限集合，當然不足。

㈡註解

使用說明的方式來呈現缺字，又稱之為描述式。它如同日常口語介紹張先生，為了避免同音字的錯誤，我們會說「弓長」張，就不會誤為「章」先生。這方法的問題是有些字很難描述，並且在內文夾雜描述文字，實在妨礙閱讀。不過如果只有少數幾個字，倒是一種方便的方法。

㈢組字

將缺字拆解成若干部件，配上一些組合符號，作為替代，如衣缽的「缽」，字集另有一個「砵」字，就是沒有「金」字旁的字，於是用（金＋本）來組字，CBETA（中華電子佛典學會）製作的佛經，就採用這種方法。組字將字形先拆解而後組合，拆解各有各的看法，會造成不同的組合方式，如遇到複雜難解的字，加上其中部件或字根在現有字集中找不到，那就更麻煩了。

這方法在臺灣有兩個單位深入研究，希望藉以解決缺字問題，一是交大電子研究所，一是中研院謝清俊的工作小組，二者都從分析中文字根或部件著手，有系統有理論地提出辦法。在文字學上有相當的價值，但是否就解決了缺字問題？很難講。至少到目前為止，還沒有看到採用成功的例子。

㈣圖字

圖字就是繪個字形圖檔來表示缺字，不考慮到編碼的問題。優點是可以看到字形，缺點是不能搜尋與文字編輯器不能用。但是一者圖字可以以用掃瞄取得，不會走樣；二者檔案命名沒有限制，可以無限擴充；三者在 Word 與瀏覽器下看得見；四者反正圖字是罕用字，一般搜尋不常用到。所以成為最為通行解決缺字的方式。

解決中文缺字至少要達到以下目標：

1. 字集可以無限擴大。亦即用戶有自由造字的權利，不用擔心內碼不足。
2. 能看到印出字形。
3. 可以搜尋。
4. 資料交換不會出問題。

根據這四項目標，將上述四種方式評估，列表如下：

	造字	註解	組字	圖字
一		√	√	√
二	√			√
三	√			
四		√	√	√

可知各有其優缺點，都不能算完全解決。倉頡輸入法的創造者朱邦復有個「漢字基因工程」構想，使用真正的「中文電腦」（包括能產生中文字形的CPU），理論上是可以解決中文文字上的一切問題（包括缺字），但是只要中國人還不能開發高速CPU，作業系統還仰賴外商，構想很難實現，何況要與世界接軌交換資料，也會有問題。看來，大家使用Unicode，缺字由Unicode中想辦法解決，可能是未來的趨勢。

二、古籍整理問題

從第三節的介紹來看，好像數位中文已經很豐富，但在古籍數位化這領域，還差得遠。不要以為《十三經》、《二十五史》、《四庫全書》、《古今圖書集成》等都有了，試問《十三經》有沒有注疏齊全的標點版？《二十五史》有沒有百衲本？《四庫全書》有沒有標點版？以《易經》而言，大概只有王弼的註解，其他重要註解如伊川、朱子能找到嗎？更不用說歷代上千家的註解。總之，從數量來看，古籍已經數位化的恐怕不到十分之一。從品質來看，也不能令人滿意。究其原因，不外乎此項工作費力、耗時並且需要大量金錢。費力耗時還可能有人願意承擔，但是需要大量金錢又很難回收，卻使有意使之成為商品的投資者卻步。其實這工作不能從利益上思考，應從文化傳承與時代使命去考慮。

古籍數位化流程大體如下㉜：

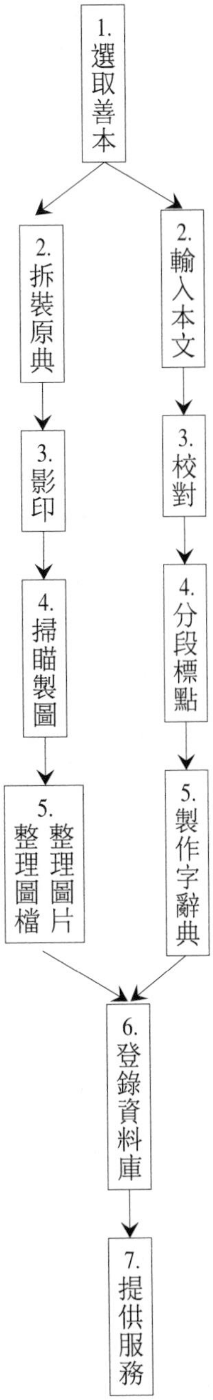

由上圖可知，古籍數位化流程，由「選取善本」開始，分成「製作圖檔」與「輸入本文」二系。前者目的在保存文獻之原貌及抽取有用資料㉝，後者則提供建立資料庫之依據，用以檢索、分析、校勘、傳布（網路）等，而以製成「資料庫」，提供「服務」為目的。其中如「分段標點、資料庫與字辭典製作」分屬學術性工作與技術性問題，筆者略去不談。只說「選取善本、製作本文、製作圖檔」三項工程的基礎知識。

㈠選取善本

除非要把某一部古籍所有版本都數位化，否則應該選取善本，選取善本最好請教版本學家，否則版本不當，錯誤必多，後悔莫及。

㉜ 詳細流程、硬體設備、規格與應注意事項，另外寫一篇文章討論。

㉝ 5.「整理圖片」將其中圖片剪下另外存檔即是。

(二)製作本文

本文製作包括「輸入、校對、分段標點、製作字辭典」幾項。輸入之前應該規定好本文格式，格式大體如下：

1. 使用全形：本文不論是標點、空白一律用全形，避免任何半形存在。
2. 按照原典：行款完全按照原典，行末不可添加空白。
3. 註解小字：原典註解小字部分用（　）刮起來。
4. 頁碼：以半形數字標在頁末，取偶數碼，用半形(　)括起，如(0014)。
5. 存檔：每卷存成一個檔案。
6. 輸入：兩人同時輸入同一資料，然後加以比對，如果輸入者使用的輸入法不一樣，比對後的錯誤率可以降低到萬分之一。

(三)製作圖檔

圖檔製作的目的在存真以便核對。先將原典拆裝，然後分頁影印、掃瞄成圖檔。圖檔解析度應該在300DPI以上，存檔以TIF (g4)最小。存檔後需加處理，圖檔處理包括以下幾項：

1. 定位：每一張圖都要定位正確，不能有偏移（左右上下）。
2. 調正：判斷圖檔是否端正，歪斜者調正。
3. 切邊：切除不必要的部分。
4. 去雜訊：除去汙點等雜訊。

5.加訊息：必要時可加入頁碼等訊息。

6.檢查：檢查脫頁、缺頁、倒頁。

最後，筆者以為將固有典籍數位化，不僅僅只是使之成為數位時代能利用的資源，應該進一步對古籍做整理加工，才算完成使命。所以古籍數位化，第一至少要做到分段標點，否則任何人都可以做，怎麼算是學術工作？第二至少要能原貌重現，否則古籍一經數位化，面目全非，十分不像話。但是衡諸目前的成果，很少做到這兩點，更不用說重新校勘、批註等㉞。

第五章　把握良機

對從事「國學」領域的人來說，面對科技工商社會，除了以「保存固有文化基因」㉟自重外，每每有所學無所用的感覺，這種感覺在資訊時代不應該有。在資訊時代，正如電腦與資訊登上產業鼇頭，國學研究與資訊結合應該受到最大的重視。一般說來，學術研究要有所創見，不外乎新工具或方法的使用與新材料的發現。新材料的發現如敦煌文獻、馬王堆帛書等，提供許多新資料，寫出一些嶄新論文。又如殷墟考古使得商代歷史制度更為清楚。新工具或方法的使用在科學界比比皆是，如哈伯望遠鏡帶來許

㉞「故宮‧東吳古今圖書集成」目前做到「分段標點」與「仿真介面」（仿原典版面輸出），至於加評註、補遺等，留待下一期工程。

㉟這是有志於國學者應有的自覺。布袋戲尚被視為文化遺產而加以珍視，精通《史記》、《漢書》、駢文、律詩的人更是民族珍貴文化基因守護者。

多天文上的發現，電腦所提供搜尋、傳輸功能，當然有助於新材料的發現與資料交流㊱。電腦還能做大量資料的比對、統計、分析甚至於辨識，所以它是一種新工具、新方法。

如何善用這種新工具新方法，以目前電腦所能，筆者提出以下三點給讀者參考：

一、研究對象越有規律者，電腦越可能有幫助

譬如給個題目要電腦作文，現在做不到，但要電腦作詩、填詞則可以。理由是作詩、填詞有嚴格的規律可循，詩詞相關的詞彙也非常豐富。那些是規律嚴格的研究領域？一是文獻學，一是考據學。

(一)文獻學

1.目錄學

目前二十五史已經有數位資料，很容易可以製作一本《歷代藝文志》。同樣的，只要花錢花時間，也可以編出《善本書目》、《歷代私人藏書書目》等。我們現在有機會做一套完整的古籍書目。

2.版本學

版本是一門很死的學。現在將各種版本與用語，圖文並茂地編寫一本《版本學大全》也非難事。

3.校勘學

現在已經有專業校對軟體（白話），Word 也有一定的校對功能。利用電腦做各種版本比對㊲，省時

㊱ 前提是數位中文資料要夠。且說明全面古籍數位化的重要。

㊲ 中研院謝清俊教授做過這方面研究。

省力，可以想見。

其他考據學領域如輯佚等，利用電腦也大有幫助。

㈡考據學

1.聲韻學

這是國學中最像科學的一門學問。國語、臺語、客家話、各地方言、歷代音韻可以用語音合成讀出，並且滙聚一起加以分析比較，學者得到前所未有的方便。有志於此，一定可以度越前人，大放異彩。

2.文字學

像甲骨文、鐘鼎文現在都有人利用電腦研究㊳。數位中文對中國文字所產生的衝擊，實在是今日文字學家所該關心的問題。

其他考據學領域如訓詁等，利用電腦也大有幫助。

二、研究對象資料越多者，電腦越可能有幫助

人類的記憶有限，遇到資料量龐大時，電腦最有幫助。譬如研究古代漢語詞彙，要遍讀古籍，一一找出所需要的詞彙而不遺漏，十分不可能，電腦則最適合作這類工作。除了詞彙之外，像歷代職官、制度、地名、人名、器物等，電腦都是好幫手。假如將古籍中所有「反切」都收集一起，對歷代聲韻的考察一定會有些發現。

㊳ 甲骨文在成大，鐘鼎文在中研院。

三、因為數位中文而有的特殊領域

這類其實不少，舉例如下：

(一)文言文輸入法

中文界常常需要寫文言文，使用智慧型輸入法如自然輸入法，則詞彙判斷錯得一塌糊塗。如果有人編製一個文言詞彙表，則可以解決這問題。

(二)各個學術領域主題詞表

搜尋資料現在還止於字串搜尋，有些資料譬如詩詞的主題字串是搜尋不到的，所以各門學術需建立並公布其主題詞表，讓資料另有找到的途徑。

(三)XML古籍內文定義

XML是HTML的第二代語言，對數位中文來說，具有特殊意義。因為自有電腦以來，中文一直處於附屬地位，直到XML，中文部分使用Unicode就能建立中文文件語結構，搭配XSL「可延伸樣式語言」(extensible stylesheet language)，可以輸出古籍版式。XML已經成為資料交換的標準，所以各個領域都在定義其XML，以為共同標準。古籍內文結構、版式等急需要定義出來，讓數位化時代有個共同遵循的標準。

本文寫於民國九十三年六月(2004)，文中所有如「目前」、「今日」等字眼，都以此為斷。電腦資訊日新月異，未來一定會有不同面目，遇到此種情況，待新版再增訂修改。

李杜詩選

郁賢皓、封野／編著

李白與杜甫是中國古代詩歌史上最璀璨的兩顆明星，兩人同處於盛唐時代，又有深厚情誼，他們以各自特有的稟賦與成就，將中國詩歌藝術推上了頂峰。本書精選李杜詩各七十五首，多為代表性的作品，力求各體兼備，並顧及各個時期，期使讀者能從中領略李杜詩歌的精髓。

宋詩菁華——宋詩分體選讀

張鳴／編著

宋詩是文化高度繁榮時代，社會精神文化、人格修養、審美趣味和想像力的結晶，從藝術構思、手法技巧、遣辭造句等方面皆有所創新，創造了不同於唐詩的美學風格。本書精選宋詩三百六十首，按體裁分體編排，並加詳細注釋和講解，為讀者領略宋詩之美提供參考。前言介紹宋詩文化特色和歷史地位，並概述宋詩發展歷程，可看作一篇簡明宋詩小史；書後還附有入選詩人小傳，都對讀者深入理解宋詩有所助益。

蘇辛詞選

曾棗莊、吳洪澤／編著

全書選錄蘇軾詞七十四首、辛棄疾詞八十七首。本書入選作品，以豪放詞為主，同時也兼顧其他風格的代表作，以期展現詞壇大家不拘一格之風範。本書緊扣蘇辛時代背景，剖析入微，在展現蘇辛獨特風格之外，也力圖再現其心靈的歷程。本書注釋力求簡明地闡釋原文，賞析注重對寫作背景、思想內容與藝術風格的點評，集評則匯聚歷代對該詞的主要評論。前有〈導言〉，末附蘇辛詞總評、蘇辛年表，是將學術性、資料性與鑑賞性集於一體的難得佳作。

地方戲曲概論（上、下）

曾永義、施德玉／著

本書是坊間首次對「地方戲曲」全面論述之著作，內容包羅古今與兩岸，完整論述古今地方戲曲之形成與發展徑路、劇目題材與特色、主要腔系及小戲大戲之音樂特色、戲曲與小戲大戲之藝術質性、戲曲與小戲大戲腳色之名義分化及其可注意之現象、大陸重要地方戲曲劇種簡介、臺灣地方戲曲劇種說明，並深入考述臺灣南北管戲曲與歌仔戲之來龍去脈、戲曲與宗教之關係、歷代偶戲概述、臺灣跨文化戲曲改編劇目等問題之探索。注釋詳明，論述井然，可供學者參考，亦可作初學之津梁。